경상남도교육청

교육공무직원

인성검사 및 직무능력검사

경상남도교육청
교육공무직원
인성검사 및 직무능력검사

개정3판 발행	2025년 5월 2일
개정4판 발행	2025년 12월 8일
편 저 자	공무원시험연구소
발 행 처	(주)서원각
등록번호	1999-1A-107호
주　　소	경기도 고양시 일산서구 덕산로 88-45(가좌동)
대표번호	031-923-2051
팩　　스	031-923-3815
교재문의	카카오톡 플러스 친구 [서원각]
홈페이지	goseowon.com

▷ 이 책은 저작권법에 따라 보호받는 저작물로 무단 전재, 복제, 전송 행위를 금지합니다.
▷ 내용의 전부 또는 일부를 사용하려면 저작권자와 (주)서원각의 서면 동의를 반드시 받아야 합니다.
▷ ISBN과 가격은 표지 뒷면에 있습니다.
▷ 파본은 구입하신 곳에서 교환해드립니다.

Preface

경상남도교육청 교육공무직원은 경상남도교육청 소속으로 각급 학교와 행정기관에서 근무하며 교사들의 교육 업무와 행정 업무를 지원하는 공무직원이다.

교육공무직원은 정년연령이 만 60세이고, 교육청과 무기 계약을 맺어 학교와 행정기관에서 근무한다는 점에서 안정적인 직업으로 각광받고 있다. 경상남도교육청에서는 인성검사와 직무능력검사, 그리고 면접을 통해 교육공무직원을 선발하고 있다.

본서는 경상남도교육청 교육공무직원을 희망하는 수험생들을 위한 필기시험 및 면접 대비 기본서이다. 수험생들이 직무능력검사뿐만 아니라 인성검사까지도 폭넓게 대비할 수 있도록 인성검사의 개요부터 문항까지 엄선하여 수록하였으며, 면접 기출 질문을 통해 최종 합격까지 이어지는 과정을 체계적으로 대비할 수 있도록 하였다.

[이 책의 특징 및 구성]
1. 인성검사에 대한 개요와 유형을 수록하여 철저히 대비할 수 있도록 하였습니다.
2. 직무능력검사 출제가 예상되는 개념과 문제를 구성하여 학습할 수 있도록 하였습니다.
3. 면접에 임하는 실전 감각을 익힐 수 있도록 하는 정보를 수록하였습니다.

신념을 가지고 도전하는 사람은 반드시 그 꿈을 이룰 수 있습니다. 처음에 품은 신념과 열정이 취업 성공의 그날까지 빛바래지 않도록 서원각이 수험생 여러분을 응원합니다.

Structure

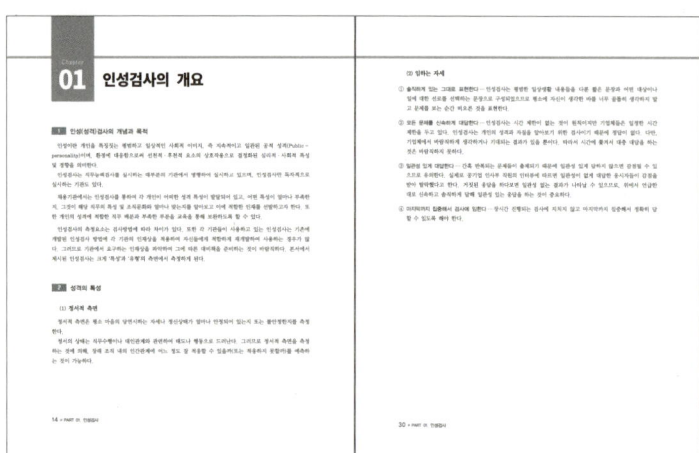

인성검사

근면성, 책임감 등 개인의 성격 및 적성을 파악하는 인성검사의 개념에 대해 소개하고 진위형 및 객관식을 포함한 다양한 유형의 인성검사를 수록하였습니다.

핵심이론정리

직무능력검사 영역별로 문제유형을 구분하여 문제 풀이에 활용할 수 있는 주요 핵심이론을 정리하였습니다.

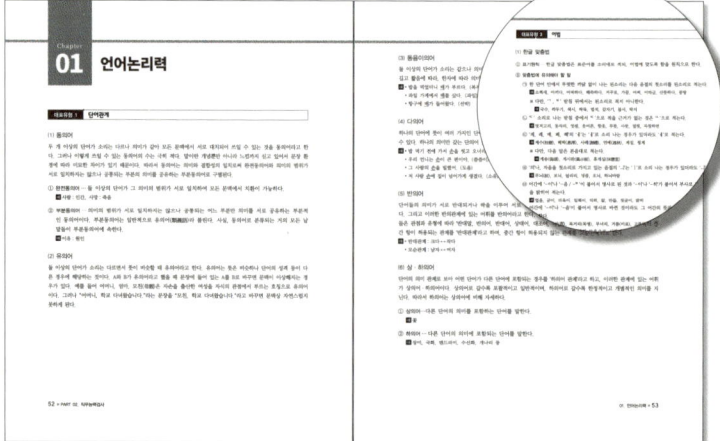

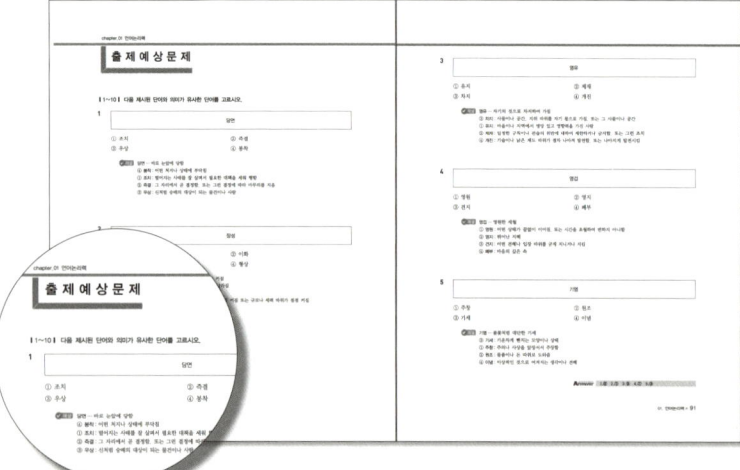

출제예상문제

각 영역별로 출제가 예상되는 다양한 유형과 난도의 문제를 엄선하여 수록하였습니다.

경상남도교육청 출제경향 분석 6

01 인성검사
01. 인성검사의 개요 14
02. 인성검사의 유형 31

02 직무능력검사
01. 언어논리력 52
02. 이해력 136
03. 공간지각력 198
04. 문제해결력 252
05. 관찰탐구력 294

03 면접
01. 면접의 기본 358
02. 면접기출 365

출제경향 분석

경상남도교육청 직무능력검사
- 시험 영역 : 언어논리력, 이해력, 공간지각력, 문제해결력, 관찰탐구력
- 난이도 : 중
- 문항 수 : 45문항
- 시험 시간 : 50분

2025년 필기시험(인성검사+직무능력검사) 총평

- 인성검사 200문항을 푼 뒤 휴식 시간 없이 바로 직무능력검사를 진행하므로 집중력과 체력을 끝까지 잘 유지하는 것이 중요하다.
- 직무능력검사는 제한된 시간 안에 여러 영역을 해결해야 하므로 익숙한 문제부터 빠르게 풀고 한 문제에 지나치게 오래 몰입하지 않는 식의 시간 분배 전략이 필요하다.
- 인성검사와 직무능력검사 모두 문제 유형이 매년 비슷하게 출제된다는 평이므로, 기출문제와 모의고사를 가능한 한 많이 풀어보고 문제 유형을 익히는 편이 좋을 것이다.

과목별 출제키워드

언어논리력	맞춤법, 외래어, 사자성어
이해력	글의 구조, 문장 배열
공간지각력	도형, 전개도, 회전체
문제해결력	명제, 추론, 삼단논법, 수열
관찰탐구력	생물, 화학, 물리

과목별 기출 분석

언어논리력	• 맞춤법, 외래어 문제가 다수 출제되었다. 틀리기 쉬운 맞춤법과 외래어를 중심으로 충분한 문제를 풀어보는 것을 권한다. • 한자어 및 사자성어 문제도 자주 출제되므로 기출문제 위주로 주요 단어를 많이 접하는 것이 좋다.
이해력	• 비교적 짧은 지문부터 중간 길이의 글까지 고르게 출제되며, 글의 구조를 빠르게 파악하는 능력이 중요하다. • 문장 간의 연결 관계나 전개 방식을 묻는 문항이 자주 등장하므로 지문에서 핵심 문장과 흐름을 인지하는 연습이 필수적이다.
공간지각력	• 다양한 모양의 전개도 문제가 출제되고 있다. 여러 도형의 전개도를 두루 익히고 나오는 모양을 연상하는 연습이 필요하다. • 그 외에 회전, 종이접기 등의 문제가 출제되므로 다양한 유형의 문제를 풀어보는 것을 권한다.
문제해결력	• 명제와 추론에 관한 문제가 중점적으로 출제된다. 역·이·대우 관계와 추론, 오류 유형을 정확하게 구분할 수 있도록 연습한다. • 그 외에도 간단한 자료 해석, 조건추리, 작업 순서와 일정 조합, 경우의 수 등의 논리 문제가 출제된다.
관찰탐구력	• 화학 영역 문제가 출제되었다. 이 외에도 생물, 물리, 지구과학 등 다양한 과목에서 폭넓게 출제되므로 모든 영역을 정독하는 것이 좋다. • 지엽적인 문제보다 넓은 범위를 얕고 고르게 묻기 때문에 난도가 높지는 않지만 학습량이 많다. 교재를 정독하며 기본 개념을 확실히 익히는 방식을 권한다.

채용안내

✺ 신분 및 처우

① 신분 : 무기계약직

② 정년 : 만 60세

③ 보수 등 처우 : 매년 교육공무직 임금 지급기준 및 사업부서 계획에 따름

④ 근무지 : 채용 예정지역 교육감(교육장)이 지정하는 기관(학교)

⑤ 최초로 근무를 개시한 날부터 3개월간 수습기간을 두며, 수습기간 동안 업무능력 부족 또는 직무수행태도 불량 등으로 계속 근로가 어렵다고 인정될 때는 계약을 해지할 수 있음

✺ 응시자격

① 응시 연령 : 전 직종 18세 이상

② 성별 : 제한 없음

③ 거주지 및 국적

  ㉠ 시험 공고일 전일(前日)부터 최종(면접)시험일까지 계속하여 본인의 주민등록상 주소지가 경상남도로 되어 있어야 함(동 기간 중 주민등록의 말소 및 거주불명으로 등록된 사실이 없어야 함)

  ※ 조리사, 조리실무사는 창원시의 경우 의창·성산구, 마산합포·회원구, 진해구로 구분채용

  ㉡ 대한민국 국적 소지자(외국인 및 복수국적자 제외)

  ※ 복수국적자(대한민국 국적과 외국 국적을 함께 가지게 된 사람을 말함)가 응시하면 최종합격자 등록일 전까지 외국 국적을 포기하여야 합니다.

④ 장애인 구분 모집

  ㉠ 응시자격 : 장애인복지법 시행령 제2조에 따른 장애인 및 「국가유공자 등 예우 및 지원에 관한 법률 시행령」 제14조 제3항에 따른 상이등급기준에 해당하는 사람

  ㉡ 장애인 구분모집에 응시하고자 하는 사람은 응시원서 접수마감일까지 장애인으로 유효하게 등록되거나, 상이등급기준에 해당하는 사람으로서 유효하게 등록·결정되어 있어야 하며, 증빙서류(장애인복지카드 또는 장애인등록증, 국가유공자증)를 원서접수 기간 내에 제출하여야함

* 본 안내는 「2026년 제1회 경상남도교육청 교육공무직원 채용시험 시행 계획 공고」 공고문을 바탕으로 작성된 것으로, 채용시험을 준비하는 수험생은 지원 전 반드시 홈페이지의 공고문을 참고하시기 바랍니다.

✦ 시험일정

① 1차 시험

구분	응시직종	시험시간
필기시험 100% (인성 50%+직무 50%)	교무행정원, 전담사서, 도서관운영보조인력, 사무행정원, 돌봄전담사, 특수통학차량보호탑승자, 교육복지사, 특수교육실무원, 특수행정실무원, 치료사, 임상심리사, 기숙사생활지도원, 수련지도사, 수상안전요원, 안내원	90분
서류심사 20%+필기시험 80% (인성 40%+직무 40%)	유치원방과후전담사	90분
서류심사 30%+필기시험 70% (인성 35%+직무 35%)	조리사, 조리실무사	90분

㉠ **인성검사**(200문항, 40분) : 응시자가 응답한 결과에 따라 성실성, 대인관계성, 이타성, 심리적 안정성으로 구분하여 점수를 산출하고, 산출된 점수를 집단평균을 중심으로 표준편차 단위로 표준 점수화하여 최종점수 산정

㉡ **직무능력검사**(45문항, 50분) : 직무를 수행하기 위해 기본적으로 갖추고 있어야 할 인지적 능력을 진단하는 것으로 언어논리력, 이해력, 공간지각력, 문제해결력, 관찰탐구력 등에 대한 평가 결과를 채점하여 점수 산정

㉢ **서류심사** : 당해 직무수행에 관련된 응시자의 자격, 경력을 서류심사 평가 항목으로 평가하며, 경력은 경력증명서 발급으로 해당 분야 근무경력이 확인 가능한 경우만 인정

② 2차 시험

㉠ 1차 시험 합격자만 2차 시험을 시행하고, 2차 시험은 해당 직무수행에 필요한 능력 및 적격성을 검정하되, 다음 5개의 요소로 평정

> ① 교육공무직으로서 가치관과 기본자세
> ② 문제해결력 및 응용능력
> ③ 해당 직종에 대한 전문지식
> ④ 의사 표현의 정확성 및 논리성
> ⑤ 업무 관련 창의성 및 발전 가능성

채용안내

ⓛ 경력 가산(2차 시험만 해당)

구분	응시직종	시험시간
2월 이상	5점	• 해당자에 한함
6월 이상 ~ 1년 미만	3점	• 시험 공고일 이후 발급받은 것 ※ 시험 공고일 전날까지 경력만 인정
6월 이상~1년 미만	1점	• 응시하는 직종의 경력만 인정. • 경상남도교육청 산하 교육행정기관, 공립 단설유치원, 공립·사립·초·중·고·특수학교 및 경상남도 내 국립 초·중·고등학교에서의 계속근로기간이 3개월 이상 전일제(1일 8시간)인 경력만 인정

※ 1차 시험 합격자만 경력증명서 제출(제출일정 및 방법은 1차 시험 합격자 공고문 확인, 전자우편 접수만 가능)

ⓒ 1차 시험 합격자에 대하여 응시 자격을 확인하며 허위로 판명될 경우 합격 취소 및 2차 시험 응시 불가능

★ 취업지원대상자 가산(1차 시험, 2차 시험 각각 적용)

① 「독립유공자예우에 관한 법률」 제16조, 「국가유공자 등 예우 및 지원에 관한 법률」 제29조, 「보훈보상대상자 지원에 관한 법률」 제33조, 「5·18민주유공자예우 및 단체 설립에 관한 법률」 제20조, 「특수임무유공자 예우 및 단체설립에 관한 법률」 제19조, 「고엽제후유의증 등 환자지원 및 단체설립에 관한 법률」 제7조의9에 따른 취업지원대상자에 한하여 만점의 일정비율(10% 또는 5%)에 해당하는 점수 가산 (단 1차 시험은 만점의 40% 이상 득점한 자에 한함)

② 원서접수 마감일까지 취업지원대상자로 지정된 경우에 한함

③ 취업 지원 가산점을 받아 합격하는 사람은 지역별 직종별 채용예정인원의 30%를 초과할 수 없으며, 채용예정인원이 3명 이하면 가산합격자는 없음(소수점 이하는 버림, 응시인원이 채용예정인원과 같거나 그보다 적으면 적용되지 않음)

✷ 응시원서 접수

① 접수방법

　㉠ '온라인교직원채용시스템'으로만 접수 가능 ※ PC로만 접속 및 제출 가능(모바일, 우편, 이메일 등 접수 불가)

　㉡ 온라인 원서 접수 지원
- 대상 : PC 인터넷 접수가 어려운 응시자
- 접수 방법 : 응시자 본인 신분증과 본인 명의 스마트폰, 사진(JPG, JPEG파일), 주민등록초본(PDF파일), 각종 제출서류(PDF파일)를 USB에 저장 후 지참하여 지역 교육지원청으로 방문

② 응시원서 사진(JPG, JPEG파일)

　㉠ 응시원서 사진 규격은 3㎝ × 4㎝로 최근 6개월 이내 촬영한 컬러증명 사진이어야 함

　㉡ 응시원서 사진은 시험당일 본인 확인용이므로 얼굴 정면이 나타나는 사진으로 식별이 쉬워야 하며, 모자나 선글라스 등을 착용한 사진과 스냅 사진, 배경이 있는 사진 등 본인 식별이 곤란한 사진 등을 제출하여 본인 확인을 할 수 없으면 원서접수가 무효 처리될 수 있음

③ 응시표 출력

　㉠ 1차 필기시험 및 2차 면접심사 시 지참하여야 하므로 반드시 출력하여 시험 당일 지참

　㉡ 출력 방법 : 본인인증 → "마이페이지" → "응시표출력" 클릭

④ 지역별·직종별 일일 원서접수 현황 공개 : 경상남도교육청 홈페이지(http://www.gne.go.kr) 알림마당-시험정보-교육공무직원채용시험 칸에 게시 예정(접수일 24시 기준 다음날 11시)

⑤ 유의사항

　㉠ **중복접수 불가** : 응시자는 복수 원서 접수 시 모든 직종에 대한 접수가 무효 처리되니, 반드시 응시하고자 하는 지역에 하나의 직종에만 응시하시기 바랍니다.

　㉡ **수정 및 취소 불가** : 응시원서 접수기간 후에는 응시 직종 변경 및 기재 사항 수정이 불가하며 원서접수를 취소할 수 없습니다.

　㉢ **응시요건 및 가산점 확인** : 응시자는 시험에 필요한 필수 자격요건 등 응시 요건과 가산점을 정확하게 기재하여야 합니다.

PART 01

인성검사

01. 인성검사의 개요
02. 인성검사의 유형

Chapter 01 인성검사의 개요

1 인성(성격)검사의 개념과 목적

인성이란 개인을 특징짓는 평범하고 일상적인 사회적 이미지, 즉 지속적이고 일관된 공적 성격(Public-personality)이며, 환경에 대응함으로써 선천적·후천적 요소의 상호작용으로 결정화된 심리적·사회적 특성 및 경향을 의미한다.

인성검사는 직무능력검사를 실시하는 대부분의 기관에서 병행하여 실시하고 있으며, 인성검사만 독자적으로 실시하는 기관도 있다.

채용기관에서는 인성검사를 통하여 각 개인이 어떠한 성격 특성이 발달되어 있고, 어떤 특성이 얼마나 부족한지, 그것이 해당 직무의 특성 및 조직문화와 얼마나 맞는지를 알아보고 이에 적합한 인재를 선발하고자 한다. 또한 개인의 성격에 적합한 직무 배분과 부족한 부분을 교육을 통해 보완하도록 할 수 있다.

인성검사의 측정요소는 검사방법에 따라 차이가 있다. 또한 각 기관들이 사용하고 있는 인성검사는 기존에 개발된 인성검사 방법에 각 기관의 인재상을 적용하여 자신들에게 적합하게 재개발하여 사용하는 경우가 많다. 그러므로 기관에서 요구하는 인재상을 파악하여 그에 따른 대비책을 준비하는 것이 바람직하다. 본서에서 제시된 인성검사는 크게 '특성'과 '유형'의 측면에서 측정하게 된다.

2 성격의 특성

(1) 정서적 측면

정서적 측면은 평소 마음의 당연시하는 자세나 정신상태가 얼마나 안정되어 있는지 또는 불안정한지를 측정한다.

정서의 상태는 직무수행이나 대인관계와 관련하여 태도나 행동으로 드러난다. 그러므로 정서적 측면을 측정하는 것에 의해, 장래 조직 내의 인간관계에 어느 정도 잘 적응할 수 있을까(또는 적응하지 못할까)를 예측하는 것이 가능하다.

그렇기 때문에, 정서적 측면의 결과는 채용 시에 상당히 중시된다. 아무리 능력이 좋아도 장기적으로 조직 내의 인간관계에 잘 적응할 수 없다고 판단되는 인재는 기본적으로는 채용되지 않는다.

일반적으로 인성검사는 채용과는 관계없다고 생각하나 정서적으로 조직에 적응하지 못하는 인재는 채용단계에서 가려내지는 것을 유의하여야 한다.

① **민감성(신경도)** … 꼼꼼함, 섬세함, 성실함 등의 요소를 통해 일반적으로 신경질적인지 또는 자신의 존재를 위협받는다는 불안을 갖기 쉬운지를 측정한다.

질문	전혀 그렇지 않다	그렇지 않다	그렇다	매우 그렇다
• 배려적이라고 생각한다. • 어지러진 방에 있으면 불안하다. • 실패 후에는 불안하다. • 세세한 것까지 신경쓴다. • 이유 없이 불안할 때가 있다.				

▶측정결과

㉠ '그렇다'가 많은 경우(상처받기 쉬운 유형) : 사소한 일에 신경 쓰고 다른 사람의 사소한 한마디 말에 상처를 받기 쉽다.
  • 면접관의 심리 : '동료들과 잘 지낼 수 있을까?', '실패할 때마다 위축되지 않을까?'
  • 면접대책 : 다소 신경질적이라도 능력을 발휘할 수 있다는 평가를 얻도록 한다. 주변과 충분한 의사소통이 가능하고, 결정한 것을 실행할 수 있다는 것을 보여주어야 한다.

㉡ '그렇지 않다'가 많은 경우(정신적으로 안정적인 유형) : 사소한 일에 신경 쓰지 않고 금방 해결하며, 주위 사람의 말에 과민하게 반응하지 않는다.
  • 면접관의 심리 : '계약할 때 필요한 유형이고, 사고 발생에도 유연하게 대처할 수 있다.'
  • 면접대책 : 일반적으로 '민감성'의 측정치가 낮으면 플러스 평가를 받으므로 더욱 자신감 있는 모습을 보여준다.

② **자책성(과민도)** … 자신을 비난하거나 책망하는 정도를 측정한다.

질문	전혀 그렇지 않다	그렇지 않다	그렇다	매우 그렇다
• 후회하는 일이 많다. • 자신이 하찮은 존재라 생각된다. • 문제가 발생하면 자기의 탓이라고 생각한다. • 무슨 일이든지 끙끙대며 진행하는 경향이 있다. • 온순한 편이다.				

▶측정결과

㉠ '그렇다'가 많은 경우(자책하는 유형) : 비관적이고 후회하는 유형이다.
  • 면접관의 심리 : '끙끙대며 괴로워하고, 일을 진행하지 못할 것 같다.'
  • 면접대책 : 기분이 저조해도 항상 의욕을 가지고 생활하는 것과 책임감이 강하다는 것을 보여준다.
㉡ '그렇지 않다'가 많은 경우(낙천적인 유형) : 기분이 항상 밝은 편이다.
  • 면접관의 심리 : '안정된 대인관계를 맺을 수 있고, 외부의 압력에도 흔들리지 않는다.'
  • 면접대책 : 일반적으로 '자책성'의 측정치가 낮아야 좋은 평가를 받는다.

③ **기분성(불안도)** … 기분의 굴곡이나 감정적인 면의 미숙함이 어느 정도인지를 측정하는 것이다.

질문	전혀 그렇지 않다	그렇지 않다	그렇다	매우 그렇다
• 다른 사람의 의견에 자신의 결정이 흔들리는 경우가 많다. • 기분이 쉽게 변한다. • 종종 후회한다. • 다른 사람보다 의지가 약한 편이라고 생각한다. • 금방 싫증을 내는 성격이라는 말을 자주 듣는다.				

▶측정결과

㉠ '그렇다'가 많은 경우(감정의 기복이 많은 유형) : 의지력보다 기분에 따라 행동하기 쉽다.
  • 면접관의 심리 : '감정적인 것에 약하며, 상황에 따라 생산성이 떨어지지 않을까?'
  • 면접대책 : 주변 사람들과 항상 협조한다는 것을 강조하고 한결같은 상태로 일할 수 있다는 평가를 받도록 한다.
㉡ '그렇지 않다'가 많은 경우(감정의 기복이 적은 유형) : 감정의 기복이 없고, 안정적이다.
  • 면접관의 심리 : '안정적으로 업무에 임할 수 있다.'
  • 면접대책 : 기분성의 측정치가 낮으면 플러스 평가를 받으므로 자신감을 가지고 면접에 임한다.

④ **독자성(개인도)** … 주변에 대한 견해나 관심, 자신의 견해나 생각에 어느 정도의 속박감을 가지고 있는지를 측정한다.

질문	전혀 그렇지 않다	그렇지 않다	그렇다	매우 그렇다
• 창의적 사고방식을 가지고 있다.				
• 융통성이 없는 편이다.				
• 혼자 있는 편이 많은 사람과 있는 것보다 편하다.				
• 개성적이라는 말을 듣는다.				
• 교제는 번거로운 것이라고 생각하는 경우가 많다.				

▶측정결과

㉠ '그렇다'가 많은 경우 : 자기의 관점을 중요하게 생각하는 유형으로, 주위의 상황보다 자신의 느낌과 생각을 중시한다.
 • 면접관의 심리 : '제멋대로 행동하지 않을까?'
 • 면접대책 : 주위 사람과 협조하여 일을 진행할 수 있다는 것과 상식에 얽매이지 않는다는 인상을 심어준다.

㉡ '그렇지 않다'가 많은 경우 : 상식적으로 행동하고 주변 사람의 시선에 신경을 쓴다.
 • 면접관의 심리 : '다른 직원들과 협조하여 업무를 진행할 수 있겠다.'
 • 면접대책 : 협조성이 요구되는 기업체에서는 플러스 평가를 받을 수 있다.

⑤ **자신감**(자존심도) … 자기 자신에 대해 얼마나 긍정적으로 평가하는지를 측정한다.

질문	전혀 그렇지 않다	그렇지 않다	그렇다	매우 그렇다
• 다른 사람보다 능력이 뛰어나다고 생각한다. • 다소 반대의견이 있어도 나만의 생각으로 행동할 수 있다. • 나는 다른 사람보다 기가 센 편이다. • 동료가 나를 모욕해도 무시할 수 있다. • 대개의 일을 목적한 대로 헤쳐나갈 수 있다고 생각한다.				

▶측정결과
㉠ '그렇다'가 많은 경우 : 자기 능력이나 외모 등에 자신감이 있고, 비판당하는 것을 좋아하지 않는다.
• 면접관의 심리 : '자만하여 지시에 잘 따를 수 있을까?'
• 면접대책 : 다른 사람의 조언을 잘 받아들이고, 겸허하게 반성하는 면이 있다는 것을 보여주고, 동료들과 잘 지내며 리더의 자질이 있다는 것을 강조한다.
㉡ '그렇지 않다'가 많은 경우 : 자신감이 없고 다른 사람의 비판에 약하다.
• 면접관의 심리 : '패기가 부족하지 않을까?', '쉽게 좌절하지 않을까?'
• 면접대책 : 극도의 자신감 부족으로 평가되지는 않는다. 그러나 마음이 약한 면은 있지만 의욕적으로 일을 하겠다는 마음가짐을 보여준다.

⑥ **고양성**(분위기에 들뜨는 정도) … 자유분방함, 명랑함과 같이 감정(기분)의 높고 낮음의 정도를 측정한다.

▶측정결과
㉠ '그렇다'가 많은 경우 : 자극이나 변화가 있는 일상을 원하고 기분을 들뜨게 하는 사람과 친밀하게 지내는 경향이 강하다.
• 면접관의 심리 : '일을 진행하는 데 변덕스럽지 않을까?'
• 면접대책 : 밝은 태도는 플러스 평가를 받을 수 있지만, 착실한 업무능력이 요구되는 직종에서는 마이너스 평가가 될 수 있다. 따라서 자기조절이 가능하다는 것을 보여준다.
㉡ '그렇지 않다'가 많은 경우 : 감정이 항상 일정하고, 속을 드러내 보이지 않는다.
• 면접관의 심리 : '안정적인 업무 태도를 기대할 수 있겠다.'
• 면접대책 : '고양성'의 낮음은 대체로 플러스 평가를 받을 수 있다. 그러나 '무엇을 생각하고 있는지 모르겠다' 등의 평을 듣지 않도록 주의한다.

⑦ **허위성(진위성)** … 필요 이상으로 자기를 좋게 보이려 하거나 기업체가 원하는 '이상형'에 맞춘 대답을 하고 있는지, 없는지를 측정한다.

질문	전혀 그렇지 않다	그렇지 않다	그렇다	매우 그렇다
• 약속을 깨뜨린 적이 한 번도 없다.				
• 다른 사람을 부럽다고 생각해 본 적이 없다.				
• 꾸지람을 들은 적이 없다.				
• 사람을 미워한 적이 없다.				
• 화를 낸 적이 한 번도 없다.				

▶측정결과

㉠ '그렇다'가 많은 경우 : 실제의 자기와는 다른, 말하자면 원칙으로 해답할 가능성이 있다.
  • 면접관의 심리 : '거짓을 말하고 있다.'
  • 면접대책 : 조금이라도 좋게 보이려고 하는 '거짓말쟁이'로 평가될 수 있다. '거짓을 말하고 있다.'는 마음 따위가 전혀 없다 해도 결과적으로는 정직하게 답하지 않는다는 것이 되어 버린다. '허위성'의 측정 질문은 구분되지 않고 다른 질문 중에 섞여 있다. 그러므로 모든 질문에 솔직하게 답하여야 한다. 또한 자기 자신과 너무 동떨어진 이미지로 답하면 좋은 결과를 얻지 못한다. 그리고 면접에서 '허위성'을 기본으로 한 질문을 받게 되므로 당황하거나 또다른 모순된 답변을 하게 된다. 겉치레를 하거나 무리한 욕심을 부리지 말고 '이런 사회인이 되고 싶다.'는 현재의 자신보다, 조금 성장한 자신을 표현하는 정도가 적당하다.
㉡ '그렇지 않다'가 많은 경우 : 냉정하고 정직하며, 외부의 압력과 스트레스에 강한 유형이다. '대쪽 같음'의 이미지가 굳어지지 않도록 주의한다.

(2) 행동적인 측면

행동적 측면은 인격 중에 특히 행동으로 드러나기 쉬운 측면을 측정한다. 사람의 행동 특징 자체에는 선도 악도 없으나, 일반적으로는 일의 내용에 의해 원하는 행동이 있다. 때문에 행동적 측면은 주로 직종과 깊은 관계가 있는데 자신의 행동 특성을 살려 적합한 직종을 선택한다면 플러스가 될 수 있다.

행동 특성에서 보여 지는 특징은 면접장면에서도 드러나기 쉬운데 본서의 모의 TEST의 결과를 참고하여 자신의 태도, 행동이 면접관의 시선에 어떻게 비치는지를 점검하도록 한다.

① **사회적 내향성** … 대인관계에서 나타나는 행동경향으로 '낯가림'을 측정한다.

질문	선택
A : 파티에서는 사람을 소개받은 편이다. B : 파티에서는 사람을 소개하는 편이다.	
A : 처음 보는 사람과는 어색하게 시간을 보내는 편이다. B : 처음 보는 사람과는 즐거운 시간을 보내는 편이다.	
A : 친구가 적은 편이다. B : 친구가 많은 편이다.	
A : 자신의 의견을 말하는 경우가 적다. B : 자신의 의견을 말하는 경우가 많다.	
A : 사교적인 모임에 참석하는 것을 좋아하지 않는다. B : 사교적인 모임에 항상 참석한다.	

▶측정결과

㉠ 'A'가 많은 경우 : 내성적이고 사람들과 접하는 것에 소극적이다. 자신의 의견을 말하지 않고 조심스러운 편이다.
  • 면접관의 심리 : '소극적인데 동료와 잘 지낼 수 있을까?'
  • 면접대책 : 대인관계를 맺는 것을 싫어하지 않고 의욕적으로 일을 할 수 있다는 것을 보여준다.

㉡ 'B'가 많은 경우 : 사교적이고 자기의 생각을 명확하게 전달할 수 있다.
  • 면접관의 심리 : '사교적이고 활동적인 것은 좋지만, 자기주장이 너무 강하지 않을까?'
  • 면접대책 : 협조성을 보여주고, 자기주장이 너무 강하다는 인상을 주지 않도록 주의한다.

② 내성성(침착도) … 자신의 행동과 일에 대해 침착하게 생각하는 정도를 측정한다.

질문	선택
A : 시간이 걸려도 침착하게 생각하는 경우가 많다. B : 짧은 시간에 결정을 하는 경우가 많다.	
A : 실패의 원인을 찾고 반성하는 편이다. B : 실패를 해도 그다지(별로) 개의치 않는다.	
A : 결론이 도출되어도 몇 번 정도 생각을 바꾼다. B : 결론이 도출되면 신속하게 행동으로 옮긴다.	
A : 여러 가지 생각하는 것이 능숙하다. B : 여러 가지 일을 재빨리 능숙하게 처리하는 데 익숙하다.	
A : 여러 가지 측면에서 사물을 검토한다. B : 행동한 후 생각을 한다.	

▶측정결과
㉠ 'A'가 많은 경우 : 행동하기 보다는 생각하는 것을 좋아하고 신중하게 계획을 세워 실행한다.
  • 면접관의 심리 : '행동으로 실천하지 못하고, 대응이 늦은 경향이 있지 않을까?'
  • 면접대책 : 발로 뛰는 것을 좋아하고, 일을 더디게 한다는 인상을 주지 않도록 한다.
㉡ 'B'가 많은 경우 : 차분하게 생각하는 것보다 우선 행동하는 유형이다.
  • 면접관의 심리 : '생각하는 것을 싫어하고 경솔한 행동을 하지 않을까?'
  • 면접대책 : 계획을 세우고 행동할 수 있는 것을 보여주고 '사려깊다'라는 인상을 남기도록 한다.

③ **신체활동성** … 몸을 움직이는 것을 좋아하는가를 측정한다.

질문	선택
A : 민첩하게 활동하는 편이다. B : 준비행동이 없는 편이다.	
A : 일을 척척 해치우는 편이다. B : 일을 더디게 처리하는 편이다.	
A : 활발하다는 말을 듣는다. B : 얌전하다는 말을 듣는다.	
A : 몸을 움직이는 것을 좋아한다. B : 가만히 있는 것을 좋아한다.	
A : 스포츠를 하는 것을 즐긴다. B : 스포츠를 보는 것을 좋아한다.	

▶측정결과
㉠ 'A'가 많은 경우 : 활동적이고, 몸을 움직이게 하는 것이 컨디션이 좋다.
 • 면접관의 심리 : '활동적으로 활동력이 좋아 보인다.'
 • 면접대책 : 활동하고 얻은 성과 등과 주어진 상황의 대응능력을 보여준다.
㉡ 'B'가 많은 경우 : 침착한 인상으로, 차분하게 있는 타입이다.
 • 면접관의 심리 : '좀처럼 행동하려 하지 않아 보이고, 일을 빠르게 처리할 수 있을까?'

④ **지속성(노력성)** … 무슨 일이든 포기하지 않고 끈기 있게 하려는 정도를 측정한다.

질문	선택
A : 일단 시작한 일은 시간이 걸려도 끝까지 마무리한다. B : 일을 하다 어려움에 부딪히면 단념한다.	
A : 끈질긴 편이다. B : 바로 단념하는 편이다.	
A : 인내가 강하다는 말을 듣는다. B : 금방 싫증을 낸다는 말을 듣는다.	
A : 집념이 깊은 편이다. B : 담백한 편이다.	
A : 한 가지 일에 구애되는 것이 좋다고 생각한다. B : 간단하게 체념하는 것이 좋다고 생각한다.	

▶측정결과
㉠ 'A'가 많은 경우 : 시작한 것은 어려움이 있어도 포기하지 않고 인내심이 높다.
  • 면접관의 심리 : '한 가지의 일에 너무 구애되고, 업무의 진행이 원활할까?'
  • 면접대책 : 인내력이 있는 것은 플러스 평가를 받을 수 있지만 집착이 강해 보이기도 한다.
㉡ 'B'가 많은 경우 : 뒤끝이 없고 조그만 실패로 일을 포기하기 쉽다.
  • 면접관의 심리 : '질리는 경향이 있고, 일을 정확히 끝낼 수 있을까?'
  • 면접대책 : 지속적인 노력으로 성공했던 사례를 준비하도록 한다.

⑤ **신중성(주의성)** … 자신이 처한 주변상황을 즉시 파악하고 자신의 행동이 어떤 영향을 미치는지를 측정한다.

질문	선택
A : 여러 가지로 생각하면서 완벽하게 준비하는 편이다. B : 행동할 때부터 임기응변적인 대응을 하는 편이다.	
A : 신중해서 타이밍을 놓치는 편이다. B : 준비 부족으로 실패하는 편이다.	
A : 자신은 어떤 일에도 신중히 대응하는 편이다. B : 순간적인 충동으로 활동하는 편이다.	
A : 시험을 볼 때 끝날 때까지 재검토하는 편이다. B : 시험을 볼 때 한 번에 모든 것을 마치는 편이다.	
A : 일에 대해 계획표를 만들어 실행한다. B : 일에 대한 계획표 없이 진행한다.	

▶측정결과
㉠ 'A'가 많은 경우 : 주변 상황에 민감하고, 예측하여 계획 있게 일을 진행한다.
  • 면접관의 심리 : '너무 신중해서 적절한 판단을 할 수 있을까?', '앞으로의 상황에 불안을 느끼지 않을까?'
  • 면접대책 : 예측을 하고 실행을 하는 것은 플러스 평가가 되지만, 너무 신중하면 일의 진행이 정체될 가능성을 보이므로 추진력이 있다는 강한 의욕을 보여준다.
㉡ 'B'가 많은 경우 : 주변 상황을 살펴보지 않고 착실한 계획 없이 일을 진행시킨다.
  • 면접관의 심리 : '사려 깊지 않고, 실패하는 일이 많지 않을까?', '판단이 빠르고 유연한 사고를 할 수 있을까?'
  • 면접대책 : 사전준비를 중요하게 생각하고 있다는 것 등을 보여주고, 경솔한 인상을 주지 않도록 한다. 또한 판단력이 빠르거나 유연한 사고 덕분에 일 처리를 잘 할 수 있다는 것을 강조한다.

(3) 의욕적인 측면

의욕적인 측면은 의욕의 정도, 활동력의 유무 등을 측정한다. 여기서의 의욕이란 우리들이 보통 말하고 사용하는 '하려는 의지'와는 조금 뉘앙스가 다르다. '하려는 의지'란 그 때의 환경이나 기분에 따라 변화하는 것이지만, 여기에서는 조금 더 변화하기 어려운 특징, 말하자면 정신적 에너지의 양으로 측정하는 것이다.

의욕적 측면은 행동적 측면과는 다르고, 전반적으로 어느 정도 점수가 높은 쪽을 선호한다. 모의검사의 의욕적 측면의 결과가 낮다면, 평소 일에 몰두할 때 조금 의욕 있는 자세를 가지고 서서히 개선하도록 노력해야 한다.

① **달성의욕** … 목적의식을 가지고 높은 이상을 가지고 있는지를 측정한다.

질문	선택
A : 경쟁심이 강한 편이다. B : 경쟁심이 약한 편이다.	
A : 어떤 한 분야에서 제1인자가 되고 싶다고 생각한다. B : 어느 분야에서든 성실하게 임무를 진행하고 싶다고 생각한다.	
A : 규모가 큰 일을 해보고 싶다. B : 맡은 일에 충실히 임하고 싶다.	
A : 아무리 노력해도 실패한 것은 아무런 도움이 되지 않는다. B : 가령 실패했을 지라도 나름대로의 노력이 있었으므로 괜찮다.	
A : 높은 목표를 설정하여 수행하는 것이 의욕적이다. B : 실현 가능한 정도의 목표를 설정하는 것이 의욕적이다.	

▶측정결과

㉠ 'A'가 많은 경우 : 큰 목표와 높은 이상을 가지고 승부욕이 강한 편이다.
- 면접관의 심리 : '열심히 일을 해줄 것 같은 유형이다.'
- 면접대책 : 달성의욕이 높다는 것은 어떤 직종이라도 플러스 평가가 된다.

㉡ 'B'가 많은 경우 : 현재의 생활을 소중하게 여기고 비약적인 발전을 위하여 기를 쓰지 않는다.
- 면접관의 심리 : '외부의 압력에 약하고, 기획입안 등을 하기 어려울 것이다.'
- 면접대책 : 일을 통하여 하고 싶은 것들을 구체적으로 어필한다.

② **활동의욕** … 자신에게 잠재된 에너지의 크기로, 정신적인 측면의 활동력이라 할 수 있다.

질문	선택
A : 하고 싶은 일을 실행으로 옮기는 편이다. B : 하고 싶은 일을 좀처럼 실행할 수 없는 편이다.	
A : 어려운 문제를 해결해 가는 것이 좋다. B : 어려운 문제를 해결하는 것을 잘하지 못한다.	
A : 일반적으로 결단이 빠른 편이다. B : 일반적으로 결단이 느린 편이다.	
A : 곤란한 상황에도 도전하는 편이다. B : 사물의 본질을 깊게 관찰하는 편이다.	
A : 시원시원하다는 말을 잘 듣는다. B : 꼼꼼하다는 말을 잘 듣는다.	

▶측정결과
㉠ 'A'가 많은 경우 : 꾸물거리는 것을 싫어하고 재빠르게 결단해서 행동하는 타입이다.
  • 면접관의 심리 : '일을 처리하는 솜씨가 좋고, 일을 척척 진행할 수 있을 것 같다.'
  • 면접대책 : 활동의욕이 높은 것은 플러스 평가가 된다. 사교성이나 활동성이 강하다는 인상을 준다.
㉡ 'B'가 많은 경우 : 안전하고 확실한 방법을 모색하고 차분하게 시간을 아껴서 일에 임하는 타입이다.
  • 면접관의 심리 : '재빨리 행동을 못하고, 일의 처리속도가 느린 것이 아닐까?'
  • 면접대책 : 활동성이 있는 것을 좋아하고 움직임이 더디다는 인상을 주지 않도록 한다.

3 성격의 유형

(1) 인성검사 유형의 4가지 척도

정서적인 측면, 행동적인 측면, 의욕적인 측면의 요소들은 성격 특성이라는 관점에서 제시된 것들로 각 개인의 장·단점을 파악하는 데 유용하다. 그러나 전체적인 개인의 인성을 이해하는 데는 한계가 있다.

성격의 유형은 개인의 '성격적인 특색'을 가리키는 것으로, 사회인으로서 적합한지, 아닌지를 말하는 관점과는 관계가 없다. 따라서 채용의 합격 여부에는 사용되지 않는 경우가 많으며, 입사 후의 적정 부서 배치의 자료가 되는 편이라 생각하면 된다. 그러나 채용과 관계가 없다고 해서 아무런 준비도 필요없는 것은 아니다. 자신을 아는 것은 면접 대책의 밑거름이 되므로 모의검사 결과를 충분히 활용하도록 하여야 한다.

본서에서는 4개의 척도를 사용하여 기본적으로 16개의 패턴으로 성격의 유형을 분류하고 있다. 각 개인의 성격이 어떤 유형인지 재빨리 파악하기 위해 사용되며, '적성'에 맞는지, 맞지 않는지의 관점에 활용된다.

- 흥미 · 관심의 방향 : 내향형 ←————→ 외향형
- 사물에 대한 견해 : 직관형 ←————→ 감각형
- 판단하는 방법 : 감정형 ←————→ 사고형
- 환경에 대한 접근방법 : 지각형 ←————→ 판단형

(2) 성격유형

① 흥미 · 관심의 방향(내향⇌외향) … 흥미 · 관심의 방향이 자신의 내면에 있는지, 주위환경 등 외면에 향하는지를 가리키는 척도이다.

질문	선택
A : 내성적인 성격인 편이다. B : 개방적인 성격인 편이다.	
A : 항상 신중하게 생각을 하는 편이다. B : 바로 행동에 착수하는 편이다.	
A : 수수하고 조심스러운 편이다. B : 자기 표현력이 강한 편이다.	
A : 다른 사람과 함께 있으면 침착하지 않다. B : 혼자서 있으면 침착하지 않다.	

▶측정결과
㉠ 'A'가 많은 경우(내향) : 관심의 방향이 자기 내면에 있으며, 조용하고 낯을 가리는 유형이다. 행동력은 부족하나 집중력이 뛰어나고 신중하고 꼼꼼하다.
㉡ 'B'가 많은 경우(외향) : 관심의 방향이 외부환경에 있으며, 사교적이고 활동적인 유형이다. 꼼꼼함이 부족하여 대충하는 경향이 있으나 행동력이 있다.

② **일(사물)을 보는 방법(직감⇆감각)** … 일(사물)을 보는 법이 직감적으로 형식에 얽매이는지, 감각적으로 상식적인지를 가리키는 척도이다.

질문	선택
A : 현실주의적인 편이다. B : 상상력이 풍부한 편이다.	
A : 정형적인 방법으로 일을 처리하는 것을 좋아한다. B : 만들어진 방법에 변화가 있는 것을 좋아한다.	
A : 경험에서 가장 적합한 방법으로 선택한다. B : 지금까지 없었던 새로운 방법을 개척하는 것을 좋아한다.	
A : 성실하다는 말을 듣는다. B : 호기심이 강하다는 말을 듣는다.	

▶측정결과
㉠ 'A'가 많은 경우(감각) : 현실적이고 경험주의적이며 보수적인 유형이다.
㉡ 'B'가 많은 경우(직관) : 새로운 주제를 좋아하며, 독자적인 시각을 가진 유형이다.

③ **판단하는 방법(감정⇆사고)** … 일을 감정적으로 판단하는지, 논리적으로 판단하는지를 가리키는 척도이다.

질문	선택
A : 인간관계를 중시하는 편이다. B : 일의 내용을 중시하는 편이다.	
A : 결론을 자기의 신념과 감정에서 이끌어내는 편이다. B : 결론을 논리적 사고에 의거하여 내리는 편이다.	
A : 다른 사람보다 동정적이고 눈물이 많은 편이다. B : 다른 사람보다 이성적이고 냉정하게 대응하는 편이다.	
A : 남의 이야기를 듣고 감정몰입이 빠른 편이다. B : 고민 상담을 받으면 해결책을 제시해주는 편이다.	

▶측정결과
㉠ 'A'가 많은 경우(감정) : 일을 판단할 때 마음·감정을 중요하게 여기는 유형이다. 감정이 풍부하고 친절하나 엄격함이 부족하고 우유부단하며, 합리성이 부족하다.
㉡ 'B'가 많은 경우(사고) : 일을 판단할 때 논리성을 중요하게 여기는 유형이다. 이성적이고 합리적이나 타인에 대한 배려가 부족하다.

④ 환경에 대한 접근방법 … 주변상황에 어떻게 접근하는지, 그 판단기준을 어디에 두는지를 측정한다.

질문	선택
A : 사전에 계획을 세우지 않고 행동한다. B : 반드시 계획을 세우고 그것에 의거해서 행동한다. A : 자유롭게 행동하는 것을 좋아한다. B : 조직적으로 행동하는 것을 좋아한다. A : 조직성이나 관습에 속박당하지 않는다. B : 조직성이나 관습을 중요하게 여긴다. A : 계획 없이 낭비가 심한 편이다. B : 예산을 세워 물건을 구입하는 편이다.	

▶측정결과
㉠ 'A'가 많은 경우(지각) : 일의 변화에 융통성을 가지고 유연하게 대응하는 유형이다. 낙관적이며 질서보다는 자유를 좋아하나 임기응변식의 대응으로 무계획적인 인상을 줄 수 있다.
㉡ 'B'가 많은 경우(판단) : 일의 진행시 계획을 세워서 실행하는 유형이다. 순차적으로 진행하는 일을 좋아하고 끈기가 있으나 변화에 대해 적절하게 대응하지 못하는 경향이 있다.

4 인성검사의 대책

(1) 미리 알아두어야 할 점

① 출제 문항 수…인성검사의 출제 문항 수는 특별히 정해진 것이 아니며 각 기업체의 기준에 따라 달라질 수 있다. 보통 100문항 이상에서 500문항까지 출제된다고 예상하면 된다.

② 출제형식

㉠ 1Set로 묶인 세 개의 문항 중 자신에게 가장 가까운 것(Most)과 가장 먼 것(Least)을 하나씩 고르는 유형

다음 세 가지 문항 중 자신에게 가장 가까운 것은 Most, 가장 먼 것은 Least에 체크하시오.

질문	Most	Least
① 자신의 생각이나 의견은 좀처럼 변하지 않는다.	✔	
② 구입한 후 끝까지 읽지 않은 책이 많다.		✔
③ 여행가기 전에 계획을 세운다.		

㉡ '예' 아니면 '아니오'의 유형

다음 문항을 읽고 자신에게 해당되는지 안 되는지를 판단하여 해당될 경우 '예'를, 해당되지 않을 경우 '아니오'를 고르시오.

질문	예	아니오
① 걱정거리가 있어서 잠을 못 잘 때가 있다.	✔	
② 시간에 쫓기는 것이 싫다.		✔

㉢ 그 외의 유형

다음 문항에 대해서 평소에 자신이 생각하고 있는 것이나 행동하고 있는 것에 체크하시오.

질문	전혀 그렇지 않다	그렇지 않다	그렇다	매우 그렇다
① 머리를 쓰는 것보다 땀을 흘리는 일이 좋다.			✔	
② 자신은 사교적이 아니라고 생각한다.	✔			

(2) 임하는 자세

① **솔직하게 있는 그대로 표현한다** … 인성검사는 평범한 일상생활 내용들을 다룬 짧은 문장과 어떤 대상이나 일에 대한 선로를 선택하는 문장으로 구성되었으므로 평소에 자신이 생각한 바를 너무 골똘히 생각하지 말고 문제를 보는 순간 떠오른 것을 표현한다.

② **모든 문제를 신속하게 대답한다** … 인성검사는 시간 제한이 없는 것이 원칙이지만 기업체들은 일정한 시간 제한을 두고 있다. 인성검사는 개인의 성격과 자질을 알아보기 위한 검사이기 때문에 정답이 없다. 다만, 기업체에서 바람직하게 생각하거나 기대되는 결과가 있을 뿐이다. 따라서 시간에 쫓겨서 대충 대답을 하는 것은 바람직하지 못하다.

③ **일관성 있게 대답한다** … 간혹 반복되는 문제들이 출제되기 때문에 일관성 있게 답하지 않으면 감점될 수 있으므로 유의한다. 실제로 공기업 인사부 직원의 인터뷰에 따르면 일관성이 없게 대답한 응시자들이 감점을 받아 탈락했다고 한다. 거짓된 응답을 하다보면 일관성 없는 결과가 나타날 수 있으므로, 위에서 언급한 대로 신속하고 솔직하게 답해 일관성 있는 응답을 하는 것이 중요하다.

④ **마지막까지 집중해서 검사에 임한다** … 장시간 진행되는 검사에 지치지 않고 마지막까지 집중해서 정확히 답할 수 있도록 해야 한다.

Chapter 02 인성검사의 유형

〉〉 유형 Ⅰ

┃1~25┃ 다음 질문에 대해서 평소 자신이 생각하고 있는 것이나 행동하고 있는 것에 대해 주어진 응답요령에 따라 박스에 답하시오.

> **응답요령**
>
> - **응답 Ⅰ**: 제시된 문항들을 읽은 다음 각각의 문항에 대해 자신이 동의하는 정도를 ①(전혀 그렇지 않다)~⑤(매우 그렇다)로 표시하면 된다.
> - **응답 Ⅱ**: 제시된 문항들을 비교하여 상대적으로 자신의 성격과 가장 가까운 문항 하나와 가장 거리가 먼 문항 하나를 선택하여야 한다(응답 Ⅱ의 응답은 가깝다 1개, 멀다 1개, 무응답 2개이어야 한다).

1

문항	응답 Ⅰ					응답 Ⅱ	
	①	②	③	④	⑤	멀다	가깝다
A. 몸을 움직이는 것을 좋아하지 않는다.							
B. 쉽게 질리는 편이다.							
C. 경솔한 편이라고 생각한다.							
D. 인생의 목표는 손이 닿을 정도면 된다.							

2

문항	응답 Ⅰ					응답 Ⅱ	
	①	②	③	④	⑤	멀다	가깝다
A. 무슨 일도 좀처럼 시작하지 못한다.							
B. 초면인 사람과도 바로 친해질 수 있다.							
C. 행동하고 나서 생각하는 편이다.							
D. 쉬는 날은 집에 있는 경우가 많다.							

3

문항	응답 I					응답 II	
	①	②	③	④	⑤	멀다	가깝다
A. 조금이라도 나쁜 소식은 절망의 시작이라고 생각해 버린다.							
B. 언제나 실패가 걱정이 되어 어쩔 줄 모른다.							
C. 다수결의 의견에 따르는 편이다.							
D. 혼자서 술집에 들어가는 것은 전혀 두려운 일이 아니다.							

4

문항	응답 I					응답 II	
	①	②	③	④	⑤	멀다	가깝다
A. 승부근성이 강하다.							
B. 자주 흥분해서 침착하지 못하다.							
C. 지금까지 살면서 타인에게 폐를 끼친 적이 없다.							
D. 소곤소곤 이야기하는 것을 보면 자기에 대해 험담하고 있는 것으로 생각된다.							

5

문항	응답 I					응답 II	
	①	②	③	④	⑤	멀다	가깝다
A. 무엇이든지 자기가 나쁘다고 생각하는 편이다.							
B. 자신을 변덕스러운 사람이라고 생각한다.							
C. 고독을 즐기는 편이다.							
D. 자존심이 강하다고 생각한다.							

6

문항	응답 I					응답 II	
	①	②	③	④	⑤	멀다	가깝다
A. 금방 흥분하는 성격이다.							
B. 거짓말을 한 적이 없다.							
C. 신경질적인 편이다.							
D. 끙끙대며 고민하는 타입이다.							

7	문항	응답 I					응답 II	
		①	②	③	④	⑤	멀다	가깝다
	A. 감정적인 사람이라고 생각한다.							
	B. 자신만의 신념을 가지고 있다.							
	C. 다른 사람을 바보 같다고 생각한 적이 있다.							
	D. 금방 말해버리는 편이다.							

8	문항	응답 I					응답 II	
		①	②	③	④	⑤	멀다	가깝다
	A. 싫어하는 사람이 없다.							
	B. 대재앙이 오지 않을까 항상 걱정을 한다.							
	C. 쓸데없는 고생을 하는 일이 많다.							
	D. 자주 생각이 바뀌는 편이다.							

9	문항	응답 I					응답 II	
		①	②	③	④	⑤	멀다	가깝다
	A. 문제점을 해결하기 위해 여러 사람과 상의한다.							
	B. 내 방식대로 일을 한다.							
	C. 영화를 보고 운 적이 많다.							
	D. 어떤 것에 대해서도 화낸 적이 없다.							

10	문항	응답 I					응답 II	
		①	②	③	④	⑤	멀다	가깝다
	A. 사소한 충고에도 걱정을 한다.							
	B. 자신은 도움이 안 되는 사람이라고 생각한다.							
	C. 금방 싫증을 내는 편이다.							
	D. 개성적인 사람이라고 생각한다.							

11

문항	응답 I					응답 II	
	①	②	③	④	⑤	멀다	가깝다
A. 자기주장이 강한 편이다.							
B. 뒤숭숭하다는 말을 들은 적이 있다.							
C. 학교를 쉬고 싶다고 생각한 적이 한 번도 없다.							
D. 사람들과 관계 맺는 것을 보면 잘하지 못한다.							

12

문항	응답 I					응답 II	
	①	②	③	④	⑤	멀다	가깝다
A. 사려 깊은 편이다.							
B. 몸을 움직이는 것을 좋아한다.							
C. 끈기가 있는 편이다.							
D. 신중한 편이라고 생각한다.							

13

문항	응답 I					응답 II	
	①	②	③	④	⑤	멀다	가깝다
A. 인생의 목표는 큰 것이 좋다.							
B. 어떤 일이라도 바로 시작하는 타입이다.							
C. 낯가림을 하는 편이다.							
D. 생각하고 나서 행동하는 편이다.							

14

문항	응답 I					응답 II	
	①	②	③	④	⑤	멀다	가깝다
A. 쉬는 날은 밖으로 나가는 경우가 많다.							
B. 시작한 일은 반드시 완성시킨다.							
C. 면밀한 계획을 세운 여행을 좋아한다.							
D. 야망이 있는 편이라고 생각한다.							

15

문항	응답 I					응답 II	
	①	②	③	④	⑤	멀다	가깝다
A. 활동력이 있는 편이다.							
B. 많은 사람들과 왁자지껄하게 식사하는 것을 좋아하지 않는다.							
C. 돈을 허비한 적이 없다.							
D. 운동회를 아주 좋아하고 기대했다.							

16

문항	응답 I					응답 II	
	①	②	③	④	⑤	멀다	가깝다
A. 하나의 취미에 열중하는 타입이다.							
B. 모임에서 회장에 어울린다고 생각한다.							
C. 입신출세의 성공이야기를 좋아한다.							
D. 어떠한 일도 의욕을 가지고 임하는 편이다.							

17

문항	응답 I					응답 II	
	①	②	③	④	⑤	멀다	가깝다
A. 학급에서는 존재가 희미했다.							
B. 항상 무언가를 생각하고 있다.							
C. 스포츠는 보는 것보다 하는 게 좋다.							
D. 잘한다라는 말을 자주 듣는다.							

18

문항	응답 I					응답 II	
	①	②	③	④	⑤	멀다	가깝다
A. 흐린 날은 반드시 우산을 가지고 간다.							
B. 주연상을 받을 수 있는 배우를 좋아한다.							
C. 공격하는 타입이라고 생각한다.							
D. 리드를 받는 편이다.							

19

문항	응답 I					응답 II	
	①	②	③	④	⑤	멀다	가깝다
A. 너무 신중해서 기회를 놓친 적이 있다.							
B. 시원시원하게 움직이는 타입이다.							
C. 야근을 해서라도 업무를 끝낸다.							
D. 누군가를 방문할 때는 반드시 사전에 확인한다.							

20

문항	응답 I					응답 II	
	①	②	③	④	⑤	멀다	가깝다
A. 노력해도 결과가 따르지 않으면 의미가 없다.							
B. 무조건 행동해야 한다.							
C. 유행에 둔감하다고 생각한다.							
D. 정해진 대로 움직이는 것은 시시하다.							

21

문항	응답 I					응답 II	
	①	②	③	④	⑤	멀다	가깝다
A. 꿈을 계속 가지고 있고 싶다.							
B. 질서보다 자유를 중요시하는 편이다.							
C. 혼자서 취미에 몰두하는 것을 좋아한다.							
D. 직관적으로 판단하는 편이다.							

22

문항	응답 I					응답 II	
	①	②	③	④	⑤	멀다	가깝다
A. 영화나 드라마를 보면 등장인물의 감정에 이입된다.							
B. 시대의 흐름에 역행해서라도 자신을 관철하고 싶다.							
C. 다른 사람의 소문에 관심이 없다.							
D. 창조적인 편이다.							

23

문항	응답 Ⅰ					응답 Ⅱ	
	①	②	③	④	⑤	멀다	가깝다
A. 비교적 눈물이 많은 편이다.							
B. 융통성이 있다고 생각한다.							
C. 친구의 휴대전화 번호를 잘 모른다.							
D. 스스로 고안하는 것을 좋아한다.							

24

문항	응답 Ⅰ					응답 Ⅱ	
	①	②	③	④	⑤	멀다	가깝다
A. 정이 두터운 사람으로 남고 싶다.							
B. 조직의 일원으로 별로 안 어울린다.							
C. 세상의 일에 별로 관심이 없다.							
D. 변화를 추구하는 편이다.							

25

문항	응답 Ⅰ					응답 Ⅱ	
	①	②	③	④	⑤	멀다	가깝다
A. 업무는 인간관계로 선택한다.							
B. 환경이 변하는 것에 구애되지 않는다.							
C. 불안감이 강한 편이다.							
D. 인생은 살 가치가 없다고 생각한다.							

〉〉 유형 II

|1~30| 다음 각 문제에서 제시된 4개의 질문 중 자신의 생각과 일치하거나 자신을 가장 잘 나타내는 질문과 가장 거리가 먼 질문을 각각 하나씩 고르시오.

	질문	가깝다	멀다
1	나는 계획적으로 일을 하는 것을 좋아한다.		
	나는 꼼꼼하게 일을 마무리 하는 편이다.		
	나는 새로운 방법으로 문제를 해결하는 것을 좋아한다.		
	나는 빠르고 신속하게 일을 처리해야 마음이 편하다.		
2	나는 문제를 해결하기 위해 여러 사람과 상의한다.		
	나는 어떠한 결정을 내릴 때 신중한 편이다.		
	나는 시작한 일은 반드시 완성시킨다.		
	나는 문제를 현실적이고 객관적으로 해결한다.		
3	나는 글보다 말로 표현하는 것이 편하다.		
	나는 논리적인 원칙에 따라 행동하는 것이 좋다.		
	나는 집중력이 강하고 매사에 철저하다.		
	나는 자기능력을 뽐내지 않고 겸손하다.		
4	나는 융통성 있게 업무를 처리한다.		
	나는 질문을 받으면 충분히 생각하고 나서 대답한다.		
	나는 긍정적이고 낙천적인 사고방식을 갖고 있다.		
	나는 매사에 적극적인 편이다.		
5	나는 기발한 아이디어를 많이 낸다.		
	나는 새로운 일을 하는 것이 좋다.		
	나는 타인의 견해를 잘 고려한다.		
	나는 사람들을 잘 설득시킨다.		
6	나는 종종 화가 날 때가 있다.		
	나는 화를 잘 참지 못한다.		
	나는 단호하고 통솔력이 있다.		
	나는 집단을 이끌어가는 능력이 있다.		
7	나는 조용하고 성실하다.		
	나는 책임감이 강하다.		
	나는 독창적이며 창의적이다.		
	나는 복잡한 문제도 간단하게 해결한다.		

	질문	가깝다	멀다
8	나는 관심 있는 분야에 몰두하는 것이 즐겁다.		
	나는 목표를 달성하는 것을 중요하게 생각한다.		
	나는 상황에 따라 일정을 조율하는 융통성이 있다.		
	나는 의사결정에 신속함이 있다.		
9	나는 정리 정돈과 계획에 능하다.		
	나는 사람들의 관심을 받는 것이 기분 좋다.		
	나는 때로는 고집스러울 때도 있다.		
	나는 원리원칙을 중시하는 편이다.		
10	나는 맡은 일에 헌신적이다.		
	나는 타인의 감정에 민감하다.		
	나는 목적과 방향은 변화할 수 있다고 생각한다.		
	나는 다른 사람과 의견의 충돌은 피하고 싶다.		
11	나는 구체적인 사실을 잘 기억하는 편이다.		
	나는 새로운 일을 시도하는 것이 즐겁다.		
	나는 겸손하다.		
	나는 다른 사람과 별다른 마찰이 없다.		
12	나는 나이에 비해 성숙한 편이다.		
	나는 유머감각이 있다.		
	나는 다른 사람의 생각이나 의견을 중요시 생각한다.		
	나는 솔직하고 단호한 편이다.		
13	나는 낙천적이고 긍정적이다.		
	나는 집단을 이끌어가는 능력이 있다.		
	나는 사람들에게 인기가 많다.		
	나는 활동을 조직하고 주도해나가는데 능하다.		
14	나는 사람들에게 칭찬을 잘 한다.		
	나는 사교성이 풍부한 편이다.		
	나는 동정심이 많다.		
	나는 정보에 밝고 지식에 대한 욕구가 높다.		
15	나는 호기심이 많다.		
	나는 다수결의 의견에 쉽게 따른다.		
	나는 승부근성이 강하다.		
	나는 자존심이 강한 편이다.		
16	나는 한번 생각한 것은 자주 바꾸지 않는다.		
	나는 개성 있다는 말을 자주 듣는다.		
	나는 나만의 방식으로 업무를 풀어나가는데 능하다.		
	나는 신중한 편이라고 생각한다.		

	질문	가깝다	멀다
17	나는 문제를 해결하기 위해 많은 사람의 의견을 참고한다.		
	나는 몸을 움직이는 것을 좋아한다.		
	나는 시작한 일은 반드시 완성시킨다.		
	나는 문제 상황을 객관적으로 대처하는데 자신이 있다.		
18	나는 목표를 향해 계속 도전하는 편이다.		
	나는 실패하는 것이 두렵지 않다.		
	나는 친구들이 많은 편이다.		
	나는 다른 사람의 시선을 고려하여 행동한다.		
19	나는 추상적인 이론을 잘 기억하는 편이다.		
	나는 적극적으로 행동하는 편이다.		
	나는 말하는 것을 좋아한다.		
	나는 꾸준히 노력하는 타입이다.		
20	나는 실행력이 있는 편이다.		
	나는 조직 내 분위기 메이커이다.		
	나는 세심하지 못한 편이다.		
	나는 모임에서 지원자 역할을 맡는 것이 좋다.		
21	나는 현실적이고 실용적인 것을 추구한다.		
	나는 계획을 세우고 실행하는 것이 재미있다.		
	나는 꾸준한 취미를 갖고 있다.		
	나는 성급하게 결정하지 않는다.		
22	나는 싫어하는 사람과도 아무렇지 않게 이야기 할 수 있다.		
	내 책상은 항상 깔끔히 정돈되어 있다.		
	나는 실패보다 성공을 먼저 생각한다.		
	나는 동료와의 경쟁도 즐긴다.		
23	나는 능력을 칭찬받는 경우가 많다.		
	나는 논리정연하게 말을 하는 편이다.		
	나는 사물의 근원과 배경에 대해 관심이 많다.		
	나는 문제에 부딪히면 스스로 해결하는 편이다.		
24	나는 부지런한 편이다.		
	나는 일을 하는 속도가 빠르다.		
	나는 독특하고 창의적인 생각을 잘한다.		
	나는 약속한 일은 어기지 않는다.		
25	나는 환경의 변화에도 쉽게 적응할 수 있다.		
	나는 망설이는 것보다 도전하는 편이다.		
	나는 완벽주의자이다.		
	나는 팀을 짜서 일을 하는 것이 재미있다.		

	질문	가깝다	멀다
26	나는 조직을 위해서 내 이익을 포기할 수 있다.		
	나는 상상력이 풍부하다.		
	나는 여러 가지 각도로 사물을 분석하는 것이 좋다.		
	나는 인간관계를 중시하는 편이다.		
27	나는 경험한 방법 중 가장 적합한 방법으로 일을 해결한다.		
	나는 독자적인 시각을 갖고 있다.		
	나는 시간이 걸려도 침착하게 생각하는 경우가 많다.		
	나는 높은 목표를 설정하고 이루기 위해 노력하는 편이다.		
28	나는 성격이 시원시원하다는 말을 자주 듣는다.		
	나는 자기 표현력이 강한 편이다.		
	나는 일의 내용을 중요시 여긴다.		
	나는 다른 사람보다 동정심이 많은 편이다.		
29	나는 하기 싫은 일을 맡아도 표시내지 않고 마무리 한다.		
	나는 누가 시키지 않아도 일을 계획적으로 진행한다.		
	나는 한 가지 일에 집중을 잘 하는 편이다.		
	나는 남을 설득하고 이해시키는데 자신이 있다.		
30	나는 비합리적이거나 불의를 보면 쉽게 지나치지 못한다.		
	나는 무엇이던 시작하면 이루어야 직성이 풀린다.		
	나는 사람을 가리지 않고 쉽게 사귄다.		
	나는 어렵고 힘든 일에 도전하는 것에 쾌감을 느낀다.		

〉〉 유형 Ⅰ

| 1~200 | 다음 ( ) 안에 당신에게 해당사항이 있으면 'YES', 그렇지 않다면 'NO'를 선택하시오.

                                                                                                                                   YES NO

1. 사람들이 붐비는 도시보다 한적한 시골이 좋다. ·· (   )(   )
2. 전자기기를 잘 다루지 못하는 편이다. ··· (   )(   )
3. 인생에 대해 깊이 생각해 본 적이 없다. ··· (   )(   )
4. 혼자서 식당에 들어가는 것은 전혀 두려운 일이 아니다. ····································· (   )(   )
5. 남녀 사이의 연애에서 중요한 것은 돈이다. ··· (   )(   )
6. 걸음걸이가 빠른 편이다. ··· (   )(   )
7. 육류보다 채소류를 더 좋아한다. ··· (   )(   )
8. 소곤소곤 이야기하는 것을 보면 자기에 대해 험담하고 있는 것으로 생각된다. ······· (   )(   )
9. 여럿이 어울리는 자리에서 이야기를 주도하는 편이다. ··· (   )(   )
10. 집에 머무는 시간보다 밖에서 활동하는 시간이 더 많은 편이다. ······················· (   )(   )
11. 무엇인가 창조해내는 작업을 좋아한다. ··· (   )(   )
12. 자존심이 강하다고 생각한다. ··· (   )(   )
13. 금방 흥분하는 성격이다. ·· (   )(   )
14. 거짓말을 한 적이 많다. ·· (   )(   )
15. 신경질적인 편이다. ·· (   )(   )
16. 끙끙대며 고민하는 타입이다. ··· (   )(   )
17. 자신이 맡은 일에 반드시 책임을 지는 편이다. ·· (   )(   )
18. 누군가와 마주하는 것보다 통화로 이야기하는 것이 더 편하다. ························· (   )(   )
19. 운동신경이 뛰어난 편이다. ··· (   )(   )
20. 생각나는 대로 말해버리는 편이다. ·· (   )(   )
21. 싫어하는 사람이 없다. ·· (   )(   )
22. 학창시절 국·영·수보다 예체능 과목을 더 좋아했다. ······································· (   )(   )
23. 쓸데없는 고생을 하는 일이 많다. ·· (   )(   )

　　　YES　NO

24. 자주 생각이 바뀌는 편이다. ………………………………………………………………( )( )

25. 갈등은 대화로 해결한다. …………………………………………………………………( )( )

26. 내 방식대로 일을 한다. ……………………………………………………………………( )( )

27. 영화를 보고 운 적이 많다. …………………………………………………………………( )( )

28. 어떤 것에 대해서도 화낸 적이 없다. ……………………………………………………( )( )

29. 좀처럼 아픈 적이 없다. ……………………………………………………………………( )( )

30. 자신은 도움이 안 되는 사람이라고 생각한다. …………………………………………( )( )

31. 어떤 일이든 쉽게 싫증을 내는 편이다. …………………………………………………( )( )

32. 개성적인 사람이라고 생각한다. …………………………………………………………( )( )

33. 자기주장이 강한 편이다. …………………………………………………………………( )( )

34. 뒤숭숭하다는 말을 들은 적이 있다. ……………………………………………………( )( )

35. 인터넷 사용이 아주 능숙하다. ……………………………………………………………( )( )

36. 사람들과 관계 맺는 것을 보면 잘하지 못한다. …………………………………………( )( )

37. 사고방식이 독특하다. ………………………………………………………………………( )( )

38. 대중교통보다는 걷는 것을 더 선호한다. …………………………………………………( )( )

39. 끈기가 있는 편이다. …………………………………………………………………………( )( )

40. 신중한 편이라고 생각한다. …………………………………………………………………( )( )

41. 인생의 목표는 큰 것이 좋다. ………………………………………………………………( )( )

42. 어떤 일이라도 바로 시작하는 타입이다. …………………………………………………( )( )

43. 낯가림을 하는 편이다. ………………………………………………………………………( )( )

44. 생각하고 나서 행동하는 편이다. …………………………………………………………( )( )

45. 쉬는 날은 밖으로 나가는 경우가 많다. …………………………………………………( )( )

46. 시작한 일은 반드시 완성시킨다. …………………………………………………………( )( )

47. 면밀한 계획을 세운 여행을 좋아한다. …………………………………………………( )( )

48. 야망이 있는 편이라고 생각한다. …………………………………………………………( )( )

	YES	NO

49. 활동력이 있는 편이다. ( )( )
50. 많은 사람들과 와자지껄하게 식사하는 것을 좋아하지 않는다. ( )( )
51. 장기적인 계획을 세우는 것을 꺼려한다. ( )( )
52. 자기 일이 아닌 이상 무심한 편이다. ( )( )
53. 하나의 취미에 열중하는 타입이다. ( )( )
54. 스스로 모임에서 회장에 어울린다고 생각한다. ( )( )
55. 입신출세의 성공이야기를 좋아한다. ( )( )
56. 어떠한 일도 의욕을 가지고 임하는 편이다. ( )( )
57. 학급에서는 존재가 희미했다. ( )( )
58. 항상 무언가를 생각하고 있다. ( )( )
59. 스포츠는 보는 것보다 하는 게 좋다. ( )( )
60. 문제 상황을 바르게 인식하고 현실적이고 객관적으로 대처한다. ( )( )
61. 흐린 날은 반드시 우산을 가지고 간다. ( )( )
62. 여러 명보다 1:1로 대화하는 것을 선호한다. ( )( )
63. 공격하는 타입이라고 생각한다. ( )( )
64. 리드를 받는 편이다. ( )( )
65. 너무 신중해서 기회를 놓친 적이 있다. ( )( )
66. 시원시원하게 움직이는 타입이다. ( )( )
67. 야근을 해서라도 업무를 끝낸다. ( )( )
68. 누군가를 방문할 때는 반드시 사전에 확인한다. ( )( )
69. 아무리 노력해도 결과가 따르지 않는다면 의미가 없다. ( )( )
70. 솔직하고 타인에 대해 개방적이다. ( )( )
71. 유행에 둔감하다고 생각한다. ( )( )
72. 정해진 대로 움직이는 것은 시시하다. ( )( )
73. 꿈을 계속 가지고 있고 싶다. ( )( )

		YES	NO

74. 질서보다 자유를 중요시하는 편이다. ······( )( )
75. 혼자서 취미에 몰두하는 것을 좋아한다. ······( )( )
76. 직관적으로 판단하는 편이다. ······( )( )
77. 영화나 드라마를 보며 등장인물의 감정에 이입된다. ······( )( )
78. 시대의 흐름에 역행해서라도 자신을 관철하고 싶다. ······( )( )
79. 다른 사람의 소문에 관심이 없다. ······( )( )
80. 창조적인 편이다. ······( )( )
81. 비교적 눈물이 많은 편이다. ······( )( )
82. 융통성이 있다고 생각한다. ······( )( )
83. 친구의 휴대전화 번호를 잘 모른다. ······( )( )
84. 스스로 고안하는 것을 좋아한다. ······( )( )
85. 정이 두터운 사람으로 남고 싶다. ······( )( )
86. 새로 나온 전자제품의 사용방법을 익히는 데 오래 걸린다. ······( )( )
87. 세상의 일에 별로 관심이 없다. ······( )( )
88. 변화를 추구하는 편이다. ······( )( )
89. 업무는 인간관계로 선택한다. ······( )( )
90. 환경이 변하는 것에 구애되지 않는다. ······( )( )
91. 다른 사람들에게 첫인상이 좋다는 이야기를 자주 듣는다. ······( )( )
92. 인생은 살 가치가 없다고 생각한다. ······( )( )
93. 의지가 약한 편이다. ······( )( )
94. 다른 사람이 하는 일에 별로 관심이 없다. ······( )( )
95. 자주 넘어지거나 다치는 편이다. ······( )( )
96. 심심한 것을 못 참는다. ······( )( )
97. 다른 사람을 욕한 적이 한 번도 없다. ······( )( )
98. 몸이 아프더라도 병원에 잘 가지 않는 편이다. ······( )( )

		YES	NO

99. 금방 낙심하는 편이다. ……………………………………………………………( )( )
100. 평소 말이 빠른 편이다. ……………………………………………………………( )( )
101. 어려운 일은 되도록 피하는 게 좋다. ……………………………………………( )( )
102. 다른 사람이 내 의견에 간섭하는 것이 싫다. ……………………………………( )( )
103. 낙천적인 편이다. ……………………………………………………………………( )( )
104. 남을 돕다가 오해를 산 적이 있다. ………………………………………………( )( )
105. 모든 일에 준비성이 철저한 편이다. ………………………………………………( )( )
106. 상냥하다는 말을 들은 적이 있다. …………………………………………………( )( )
107. 맑은 날보다 흐린 날을 더 좋아한다. ……………………………………………( )( )
108. 많은 친구들을 만나는 것보다 단 둘이 만나는 것이 더 좋다. ………………( )( )
109. 평소에 불평불만이 많은 편이다. …………………………………………………( )( )
110. 가끔 나도 모르게 엉뚱한 행동을 하는 때가 있다. ……………………………( )( )
111. 생리현상을 잘 참지 못하는 편이다. ………………………………………………( )( )
112. 다른 사람을 기다리는 경우가 많다. ………………………………………………( )( )
113. 술자리나 모임에 억지로 참여하는 경우가 많다. ………………………………( )( )
114. 결혼과 연애는 별개라고 생각한다. ………………………………………………( )( )
115. 노후에 대해 걱정이 될 때가 많다. ………………………………………………( )( )
116. 잃어버린 물건은 쉽게 찾는 편이다. ………………………………………………( )( )
117. 비교적 쉽게 감격하는 편이다. ……………………………………………………( )( )
118. 어떤 것에 대해서는 불만을 가진 적이 없다. ……………………………………( )( )
119. 걱정으로 밤에 못 잘 때가 많다. …………………………………………………( )( )
120. 자주 후회하는 편이다. ……………………………………………………………( )( )
121. 쉽게 학습하지만 쉽게 잊어버린다. ………………………………………………( )( )
122. 낮보다 밤에 일하는 것이 좋다. ……………………………………………………( )( )
123. 많은 사람 앞에서도 긴장하지 않는다. ……………………………………………( )( )

		YES	NO
124.	상대방에게 감정 표현을 하기가 어렵게 느껴진다.	( )	( )
125.	인생을 포기하는 마음을 가진 적이 한 번도 없다.	( )	( )
126.	규칙에 대해 드러나게 반발하기보다 속으로 반발한다.	( )	( )
127.	자신의 언행에 대해 자주 반성한다.	( )	( )
128.	활동범위가 좁아 늘 가던 곳만 고집한다.	( )	( )
129.	나는 끈기가 다소 부족하다.	( )	( )
130.	좋다고 생각하더라도 좀 더 검토하고 나서 실행한다.	( )	( )
131.	위대한 인물이 되고 싶다.	( )	( )
132.	한 번에 많은 일을 떠맡아도 힘들지 않다.	( )	( )
133.	사람과 약속은 부담스럽다.	( )	( )
134.	질문을 받으면 충분히 생각하고 나서 대답하는 편이다.	( )	( )
135.	머리를 쓰는 것보다 땀을 흘리는 일이 좋다.	( )	( )
136.	결정한 것에는 철저히 구속받는다.	( )	( )
137.	아무리 바쁘더라도 자기관리를 위한 운동을 꼭 한다.	( )	( )
138.	이왕 할 거라면 일등이 되고 싶다.	( )	( )
139.	과감하게 도전하는 타입이다.	( )	( )
140.	자신은 사교적이 아니라고 생각한다.	( )	( )
141.	무심코 도리에 대해서 말하고 싶어진다.	( )	( )
142.	목소리가 큰 편이다.	( )	( )
143.	단념하기보다 실패하는 것이 낫다고 생각한다.	( )	( )
144.	예상하지 못한 일은 하고 싶지 않다.	( )	( )
145.	파란만장하더라도 성공하는 인생을 살고 싶다.	( )	( )
146.	활기찬 편이라고 생각한다.	( )	( )
147.	자신의 성격으로 고민한 적이 있다.	( )	( )
148.	무심코 사람들을 평가 한다.	( )	( )

		YES	NO
149.	때때로 성급하다고 생각한다.	( )	( )

149. 때때로 성급하다고 생각한다. ……………………………………………………( )( )
150. 자신은 꾸준히 노력하는 타입이라고 생각한다. ……………………………( )( )
151. 터무니없는 생각이라도 메모한다. ……………………………………………( )( )
152. 리더십이 있는 사람이 되고 싶다. ……………………………………………( )( )
153. 열정적인 사람이라고 생각한다. ………………………………………………( )( )
154. 다른 사람 앞에서 이야기를 하는 것이 조심스럽다. ………………………( )( )
155. 세심하기보다 통찰력이 있는 편이다. …………………………………………( )( )
156. 엉덩이가 가벼운 편이다. ………………………………………………………( )( )
157. 여러 가지로 구애받는 것을 견디지 못한다. …………………………………( )( )
158. 돌다리도 두들겨 보고 건너는 쪽이 좋다. …………………………………( )( )
159. 자신에게는 권력욕이 있다. ……………………………………………………( )( )
160. 자신의 능력보다 과중한 업무를 할당받으면 기쁘다. ……………………( )( )
161. 사색적인 사람이라고 생각한다. ………………………………………………( )( )
162. 비교적 개혁적이다. ……………………………………………………………( )( )
163. 좋고 싫음으로 정할 때가 많다. ………………………………………………( )( )
164. 전통에 얽매인 습관은 버리는 것이 적절하다. ……………………………( )( )
165. 교제 범위가 좁은 편이다. ……………………………………………………( )( )
166. 발상의 전환을 할 수 있는 타입이라고 생각한다. …………………………( )( )
167. 주관적인 판단으로 실수한 적이 있다. ………………………………………( )( )
168. 현실적이고 실용적인 면을 추구한다. …………………………………………( )( )
169. 타고난 능력에 의존하는 편이다. ………………………………………………( )( )
170. 다른 사람을 의식하여 외모에 신경을 쓴다. …………………………………( )( )
171. 마음이 담겨 있으면 선물은 아무 것이나 좋다. ……………………………( )( )
172. 여행은 내 마음대로 하는 것이 좋다. …………………………………………( )( )
173. 추상적인 일에 관심이 있는 편이다. …………………………………………( )( )

	YES	NO

174. 큰일을 먼저 결정하고 세세한 일을 나중에 결정하는 편이다. ( )( )
175. 괴로워하는 사람을 보면 답답하다. ( )( )
176. 자신의 가치기준을 알아주는 사람은 아무도 없다. ( )( )
177. 인간성이 없는 사람과는 함께 일할 수 없다. ( )( )
178. 상상력이 풍부한 편이라고 생각한다. ( )( )
179. 의리, 인정이 두터운 상사를 만나고 싶다. ( )( )
180. 인생은 앞날을 알 수 없어 재미있다. ( )( )
181. 조직에서 분위기 메이커다. ( )( )
182. 반성하는 시간에 차라리 실수를 만회할 방법을 구상한다. ( )( )
183. 늘 하던 방식대로 일을 처리해야 마음이 편하다. ( )( )
184. 쉽게 이룰 수 있는 일에는 흥미를 느끼지 못한다. ( )( )
185. 좋다고 생각하면 바로 행동한다. ( )( )
186. 후배들은 무섭게 가르쳐야 따라온다. ( )( )
187. 한 번에 많은 일을 떠맡는 것이 부담스럽다. ( )( )
188. 능력 없는 상사라도 진급을 위해 아부할 수 있다. ( )( )
189. 질문을 받으면 그때의 느낌으로 대답하는 편이다. ( )( )
190. 땀을 흘리는 것보다 머리를 쓰는 일이 좋다. ( )( )
191. 단체 규칙에 그다지 구속받지 않는다. ( )( )
192. 물건을 자주 잃어버리는 편이다. ( )( )
193. 불만이 생기면 즉시 말해야 한다. ( )( )
194. 안전한 방법을 고르는 타입이다. ( )( )
195. 사교성이 많은 사람을 보면 부럽다. ( )( )
196. 성격이 급한 편이다. ( )( )
197. 갑자기 중요한 프로젝트가 생기면 혼자서라도 야근할 수 있다. ( )( )
198. 내 인생에 절대로 포기하는 경우는 없다. ( )( )
199. 예상하지 못한 일도 해보고 싶다. ( )( )
200. 평범하고 평온하게 행복한 인생을 살고 싶다. ( )( )

PART 02

직무능력검사

01. 언어논리력
02. 이해력
03. 공간지각력
04. 문제해결력
05. 관찰탐구력

Chapter 01 언어논리력

대표유형 1 단어관계

(1) 동의어

두 개 이상의 단어가 소리는 다르나 의미가 같아 모든 문맥에서 서로 대치되어 쓰일 수 있는 것을 동의어라고 한다. 그러나 이렇게 쓰일 수 있는 동의어의 수는 극히 적다. 말이란 개념뿐만 아니라 느낌까지 싣고 있어서 문장 환경에 따라 미묘한 차이가 있기 때문이다. 따라서 동의어는 의미와 결합성의 일치로써 완전동의어와 의미의 범위가 서로 일치하지는 않으나 공통되는 부분의 의미를 공유하는 부분동의어로 구별된다.

① **완전동의어** … 둘 이상의 단어가 그 의미의 범위가 서로 일치하여 모든 문맥에서 치환이 가능하다.
  예 사람 : 인간, 사망 : 죽음

② **부분동의어** … 의미의 범위가 서로 일치하지는 않으나 공통되는 어느 부분만 의미를 서로 공유하는 부분적인 동의어이다. 부분동의어는 일반적으로 유의어(類義語)라 불린다. 사실, 동의어로 분류되는 거의 모든 낱말들이 부분동의어에 속한다.
  예 이유 : 원인

(2) 유의어

둘 이상의 단어가 소리는 다르면서 뜻이 비슷할 때 유의어라고 한다. 유의어는 뜻은 비슷하나 단어의 성격 등이 다른 경우에 해당하는 것이다. A와 B가 유의어라고 했을 때 문장에 들어 있는 A를 B로 바꾸면 문맥이 이상해지는 경우가 있다. 예를 들어 어머니, 엄마, 모친(母親)은 자손을 출산한 여성을 자식의 관점에서 부르는 호칭으로 유의어이다. 그러나 "어머니, 학교 다녀왔습니다."라는 문장을 "모친, 학교 다녀왔습니다."라고 바꾸면 문맥상 자연스럽지 못하게 된다.

(3) 동음이의어

둘 이상의 단어가 소리는 같으나 의미가 다를 때 동음이의어라고 한다. 동음이의어는 문맥과 상황에 따라, 말소리의 길고 짧음에 따라, 한자에 따라 의미를 구별할 수 있다.

예
- 밥을 먹었더니 배가 부르다. (복부)
- 과일 가게에서 배를 샀다. (과일)
- 항구에 배가 들어왔다. (선박)

(4) 다의어

하나의 단어에 뜻이 여러 가지인 단어로 대부분의 단어가 다의를 갖고 있기 때문에 의미 분석이 어려운 것이라고 볼 수 있다. 하나의 의미만 갖는 단의어 및 동음이의어와 대립되는 개념이다.

예
- 밥 먹기 전에 가서 손을 씻고 오너라. (신체)
- 우리 언니는 손이 큰 편이야. (씀씀이)
- 그 사람의 손을 빌렸어. (도움)
- 저 사람 손에 집이 넘어가게 생겼다. (소유)
- 너무 바빠서 손이 모자란다. (일손)
- 그 사람과는 손을 끊어라. (교제)
- 넌 나의 손에 놀아난 거야. (꾀)
- 반드시 내 손으로 해내고 말겠다. (힘, 역량)

(5) 반의어

단어들의 의미가 서로 반대되거나 짝을 이루어 서로 관계를 맺고 있는 경우가 있다. 이를 '반의어 관계'라고 한다. 그리고 이러한 반의관계에 있는 어휘를 반의어라고 한다. 반의 및 대립 관계를 형성하는 어휘 쌍을 일컫는 용어들은 관점과 유형에 따라 '반대말, 반의어, 반대어, 상대어, 대조어, 대립어' 등으로 다양하다. 반의관계에서 특히 중간 항이 허용되는 관계를 '반대관계'라고 하며, 중간 항이 허용되지 않는 관계를 '모순관계'라고 한다.

예
- 반대관계 : 크다 ↔ 작다
- 모순관계 : 남자 ↔ 여자

(6) 상·하의어

단어의 의미 관계로 보아 어떤 단어가 다른 단어에 포함되는 경우를 '하의어 관계'라고 하고, 이러한 관계에 있는 어휘가 상의어·하의어이다. 상의어로 갈수록 포괄적이고 일반적이며, 하의어로 갈수록 한정적이고 개별적인 의미를 지닌다. 따라서 하의어는 상의어에 비해 자세하다.

① 상의어…다른 단어의 의미를 포함하는 단어를 말한다.
  예 꽃

② 하의어 … 다른 단어의 의미에 포함되는 단어를 말한다.
  예 장미, 국화, 맨드라미, 수선화, 개나리 등

대표유형 2 관용표현 및 생활어휘

(1) 관용표현

관용표현이란 둘 이상의 낱말이 합쳐져 원래의 뜻과는 전혀 다른 새로운 뜻으로 굳어져서 쓰이는 표현을 말한다.

예 발을 끊다. → 오가지 않거나 관계를 끊다.
　　손이 크다. → 씀씀이가 후하고 크다.

(2) 단위를 나타내는 말

① 길이

뼘	엄지손가락과 다른 손가락을 완전히 펴서 벌렸을 때에 두 끝 사이의 거리
발	한 발은 두 팔을 양옆으로 펴서 벌렸을 때 한쪽 손끝에서 다른 쪽 손끝까지의 길이
길	한 길은 여덟 자 또는 열 자로 약 3m에 해당함. 사람의 키 정도의 길이
치	길이의 단위. 한 치는 한 자의 10분의 1 또는 약 3.33cm
자	길이의 단위. 한 자는 한 치의 열 배로 약 30.3cm
리	거리의 단위. 1리는 약 0.393km
마장	거리의 단위. 오 리나 십 리가 못 되는 거리

② 부피

술	한 술은 숟가락 하나 만큼의 양
홉	곡식의 부피를 재기 위한 기구들이 만들어지고, 그 기구들의 이름이 그대로 부피를 재는 단위가 된다. '홉'은 그 중 가장 작은 단위(180ml에 해당)이며, 곡식 외에 가루, 액체 따위의 부피를 잴 때도 쓰임(10홉 = 1되, 10되 = 1말, 10말 = 1섬).
되	곡식이나 액체 따위의 분량을 헤아리는 단위. '말'의 10분의 1, '홉'의 10배이며, 약 1.8l
섬	곡식·가루·액체 따위의 부피를 잴 때 씀. 한 섬은 한 말의 열 배로 약 180l

③ 무게

돈	귀금속이나 한약재 따위의 무게를 잴 때 쓰는 단위. 한 돈은 한 냥의 10분의 1, 한 푼의 열 배로 3.75g
냥	한 냥은 귀금속 무게를 잴 때는 한 돈의 열 배이고, 한약재의 무게를 잴 때는 한 근의 16분의 1로 37.5g
근	고기나 한약재의 무게를 잴 때는 600g에 해당하고, 과일이나 채소 따위의 무게를 잴 때는 한 관의 10분의 1로 375g
관	한 관은 한 근의 열 배로 3.75kg

④ 낱개

개비	가늘고 짤막하게 쪼개진 도막을 세는 단위
그루	식물, 특히 나무를 세는 단위
닢	가마니, 돗자리, 멍석 등을 세는 단위
땀	바느질할 때 바늘을 한 번 뜬, 그 눈
마리	짐승이나 물고기, 벌레 따위를 세는 단위
모	두부나 묵 따위를 세는 단위
올(오리)	실이나 줄 따위의 가닥을 세는 단위
자루	필기 도구나 연장, 무기 따위를 세는 단위
채	집이나 큰 가구, 기물, 가마, 상여, 이불 등을 세는 단위
코	그물이나 뜨개질한 물건에서 지어진 하나하나의 매듭
타래	사리어 뭉쳐 놓은 실이나 노끈 따위의 뭉치를 세는 단위
톨	밤이나 곡식의 낱알을 세는 단위
통	배추나 박 따위를 세는 단위
포기	뿌리를 단위로 하는 초목을 세는 단위

⑤ 넓이

평	땅 넓이의 단위. 한 평은 여섯 자 제곱으로 약 $3.3058m^2$
홉지기	땅 넓이의 단위. 한 홉은 1평의 10분의 1
마지기	논과 밭의 넓이를 나타내는 단위. 한 마지기는 볍씨 한 말의 모 또는 씨앗을 심을 만한 넓이로, 지방마다 다르나 논은 약 150~300평. 밭은 약 100평 정도
되지기	넓이의 단위. 한 되지기는 볍씨 한 되의 모 또는 씨앗을 심을 만한 넓이로 한 마지기의 10분의 1
섬지기	논과 밭의 넓이를 나타내는 단위. 한 섬지기는 볍씨 한 섬의 모 또는 씨앗을 심을 만한 넓이로, 한 마지기의 10배이며, 논은 약 2,000평, 밭은 약 1,000평 정도
간	가옥의 넓이를 나타내는 말. '간'은 네 개의 도리로 둘러싸인 면적의 넓이로, 약 6자×6자 정도의 넓이

⑥ 수량

갓	굴비, 고사리 따위를 묶어 세는 단위. 고사리 따위 10모숨을 한 줄로 엮은 것
꾸러미	달걀 10개
동	붓 10자루
두름	조기 따위의 물고기를 짚으로 한 줄에 10마리씩 두 줄로 엮은 것을 세는 단위. 고사리 따위의 산나물을 10모숨 정도로 엮은 것을 세는 단위
벌	옷이나 그릇 따위가 짝을 이루거나 여러 가지가 모여 갖추어진 한 덩이를 세는 단위
손	한 손에 잡을 만한 분량을 세는 단위. 조기·고등어·배추 따위의 한 손은 큰 것과 작은 것을 합한 것을 이르고, 미나리나 파 따위 한 손은 한 줌 분량을 말함
쌈	바늘 24개를 한 묶음으로 하여 세는 단위
접	채소나 과일 따위를 묶어 세는 단위. 한 접은 채소나 과일 100개
제(劑)	탕약 20첩 또는 그만한 분량으로 지은 환약
죽	옷이나 그릇 따위의 10벌을 묶어 세는 단위
축	오징어를 묶어 세는 단위. 오징어 한 축은 20마리
켤레	신, 양말, 버선, 방망이 따위의 짝이 되는 2개를 한 벌로 세는 단위
쾌	북어 20마리
톳	김을 묶어 세는 단위. 김 한 톳은 100장

(3) 나이에 관한 어휘

나이	어휘	나이	어휘
10대	충년(沖年)	15세	지학(志學)
20세	약관(弱冠)	30세	이립(而立)
40세	불혹(不惑)	50세	지천명(知天命)
60세	이순(耳順)	61세	환갑(還甲), 화갑(華甲), 회갑(回甲)
62세	진갑(進甲)	70세	고희(古稀)
77세	희수(喜壽)	80세	산수(傘壽)
88세	미수(米壽)	90세	졸수(卒壽)
99세	백수(白壽)	100세	기원지수(期願之壽)

(4) 가족에 관한 호칭

구분	본인의 가족		타인의 가족	
	생전	사후	생전	사후
父(아버지)	家親(가친) 嚴親(엄친) 父主(부주)	先親(선친) 先考(선고) 先父君(선부군)	春府丈(춘부장) 椿丈(춘장) 椿堂(춘당)	先大人(선대인) 先考丈(선고장) 先人(선인)
母(어머니)	慈親(자친) 母生(모생) 家慈(가자)	先妣(선비) 先慈(선자)	慈堂(자당) 大夫人(대부인) 萱堂(훤당) 母堂(모당) 北堂(북당)	先大夫人(선대부인) 先大夫(선대부)
子(아들)	家兒(가아) 豚兒(돈아) 家豚(가돈) 迷豚(미돈)		令郞(영랑) 令息(영식) 令胤(영윤)	
女(딸)	女兒(여아) 女息(여식) 息鄙(식비)		令愛(영애) 令嬌(영교) 令孃(영양)	

(5) 어림수를 나타내는 수사, 수관형사

한두	하나나 둘쯤	예 어려움이 한두 가지가 아니다.
두세	둘이나 셋	예 두세 마리
두셋	둘 또는 셋	예 사람 두셋
두서너	둘, 혹은 서너	예 과일 두서너 개
두서넛	둘 혹은 서넛	예 과일을 두서넛 먹었다.
두어서너	두서너	
서너	셋이나 넷쯤	예 쌀 서너 되
서넛	셋이나 넷	예 사람 서넛
서너너덧	서넛이나 너덧. 셋이나 넷 또는 넷이나 다섯	예 서너너덧 명
너덧	넷 가량	예 너덧 개
네댓	넷이나 다섯 가량	
네다섯	넷이나 다섯	
대엿	대여섯. 다섯이나 여섯 가량	
예닐곱	여섯이나 일곱	예 예닐곱 사람이 왔다.
일여덟	일고여덟	예 과일 일여덟 개

대표유형 3   어법

(1) 한글 맞춤법

① **표기원칙** … 한글 맞춤법은 표준어를 소리대로 적되, 어법에 맞도록 함을 원칙으로 한다.

② **맞춤법에 유의해야 할 말**

   ㉠ 한 단어 안에서 뚜렷한 까닭 없이 나는 된소리는 다음 음절의 첫소리를 된소리로 적는다.

      예 소쩍새, 아끼다, 어떠하다, 해쓱하다, 거꾸로, 가끔, 어찌, 이따금, 산뜻하다, 몽땅

      ※ 다만, 'ㄱ, ㅂ' 받침 뒤에서는 된소리로 적지 아니한다.

         예 국수, 깍두기, 색시, 싹둑, 법석, 갑자기, 몹시, 딱지

   ㉡ 'ㄷ' 소리로 나는 받침 중에서 'ㄷ'으로 적을 근거가 없는 것은 'ㅅ'으로 적는다.

      예 덧저고리, 돗자리, 엇셈, 웃어른, 핫옷, 무릇, 사뭇, 얼핏, 자칫하면

   ㉢ '계, 례, 몌, 폐, 혜'의 'ㅖ'는 'ㅔ'로 소리 나는 경우가 있더라도 'ㅖ'로 적는다.

      예 계수(桂樹), 혜택(惠澤), 사례(謝禮), 연몌(連袂), 계집, 핑계

      ※ 다만, 다음 말은 본음대로 적는다.

         예 게송(偈頌), 게시판(揭示板), 휴게실(休憩室)

   ㉣ '의'나, 자음을 첫소리로 가지고 있는 음절의 'ㅢ'는 'ㅣ'로 소리 나는 경우가 있더라도 'ㅢ'로 적는다.

      예 무늬(紋), 보늬, 늴리리, 닁큼, 오늬, 하늬바람

   ㉤ 어간에 '-이'나 '-음/-ㅁ'이 붙어서 명사로 된 것과 '-이'나 '-히'가 붙어서 부사로 된 것은 그 어간의 원형을 밝히어 적는다.

      예 얼음, 굳이, 더욱이, 일찍이, 익히, 앎, 만듦, 짓궂이, 밝히

  • 어간에 '-이'나 '-음'이 붙어서 명사로 바뀐 것이라도 그 어간의 뜻과 멀어진 것은 원형을 밝히어 적지 아니한다.

      예 굽도리, 다리(髢), 목거리(목병), 무녀리, 거름(비료), 고름(膿), 노름(도박)

  • 어간에 '-이'나 '-음' 이외의 모음으로 시작된 접미사가 붙어서 다른 품사로 바뀐 것은 그 어간의 원형을 밝히어 적지 아니한다.

      예 귀머거리, 까마귀, 너머, 마개, 비렁뱅이, 쓰레기, 올가미, 주검, 도로, 뜨덤뜨덤, 바투, 비로소

   ㉥ 명사 뒤에 '-이'가 붙어서 된 말은 그 명사의 원형을 밝히어 적는다.

      예 곳곳이, 낱낱이, 몫몫이, 샅샅이, 집집이, 곰배팔이, 바둑이, 삼발이, 애꾸눈이, 육손이, 절뚝발이 / 절름발이, 딸깍발이

      ※ '-이' 이외의 모음으로 시작된 접미사가 붙어서 된 말은 그 명사의 원형을 밝히어 적지 아니한다.

         예 꼬락서니, 끄트머리, 모가치, 바가지, 사타구니, 싸라기, 이파리, 지붕, 지푸라기, 짜개

   ㉦ '-하다'가 붙는 어근에 '-히'나 '-이'가 붙어 부사가 되거나, 부사에 '-이'가 붙어서 뜻을 더하는 경우에는, 그 어근이나 부사의 원형을 밝히어 적는다.

예 급히, 꾸준히, 도저히, 딱히, 어렴풋이, 깨끗이, 곰곰이, 더욱이, 생긋이, 오뚝이, 일찍이, 해죽이

※ '-하다'가 붙지 않는 경우에는 소리대로 적는다.
예 갑자기, 반드시(꼭), 슬며시

ⓞ 사이시옷은 다음과 같은 경우에 받치어 적는다.
- 순 우리말로 된 합성어로서 앞말이 모음으로 끝난 경우
  - 뒷말의 첫소리가 된소리로 나는 것
    예 귓밥, 나룻배, 나뭇가지, 냇가, 댓가지, 뒷갈망, 맷돌, 머릿기름, 모깃불, 부싯돌, 선짓국, 잇자국, 쳇바퀴, 킷값, 핏대, 혓바늘
  - 뒷말의 첫소리 'ㄴ, ㅁ' 앞에서 'ㄴ' 소리가 덧나는 것
    예 멧나물, 아랫니, 텃마당, 아랫마을, 뒷머리, 잇몸, 깻묵
  - 뒷말의 첫소리 모음 앞에서 'ㄴㄴ' 소리가 덧나는 것
    예 도리깻열, 뒷윷, 두렛일, 뒷일, 뒷입맛, 베갯잇, 욧잇, 깻잎, 나뭇잎, 댓잎
- 순 우리말과 한자어로 된 합성어로서 앞말이 모음으로 끝난 경우
  - 뒷말의 첫소리가 된소리로 나는 것
    예 귓병, 머릿방, 샛강, 아랫방, 자릿세, 전셋집, 찻잔, 콧병, 탯줄, 텃세, 햇수, 횟배
  - 뒷말의 첫소리 'ㄴ, ㅁ' 앞에서 'ㄴ' 소리가 덧나는 것
    예 곗날, 제삿날, 훗날, 툇마루, 양칫물
  - 뒷말의 첫소리 모음 앞에서 'ㄴㄴ' 소리가 덧나는 것
    예 가욋일, 사삿일, 예삿일, 훗일
- 두 음절로 된 다음 한자어
  예 곳간(庫間), 셋방(貰房), 숫자(數字), 찻간(車間), 툇간(退間), 횟수(回數)

  ※ 사이시옷을 붙이지 않는 경우
    예 개수(個數), 전세방(傳貰房), 초점(焦點), 대구법(對句法)

ⓩ 두 말이 어울릴 적에 'ㅂ' 소리나 'ㅎ' 소리가 덧나는 것은 소리대로 적는다.
  예 댑싸리, 멥쌀, 볍씨, 햅쌀, 머리카락, 살코기, 수컷, 수탉, 안팎, 암캐, 암탉

ⓩ 어간의 끝음절 '하'의 'ㅏ'가 줄고 'ㅎ'이 다음 음절의 첫소리와 어울려 거센소리로 될 적에는 거센소리로 적는다.

본말	준말	본말	준말
간편하게	간편케	다정하다	다정타
연구하도록	연구토록	정결하다	정결타
가하다	가타	흔하다	흔타

- 어간의 끝음절 '하'가 아주 줄 적에는 준 대로 적는다.

본말	준말	본말	준말
거북하지	거북지	넉넉하지 않다	넉넉지 않다
생각하건대	생각건대	생각하다 못해	생각다 못해
섭섭하지 않다	섭섭지 않다	익숙하지 않다	익숙지 않다

- 다음과 같은 부사는 소리대로 적는다.
  예 결단코, 결코, 기필코, 무심코, 아무튼, 요컨대, 정녕코, 필연코, 하마터면, 하여튼, 한사코

ⓚ 부사의 끝음절이 분명히 '이'로만 나는 것은 '-이'로 적고, '히'로만 나거나 '이'나 '히'로 나는 것은 '-히'로 적는다.

- '이'로만 나는 것
  예 가붓이, 깨끗이, 나붓이, 느긋이, 둥긋이, 따뜻이, 반듯이, 버젓이, 산뜻이, 의젓이, 가까이, 고이, 날카로이, 대수로이, 번거로이, 많이, 적이, 겹겹이, 번번이, 일일이, 틈틈이

- '히'로만 나는 것
  예 극히, 급히, 딱히, 속히, 작히, 족히, 특히, 엄격히, 정확히

- '이, 히'로 나는 것
  예 솔직히, 가만히, 소홀히, 쓸쓸히, 정결히, 꼼꼼히, 열심히, 급급히, 답답히, 섭섭히, 공평히, 분명히, 조용히, 간소히, 고요히, 도저히

③ 띄어쓰기 … 문장의 각 단어는 띄어 씀을 원칙으로 한다(다만, 조사는 붙여 씀).

ⓘ 조사는 그 앞말에 붙여 쓴다.
  예 너조차, 꽃마저, 꽃입니다, 꽃처럼, 어디까지나, 거기도, 멀리는, 웃고만

ⓛ 의존 명사는 띄어 쓴다.
  예 아는 것이 힘이다. 나도 할 수 있다. 먹을 만큼 먹어라. 아는 이를 만났다.

ⓒ 단위를 나타내는 명사는 띄어 쓴다.
  예 한 개, 차 한 대, 금 서 돈, 조기 한 손, 버선 한 죽
  ※ 다만, 순서를 나타내는 경우나 숫자와 어울리어 쓰이는 경우에는 붙여 쓸 수 있다.
  예 두시 삼십분 오초, 제일과, 삼학년, 1446년 10월 9일, 2대대, 16동 502호, 제1어학 실습실

ⓡ 수를 적을 적에는 '만(萬)' 단위로 띄어 쓴다.
  예 십이억 삼천사백오십육만 칠천팔백구십팔, 12억 3456만 7898

ⓜ 두 말을 이어 주거나 열거할 적에 쓰이는 말들은 띄어 쓴다.
  예 국장 겸 과장, 열 내지 스물, 청군 대 백군, 이사장 및 이사들

ⓗ 단음절로 된 단어가 연이어 나타날 적에는 붙여 쓸 수 있다.
  예 그때 그곳, 좀더 큰것, 이말 저말, 한잎 두잎

ⓢ 보조 용언은 띄어 씀을 원칙으로 하되, 경우에 따라 붙여 씀도 허용한다.

원칙	허용
불이 꺼져 간다.	불이 꺼져간다.
내 힘으로 막아 낸다.	내 힘으로 막아낸다.
어머니를 도와 드린다.	어머니를 도와드린다.
비가 올 성싶다.	비가 올성싶다.
잘 아는 척한다.	잘 아는척한다.

ⓞ 성과 이름, 성과 호 등은 붙여 쓰고, 이에 덧붙는 호칭어, 관직명 등은 띄어 쓴다.
  예 서화담(徐花潭), 채영신 씨, 최치원 선생, 박동식 박사, 충무공 이순신 장군
ⓩ 성명 이외의 고유 명사는 단어별로 띄어 씀을 원칙으로 하되, 단위별로 띄어 쓸 수 있다.
  예 한국 대학교 사범 대학(원칙), 한국대학교 사범대학(허용)

(2) 표준어 규정

① **제정 원칙** … 표준어는 교양 있는 사람들이 두루 쓰는 현대 서울말로 정함을 원칙으로 한다.

② **주요 표준어**
  ㉠ 다음 단어들은 거센소리를 가진 형태를 표준어로 삼는다.
    예 끄나풀, 빈 칸, 부엌, 살쾡이, 녘
  ㉡ 어원에서 멀어진 형태로 굳어져서 널리 쓰이는 것은, 그것을 표준어로 삼는다.
  ㉢ 다음 단어들은 의미를 구별함이 없이, 한 가지 형태만을 표준어로 삼는다.
    예 돌, 둘째, 셋째, 넷째, 열두째, 빌리다
  ㉣ 수컷을 이르는 접두사는 '수-'로 통일한다.
    예 수꿩, 수소, 수나사, 수놈, 수사돈, 수은행나무
  • 다음 단어에서는 접두사 다음에서 나는 거센소리를 인정한다. 접두사 '암-'이 결합되는 경우에도 이에 준한다.
    예 수캉아지, 수캐, 수컷, 수키와, 수탉, 수탕나귀, 수톨쩌귀, 수퇘지, 수평아리
  • 다음 단어의 접두사는 '숫-'으로 한다.
    예 숫양, 숫쥐, 숫염소
  ㉤ 양성 모음이 음성 모음으로 바뀌어 굳어진 다음 단어는 음성 모음 형태를 표준어로 삼는다.
    예 깡충깡충, -둥이, 발가숭이, 보퉁이, 뻗정다리, 아서, 아서라, 오뚝이, 주추
    ※ 다만, 어원 의식이 강하게 작용하는 다음 단어에서는 양성 모음 형태를 그대로 표준어로 삼는다.
      예 부조(扶助), 사돈(査頓), 삼촌(三寸)

ⓑ 'ㅣ' 역행 동화 현상에 의한 발음은 원칙적으로 표준 발음으로 인정하지 아니하되, 다만 다음 단어들은 그러한 동화가 적용된 형태를 표준어로 삼는다.
예 풋내기, 냄비, 동댕이치다
- 다음 단어는 'ㅣ' 역행 동화가 일어나지 아니한 형태를 표준어로 삼는다.
예 아지랑이
- 기술자에게는 '-장이', 그 외에는 '-쟁이'가 붙는 형태를 표준어로 삼는다.
예 미장이, 유기장이, 멋쟁이, 소금쟁이, 담쟁이덩굴

ⓢ 다음 단어는 모음이 단순화한 형태를 표준어로 삼는다.
예 괴팍하다, 미루나무, 미륵, 여느, 으레, 케케묵다, 허우대

ⓞ 다음 단어에서는 모음의 발음 변화를 인정하여, 발음이 바뀌어 굳어진 형태를 표준어로 삼는다.
예 깍쟁이, 나무라다, 바라다, 상추, 주책, 지루하다, 튀기, 허드레, 호루라기, 시러베아들

ⓩ '웃-' 및 '윗-'은 명사 '위'에 맞추어 '윗-'으로 통일한다.
예 윗도리, 윗니, 윗목, 윗몸, 윗자리, 윗잇몸
- 된소리나 거센소리 앞에서는 '위-'로 한다.
예 위쪽, 위층, 위치마, 위턱
- '아래, 위'의 대립이 없는 단어는 '웃-'으로 발음되는 형태를 표준어로 삼는다.
예 웃국, 웃돈, 웃비, 웃어른, 웃옷

ⓧ 준말이 널리 쓰이고 본말이 잘 쓰이지 않는 경우에는, 준말만을 표준어로 삼는다.
예 귀찮다, 똬리, 무, 뱀, 빔, 샘, 생쥐, 솔개, 온갖, 장사치

ⓚ 준말이 쓰이고 있더라도, 본말이 널리 쓰이고 있으면 본말을 표준어로 삼는다.
예 경황없다, 궁상떨다, 귀이개, 낌새, 낙인찍다, 돗자리, 뒤웅박, 마구잡이, 부스럼, 살얼음판, 수두룩하다, 일구다, 퇴박맞다

ⓣ 어감의 차이를 나타내는 단어 또는 발음이 비슷한 단어들이 다 같이 널리 쓰이는 경우에는, 그 모두를 표준어로 삼는다.
예 거슴츠레하다 / 게슴츠레하다, 고린내 / 코린내, 꺼림하다 / 께름하다, 나부랭이 / 너부렁이

ⓟ 사어(死語)가 되어 쓰이지 않게 된 단어는 고어로 처리하고, 현재 널리 사용되는 단어를 표준어로 삼는다.
예 난봉, 낭떠러지, 설거지하다, 애달프다, 자두

ⓗ 한 가지 의미를 나타내는 형태 몇 가지가 널리 쓰이며 표준어 규정에 맞으면, 그 모두를 표준어로 삼는다(복수 표준어).
예 멍게 / 우렁쉥이, 가엾다 / 가엽다, 넝쿨 / 덩굴, 눈대중 / 눈어림 / 눈짐작, -뜨리다 / -트리다, 부침개질 / 부침질 / 지짐질, 생 / 새앙 / 생강, 여쭈다 / 여쭙다, 우레 / 천둥, 엿가락 / 엿가래, 자물쇠 / 자물통

③ **표준 발음법** … 표준 발음법은 표준어의 실제 발음을 따르되, 국어의 전통성과 합리성을 고려하여 정함을 원칙으로 한다.

㉠ 겹받침 'ㄳ', 'ㄵ', 'ㄼ', 'ㄽ', 'ㄾ', 'ㅄ'은 어말 또는 자음 앞에서 각각 [ㄱ, ㄴ, ㄹ, ㅂ]으로 발음한다.
  예 넋[넉], 넋과[넉꽈], 앉다[안따], 여덟[여덜], 넓다[널따], 외곬[외골], 핥다[할따], 값[갑], 없다[업ː따]

㉡ '밟-'은 자음 앞에서 [밥]으로 발음하고, '넓-'은 다음과 같은 경우에 [넙]으로 발음한다.
  예 밟다[밥ː따], 밟는[밤ː는], 넓죽하다[넙쭈카다], 넓둥글다[넙뚱글다]

㉢ 겹받침 'ㄺ', 'ㄻ', 'ㄿ'은 어말 또는 자음 앞에서 각각 [ㄱ, ㅁ, ㅂ]으로 발음한다.
  예 닭[닥], 흙과[흑꽈], 맑다[막따], 늙지[늑찌], 삶[삼ː], 젊다[점ː따], 읊고[읍꼬], 읊다[읍따]

㉣ 용언의 어간 말음 'ㄺ'은 'ㄱ' 앞에서 [ㄹ]로 발음한다.
  예 맑게[말께], 묽고[물꼬], 얽거나[얼꺼나]

㉤ 'ㅎ(ㄶ, ㅀ)' 뒤에 'ㄱ, ㄷ, ㅈ'이 결합되는 경우에는, 뒷음절 첫소리와 합쳐서 [ㅋ, ㅌ, ㅊ]으로 발음한다.
  예 놓고[노코], 좋던[조ː턴], 쌓지[싸치], 많고[만ː코], 닳지[달치]

㉥ 'ㅎ(ㄶ, ㅀ)' 뒤에 모음으로 시작된 어미나 접미사가 결합되는 경우에는, 'ㅎ'을 발음하지 않는다.
  예 낳은[나은], 놓아[노아], 쌓이다[싸이다], 싫어도[시러도]

㉦ 받침 뒤에 모음 'ㅏ, ㅓ, ㅗ, ㅜ, ㅟ'들로 시작되는 실질 형태소가 연결되는 경우에는, 대표음으로 바꾸어서 뒤 음절 첫소리로 옮겨 발음한다.
  예 밭 아래[바다래], 늪 앞[느밥], 젖어미[저더미], 맛없다[마덥따], 겉옷[거돋], 헛웃음[허두슴], 꽃 위[꼬뒤]
  ※ '맛있다, 멋있다'는 [마싣따], [머싣따]로도 발음할 수 있다.

㉧ 받침 'ㄷ, ㅌ(ㄾ)'이 조사나 접미사의 모음 'ㅣ'와 결합되는 경우에는, [ㅈ, ㅊ]으로 바꾸어서 뒤 음절 첫소리로 옮겨 발음한다.
  예 곧이듣다[고지듣따], 굳이[구지], 미닫이[미다지], 땀받이[땀바지]

㉨ 받침 'ㄱ(ㄲ, ㅋ, ㄳ, ㄺ), ㄷ(ㅅ, ㅆ, ㅈ, ㅊ, ㅌ, ㅎ), ㅂ(ㅍ, ㄼ, ㄿ, ㅄ)'은 'ㄴ, ㅁ' 앞에서 [ㅇ, ㄴ, ㅁ]으로 발음한다.
  예 먹는[멍는], 국물[궁물], 깎는[깡는], 키읔만[키응만], 몫몫이[몽목씨], 긁는[긍는], 흙만[흥만], 짓는[진ː는], 옷맵시[온맵씨], 맞는[만는], 젖멍울[전멍울], 쫓는[쫀는], 꽃망울[꼰망울], 놓는[논는], 잡는[잠는], 앞마당[암마당], 밟는[밤ː는], 읊는[음는], 없는[엄ː는]

㉩ 받침 'ㅁ, ㅇ' 뒤에 연결되는 'ㄹ'은 [ㄴ]으로 발음한다.
  예 담력[담ː녁], 침략[침냑], 강릉[강능], 대통령[대ː통녕]

㉪ 'ㄴ'은 'ㄹ'의 앞이나 뒤에서 [ㄹ]로 발음한다.
  예 난로[날ː로], 신라[실라], 광한루[광ː할루], 대관령[대ː괄령], 칼날[칼랄]
  ※ 다만, 다음과 같은 단어들은 'ㄹ'을 [ㄴ]으로 발음한다.
  예 의견란[의ː견난], 임진란[임ː진난], 생산량[생산냥], 결단력[결딴녁], 공권력[공꿘녁], 상견례[상견녜], 횡단로[횡단노], 이원론[이ː원논], 입원료[이붠뇨]

ⓒ 받침 'ㄱ(ㄲ, ㅋ, ㄳ, ㄺ), ㄷ(ㅅ, ㅆ, ㅈ, ㅊ, ㅌ), ㅂ(ㅍ, ㄼ, ㄿ, ㅄ)' 뒤에 연결되는 'ㄱ, ㄷ, ㅂ, ㅅ, ㅈ'은 된소리로 발음한다.

예 국밥[국빱], 깎다[깍따], 삯돈[삭똔], 닭장[닥짱], 옷고름[옫꼬름], 낯설다[낟썰다], 덮개[덥깨], 넓죽하다[넙쭈카다], 읊조리다[읍쪼리다], 값지다[갑찌다]

ⓔ 어간 받침 'ㄴ(ㄵ), ㅁ(ㄻ)' 뒤에 결합되는 어미의 첫소리 'ㄱ, ㄷ, ㅅ, ㅈ'은 된소리로 발음한다.

예 신고[신ː꼬], 껴안다[껴안따], 앉고[안꼬], 닮고[담ː꼬], 젊지[점ː찌]

※ 다만, 피동, 사동의 접미사 '-기-'는 된소리로 발음하지 않는다.

예 안기다, 감기다, 굶기다, 옮기다

ⓗ 사이시옷이 붙은 단어는 다음과 같이 발음한다.

- 'ㄱ, ㄷ, ㅂ, ㅅ, ㅈ'으로 시작되는 단어 앞에 사이시옷이 올 때에는 이들 자음만을 된소리로 발음하는 것을 원칙으로 하되, 사이시옷을 [ㄷ]으로 발음하는 것도 허용한다.

예 냇가[내ː까/낻ː까], 샛길[새ː낄/샏ː낄], 깃발[기빨/긷빨], 뱃전[배쩐/밷쩐]

- 사이시옷 뒤에 'ㄴ, ㅁ'이 결합되는 경우에는 [ㄴ]으로 발음한다.

예 콧날[콛날→콘날], 아랫니[아랟니→아랜니], 툇마루[퇻ː마루→퇸ː마루], 뱃머리[밷머리→밴머리]

- 사이시옷 뒤에 '이' 음이 결합되는 경우에는 [ㄴㄴ]으로 발음한다.

예 베갯잇[베갣닏→베갠닏], 깻잎[깯닙→깬닙], 나뭇잎[나묻닙→나문닙], 도리깻열[도리깯녈→도리깬녈], 뒷윷[뒫ː눋→뒨ː눋]

(3) 외래어 표기법

① 외래어는 국어의 현용 24자모만으로 적는다.

② 외래어의 1음운은 원칙적으로 1기호로 적는다.

③ 받침에는 'ㄱ, ㄴ, ㄹ, ㅁ, ㅂ, ㅅ, ㅇ'만을 쓴다.

④ 파열음 표기에는 된소리를 쓰지 않는 것을 원칙으로 한다.

⑤ 이미 굳어진 외래어는 관용을 존중하되, 그 범위와 용례는 따로 정한다.

> **+PLUS TIP**
>
> **자주 출제되지만 틀리기 쉬운 외래어 표기**
>
> - 초콜렛 → 초콜릿
> - 부르조아 → 부르주아
> - 비스켓 → 비스킷
> - 앰브란스 → 앰뷸런스
> - 스티로폴 → 스티로폼
> - 상들리에 → 샹들리에
> - 샌달 → 샌들
> - 쇼파 → 소파
> - 렌트카 → 렌터카
>
> - 요쿠르트 → 요구르트
> - 카운셀링 → 카운슬링
> - 플랭카드 → 플래카드
> - 심포지움 → 심포지엄
> - 팜플렛 → 팸플릿
> - 앵콜 → 앙코르
> - 레미컨 → 레미콘
> - 스폰지 → 스펀지
> - 모라토리옴 → 모라토리엄

(4) 로마자 표기법

① 표기의 기본 원칙

㉠ 국어의 로마자 표기는 국어의 표준 발음법에 따라 적는 것을 원칙으로 한다.

㉡ 로마자 이외의 부호는 되도록 사용하지 않는다.

㉢ 표기 일람

- 모음

  - 단모음

ㅏ	ㅓ	ㅗ	ㅜ	ㅡ	ㅣ	ㅐ	ㅔ	ㅚ	ㅟ
a	eo	o	u	eu	i	ae	e	oe	wi

  - 이중모음

ㅑ	ㅕ	ㅛ	ㅠ	ㅒ	ㅖ	ㅘ	ㅙ	ㅝ	ㅞ	ㅢ
ya	yeo	yo	yu	yae	ye	wa	wae	wo	we	ui

- 자음

  - 파열음

ㄱ	ㄲ	ㅋ	ㄷ	ㄸ	ㅌ	ㅂ	ㅃ	ㅍ
g, k	kk	k	d, t	tt	t	b, p	pp	p

-파찰음

ㅈ	ㅉ	ㅊ
j	jj	ch

-마찰음

ㅅ	ㅆ	ㅎ
s	ss	h

-비음

ㄴ	ㅁ	ㅇ
n	m	ng

-유음

ㄹ
r, l

② 로마자 표기 용례
  ㉠ 자음 사이에서 동화 작용이 일어나는 경우
    예 백마[뱅마] Baengma, 신문로[신문노] Sinmunno, 종로[종노] Jongno, 신라[실라] Silla, 왕십리[왕심니] Wangsimni
  ㉡ 'ㄴ, ㄹ'이 덧나는 경우
    예 학여울[항녀울] Hangnyeoul
  ㉢ 구개음화가 되는 경우
    예 해돋이[해도지] haedoji 같이[가치] gachi
  ㉣ 체언에서 'ㄱ, ㄷ, ㅂ' 뒤에 'ㅎ'이 따를 때에는 'ㅎ'을 밝혀 적는다.
    예 묵호 Mukho 집현전 Jiphyeonjeon
  ㉤ 된소리되기는 표기에 반영하지 않는다.
    예 압구정 Apgujeong, 샛별 saetbyeol, 울산 Ulsan, 낙성대 Nakseongdae, 합정 Hapjeong, 낙동강 Nakdonggang
  ㉥ 인명은 성과 이름의 순서로 띄어 쓴다. 이름은 붙여 쓰는 것을 원칙으로 하되 음절 사이에 붙임표(-)를 쓰는 것을 허용한다(〈 〉안의 표기를 허용함).
    예 민용하 Min Yongha 〈Min Yong-ha〉, 송나리 Song Nari 〈Song Na-ri〉

ⓧ '도, 시, 군, 구, 읍, 면, 리, 동'의 행정 구역 단위와 '가'는 각각 'do, si, gun, gu, eup, myeon, ri, dong, ga'로 적고, 그 앞에는 붙임표(-)를 넣는다. 붙임표(-) 앞뒤에서 일어나는 음운 변화는 표기에 반영하지 않는다.
예 양주군 Yangju-gun, 충청북도 Chungcheongbuk-do, 종로 2가 Jongno 2(i)-ga, 도봉구 Dobong-gu, 신창읍 Sinchang-eup, 의정부시 Uijeongbu-si

ⓞ 자연 지물명, 문화재명, 인공 축조물명은 붙임표(-) 없이 붙여 쓴다.
예 독도 Dokdo, 경복궁 Gyeongbokgung, 독립문 Dongnimmun, 현충사 Hyeonchungsa, 남산 Namsan, 속리산 Songnisan, 금강 Geumgang, 남한산성 Namhansanseong

(5) 높임 표현

① **주체 높임법** … 용언 어간 + 선어말 어미 '-시-'의 형태로 이루어져 서술어가 나타내는 행위의 주체를 높여 표현하는 문법 기능을 말한다.
예 선생님께서 그 책을 읽으셨(시었)다.

② **객체 높임법** … 말하는 이가 서술의 객체를 높여 표현하는 문법 기능을 말한다(드리다, 여쭙다, 뵙다, 모시다 등).
예 나는 그 책을 선생님께 드렸다.

③ **상대 높임법** … 말하는 이가 말을 듣는 상대를 높여 표현하는 문법 기능을 말한다.

㉠ 격식체

등급	높임 정도	종결 어미	예
해라체	아주 낮춤	-아라	여기에 앉아라.
하게체	예사 낮춤	-게	여기에 앉게.
하오체	예사 높임	-시오	여기에 앉으시오.
합쇼체	아주 높임	-ㅂ시오	여기에 앉으십시오.

㉡ 비격식체

등급	높임 정도	종결 어미	예
해체	두루 낮춤	-아	여기에 앉아.
해요체	두루 높임	-아요	여기에 앉아요.

※ 공손한 뜻으로 높임을 나타낼 때는 선어말 어미 '-오-', '-사오-' 등을 쓴다.
예 변변치 못하오나 선물을 보내 드리오니 받아 주십시오.

대표유형 4 속담 및 한자성어

(1) 속담

- 가까운 제 눈썹 못 본다 : 멀리 보이는 것은 용케 잘 보면서도 자기 눈앞에 가깝게 보이는 것은 잘 못 본다는 뜻
- 가꿀 나무는 밑동을 높이 자른다 : 어떠한 일이나 장래의 안목을 생각해서 미리부터 준비를 철저하게 해 두어야 한다는 뜻
- 가난한 집 제사 돌아오듯 한다 : 힘들고 괴로운 일이 자주 닥쳐옴을 일컫는 말
- 가난할수록 기와집 짓는다 : 가난할수록 업신여김을 당하기 싫어서 허세를 부린다는 뜻
- 가을에는 부지깽이도 덤빈다 : 바쁠 때는 모양이 비슷만 해도 사용된다는 뜻
- 가을 바람에 새털 날 듯 한다 : 가을 바람에 새털이 잘 날듯이 사람의 처신머리가 몹시 가볍다는 뜻
- 가지 따먹고 외수 한다 : 남의 눈을 피하여 나쁜 짓을 하고 시치미를 뗀다는 뜻
- 간다간다 하면서 아이 셋 낳고 간다 : 하던 일을 말로만 그만둔다고 하고서 실제로는 그만두지 못하고 질질 끈다는 말
- 갈치가 갈치 꼬리 문다 : 친근한 사이에 서로 모함한다는 말
- 감투가 크면 어깨를 누른다 : 실력이나 능력도 없이 과분한 지위에서 일을 하게 되면 감당할 수 없게 된다는 뜻
- 강아지 메주 먹듯 한다 : 강아지가 좋아하는 메주를 먹듯이 음식을 매우 맛있게 먹는다는 말
- 같은 값이면 다홍치마 : 같은 조건이라면 좀 더 좋고 편리한 것을 택함
- 개도 얻어맞은 골목에는 가지 않는다 : 한 번 실패한 경험이 있는 사람은 다시는 그 때의 전철을 밟지 않도록 경계한다는 뜻
- 개 못된 것은 들에 나가 짖는다 : 자기의 할 일은 하지 않고 쓸데없는 짓을 하는 사람을 가리키는 말
- 개미가 절구통을 물어 간다 : 개미들도 서로 힘을 합치면 절구통을 운반할 수 있듯이 사람들도 협동하여 일을 하면 불가능한 일이 없다는 뜻
- 개미 나는 곳에 범 난다 : 처음에는 개미만큼 작고 대수롭지 않던 것이 점점 커져서 나중에는 범같이 크고 무서운 것이 된다는 말
- 개살구가 먼저 익는다 : 개살구가 참살구보다 먼저 익듯이 악이 선보다 더 가속도로 발전하게 된다는 뜻(개살구가 지레 터진다)
- 거미줄로 방귀동이 듯 한다 : 일을 함에 있어 건성으로 형용만 하는 체 하는 말
- 게으른 놈 짐 많이 진다 : 게으른 사람이 일을 조금이라도 덜 할까 하고 짐을 한꺼번에 많이 지면 힘에 겨워 움직이지 못하므로 도리어 더 더디다는 말

- 경치고 포도청 간다 : 죽을 고비를 넘겨가면서도 또 제 스스로 고문을 당하려고 포도청을 가듯이 혹독한 형벌을 거듭 당한다는 뜻
- 군자는 입을 아끼고 범은 발톱을 아낀다 : 학식과 덕망이 높은 사람일수록 항상 말을 조심해서 한다는 뜻
- 굴러 온 돌이 박힌 돌 뺀다 : 외부에서 들어온 지 얼마 안 된 사람이나 물건이 원래의 것을 내쫓고 대치함
- 굽은 나무가 선산을 지킨다 : 쓸모없는 것이 도리어 소용이 된다는 뜻
- 굿하고 싶지만 맏며느리 춤추는 것 보기 싫다 : 무엇을 하려고 할 때 자기 마음에 들지 않는 미운 사람이 참여하여 기뻐함이 보기 싫어서 꺼려한다는 말
- 그물이 열 자라도 벼리가 으뜸이다 : 아무리 수가 많더라도 주장되는 것이 없으면 소용이 없다는 뜻
- 급하면 임금 망건 값도 쓴다 : 경제적으로 곤란에 빠지면 아무 돈이라도 있기만 하면 쓰게 된다는 뜻
- 기름 엎지르고 깨 줍는다 : 많은 손해를 보고 조그만 이익을 추구한다는 말

- 나무는 큰 나무 덕을 못 보아도 사람은 큰 사람의 덕을 본다 : 뛰어난 인물에게서는 알게 모르게 가르침이나 영향을 받게 된다는 말
- 내 발등의 불을 꺼야 아비 발등의 불을 끈다 : 급할 때는 남의 일보다 자기 일을 먼저 하기 마련이라는 뜻
- 노름에 미치면 신주도 팔아먹는다 : 노름에 깊이 빠져든 사람은 노름 돈을 마련하기 위해 수단과 방법을 가리지 않고 나쁜 짓까지 해 가면서 노름하게 된다는 뜻
- 놀부 제사지내듯 한다 : 놀부가 제사를 지낼 때 제물 대신 돈을 놓고 제사를 지냈듯이 몹시 인색하고 고약한 짓을 한다는 뜻

- 다리가 위에 붙었다 : 몸체의 아래에 붙어야 할 다리가 위에 가 붙어서 쓸모 없듯이 일이 반대로 되어 아무짝에도 소용이 없다는 뜻
- 다리 아래서 원을 꾸짖는다 : 직접 말을 못하고 안 들리는 곳에서 불평이나 욕을 한다는 말
- 대가리 삶으면 귀까지 익는다 : 제일 중요한 것만 처리하면 다른 것은 자연히 해결된다는 뜻
- 도깨비도 수풀이 있어야 모인다 : 의지할 곳이 있어야 무슨 일이나 이루어진다는 뜻
- 도둑놈 개 꾸짖듯 한다 : 남에게 들리지 않게 입 속으로 중얼거림
- 도둑은 뒤로 잡으랬다 : 도둑을 설불리 앞에서 잡으려 하다가는 직접적으로 해를 당할 수 있기 때문에 뒤로 잡아야 한다는 뜻
- 도둑의 때는 벗어도 자식의 때는 못 벗는다 : 도둑의 누명은 범인이 잡히면 벗을 수 있으나 자식의 잘못을 그 부모가 지지 않을 수 없다는 뜻

- 독을 보아 쥐를 못 잡는다 : 독 사이에 숨은 쥐를 독 깰까봐 못 잡듯이 감정나는 일이 있어도 곁에 있는 사람 체면을 생각해서 자신이 참는다는 뜻
- 들은 풍월 얻는 문자다 : 자기가 직접 공부해서 배운 것이 아니라 보고 들어서 알게 된 글이라는 뜻
- 등잔불에 콩 볶아 먹는 놈 : 어리석고 옹졸하며 하는 짓마다 보기에 답답한 일만 하는 사람을 두고 이름
- 디딜방아질 삼 년에 엉덩이춤만 배웠다 : 디딜방아질을 오랫동안 하다보면 엉덩이춤도 절로 추게 된다는 뜻
- 떠들기는 천안(天安) 삼거리 같다 : 늘 끊이지 않고 떠들썩한 것
- 똥 싼 주제에 애화타령 한다 : 잘못하고도 뉘우치지 못하고 비위 좋게 행동하는 사람을 비웃는 말

- 마디가 있어야 새순이 난다 : 어떤 일이든 특정한 계기가 있어야 참신한 일이 생긴다
- 망건 쓰자 파장된다 : 준비를 하다가 시와 때를 놓쳐 목적한 바를 달성하지 못함
- 망신살이 무지갯 살 뻗치듯 한다 : 많은 사람으로부터 심한 원망과 욕을 먹게 되었을 때 쓰는 말
- 망치로 얻어맞고 홍두깨로 친다 : 복수란 언제나 제가 받은 피해보다 더 무섭게 한다는 뜻
- 명태 한 마리 놓고 딴전 본다 : 곁에 벌여 놓고 있는 일보다는 딴 벌이하는 일이 있다는 뜻
- 문전 낙래 흔연 대접 : 어떤 신분의 사람이라도 자기를 찾아온 사람은 친절히 대하라는 말
- 물방아 물도 서면 언다 : 물방아가 정지하고 있으면 그 물도 얼듯이 사람도 운동을 하지 않고 있으면 건강이 나빠진다는 뜻

- 백일 장마에도 하루만 더 왔으면 한다 : 자기 이익 때문에 자기 본위로 이야기하는 것을 말함
- 뱁새는 작아도 알만 잘 낳는다 : 작아도 제 구실 못하는 법이 없다는 뜻
- 버들가지가 바람에 꺾일까 : 부드러워서 곧 바람에 꺾일 것 같은 버들가지가 끝까지 꺾이지 않듯이 부드러운 것이 단단한 것보다 더 강하다는 뜻
- 벌거벗고 환도 찬다 : 그것이 그 격에 어울리지 않음을 두고 이르는 말
- 벙어리 재판 : 아주 곤란한 일을 두고 하는 말
- 벼룩의 간에 육간 대청을 짓겠다 : 도량이 좁고 하는 일이 이치에 어긋남
- 변죽을 치면 복판이 울린다 : 슬며시 귀띔만 해 주어도 눈치가 빠른 사람은 곧 알아듣는다는 뜻
- 보리 주면 오이 안 주랴 : 제 것은 아끼면서 남만 인색하다고 여기는 사람에게 하는 말
- 분다 분다 하니 하루 아침에 왕겨 석 섬 분다 : 잘한다고 추어주니까 무작정 자꾸 한다는 뜻

- 빛 좋은 개살구 : 겉만 그럴듯하고 실속이 없음
- 뺨을 맞아도 은가락지 낀 손에 맞는 것이 좋다 : 이왕 욕을 당하거나 복종할 바에야 지위가 높고 덕망이 있는 사람에게 당하는 것이 낫다는 말

- 사람과 쪽박은 있는 대로 쓴다 : 살림살이를 하는 데 있어 쪽박이 있는 대로 다 쓰이고 사람도 다 제각기 쓸모가 있다는 말
- 사람 살 곳은 골골이 있다 : 이 세상은 어디에 가나 서로 도와주는 풍습이 있어 살아갈 수 있다는 말
- 사자 어금니 같다 : 사자의 어금니는 가장 요긴한 것이니 반드시 있어야만 하는 것을 말함
- 사주 팔자에 없는 관을 쓰면 이마가 벗어진다 : 제 분수에 넘치는 일을 하게 되면 도리어 괴롭다는 뜻
- 산 개가 죽은 정승보다 낫다 : 아무리 구차하고 천한 신세라도 죽는 것보다는 사는 것이 낫다는 말
- 산 밑 집에 방앗공이가 논다 : 그 고장 산물이 오히려 그 곳에서 희귀하다는 말
- 산에 들어가 호랑이를 피하랴 : 이미 앞에 닥친 위험은 도저히 못 피한다는 말
- 산이 높아야 골이 깊다 : 원인이나 조건이 갖추어져야 일이 이루어진다는 뜻
- 산 호랑이 눈썹 : 도저히 얻을 수 없는 것을 얻으려 하는 것
- 삼수갑산을 가도 님 따라 가랬다 : 부부 간에는 아무리 큰 고생이 닥치더라도 같이 해야 한다는 뜻
- 삼촌 못난 것이 조카 짐만 지고 다닌다 : 체구는 크면서 못난 짓만 하는 사람을 비웃는 말
- 새도 날려면 움츠린다 : 어떤 일이든지 사전에 만반의 준비가 있어야 한다는 뜻
- 새 옷도 두드리면 먼지 난다 : 아무리 청백한 사람이라도 속속들이 파헤쳐 보면 부정이 드러난다는 뜻
- 생나무에 좀이 날까 : 생나무에는 좀이 나지 않듯이 건실하고 튼튼하면 내부가 부패되지 않는다는 뜻
- 생 감도 떨어지고 익은 감도 떨어진다 : 늙은 사람만 죽는 것이 아니라 젊은 사람도 죽는다는 뜻
- 섣달 그믐날 개밥 퍼주듯 한다 : 시집을 가지 못하고 해를 넘기게 된 처녀가 홧김에 개밥을 퍽퍽 퍼주듯, 무엇을 푹푹 퍼 주는 모양을 나타내는 말
- 섶을 지고 불로 들어가려 한다 : 짐짓 그릇된 짓을 하여 화를 더 당하려 한다는 뜻
- 소매 긴 김에 춤춘다 : 별로 생각이 없던 일이라도 그 일을 할 조건이 갖추어졌기 때문에 하게 될 때 쓰는 말
- 쇠가 쇠를 먹고 살이 살을 먹는다 : 동족끼리 서로 싸우는 것
- 쇠가죽을 무릅쓰다 : 체면을 생각하지 아니한다는 말
- 숙수가 많으면 국수가 수제비 된다 : 일을 하는 데 참견하는 사람이 많으면 오히려 일을 그르치게 된다는 뜻
- 시루에 물 퍼붓기 : 아무리 비용을 들이고 애를 써도 효과가 나타나지 않음
- 신 신고 발바닥 긁기다 : 일하기는 해도 시원치 않다는 말
- 씻어놓은 흰 죽사발 같다 : 생김새가 허여멀건한 사람을 가리키는 말

- 안방에 가면 시어머니 말이 옳고 부엌에 가면 며느리 말이 옳다 : 각각 일리가 있어 그 시비를 가리기 어렵다는 말
- 언 발에 오줌 누기 : 눈앞에 급한 일을 피하기 위해서 하는 임시변통이 결과적으로 더 나쁘게 되었을 때 하는 말
- 얻은 떡이 두레 반이다 : 여기 저기서 조금씩 얻은 것이 남이 애써 만든 것보다 많다는 말
- 염불 못하는 중이 아궁이에 불 땐다 : 무능한 사람은 같은 계열이라도 가장 천한 일을 하게 된다는 뜻
- 오소리 감투가 둘이다 : 한 가지 일에 책임질 사람이 두 명이 있어서 서로 다툰다는 뜻
- 오동나무 보고 춤춘다 : 성미가 급하여 빨리 서둔다는 뜻
- 우박 맞은 호박잎이다 : 우박 맞아 잎이 다 찢어져 보기가 흉한 호박잎처럼 모양이 매우 흉측하다는 뜻
- 윷짝 가르듯 한다 : 윷짝의 앞뒤가 분명하듯이 무슨 일에 대한 판단을 분명히 한다는 말
- 이사가는 놈이 계집 버리고 간다 : 자신이 하는 일 중에서 가장 중요한 것을 잊어버렸거나 잃었다는 말
- 우선 먹기는 곶감이 달다 : 당장은 실속있고 이득이 되는 것 같지만 뒤에는 손해를 본다는 말

- 자는 범 침 주기 : 그대로 가만 두었으면 아무 일도 없었을 것을 공연히 건드려서 일을 저질러 위태롭게 된다는 말
- 자라 알 지켜보듯 한다 : 어떻게 일을 처리하려고 노력하지는 않고 그저 묵묵히 들여다 보고만 있다는 뜻
- 자루 속 송곳은 빠져나오기 마련이다 : 남들이 알지 못하도록 아무리 은폐하려 해도 탄로날 것은 저절로 탄로가 난다는 뜻
- 잔고기가 가시는 세다 : 몸집이 자그마한 사람이 속은 꽉 차고 야무지며 단단할 때 이르는 말
- 장구치는 놈 따로 있고 고개 까딱이는 놈 따로 있나? : 저 혼자서 할 수 있는 일을 남에게 나누어 하자고 할 때 핀잔주는 말
- 적게 먹으면 명주요 많이 먹으면 망주라 : 모든 일은 정도에 맞게 하여야 한다는 말
- 접시 밥도 담을 탓이다 : 좋지 아니한 조건에서도 솜씨나 마음가짐에 따라서 좋은 성과를 이룰 수 있다는 말
- 정성이 있으면 한식에도 세배 간다 : 마음에만 있으면 언제라도 제 성의는 표시할 수 있다는 말
- 주린 개 뒷간 넘겨다보듯 한다 : 누구나 배가 몹시 고플 때는 무엇이고 먹을 것을 찾기 위해 여기저기를 기웃거린다는 말
- 주인 많은 나그네 밥 굶는다 : 해 준다는 사람이 너무 많으면 서로 미루다가 결국 안 된다는 뜻
- 주인 모르는 공사 없다 : 무슨 일이든지 주장하는 사람이 모르거나 참여하지 않으면 안 된다는 뜻

- 죽 푸다 흘려도 솥 안에 떨어진다 : 일이 제대로 안 되어 막상 손해를 본 것 같지만 따지고 보면 결코 손해는 없다는 뜻
- 쥐 잡으려다가 장독 깬다 : 조그만 일을 하려다가 큰일을 그르친다는 말
- 지붕 호박도 못 따는 주제에 하늘의 천도 따겠단다 : 아주 쉬운 일도 못하면서 당치도 않은 어려운 일을 하겠다고 덤빈다는 뜻

- 참새가 허수아비 무서워 나락 못 먹을까 : 반드시 큰 일을 하려면 다소의 위험 정도는 감수해야 한다는 뜻
- 참외 장수는 사촌이 지나가도 못 본 척 한다 : 장사하는 사람은 인색하다는 뜻
- 책망은 몰래하고 칭찬은 알게 하랬다 : 남을 책망할 때에는 다른 사람이 없는 데에서 하고 칭찬할 때에는 다른 사람 보는 앞에서 하여 자신감을 심어주라는 뜻
- 처갓집에 송곳 차고 간다 : 처갓집 밥은 눌러 담았기 때문에 송곳으로 파야 먹을 수 있다는 말로, 처갓집에서는 사위 대접을 극진히 한다는 뜻
- 천둥에 개 놀라듯 한다 : 몹시도 놀라서 허둥대며 정신을 못 차리고 날뛴다는 뜻
- 천만 재산이 서투른 기술만 못하다 : 자기가 지닌 돈은 있다가도 없어질 수 있지만 한 번 배운 기술은 죽을 때까지 지니고 있기 때문에 생활의 안정을 기할 수 있다는 뜻
- 초사흘 달은 부지런한 며느리만 본다 : 부지런한 사람이 아니고서는 사소한 일까지 모두 헤아려서 살필 수 없다는 뜻
- 초상 술에 권주가 부른다 : 때와 장소를 분별하지 못하고 행동한다는 말
- 촌놈은 밥그릇 큰 것만 찾는다 : 무식한 사람은 어떠한 물건의 질은 무시하고 그저 양이 많은 것만 요구한다는 뜻
- 칠 년 가뭄에 하루 쓸 날 없다 : 오랫동안 날씨가 개고 좋다가도 모처럼 무슨 일을 하려고 하면 비가 온다는 말

- 콩 볶아 먹다가 가마솥 터뜨린다 : 작은 이익을 탐내다가 도리어 큰 해를 입는다는 말
- 콩 심은 데 콩 나고 팥 심은 데 팥 난다 : 원인에 따라서 결과가 생긴다는 말
- 콩으로 메주를 쑨다 하여도 곧이 듣지 않는다 : 거짓말을 잘하여 신용할 수 없다는 말

- 태산 명동에 서일필(泰山 鳴動에 鼠一匹) : 무엇을 크게 떠벌였는데 실제의 결과는 작다는 뜻
- 태산을 넘으면 평지를 본다 : 고생을 하게 되면 그 다음에는 즐거움이 온다는 말
- 털을 뽑아 신을 삼는다 : 자신의 온 정성을 다하여 은혜를 꼭 갚겠다는 말
- 토끼를 다 잡으면 사냥개를 삶는다 : 필요할 때에는 소중히 여기다가도 필요없게 되면 천대하고 없애 버림을 비유하는 말

- 평생 신수가 편하려면 두 집을 거느리지 말랬다 : 두 집 살림을 차리게 되면 대부분 집안이 항상 편하지 못하다는 뜻
- 포도청 문고리도 빼겠다 : 겁이 없고 대담한 사람을 두고 하는 말
- 풍년 거지 더 섧다 : 다른 사람들은 모두 잘 살아가는데, 자신만 고달프고 서러운 신세를 이르는 말
- 핑계 없는 무덤 없다 : 무슨 일이라도 반드시 핑계거리는 있다는 말

- 함박 시키면 바가지 시키고, 바가지 시키면 쪽박 시킨다 : 어떤 일을 윗사람이 아랫사람에게 시키면 그는 또 제 아랫사람에게 다시 시킨다는 말
- 항우도 댕댕이 덩굴에 넘어진다 : 항우와 같은 장사라도 보잘 것 없는 덩굴에 걸려 낙상할 때가 있다는 말로 아무리 작은 일도 무시하면 실패하기 쉽다는 뜻
- 허허해도 빚이 열닷냥이다 : 겉으로는 호기 있게 보이나 속으로는 근심이 가득하다는 뜻
- 호랑이에게 개 꾸어 주기 : 빌려주면 다시 받을 가망이 없다는 말
- 황금 천냥이 자식 교육만 못 하다 : 막대한 유산을 남겨 주는 것보다는 자녀 교육이 더 중요한 것이라는 뜻

(2) 한자성어

- 家給人足(가급인족) : 집집마다 살림이 넉넉하고, 사람마다 의식에 부족함이 없음
- 街談巷說(가담항설) : 길거리나 항간에 떠도는 소문
- 苛斂誅求(가렴주구) : 조세 따위를 가혹하게 거두어들여, 백성을 못살게 들볶음
- 家無擔石(가무담석) : 담(擔)은 두 항아리, 석(石)은 한 항아리라는 뜻으로 집에 저축이 조금도 없음을 이르는 말
- 可東可西(가동가서) : 동쪽이라도 좋고 서쪽이라도 좋다. 이러나 저러나 상관없다.
- 佳人薄命(가인박명) : 여자의 용모가 아름다우면 운명이 기박하다는 말
- 刻骨難忘(각골난망) : 입은 은혜에 대한 고마움을 뼛속 깊이 새기어 잊지 않음
- 刻舟求劍(각주구검) : 판단력이 둔하여 세상일에 어둡고 어리석다는 말
- 竿頭之勢(간두지세) : 댓가지 꼭대기에 서게 된 현상으로 어려움이 극도에 달하여 아주 위태로운 형세를 이르는 말
- 敢不生心(감불생심) : 힘이 부치어 감히 마음을 먹지 못함
- 感之德之(감지덕지) : 몹시 고맙게 여김
- 甘呑苦吐(감탄고토) : 달면 삼키고 쓰면 뱉는다는 뜻으로 신의(信義)를 돌보지 않고 사리(私利)를 꾀한다는 말
- 甲男乙女(갑남을녀) : 보통의 평범한 사람들
- 康衢煙月(강구연월) : 태평한 시대의 평화스러운 길거리의 모습
- 強近之親(강근지친) : 도와줄 만한 가까운 친척
- 江湖煙波(강호연파) : 강이나 호수 위에 안개처럼 보얗게 이는 잔물결. 대자연의 풍경을 뜻함
- 改過遷善(개과천선) : 지나간 허물을 고치고 착하게 됨
- 去頭截尾(거두절미) : 앞뒤의 잔 사설을 빼놓고 요점만을 말함
- 車載斗量(거재두량) : 차에 싣고 말에 실을 만큼 많다는 뜻으로 물건이나 인재 따위가 아주 흔하여 귀하지 않음을 이르는 말
- 乾坤一擲(건곤일척) : 흥망, 승패를 걸고 단판 승부를 겨룸
- 隔靴搔癢(격화소양) : 신을 신은 채 가려운 발바닥을 긁음과 같이 일의 효과를 나타내지 못함을 이르는 말
- 牽強附會(견강부회) : 이치에 맞지 않는 말을 억지로 끌어 붙여 자기의 주장하는 조건에 맞도록 함
- 犬馬之勞(견마지로) : 임금이나 나라를 위하여 바치는 자기의 노력을 낮추어 이르는 말
- 見物生心(견물생심) : 물건을 보면 욕심이 생긴다는 말
- 見危致命(견위치명) : 나라의 위태로움을 보고는 목숨을 아끼지 않고 나라를 위하여 싸움
- 堅忍不拔(견인불발) : 굳게 참고 견디어 마음이 흔들리지 않음

- 結草報恩(결초보은) : 죽어 혼령이 되어도 은혜를 잊지 않고 갚음
- 經國濟世(경국제세) : 나라 일을 경륜하고 세상을 구함
- 傾國之色(경국지색) : 임금이 혹하여 국정을 게을리함으로써 나라를 위태롭게 할 정도의 미인(美人)을 일컫는 말
- 輕佻浮薄(경조부박) : 마음이 침착하지 못하고 행동이 신중하지 못함
- 驚天動地(경천동지) : 하늘이 놀라고 땅이 흔들린다는 뜻으로 세상을 몹시 놀라게 함
- 鏡花水月(경화수월) : 거울에 비친 꽃과 물에 비친 달처럼 볼 수만 있고 가질 수 없는 것
- 鷄卵有骨(계란유골) : 달걀 속에도 뼈가 있다는 뜻으로 뜻밖에 장애물이 생김을 이르는 말
- 鷄鳴狗盜(계명구도) : '닭의 울음소리를 잘 내는 사람과 개의 흉내를 잘 내는 좀도둑'이라는 뜻으로, 천한 재주를 가진 사람도 때로는 요긴하게 쓸모가 있음을 비유하여 이르는 말(학문이 깊지 않으면서 잔재주만 지닌 사람을 가리킬 때는 부정적 의미로 쓰임)
- 股肱之臣(고굉지신) : 자신의 팔, 다리와 같이 믿고 중하게 여기는 신하
- 孤掌難鳴(고장난명) : 손바닥 하나로는 소리가 나지 않는다는 뜻으로 상대가 없이 혼자 힘으로 일하기 어렵다는 말
- 苦盡甘來(고진감래) : 고생 끝에 낙이 온다는 말
- 曲學阿世(곡학아세) : 그릇된 학문을 하여 세속에 아부함
- 骨肉相殘(골육상잔) : 같은 혈족끼리 서로 다투고 해하는 것[骨肉相爭(골육상쟁)]
- 空手來空手去(공수래공수거) : 세상에 빈 손으로 왔다가 빈 손으로 간다는 뜻으로 재물에 대한 욕심을 부릴 필요가 없음을 이르는 말
- 誇大妄想(과대망상) : 자기의 능력, 용모, 지위 등을 과대하게 평가하여 사실인 것처럼 믿는 일 또는 그런 생각
- 過猶不及(과유불급) : 지나친 것은 미치지 못한 것과 같다는 말
- 管鮑之交(관포지교) : 제(薺)나라 관중(管仲)과 포숙(鮑叔)의 사귐이 매우 친밀했다는 고사에서 유래한 말로, 친구끼리의 매우 두터운 사귐을 이르는 말
- 刮目相對(괄목상대) : 눈을 비비고 다시 본다는 말로, 다른 사람의 학문이나 덕행이 크게 진보한 것을 말함
- 矯角殺牛(교각살우) : 뿔을 고치려다 소를 죽인다는 뜻으로, 작은 일에 힘쓰다가 큰 일을 망친다는 말
- 巧言令色(교언영색) : 교묘한 말과 보기 좋게 꾸민 얼굴 빛
- 膠柱鼓瑟(교주고슬) : 고지식하여 융통성이 없는 사람을 이르는 말
- 敎學相長(교학상장) : 가르쳐 주거나 배우거나 다 나의 학업을 증진시킨다는 뜻
- 九十春光(구십춘광) : 노인의 마음이 청년같이 젊음을 이르는 말. 봄의 석달 구십일 동안 화창한 날씨
- 九折羊腸(구절양장) : 아홉 번 꼬부라진 양의 창자라는 뜻으로 산길 따위가 몹시 험하게 꼬불꼬불한 것을 이르는 말
- 群鷄一鶴(군계일학) : 닭의 무리 속에 끼어 있는 한 마리의 학이란 뜻으로 평범한 사람 가운데서 뛰어난 사람을 일컫는 말

- 權謀術數(권모술수) : 목적 달성을 위해서는 인정이나 도덕을 가리지 않고 권세와 모략, 중상 등 갖은 방법과 수단을 쓰는 술책
- 勸善懲惡(권선징악) : 착한 행실을 권장하고 악한 행실을 징계함
- 捲土重來(권토중래) : 한번 실패에 굴하지 않고 몇 번이고 다시 일어남. 한 번 패하였다가 세력을 회복하여 다시 쳐들어옴
- 近墨者黑(근묵자흑) : 먹을 가까이 하면 검어진다는 뜻으로 나쁜 사람과 사귀면 그 버릇에 물들기 쉽다는 말
- 金科玉條(금과옥조) : 금이나 옥같이 귀중한 법칙이나 규정
- 錦上添花(금상첨화) : 좋고 아름다운 것 위에 더 좋은 것을 더함
- 金石盟約(금석맹약) : 쇠와 돌같이 굳게 맹세하여 맺은 약속
- 錦衣還鄕(금의환향) : 비단 옷을 입고 고향으로 돌아온다는 뜻으로 타향에서 크게 성공하여 자기 집으로 돌아감을 이르는 말
- 金枝玉葉(금지옥엽) : 임금의 자손이나 집안을 높여 이르거나 귀여운 자손을 일컫는 말
- 氣高萬丈(기고만장) : 씩씩한 기운이 크게 떨침. 일이 뜻대로 잘 되어 기세가 대단함

- 落井下石(낙정하석) : 우물 아래에 돌을 떨어뜨린다는 뜻으로, 다른 사람이 재앙을 당하면 도와주기는커녕 오히려 더 큰 재앙이 닥치도록 한다는 말
- 爛商公論(난상공론) : 여러 사람들이 잘 의논함
- 難兄難弟(난형난제) : 누구를 형이라 하고 누구를 동생이라 해야 할지 분간하기 어렵다는 뜻으로 사물의 우열이 없다는 말
- 南柯一夢(남가일몽) : 꿈과 같이 헛된 한때의 부귀영화
- 男負女戴(남부여대) : 남자는 짐을 등에 지고 여자는 짐을 머리에 인다는 뜻으로 가난에 시달린 사람들이 살 곳을 찾아 떠돌아 다님
- 南船北馬(남선북마) : 바쁘게 여기저기를 돌아다님
- 囊中之錐(낭중지추) : 주머니 속에 든 송곳이라는 뜻으로 재주가 뛰어난 사람은 숨어 있어도 저절로 사람들이 알게 됨을 이르는 말
- 囊中取物(낭중취물) : 주머니 속의 물건을 꺼내는 것과 같이 매우 용이한 일
- 勞心焦思(노심초사) : 몹시 마음을 졸이는 것
- 綠衣紅裳(녹의홍상) : 연두 저고리에 다홍 치마라는 뜻으로 곱게 차려 입은 젊은 아가씨의 복색을 이르는 말
- 論功行賞(논공행상) : 공로를 논하여 그에 맞는 상을 줌
- 弄璋之慶(농장지경) : 아들을 낳은 기쁨
- 累卵之危(누란지위) : 달걀을 쌓아 놓은 것과 같이 매우 위태함

- 多岐亡羊(다기망양) : 길이 여러 갈래여서 양을 잃다는 뜻으로 학문의 길이 다방면이어서 진리를 깨치기 어려움을 이르는 말
- 多多益善(다다익선) : 많으면 많을수록 좋음
- 斷機之戒(단기지계) : 학문을 중도에 그만둔다는 것은 짜던 베를 끊음과 같다는 맹자 어머니의 교훈
- 簞食瓢飮(단사표음) : 한 소쿠리 밥과 표주박 물, 즉 변변치 못한 살림을 가리키는 말로 청빈한 생활을 이름
- 丹脣皓齒(단순호치) : 붉은 입술과 흰 이, 즉 미인의 얼굴
- 螳螂拒轍(당랑거철) : 제 분수도 모르고 강적에게 대항함
- 大器晩成(대기만성) : 큰 그릇은 이루어짐이 더디다는 뜻으로 크게 될 사람은 성공이 늦다는 말

- 道聽塗說(도청도설) : 거리에서 들은 것을 곧 남에게 아는 체하며 말함. 깊이 생각하지 않고 예사로 듣고 예사로 말함. 떠돌아다니는 뜬소문
- 塗炭之苦(도탄지고) : 진흙탕이나 숯불에 빠졌다는 뜻으로 몹시 고생스러움을 일컬음
- 東家食西家宿(동가식서가숙) : 먹을 곳, 잘 곳이 없이 떠도는 사람 또는 그런 짓
- 棟樑之材(동량지재) : 기둥이나 들보가 될 만한 훌륭한 인재, 즉 한 집이나 한 나라의 요한 일을 맡을 만한 사람
- 同病相憐(동병상련) : 처지가 서로 비슷한 사람끼리 서로 동정하고 도움
- 東奔西走(동분서주) : 사방으로 이리저리 부산하게 돌아다님
- 同床異夢(동상이몽) : 같은 처지와 입장에서 저마다 딴 생각을 함
- 杜門不出(두문불출) : 세상과 인연을 끊고 출입을 하지 않음
- 得隴望蜀(득롱망촉) : 인간의 욕심은 한이 없음
- 登高自卑(등고자비) : 높은 곳에 오르려면 낮은 곳에서부터 오른다는 뜻으로, 일을 순서대로 하여야 함을 이르는 말
- 燈下不明(등하불명) : 등잔 밑이 어둡다는 뜻으로 가까이 있는 것이 오히려 알아내기 어려움을 이르는 말

- 磨斧爲針(마부위침) : 아무리 이루기 힘든 일이라도 끊임없는 노력과 끈기 있는 인내가 있으면 성공하고야 만다는 뜻
- 馬耳東風(마이동풍) : 남의 말을 귀담아 듣지 않고 흘려 버림
- 萬頃蒼波(만경창파) : 한없이 넓고 푸른 바다
- 面從腹背(면종복배) : 겉으로는 순종하는 척하고 속으로 딴 마음을 먹음
- 明若觀火(명약관화) : 불을 보는 듯이 환하게 분명히 알 수 있음
- 命在頃刻(명재경각) : 곧 숨이 끊어질 지경에 이름
- 矛盾撞着(모순당착) : 같은 사람의 문장이나 언행이 앞뒤가 서로 어그러져서 모순됨
- 目不忍見(목불인견) : 차마 눈 뜨고 볼 수 없는 참상이나 꼴불견
- 無不通知(무불통지) : 무슨 일이든 모르는 것이 없음
- 門前成市(문전성시) : 권세를 드날리거나 부자가 되어 집문 앞이 찾아오는 손님들로 가득 차서 시장을 이룬 것 같음
- 門前沃畓(문전옥답) : 집 앞 가까이에 있는 좋은 논, 즉 많은 재산을 일컫는 말

- 拍掌大笑(박장대소) : 손바닥을 치면서 크게 웃음
- 拔本塞源(발본색원) : 폐단의 근원을 아주 뽑아서 없애 버림
- 傍若無人(방약무인) : 언행이 방자하고 제멋대로 행동하는 사람
- 背恩忘德(배은망덕) : 은혜를 잊고 도리어 배반함
- 白骨難忘(백골난망) : 죽어서도 잊지 못할 큰 은혜를 입음
- 百年河淸(백년하청) : 아무리 세월이 가도 일을 해결할 희망이 없음
- 伯樂一顧(백락일고) : 남이 자기 재능을 알고 잘 대우함
- 白面書生(백면서생) : 한갓 글만 읽고 세상 일에 어두운 사람
- 百折不屈(백절불굴) : 아무리 꺾으려 해도 굽히지 않음
- 辟邪進慶(벽사진경) : 간사한 귀신을 물리치고 경사스러운 일로 나아감
- 夫唱婦隨(부창부수) : 남편이 창을 하면 아내가 따른다는 뜻으로 부부 간의 정이 깊고 화목함을 일컫는 말
- 附和雷同(부화뇌동) : 제 주견이 없이 남이 하는 대로 그저 무턱대고 따라함
- 粉骨碎身(분골쇄신) : 뼈가 가루가 되고 몸이 부서지도록 힘을 다하고 고생하며 일함
- 不共戴天之讐(불공대천지수) : 세상을 같이 살 수 없는 원수, 즉 어버이의 원수

- 不問可知(불문가지) : 묻지 않아도 가히 알 수 있음
- 不問曲直(불문곡직) : 옳고 그름을 가리지 않고 함부로 일을 처리함
- 非夢似夢(비몽사몽) : 꿈인지 생시인지 알 수 없는 어렴풋함
- 氷炭之間(빙탄지간) : 얼음과 숯불처럼 서로 화합될 수 없음

- 四顧無親(사고무친) : 친척이 없어 의지할 곳 없이 외로움[四顧無人(사고무인)]
- 四面楚歌(사면초가) : 한 사람도 도우려는 자가 없이 고립되어 곤경에 처해 있음
- 四面春風(사면춘풍) : 항상 좋은 얼굴로 남을 대하여 누구에게나 호감을 삼
- 事必歸正(사필귀정) : 무슨 일이든지 결국은 옳은 대로 돌아간다는 뜻
- 死後藥方文(사후약방문) : 이미 때가 늦음
- 山海珍味(산해진미) : 산과 바다의 산물(産物)을 다 갖추어 썩 잘 차린 귀한 음식
- 殺身成人(살신성인) : 자기의 몸을 희생하여 옳은 도리를 행함
- 三顧草廬(삼고초려) : 유비가 제갈량을 세 번이나 찾아가 군사로 초빙한 데에서 유래한 말로 인재를 얻기 위해 끈기 있게 노력한다는 말
- 三遷之敎(삼천지교) : 맹자의 어머니가 아들의 교육을 위하여 세 번 거처를 옮겼다는 고사에서 유래하는 말로 생활 환경이 교육에 있어 큰 구실을 한다는 말
- 桑田碧海(상전벽해) : 뽕나무밭이 변하여 바다가 된다는 뜻으로 세상일의 변천이 심하여 사물이 바뀜을 비유하는 말
- 塞翁之馬(새옹지마) : 세상일은 복이 될지 화가 될지 예측할 수 없다는 말
- 黍離之歎(서리지탄) : 세상의 영고성쇠가 무상함
- 仙姿玉質(선자옥질) : 용모가 아름답고 재질도 뛰어남
- 雪膚花容(설부화용) : 눈처럼 흰 살결과 꽃같이 예쁜 얼굴이라는 뜻으로 아름다운 여인의 모습을 이르는 말
- 雪上加霜(설상가상) : 눈 위에 또 서리가 덮힌다는 뜻으로 불행이 엎친 데 덮친 격으로 거듭 생김을 이르는 말
- 說往說來(설왕설래) : 서로 변론(辯論)을 주고 받으며 옥신각신함
- 小隙沈舟(소극침주) : 작은 일을 게을리하면 큰 재앙이 닥치게 됨을 비유하는 말
- 首丘初心(수구초심) : 고향을 그리워하는 마음을 일컫는 말
- 壽福康寧(수복강녕) : 오래 살고 복되며 건강하고 편안함
- 袖手傍觀(수수방관) : 팔짱을 끼고 보고만 있다는 뜻으로 마땅히 해야 할 일에 그저 옆에서 보고만 있는 것을 이르는 말
- 水深可知 人心難知(수심가지 인심난지) : 물의 깊이는 알 수 있으나 사람의 속마음은 헤아리기가 어렵다는 뜻
- 水魚之交(수어지교) : 교분이 매우 깊은 것을 말함[君臣水魚(군신수어)]

- 誰怨誰咎(수원수구) : 남을 원망하거나 책망할 것이 없음
- 脣亡齒寒(순망치한) : 입술이 없으면 이가 시린 것처럼 서로 돕던 이가 망하면 다른 한쪽 사람도 함께 위험하다는 말
- 是是非非(시시비비) : 옳고 그름을 가림
- 識字憂患(식자우환) : 아는 것이 탈이라는 말로 학식이 있는 것이 도리어 근심을 사게 됨을 이름
- 身言書判(신언서판) : 사람됨을 판단하는 네 가지 기준, 즉 신수(身手)와 말씨와 문필과 판단력을 일컬음
- 心心相人(심심상인) : 마음에서 마음을 전한다는 뜻으로, 묵묵한 가운데 서로 마음이 통함.
- 十匙一飯(십시일반) : 열 사람이 한 술씩 보태면 한 사람 먹을 분량이 된다는 뜻으로 여러 사람이 힘을 합하면 한 사람을 쉽게 도울 수 있다는 말

- 阿叫喚(아비규환) : 지옥 같은 고통에 못 견디어 구원을 부르짖는 소리라는 뜻으로 참혹한 고통 가운데에서 살려 달라고 울부짖는 상태를 이르는 말
- 我田引水(아전인수) : 제 논에 물대기. 자기에게 유리하도록 행동하는 것
- 安貧樂道(안빈낙도) : 빈궁한 가운데 편안하게 생활하여 도(道)를 즐김
- 眼下無人(안하무인) : 태도가 몹시 거만하여 모든 사람을 업신여김
- 暗中摸索(암중모색) : 물건을 어둠 속에서 더듬어 찾는다는 뜻으로, 확실한 방법을 모르는 채 이리저리 시도해 본다는 말
- 羊頭狗肉(양두구육) : 양의 머리를 내걸고 개고기를 판다는 뜻으로 겉모양은 훌륭하나 속은 변변치 않음을 이르는 말
- 梁上君子(양상군자) : 들보 위에 있는 군자라는 뜻으로 도둑을 미화(美化)한 말
- 漁父之利(어부지리) : 도요새가 조개를 쪼아 먹으려다가 둘 다 물리어 서로 다투고 있을 때 어부가 와서 둘을 잡아갔다는 고사에서 나온 말로 둘이 다투는 사이에 제3자가 이득을 보는 것
- 言中有骨(언중유골) : 예사로운 말 속에 깊은 뜻이 있음
- 如履薄氷(여리박빙) : 살얼음을 밟는 듯 아슬아슬하고 불안한 지경을 비유하여 이르는 말
- 如反掌(여반장) : 손바닥을 뒤집는 것과 같이 매우 쉬움
- 緣木求魚(연목구어) : 나무에 올라가 물고기를 구하듯 불가능한 일을 하고자 할 때를 비유하는 말
- 寤寐不忘(오매불망) : 자나깨나 잊지 못함
- 烏飛梨落(오비이락) : 까마귀 날자 배 떨어진다는 뜻으로 공교롭게도 어떤 일이 같은 때에 일어나 남의 의심을 받게 됨을 이르는 말
- 傲霜孤節(오상고절) : 서릿발 속에서도 굴하지 않고 외로이 지키는 절개라는 뜻으로 충신 또는 국화를 두고 하는 말

- 五十步百步(오십보백보) : 양자 간에 차이는 있으나 본질적으로는 같다는 뜻
- 吳越同舟(오월동주) : 사이가 좋지 못한 사람끼리도 자기의 이익을 위해서는 행동을 같이 한다는 말
- 溫故知新(온고지신) : 옛 것을 익히고 나아가 새 것을 앎
- 臥薪嘗膽(와신상담) : 섶에 누워 자고 쓴 쓸개를 씹는다는 뜻으로 원수를 갚고자 고생을 참고 견딤을 이르는 말
- 樂山樂水(요산요수) : '智者樂水 仁者樂山(지자요수 인자요산)'의 준말로 지혜 있는 자는 사리에 통달하여 물과 같이 막힘이 없으므로 물을 좋아하고, 어진 자는 의리에 밝고 산과 같이 중후하여 변하지 않으므로 산을 좋아한다는 말
- 窈窕淑女(요조숙녀) : 마음씨가 얌전하고 자태가 아름다운 여자
- 欲速不達(욕속부달) : 일을 속히 하려고 하면 도리어 이루지 못한다는 말
- 龍頭蛇尾(용두사미) : 처음엔 그럴 듯하다가 끝이 흐지부지되는 것
- 雲泥之差(운니지차) : 구름과 진흙의 차이란 뜻으로 주로 사정이 크게 다를 경우나 서로의 차이가 클 때 사용한다.
- 有備無患(유비무환) : 어떤 일에 미리 준비가 있으면 걱정이 없다는 말
- 唯我獨尊(유아독존) : 이 세상에는 나보다 더 잘난 사람이 없다고 뽐냄
- 流言蜚語(유언비어) : 근거 없는 좋지 못한 말
- 泣斬馬謖(읍참마속) : 큰 목적을 위해 아끼는 사람을 버림
- 以心傳心(이심전심) : 마음과 마음이 서로 통함
- 二律背反(이율배반) : 서로 모순되는 명제(命題), 즉 정립(定立)과 반립(反立)이 동등한 권리를 가지고 주장되는 일
- 李下不整冠(이하부정관) : 자두나무 아래에서는 갓을 고쳐 쓰지 말라는 뜻으로 남에게 의심받을 일을 하지 않도록 주의하라는 말
- 耳懸슈 鼻懸슈(이현령 비현령) : 귀에 걸면 귀걸이, 코에 걸면 코걸이라는 뜻으로 이렇게도 저렇게도 될 수 있음을 비유하는 말
- 益者三友(익자삼우) : 사귀어 이롭고 보탬이 되는 세 벗으로 정직한 사람, 신의 있는 사람, 학식 있는 사람을 가리킴
- 因果應報(인과응보) : 좋은 일에는 좋은 결과가, 나쁜 일에는 나쁜 결과가 따름
- 一擧兩得(일거양득) : 하나의 행동으로 두 가지의 성과를 거두는 것
- 一網打盡(일망타진) : 한꺼번에 모조리 다 잡음
- 一魚濁水(일어탁수) : 물고기 한 마리가 큰 물을 흐리게 하듯 한 사람의 악행으로 인하여 여러 사람이 그 해를 입게 되는 것을 뜻함
- 一場春夢(일장춘몽) : 인생의 영화(榮華)는 한바탕의 봄꿈과 같이 헛됨
- 日就月將(일취월장) : 나날이 다달이 진보함
- 一筆揮之(일필휘지) : 단숨에 글씨나 그림을 줄기차게 쓰거나 그림

- 自家撞着(자가당착) : 자기의 언행이 전후 모순되어 들어맞지 않음
- 自繩自縛(자승자박) : 자기의 줄로 자기를 묶는다는 뜻으로 자신이 한 말이나 행동 때문에 자기가 얽매이게 된다는 말
- 張三李四(장삼이사) : 장씨(張氏)의 삼남(三男)과 이씨(李氏)의 사남(四男)이라는 뜻으로 평범한 사람을 가리키는 말

- 賊反荷杖(적반하장) : 도둑이 도리어 매를 든다는 뜻으로 잘못한 사람이 도리어 잘한 사람을 나무라는 경우에 쓰는 말
- 戰戰兢兢(전전긍긍) : 몹시 두려워 벌벌 떨면서 조심한다는 말
- 轉禍爲福(전화위복) : 화를 바꾸어 복이 되게 한다는 뜻으로 궂은 일을 당하였을 때 그것을 잘 처리하여 좋은 일이 되게 하는 것
- 切磋琢磨(절차탁마) : 학문과 덕행을 갈고 닦음을 가리키는 말
- 漸入佳境(점입가경) : 점점 더 재미있는 경지로 들어감
- 頂門一鍼(정문일침) : 정수리에 침을 놓는다는 뜻으로 따끔한 비판이나 충고를 뜻함
- 井底之蛙(정저지와) : 우물 안 개구리. 견문이 좁고 세상 형편을 모름
- 糟糠之妻(조강지처) : 가난을 참고 고생을 같이 하며 남편을 섬긴 아내
- 朝令暮改(조령모개) : 법령을 자꾸 바꾸어서 종잡을 수 없음을 비유하는 말
- 朝三暮四(조삼모사) : 간사한 꾀로 사람을 속여 희롱함. 눈앞에 당장 나타나는 차별만 알고 그 결과가 같음을 모름
- 鳥足之血(조족지혈) : 새 발의 피. 양이 아주 적음
- 左顧右眄(좌고우면) : 좌우를 자주 둘러본다는 뜻으로 무슨 일에 얼른 결정을 짓지 못함을 이르는 말[左右顧眄(좌우고면)]
- 坐不安席(좌불안석) : 마음에 불안이나 근심 등이 있어 한 자리에 오래 앉아 있지 못함
- 晝耕夜讀(주경야독) : 낮에 일하고 밤에 공부함. 바쁜 틈을 타서 어렵게 공부를 함
- 主客顚倒(주객전도) : 주인과 손님이 뒤바뀌다라는 뜻으로 주되는 것과 종속되는 것의 위치가 뒤바뀜을 말함
- 走馬加鞭(주마가편) : 달리는 말에 채찍을 더한다는 뜻으로 잘하는 사람에게 더 잘하도록 하는 것을 일컬음
- 走馬看山(주마간산) : 말을 달리면서 산을 본다는 말로 바빠서 자세히 보지 못하고 지나침을 뜻함
- 竹馬故友(죽마고우) : 죽마를 타고 놀던 벗, 즉 어릴 때 같이 놀던 친한 친구
- 竹杖芒鞋(죽장망혜) : 대지팡이와 짚신. 먼 길을 떠날 때의 간편한 차림
- 衆寡不敵(중과부적) : 적은 수효로는 많은 수효를 대적하지 못한다는 뜻

- 衆口難防(중구난방) : 여러 사람의 입을 막기 어렵다는 뜻으로, 막기 어려울 정도(程度)로 여럿이 마구 지껄임을 이르는 말
- 重言復言(중언부언) : 한 말을 자꾸 되풀이 함
- 指鹿爲馬(지록위마) : 중국 진나라의 조고(趙高)가 이세 황제(二世皇帝)의 권력을 농락하려고 일부러 사슴을 말이라고 속여 바쳤다는 고사에서 유래한 것으로 윗사람을 농락하여 권세를 마음대로 함을 가리킴
- 支離滅裂(지리멸렬) : 갈갈이 흩어지고 찢기어 갈피를 잡을 수 없음
- 知足不辱(지족불욕) : 모든 일에 분수를 알고 만족하게 생각하면 모욕을 받지 않는다는 말
- 盡人事待天命(진인사대천명) : 노력을 다한 후에 천명을 기다림
- 進退維谷(진퇴유곡) : 앞으로 나아갈 수도 뒤로 물러설 수도 없이 꼼짝할 수 없는 궁지에 빠짐[進退兩難(진퇴양난)]
- 嫉逐排斥(질축배척) : 시기하고 미워하여 물리침

- 創業易守成難(창업이수성난) : 어떤 일을 시작하기는 쉬우나, 이룬 것을 지키기는 어렵다는 말
- 滄海桑田(창해상전) : 푸른 바다가 변하여 뽕밭으로 된다는 뜻으로 세상일이 덧없이 바뀜을 이르는 말[桑田碧海(상전벽해)]
- 滄海一粟(창해일속) : 넓은 바다에 떠 있는 한 알의 좁쌀이라는 뜻으로 아주 큰 물건 속에 있는 아주 작은 물건을 이르는 말
- 天高馬肥(천고마비) : 하늘이 높고 말이 살찐다는 뜻으로 가을철을 일컫는 말
- 千慮一得(천려일득) : 천 번을 생각하면 한 번 얻는 것이 있다는 뜻으로, 많이 생각할수록 좋은 것을 얻음을 비유하는 말
- 千慮一失(천려일실) : 여러 번 생각하여 신중하고 조심스럽게 한 일에도 때로는 한 가지 실수가 있음을 이르는 말
- 天方地軸(천방지축) : 너무 바빠서 두서를 잡지 못하고 허둥대는 모습. 어리석은 사람이 갈 바를 몰라 두리번거리는 모습
- 泉石膏肓(천석고황) : 고질병이 되다시피 산수 풍경을 좋아함
- 千衣無縫(천의무봉) : 천사의 옷은 기울 데가 없다는 뜻으로 문장이 훌륭하여 손댈 곳이 없을 만큼 잘 되었음을 일컫는 말
- 千仞斷崖(천인단애) : 천 길이나 되는 깎아지른 듯한 벼랑
- 千紫萬紅(천자만홍) : 여러 가지 빛깔의 꽃이 만발함
- 千載一遇(천재일우) : 천 년에나 한번 만날 수 있는 기회, 즉 좀처럼 얻기 어려운 기회
- 徹頭徹尾(철두철미) : 머리에서 꼬리까지 투철함, 즉 처음부터 끝까지 투철함

- 靑天霹靂(청천벽력) : 맑게 갠 하늘에서 치는 벼락, 즉 뜻밖에 생긴 변을 일컫는 말
- 靑出於藍(청출어람) : 쪽에서 우러난 푸른 빛이 쪽보다 낫다는 뜻으로 제자가 스승보다 더 뛰어남을 이르는 말
- 草綠同色(초록동색) : 풀과 녹색은 같은 빛임. 같은 처지나 같은 유의 사람들은 그들끼리 함께 행동함
- 寸鐵殺人(촌철살인) : 조그만 쇠붙이로 사람을 죽인다는 뜻으로 간단한 말이나 문장으로 사물의 가장 요긴한 데를 찔러 듣는 사람을 감동하게 하는 것
- 春秋筆法(춘추필법) : 5경의 하나인 춘추와 같이 비판의 태도가 썩 엄정함을 이르는 말. 대의명분을 밝히어 세우는 사실의 논법
- 醉生夢死(취생몽사) : 아무 뜻과 이룬 일도 없이 한평생을 흐리멍텅하게 살아감
- 七顚八起(칠전팔기) : 여러 번 실패해도 굽히지 않고 분투함을 일컫는 말
- 七縱七擒(칠종칠금) : 제갈량의 전술로 일곱 번 놓아 주고 일곱 번 잡는다는 뜻으로 자유자재로운 전술을 일컬음
- 針小棒大(침소봉대) : 바늘을 몽둥이라고 말하듯 과장해서 말하는 것

- 他山之石(타산지석) : 다른 산에서 나는 하찮은 돌도 자기의 옥(玉)을 가는 데에 도움이 된다는 뜻으로 다른 사람의 하찮은 언행일지라도 자기의 지덕을 연마하는 데에 도움이 된다는 말
- 卓上空論(탁상공론) : 실현성이 없는 허황된 이론
- 太剛則折(태강즉절) : 너무 강하면 부러지기 쉽다는 말
- 泰山北斗(태산북두) : 태산과 북두칠성을 여러 사람이 우러러 보는 것처럼 남에게 존경받는 뛰어난 존재
- 兎營三窟(토영삼굴) : 자신의 안전을 위하여 미리 몇 가지 술책을 마련함
- 吐盡肝膽(토진간담) : 솔직한 심정을 숨김없이 모두 말함

- 波瀾萬丈(파란만장) : 물결이 만 길 높이로 인다는 뜻으로 인생을 살아가는 데 있어 기복과 변화가 심함을 이르는 말
- 波瀾重疊(파란중첩) : 일의 진행에 있어서 온갖 변화나 난관이 많음
- 破竹之勢(파죽지세) : 대를 쪼개는 것처럼 거침없이 나아가는 세력
- 弊袍破笠(폐포파립) : 해진 옷과 부서진 갓, 즉 너절하고 구차한 차림새를 말함
- 抱腹絶倒(포복절도) : 배를 안고 몸을 가누지 못할 정도로 몹시 웃음
- 風樹之嘆(풍수지탄) : 부모가 이미 세상을 떠나 효도할 수 없음을 한탄함
- 風前燈火(풍전등화) : 바람 앞의 등불처럼 매우 위급한 경우에 놓여 있음을 일컫는 말

- 風餐露宿(풍찬노숙) : 바람과 이슬을 무릅쓰고 한 데에서 먹고 잠, 즉 큰 일을 이루려는 사람이 고초를 겪는 모양
- 匹夫匹婦(필부필부) : 평범한 남자와 평범한 여자
- 必有曲折(필유곡절) : 반드시 어떠한 까닭이 있음

- 夏爐冬扇(하로동선) : 여름의 화로와 겨울의 부채라는 뜻으로 쓸모없는 재능을 말함
- 下石上臺(하석상대) : 아랫돌을 빼서 윗돌을 괴고 윗돌을 빼서 아랫돌을 괸다는 뜻으로 임시변통으로 이리저리 둘러 맞춤을 말함
- 鶴首苦待(학수고대) : 학의 목처럼 목을 길게 늘여 몹시 기다린다는 뜻
- 漢江投石(한강투석) : 한강에 돌 던지기라는 뜻으로 지나치게 미미하여 전혀 효과가 없음을 이르는 말
- 緘口無言(함구무언) : 입을 다물고 아무런 말이 없음
- 含哺鼓腹(함포고복) : 배불리 먹고 즐겁게 지냄
- 咸興差使(함흥차사) : 심부름을 시킨 뒤 아무 소식이 없거나 회답이 더디 올 때 쓰는 말
- 孑孑單身(혈혈단신) : 의지할 곳 없는 외로운 홀몸
- 螢雪之功(형설지공) : 중국 진나라의 차윤(車胤)이 반딧불로 글을 읽고 손강(孫康)은 눈(雪)의 빛으로 글을 읽었다는 고사에서 유래된 말로 고생하면서도 꾸준히 학문을 닦은 보람을 이르는 말
- 糊口之策(호구지책) : 살아갈 방법. 그저 먹고 살아가는 방책
- 好事多魔(호사다마) : 좋은 일에는 방해가 되는 일이 많다는 뜻
- 虎死留皮(호사유피) : 범이 죽으면 가죽을 남김과 같이 사람도 죽은 뒤 이름을 남겨야 한다는 말[豹死留皮(표사유피)]
- 浩然之氣(호연지기) : 잡다한 일에서 해방된 자유로운 마음. 하늘과 땅 사이에 넘치게 가득찬 넓고도 큰 원기. 공명정대하여 조금도 부끄러울 바 없는 도덕적 용기
- 魂飛魄散(혼비백산) : 몹시 놀라 넋을 잃음
- 和而不同(화이부동) : 남과 화목하게 지내지만 자신의 중심과 원칙을 잃지 않음
- 畫龍點睛(화룡점정) : 용을 그려 놓고 마지막으로 눈을 그려 넣음, 즉 가장 긴요한 부분을 완성시킴
- 換骨奪胎(환골탈태) : 얼굴이 이전보다 더 아름다워짐. 선인의 시나 문장을 살리되, 자기 나름의 새로움을 보태어 자기 작품으로 삼는 일
- 會者定離(회자정리) : 만나면 반드시 헤어짐
- 後生可畏(후생가외) : 후진들이 젊고 기력이 있어 두렵게 여겨짐
- 橫說竪說(횡설수설) : 조리가 없는 말을 함부로 지껄임 또는 그 말
- 興盡悲來(흥진비래) : 즐거운 일이 다하면 슬픔이 옴, 즉 흥망과 성쇠가 엇바뀜을 일컫는 말

대표유형 5 　 문장배열

(1) 글의 구성 요소

단어→문장→문단→글

① 단어 … 분리하여 자립적으로 쓸 수 있는 말이나 이에 준하는 말이나 그 말의 뒤에 붙어서 문법적 기능을 나타내는 말이다.

② 문장 … 생각이나 감정을 말로 표현할 때 완결된 내용을 나타내는 최소의 단위로, 주어와 서술어를 갖추고 있는 것이 원칙이나 생략될 수도 있다.

③ 문단 … 글에서 하나로 묶을 수 있는 짤막한 단위로, 한 편의 글은 여러 개의 문단으로 구성된다.

④ 글 … 어떤 생각이나 일 따위의 내용을 문자로 나타낸 기록이다.

(2) 문단의 짜임

① 중심 문장 … 하나의 문단에서 나타내고자 하는 중심 내용이 담긴 문장

② 뒷받침 문장 … 중심 문장의 내용을 효과적으로 전달하기 위해 보조적으로 쓰인 문장

(3) 설명문과 논설문의 구조

① 설명문 … 처음-중간-끝
　㉠ 처음 : 설명할 대상, 배경, 동기, 목적, 방법 등을 제시하는 단계로, 독자의 관심을 불러일으키는 역할을 한다.
　㉡ 중간 : 다양한 설명 방법을 활용하여 설명하고자 하는 지식과 정보를 이해하기 쉽게 풀이하는 단계이다.
　㉢ 끝 : 중간부분에서 설명한 내용을 요약·정리하고 마무리하는 단계이다.

② 논설문 … 서론-본론-결론
　㉠ 서론 : 글을 쓰는 동기와 목적을 밝히고, 문제를 제기하는 단계이다.
　㉡ 본론 : 여러 가지 근거를 들어 자신이 주장하려는 바를 증명하는 단계로, 제시하는 근거의 타당성에 대한 검증이 필요하다.
　㉢ 결론 : 주장하는 내용을 요약하고 확인·강조하는 단계이다.

(4) 접속어

관계	내용	접속어의 예
순접	앞의 내용을 이어받아 연결시킴	그리고, 그리하여, 이리하여
역접	앞의 내용과 상반되는 내용을 연결시킴	그러나, 하지만, 그렇지만, 그래도
인과	앞뒤의 문장을 원인과 결과로 또는 결과와 원인으로 연결시킴	그래서, 따라서, 그러므로, 왜냐하면
전환	뒤의 내용이 앞의 내용과는 다른 새로운 생각이나 사실을 서술하여 화제를 바꾸며 이어줌	그런데, 그러면, 다음으로, 한편, 아무튼
예시	앞의 내용에 대해 구체적인 예를 들어 설명함	예컨대, 이를테면, 예를 들면
첨가·보충	앞의 내용에 새로운 내용을 덧붙이거나 보충함	그리고, 더구나, 게다가, 뿐만 아니라
대등·병렬	앞뒤의 내용을 같은 자격으로 나열하면서 이어줌	그리고, 또는, 및, 혹은, 이와 함께
확언·요약	앞의 내용을 바꾸어 말하거나 간추려 짧게 요약함	요컨대, 즉, 결국, 말하자면

대표유형 6 주제 및 중심내용 찾기

(1) 핵심어

① 설명문의 내용 또는 제목 내의 중요한 내용을 요약한 핵심적인 단어 또는 문구를 핵심어라고 한다.

② 글의 처음이나 마지막 부분의 문장이 열쇠가 되는 경우가 많다.

③ 핵심어는 반복 사용되는 경향이 있다.

(2) 주제 파악하기의 과정

① 형식 문단의 내용을 요약한다.

② 내용 문단으로 묶어 중심 내용을 파악한다.

③ 각 내용 문단의 중심 내용 간의 관계를 이해한다.

④ 전체적인 주제를 파악한다.

(3) 주제를 찾는 방법

① 주제가 겉으로 드러난 글(설명문, 논설문 등)
    ㉠ 글의 주제 문단을 찾는다. 주제 문단의 요지가 주제이다.

   ⓵ 대개 3단 구성이므로 끝 부분의 중심 문단에서 주제를 찾는다.
   ⓒ 중심 소재(제재)에 대한 글쓴이의 입장이 나타난 문장이 주제문이다.
   ⓔ 제목과 밀접한 관련이 있음에 유의한다.
  ② 주제가 겉으로 드러나지 않는 글(문학적인 글)
   ㉠ 글의 제재를 찾아 그에 대한 글쓴이의 의견이나 생각을 연결시키면 바로 주제를 찾을 수 있다.
   ⓵ 제목이 상징하는 바가 주제가 될 수 있다.
   ⓒ 인물이 주고받는 대화의 화제나 화제에 대한 의견이 주제일 수도 있다.
   ⓔ 글에 나타난 사상이나 내세우는 주장이 주제가 될 수도 있다.
   ⓜ 시대적·사회적 배경에서 글쓴이가 추구하는 바를 찾을 수 있다.

대표유형 7   진위판별 및 내용추론

(1) 세부 내용 파악하기

① 제목을 확인한다.

② 주요 내용이나 핵심어를 확인한다.

③ 지시어나 접속어에 유의하며 읽는다.

④ 중심 내용과 세부 내용을 구분한다.

⑤ 내용 전개 방법을 파악한다.

⑥ 사실과 의견을 구분하여 내용의 객관성과 주관성 파악한다.

(2) 추론하며 읽기

① **추론하며 읽기의 뜻** … 글 속에 명시적으로 드러나 있지 않은 내용, 과정, 구조에 관한 정보를 논리적 비약 없이 추측하거나 상상하며 읽는 것을 말한다.

② **추론하며 읽기의 방법**
  ㉠ 문장의 연결 관계를 통하여 생략된 정보를 추측한다.
  ⓵ 뜻이 분명하지 않은 문장의 의미를 자신의 배경 지식을 활용하여 정확하게 파악한다.
  ⓒ 글에 제시되어 있는 내용을 바탕으로 글 속에 분명히 드러나 있지 않은 중심 내용이나 주제를 파악한다.
  ⓔ 문맥의 흐름을 기준으로 문단의 연결 관계를 정확하게 파악한다.
  ⓜ 글의 조직 및 전개 방식을 기준으로 글 전체의 계층적 구조를 정확하게 파악한다.

chapter.01 언어논리력

출제예상문제

|1~10| 다음 제시된 단어와 의미가 유사한 단어를 고르시오.

1

| 당면 |

① 조치　　　　　　　　　　　　　② 즉결
③ 우상　　　　　　　　　　　　　④ 봉착

> ✔해설　당면 … 바로 눈앞에 당함
> ④ 봉착: 어떤 처지나 상태에 부닥침
> ① 조치: 벌어지는 사태를 잘 살펴서 필요한 대책을 세워 행함
> ② 즉결: 그 자리에서 곧 결정함. 또는 그런 결정에 따라 마무리를 지음
> ③ 우상: 신처럼 숭배의 대상이 되는 물건이나 사람

2

| 장성 |

① 성장　　　　　　　　　　　　　② 이화
③ 증식　　　　　　　　　　　　　④ 형상

> ✔해설　장성 … 자라서 어른이 됨 또는 발전하여 커짐
> ② 이화: 성질, 양식, 사상 따위가 서로 달라짐
> ③ 증식: 늘어서 많아짐
> ④ 형상: 사람이나 동식물 따위가 자라서 점점 커짐 또는 규모나 세력 따위가 점점 커짐

3

영유

① 유지　　　　　　　　　　② 제재
③ 차지　　　　　　　　　　④ 개진

> ✔해설　영유…자기의 것으로 차지하여 가짐
> ③ 차지: 사물이나 공간, 지위 따위를 자기 몫으로 가짐. 또는 그 사물이나 공간
> ① 유지: 마을이나 지역에서 명망 있고 영향력을 가진 사람
> ② 제재: 일정한 규칙이나 관습의 위반에 대하여 제한하거나 금지함. 또는 그런 조치
> ④ 개진: 기술이나 낡은 제도 따위가 점차 나아져 발전함. 또는 나아지게 발전시킴

4

영겁

① 영원　　　　　　　　　　② 영지
③ 견지　　　　　　　　　　④ 폐부

> ✔해설　영겁…영원한 세월
> ① 영원: 어떤 상태가 끝없이 이어짐. 또는 시간을 초월하여 변하지 아니함
> ② 영지: 뛰어난 지혜
> ③ 견지: 어떤 견해나 입장 따위를 굳게 지니거나 지킴
> ④ 폐부: 마음의 깊은 속

5

기염

① 주창　　　　　　　　　　② 원조
③ 기세　　　　　　　　　　④ 이념

> ✔해설　기염…불꽃처럼 대단한 기세
> ③ 기세: 기운차게 뻗치는 모양이나 상태
> ① 주창: 주의나 사상을 앞장서서 주장함
> ② 원조: 물품이나 돈 따위로 도와줌
> ④ 이념: 이상적인 것으로 여겨지는 생각이나 견해

Answer　1.④　2.①　3.③　4.①　5.③

6

도로

① 새로   ② 사달
③ 달리   ④ 서로

> ✔해설 도로 … 먼저와 다름없이. 또는 본래의 상태대로
> ① 새로 : 지금까지 있은 적이 없이 처음으로
> ② 사달 : 사고나 탈
> ③ 달리 : 사정이나 조건 따위가 서로 같지 않게
> ④ 서로 : 짝을 이루거나 관계를 맺고 있는 상대

7

노파심

① 예후   ② 기우
③ 처우   ④ 노후

> ✔해설 노파심 … 필요 이상으로 남의 일을 걱정하고 염려하는 마음
> ② 기우 : 앞일에 대한 쓸데없는 걱정
> ① 예후 : 의사가 환자를 진찰하고 전망함. 또는 그런 병의 증세
> ③ 처우 : 조처하여 대우함. 또는 그런 대우
> ④ 노후 : 제구실을 하지 못할 정도로 낡고 오래됨

8

가지

① 낱알   ② 낙망
③ 개별   ④ 가닥

> ✔해설 가지 … 나무나 풀의 원줄기에서 뻗어 나온 줄기
> ④ 가닥 : 한군데서 갈려 나온 낱낱의 줄
> ① 낱알 : 하나하나 따로따로인 알
> ② 낙망 : 희망을 잃음
> ③ 개별 : 여럿 중에서 하나씩 따로 나뉘어 있는 상태

9

이도

① 낙도　　　　　　　　　　　② 외연
③ 가량　　　　　　　　　　　④ 정도

> ✅ **해설**　이도 … 육지에서 멀리 떨어진 외딴섬
> 　① 낙도 : 육지에서 멀리 떨어진 외딴섬
> 　② 외연 : 가장자리나 둘레
> 　③ 가량 : 어떤 일에 대하여 확실한 계산은 아니나 얼마쯤이나 정도가 되리라고 짐작하여 봄
> 　④ 정도 : 사물의 성질이나 가치를 양부(良否), 우열 따위에서 본 분량이나 수준

10

도모

① 두엄　　　　　　　　　　　② 기도
③ 수렁　　　　　　　　　　　④ 허발

> ✅ **해설**　도모 … 어떤 일을 이루기 위하여 대책과 방법을 세움
> 　② 기도 : 어떤 일을 이루려고 꾀함. 또는 그런 계획이나 행동
> 　① 두엄 : 풀, 짚 또는 가축의 배설물 따위를 썩힌 거름
> 　③ 수렁 : 헤어나기 힘든 곤욕을 비유적으로 이르는 말
> 　④ 허발 : 목적을 이루지 못하는 공연한 짓이나 걸음을 함

Answer　6.①　7.②　8.④　9.①　10.②

｜11~20｜ 다음 제시된 단어와 의미가 상반된 단어를 고르시오.

11

각축하다

① 굴종하다　　　　　　　　　　② 이전하다
③ 쟁론하다　　　　　　　　　　④ 화유하다

> ✅ **해설**　각축하다 … 서로 이기려고 다투며 덤벼들다.
> 　　　　① 굴종하다 : 제 뜻을 굽혀 남에게 복종하다.
> 　　　　② 이전하다 : 권리 따위를 남에게 넘겨주거나 넘겨받다.
> 　　　　③ 쟁론하다 : 서로 다투며 토론하다.
> 　　　　④ 화유하다 : 부드럽고 온화하다.

12

영전

① 등진　　　　　　　　　　　② 승계
③ 좌천　　　　　　　　　　　④ 승양

> ✅ **해설**　영전 … 전보다 더 좋은 자리나 직위로 옮김
> 　　　　③ 좌천 : 낮은 관직이나 지위로 떨어지거나 외직으로 전근됨을 이르는 말
> 　　　　① 등진 : 관직이나 지위 따위가 올라감
> 　　　　② 승계 : 품계가 오름
> 　　　　④ 승양 : 벼슬이 오름

13

숭배

① 소유　　　　　　　　　　　② 숭상
③ 멸시　　　　　　　　　　　④ 재배

> ✅ **해설**　숭배 … 우러러 공경함
> 　　　　③ 멸시 : 업신여기거나 하찮게 여겨 깔봄
> 　　　　① 소유 : 가지고 있음
> 　　　　② 숭상 : 높여 소중히 여김
> 　　　　④ 재배 : 식물을 심어 가꿈

14

후안무치

① 염치 ② 철면피
③ 백치미 ④ 버릇

> ✔해설 후안무치(厚顔無恥) … 뻔뻔스러워 부끄러움이 없음
> ① 체면을 차릴 줄 알며 부끄러움을 아는 마음
> ② 염치가 없고 뻔뻔스러운 사람을 낮잡아 이르는 말
> ③ 지능이 낮은 듯하고 단순한 표정을 지닌 사람이 풍기는 아름다움
> ④ 오랫동안 자꾸 반복하여 몸에 익어버린 행동

15

경각

① 오래 ② 호외
③ 실각 ④ 경질

> ✔해설 경각 … 눈 깜빡할 사이. 또는 아주 짧은 시간
> ① 오래: 시간이 지나가는 동안이 길게
> ② 호외: 특별한 일이 있을 때에 임시로 발행하는 신문이나 잡지
> ③ 실각: 발을 헛디딤. 또는 세력을 잃고 지위에서 물러남
> ④ 경질: 어떤 직위에 있는 사람을 다른 사람으로 바꿈

16

번망하다

① 어수선하다 ② 혁신적이다
③ 한산하다 ④ 발생하다

> ✔해설 번망하다 … 번거롭고 어수선하여 매우 바쁘다.

Answer 11.① 12.③ 13.③ 14.① 15.① 16.③

17

굴종

① 위로 ② 반항
③ 경종 ④ 굴복

> ✔해설 굴종 … 제 뜻을 굽혀 남에게 복종함
> ② 반항 : 다른 사람이나 대상에 맞서 대들거나 반대함
> ① 위로 : 어떤 직위에 있는 사람을 다른 사람으로 바꿈
> ③ 경종 : 잘못된 일이나 위험한 일에 대하여 경계하여 주는 주의나 충고를 비유적으로 이르는 말
> ④ 굴복 : 힘이 모자라서 복종함

18

왕세(往世)

① 미래 ② 소통
③ 친밀 ④ 자유

> ✔해설 왕세(往世) … 옛날, 지난 지 꽤 오래된 시기를 막연히 이르는 말

19

우수

① 우주 ② 탁월
③ 유수 ④ 열등

> ✔해설 우수 … 여럿 가운데 뛰어남
> ④ 열등 : 보통의 수준이나 등급보다 낮음
> ① 우주 : 무한한 시간과 만물을 포함하고 있는 끝없는 공간의 총체
> ② 탁월 : 남보다 두드러지게 뛰어남
> ③ 유수 : 손꼽을 만큼 두드러지거나 훌륭함

20

알력

① 불화　　　　　　　　　　　② 친화
③ 반영　　　　　　　　　　　④ 흡사

> ✔해설　알력(軋轢) … 수레바퀴가 삐걱거린다는 뜻으로, 서로 의견이 맞지 아니하여 사이가 안 좋거나 충돌하는 것을 이르는 말

|21~25| 다음 제시된 단어의 의미로 옳은 것을 고르시오.

21

주창하다

① 어떤 사람이나 단체 따위의 주의 · 정책 · 의견 따위에 찬동하여 이를 위하여 힘을 쓰다.
② 주의나 사상을 앞서서 주장하다.
③ 구름 한 점 없이 상쾌하도록 날씨가 맑다.
④ 출판물이나 인쇄물을 찍어서 세상에 펴내다.

> ✔해설　주창(主唱)하다는 '주인 主 + 부를(주장할) 唱'이 결합된 것으로 '주의나 사상을 앞장서서 주장하다' 또는 '노래나 시 따위를 앞장서서 부르다'라는 뜻이다. 유의어로는 '앞장서다', '주장하다' 등이 있다.
> ① 어떤 사람이나 단체 따위의 주의 · 정책 · 의견 따위에 찬동하여 이를 위하여 힘을 쓰다. → 지지하다
> ③ 구름 한 점 없이 상쾌하도록 날씨가 맑다. → 쾌청하다
> ④ 출판물이나 인쇄물을 찍어서 세상에 펴내다. → 발행하다

22

용동되다

① 두렵거나 놀라서 몸이 솟구쳐 뛰듯 움직이게 되다.
② 쓸데없는 일에 바쁘다.
③ 매우 안타깝거나 추워서 발을 가볍게 자꾸 구르다.
④ 별로 힘들이지 않고 계속 가볍게 행동하다.

> ✔해설　② 용번하다　③ 동동거리다　④ 사부작거리다

Answer　17.②　18.①　19.④　20.②　21.②　22.①

23

추렴하다

① 미루어 생각하여 헤아리다.
② 의견이나 사상 따위가 여럿으로 나뉘어 있는 것을 하나로 모아 정리하다.
③ 모임이나 놀이 또는 잔치 따위의 비용으로 여럿이 각각 얼마씩의 돈을 내어 거두다.
④ 겉모양이 깨끗하지 못하고 생기가 없다.

> ✔해설 추렴하다는 '모임이나 놀이 또는 잔치 따위의 비용으로 여럿이 각각 얼마씩의 돈을 내어 거두다'라는 뜻이다.
> ① 추측하다
> ② 수렴하다
> ④ 추레하다

24

모꼬지

① 남을 해치고자 하는 짓
② 눈치로 알아차릴 수 있도록 슬그머니 일깨워 줌
③ 놀이나 잔치에 여러 사람이 모이는 일
④ 물을 대어 주로 벼를 심어 가꾸는 땅

> ✔해설 ① 해코지 ② 귀띔 ④ 논

25

물알

① 아직 덜 여물어서 물기가 많고 말랑한 곡식알
② 피부 일부분에 액체가 국소적으로 차서 부풀어 오른 것
③ 물이 있는 곳의 가장자리
④ 무르익은 앵두

> ✔해설 ② 물집
> ③ 물가
> ④ 물앵두

|26~30| 다음 제시된 어구 풀이의 의미와 가장 잘 부합하는 어휘를 고르시오.

26

| 불순물이 섞이지 아니하여 깨끗하고 순수하다 |

① 정수하다 ② 징수하다
③ 진거하다 ④ 진부하다

> **해설** ② 나라, 공공 단체, 지주 등이 돈, 곡식, 물품 따위를 거두어들이다.
> ③ 앞으로 나아가다.
> ④ 사상, 표현, 행동 따위가 낡아서 새롭지 못하다.

27

| 얼굴에 핏기가 없고 파리하다 |

① 핼쑥하다 ② 수척하다
③ 스산하다 ④ 완뢰하다

> **해설** ② 몸이 몹시 야위고 마른 듯하다.
> ③ 마음이 가라앉지 아니하고 뒤숭숭하다.
> ④ 굳세고 튼튼하다.

28

| 마음이 구슬퍼질 정도로 외롭거나 쓸쓸하다. |

① 헌칠하다 ② 옹색하다
③ 처량하다 ④ 부실하다

> **해설** ① 키와 몸집이 크고 늘씬하다.
> ② 생활이 어렵다. 또는 활달하지 못하여 옹졸하고 답답하다.
> ④ 몸이 튼튼하지 못하다. 또는 내용이 실속이 없거나 충실하지 못하다.

Answer 23.③ 24.③ 25.① 26.① 27.① 28.③

29

끝을 맺음

① 고지 ② 귀결
③ 귀감 ④ 귀공

> ✔ 해설 ① 상대방의 의견을 높이는 말
> ③ 본보기가 될 만한 것
> ④ 세상에 보기 드문 솜씨

30

일에는 마음을 두지 아니하고 쓸데없이 다른 짓을 함

① 방정 ② 해찰
③ 정평 ④ 자발

> ✔ 해설 ① 찬찬하지 못하고 몹시 가볍고 점잖지 못하게 하는 말이나 행동
> ③ 모든 사람이 다같이 인정하는 평판
> ④ 남이 시키거나 요청하지 아니하였는데도 자기 스스로 나아가 행함

┃31~35┃ 다음 중 제시된 문장의 밑줄 친 어휘와 같은 의미로 사용된 것을 고르시오.

31

심사 위원들은 이번에 응시한 수험생들에 대해 대체로 높은 평가를 <u>내렸다</u>.

① 이 지역은 강우가 산발적으로 <u>내리는</u> 경향이 있다.
② 그녀는 얼굴의 부기가 <u>내리지</u> 않아 외출을 하지 않기로 했다.
③ 먹은 것을 <u>내리려면</u> 적당한 운동을 하는 것이 좋다.
④ 중대장은 적진으로 돌격하겠다는 결단을 <u>내리고</u> 소대장들을 불렀다.

> ✔ 해설 ① 눈, 비, 서리, 이슬 따위가 오다.
> ② 쪘거나 부었던 살이 빠지다.
> ③ 먹은 음식물 따위가 소화되다. 또는 그렇게 하다.
> ④ 판단, 결정을 하거나 결말을 짓다.

32

> 장작을 한아름 지고 와서는 뭘 하는지 한참을 뚝딱거렸다.

① 손에는 들고 등에는 지고 힘차게 걷는다.
② 해가 지고 나면 어머니는 꼭 문을 열어 두었다.
③ 둘이서 싸우면 이상하게 항상 미주가 지는 꼴이다.
④ 강둑에 앉아 노을이 지는 걸 말없이 바라보았다.

> ✔해설 지다…물건을 짊어서 등에 얹다.
> ① 물건을 짊어서 등에 얹다.
> ② 해나 달이 서쪽으로 넘어가다.
> ③ 내기나 시합, 싸움 따위에서 재주나 힘을 겨루어 상대에게 꺾이다.
> ④ 어떤 현상이나 상태가 이루어지다.

33

> 영화 속 주인공이 대금을 부는 모습에 꽂혀 당장 학원을 알아보았다.

① 배가 불렀는지 더 이상 음식을 먹지 않았다.
② 아까는 피리를 불더니 지금은 바이올린을 켜고 있다.
③ 회사에 무슨 바람이 불었는지 너도나도 담배를 끊겠다고 다짐했다.
④ 비가 좀 내리는가 싶으면 어김없이 강물이 불어있었다.

> ✔해설 불다…관악기를 입에 대고 숨을 내쉬어 소리를 내다.
> ① 부르다 : 먹은 것이 많아 속이 꽉 찬 느낌이 들다.
> ③ 불다 : 유행, 풍조, 변화 따위가 일어나 휩쓸다.
> ④ 붇다 : 분량이나 수효가 많아지다.

Answer 29.② 30.② 31.④ 32.① 33.②

34

| 마음을 독하게 <u>먹지</u> 않으면 유혹에 넘어가고 말거야. |

① 양심을 <u>먹고</u> 올바른 말을 하기로 했다.
② 너무 충격을 <u>먹어서</u> 말이 안 나온다.
③ 하루 종일 너무 많은 욕을 <u>먹었다</u>.
④ 자, 이제 약을 <u>먹어야</u> 할 시간이다.

> ✔ 해설 ① 어떤 마음이나 감정을 품다.
> ② 겁, 충격 따위를 느끼게 되다.
> ③ 욕, 핀잔 따위를 듣거나 당하다.
> ④ 음식 따위를 입을 통하여 배 속에 들여보내다.

35

| 새로 지은 아파트는 뒷산의 경관을 <u>해치고</u> 있다. |

① 모두들 미풍양속을 <u>해치지</u> 않도록 주의하시기 바랍니다.
② 담배는 모든 사람의 건강을 <u>해친다</u>.
③ 그는 잦은 술자리로 몸을 <u>해쳐</u> 병을 얻었다.
④ 안심해. 아무도 널 <u>해치지</u> 않을 거야.

> ✔ 해설 ① 어떤 상태에 손상을 입혀 망가지게 하다.
> ②③ 사람의 마음이나 몸에 해를 입히다.
> ④ 다치게 하거나 죽이다.

| 36~38 | 다음 빈칸에 들어갈 어휘로 가장 적절한 것을 고르시오.

36

| 팀장님은 프로젝트가 끝나면 _____ 팀원들과 함께 술을 한잔 했다. |

① 진즉 ② 파투
③ 한갓 ④ 으레

> **해설** ① 좀 더 일찍이
> ② 일이 잘못되어 흐지부지됨
> ③ 다른 것 없이 겨우
> ④ 두말할 것 없이 당연히, 틀림없이 언제나

37

| 다시 한 번 이 행사를 위해 힘써 주신 여러분께 감사드리며, 이것으로 인사말을 _____ 하겠습니다. |

① 갈음 ② 가름
③ 가늠 ④ 갸름

> **해설** ① 본디 것을 대신에 다른 것으로 가는 일
> ② 따로따로 갈라놓는 일
> ③ 목표나 기준에 맞고 안 맞음을 헤아리는 일
> ④ 보기 좋을 정도로 조금 가늘고 긴 듯함

38

| 우리가 별 탈 없이 _____ 자라 벌써 스무 살이 되었다. |

① 깜냥깜냥 ② 어리마리
③ 콩팔칠팔 ④ 도담도담

> **해설** ① 자신의 힘을 다하여
> ② 잠이 든 둥 만 둥 하여 정신이 흐릿한 모양
> ③ 갈피를 잡을 수 없도록 마구 지껄이는 모양
> ④ 어린아이가 탈 없이 잘 놀며 자라는 모양

Answer 34.① 35.① 36.④ 37.① 38.④

┃39~40┃ 다음 제시어 중 서로 관련 있는 세 개의 단어를 찾아 연상되는 것을 고르시오.

39

연극, 오페라의 유령, 브로드웨이, 충무로, 아리아, 놀이공원, 가면, 별, 심리학

① 할리우드 ② 중세유럽
③ 발레 ④ 뮤지컬

✔해설 제시된 단어 중 오페라의 유령, 브로드웨이, 아리아를 통해 '뮤지컬'을 유추해볼 수 있다.
• 4대 뮤지컬 … 캣츠, 레미제라블, 미스사이공, 오페라의 유령
• 아리아 … 작품의 주제 혹은 주인공의 환희나 비극을 담고 있는 뮤지컬의 클라이맥스

40

호두, 미용실, 닭, 커튼, 튀김, 액자, 와인, 식탁, 맥주

① 아몬드 ② 소풍
③ 치킨 ④ 야구

✔해설 닭, 튀김, 맥주를 통해 치킨을 연상할 수 있다. 치킨은 닭을 튀긴 음식으로 많은 사람들이 맥주와 함께 즐긴다.

┃41~45┃ 단어의 상관관계를 파악하고 (   ) 안에 알맞은 단어를 넣으시오.

41

부족 : 결핍 = 불운 : (   )

① 행운 ② 비운
③ 속박 ④ 실종

✔해설 부족과 결핍은 모두 어떠한 것이 없거나 모자란 것을 이르는 말로 서로 유의어 관계에 있다. 따라서 괄호 안에 알맞은 단어는 불운과 유의어 관계에 있는 비운이다.

42

부실하다 : (　　) = (　　) : 옹골차다

① 허하다, 엉성하다
② 튼튼하다, 성글다
③ 엉성하다, 치밀하다
④ 엉성하다, 다부지다

✔해설 '부실하다'는 '몸, 마음, 행동 따위가 튼튼하지 못하고 약하다'는 뜻으로, '허하다, 엉성하다'와 유의관계이다. '옹골차다'는 '매우 실속이 있게 속이 꽉 차 있다'는 뜻으로, '단단하다, 야무지다, 다부지다'와 유의관계이다.

43

쌈 : (　　) = 거리 : (　　)

① 마늘, 한약
② 쌀, 전복
③ 바늘, 가지
④ 사과, 짚

✔해설 제시된 단어는 단위성 의존 명사이다. 쌈은 바늘을 묶어 세는 단위이고 거리는 오이나 가지 따위를 묶어 세는 단위이다.

44

윤동주 : 별 헤는 밤 = 이상 : (　　)

① 님의 침묵
② 엄마야 누나야
③ 청노루
④ 오감도

✔해설 제시된 단어는 시인과 그 시인의 대표작품을 짝지은 것이다. 보기 중 이상의 대표작은 ④ 오감도이다.
① 님의 침묵 : 한용운의 대표작품
② 엄마야 누나야 : 김소월의 대표작품
③ 청노루 : 박목월의 대표작품

Answer 39.④ 40.③ 41.② 42.④ 43.③ 44.④

45

궁책(窮策) : 말계(末計) = ( ) : ( )

① 교섭(交涉), 절충(折衝)
② 영식(令息), 영애(令愛)
③ 백발(白髮), 홍안(紅顔)
④ 졸렬(拙劣), 교묘(巧妙)

> ✅**해설** 궁책과 말계는 어쩔 수 없는 상황에서 구차하게 생각해낸 꾀 또는 계책을 말한다. 유의어 관계이다. 교섭은 어떤 일을 이루기 위하여 서로 의논하고 절충한다는 뜻으로 절충과 유의어 관계이다.

46 다음 밑줄 친 부분이 표준어인 것은?

① <u>해질녁</u>의 하늘을 바라보며 당신을 생각했다.
② 수저 위에 <u>강남콩</u>을 한가득 골라냈다.
③ 그저 <u>여느</u> 때와 같은 날이었다.
④ 그는 <u>허위대</u>만 멀쩡하지 잘하는 것이 하나도 없었다.

> ✅**해설** ① 해질녘
> ② 강낭콩
> ④ 허우대

47 다음 단어의 발음이 옳지 않은 것은?

① 옷 한 벌[오탄벌]
② 많소[만쏘]
③ 뚫는[뚤는]
④ 헛웃음[허두슴]

> ✅**해설** ③ 뚫는[뚤른]

48 다음 중 외래어 표기가 모두 옳은 것은?

① 벌브(bulb), 옐로우(yellow), 플래시(flash), 워크숍(workshop)
② 알콜(alcohol), 로봇(robot), 보트(boat), 서클(circle)
③ 밸런스(balance), 도너츠(doughnut), 스위치(switch), 리더십(leadership)
④ 배지(badge), 앙코르(encore), 콘테스트(contest), 난센스(nonsense)

 ① 옐로우 → 옐로
② 알콜 → 알코올
③ 도너츠 → 도넛

49 어문 규정에 어긋난 것으로만 묶인 것은?

① 기여하고저, 뻐드렁니, 돌('첫 생일')
② 퍼붇다, 쳐부수다, 수퇘지
③ 안성마춤, 삵괭이, 더우기
④ 고샅, 일찍이, 굼주리다

 ① 기여하고저 → 기여하고자
② 퍼붇다 → 퍼붓다
③ 안성마춤 → 안성맞춤, 삵괭이 → 살쾡이, 더우기 → 더욱이
④ 굼주리다 → 굶주리다

Answer 45.① 46.③ 47.③ 48.④ 49.③

50 안긴문장이 없는 것은?

① 나는 네가 취업에 성공하기를 고대한다.
② 예쁜 유나는 언제나 친구들과 잘 지낸다.
③ 하늘이는 커피를 마시고 남규는 우유를 마신다.
④ 선생님께서는 우리에게 다음 주에 소풍을 가자고 말씀하셨다.

> ✔해설 ③은 대등하게 이어진 문장이다. '하늘이는 커피를 마신다+남규는 우유를 마신다'가 결합한 문장으로 '-고'라는 대등적 연결어미로 연결된 문장이다.
> ① '네가 취업에 성공하기'가 명사절로 안긴문장이다.
> ② '(유나는) 예쁘다'가 관형절로 안긴문장이다.
> ④ '내일 가족 여행을 가자'에 간접 인용 조사 '고'가 붙어 인용절이 안긴문장이다.

51 밑줄 친 부분이 한글 맞춤법에 따라 바르게 표기된 것은?

① 그는 자기 팀원을 <u>각별이</u> 여겼다.
② 걱정마. 지원이는 기억하지도 <u>못할껄</u>?
③ <u>뚝배기</u> 가득 담긴 찌개를 단숨에 먹어치웠다.
④ 남편은 <u>겸연적은</u> 얼굴로 걸어들어왔다.

> ✔해설 ① 각별이→각별히
> ② 못할껄→못할걸
> ④ 겸연적은→겸연쩍은

52 다음의 맞춤법 띄어쓰기 규정을 참고할 때 띄어쓰기가 바르지 않은 것은?

> 제 41항 조사는 그 앞말에 붙여 쓴다.
> 제 42항 의존 명사는 띄어 쓴다.
> 제 43항 단위를 나타내는 명사는 띄어 쓴다.
> 제 44항 수(數)를 적을 때는 '만(萬)' 단위로 띄어 쓴다.
> 제 45항 두 말을 이어 주거나 열거할 적에 쓰이는 말은 띄어 쓴다.
> 제 46항 단음절로 된 단어가 연이어 나타날 적에는 붙여 쓸 수 있다.

① 오늘은 여기까지만 하자.
② 노력한만큼 대가를 얻을 수 있을 것이다.
③ 북어 한 쾌는 북어 스무 마리를 말한다.
④ 날씨가 추워지자 꽃잎이 한잎 두잎 떨어진다.

> ✔해설 ② 의존 명사는 띄어 쓰므로, '노력한 만큼'으로 써야 한다.

53 다음 보기 중 어법에 맞는 문장은?

① 시간 내에 역에 도착하려면 <u>가능한</u> 빨리 달려야 합니다.
② 그다지 효과적이지 <u>않는</u> 비판이 계속 이어지면서 회의 분위기는 급격히 안 좋아졌다.
③ 우리 회사는 사원 여러분의 뜻을 <u>쫓아</u> 이번 안건의 방향을 결정했습니다.
④ 부서원 대부분은 주말 근무 시간을 <u>늘리는</u> 것에 매우 부정적입니다.

> ✔해설 ④ '수나 분량, 시간 따위를 본디보다 많아지게 하다'라는 뜻의 '늘리다'가 적절하게 쓰였다.
> ① '가능한'은 그 뒤에 명사 '한'을 수식하여 '가능한 조건하에서'라는 의미로 사용한다. '가능한 빨리'와 같이 부사가 이어지는 것은 적절하지 않다.
> ② '아니하다(않다)'는 앞 용언의 품사를 따라가므로 '효과적이지 않은'으로 적는다.
> ③ '쫓다'는 '어떤 대상을 잡거나 만나기 위하여 뒤를 급히 따르다.' 등의 뜻으로 쓰인다. '남의 의견이나 말을 따르다'는 뜻의 '좇다'라는 어휘로 쓴다.

54 다음 중 띄어쓰기가 모두 옳은 것은?

① 행색이∨초라한∨게∨보아∨하니∨시골∨양반∨같다.
② 이처럼∨희한한∨구경은∨난생∨처음입니다.
③ 이제∨별볼일이∨없으니∨그냥∨돌아갑니다.
④ 동생네는∨때맞추어∨모든∨일을∨잘∨처리해∨나갔다.

> ✔해설 ④ '때맞추다'는 한 단어이므로 붙여 쓴 것이 맞다. '처리해 나갔다'에서 '나가다'는 '앞말이 뜻하는 행동을 계속 진행함'을 뜻하는 보조동사로 본용언과 띄어 쓰는 것이 원칙이다.
> ① '보아하니'는 부사로, 한 단어이므로 붙여 쓰기 한다. 유사한 형태로 '설마하니, 멍하니' 등이 있다.
> ② '난생처음'은 한 단어이므로 붙여 쓰기 한다.
> ③ '별∨볼∨일이'와 같이 띄어쓰기 한다.

55 밑줄 친 단어 중 우리말의 어문 규정에 따라 맞게 쓴 것은?

① <u>윗층</u>에 가 보니 전망이 정말 좋다.
② <u>뒷편</u>에 정말 오래된 감나무가 서 있다.
③ 그 일에 <u>익숙지</u> 못하면 그만 두자.
④ <u>생각컨대</u>, 그 대답은 옳지 않을 듯하다.

> ✔해설 어간의 끝음절 '하'가 아주 줄 적에는 준 대로 적는다〈한글맞춤법 제40항 붙임2〉.
> ① 윗층 → 위층
> ② 뒷편 → 뒤편
> ④ 생각컨대 → 생각건대

Answer 50.③ 51.③ 52.② 53.④ 54.④ 55.④

56 다음 중 표현이 가장 자연스러운 것은?

① 이 제도는 최근에야 확립되어졌다.
② 인류는 함께 공존하는 길을 찾아야 합니다.
③ 지금도 저희 한국에는 대가족이 많습니다.
④ 빵을 만들기 위해서는 효모가 필요합니다.

> **해설** ① '되다'와 '~어지다'가 쓰여 이중 피동표현이 되었다. 하나의 피동 표현을 삭제한다. '이 제도는 최근에야 확립되었다.'로 고친다.
> ② 공존은 서로 도와서 함께 존재함을 의미한다. '함께'와 '공존'이 중복되므로 하나의 표현만 쓰도록 한다. '인류는 공존하는 길을 찾아야 합니다.'로 고친다.
> ③ 조국 앞에는 '저희'라는 낮춤말을 쓰지 않는다. '지금도 우리 한국에는 대가족이 많습니다.'로 고친다.

57 문맥으로 보아 다음 글의 (   ) 안에 알맞은 사자성어는?

> 이순신 동상이 광화문 광장에 (   )하게 서있다.

① 파죽지세(破竹之勢) ② 위풍당당(威風堂堂)
③ 진퇴유곡(進退維谷) ④ 진퇴양란(進退兩難)

> **해설** ① 파죽지세(破竹之勢) : 대를 쪼개는 기세라는 뜻으로, 적을 거침없이 물리치고 쳐들어가는 기세를 이르는 말.
> ② 위풍당당(威風堂堂) : 풍채나 기세가 위엄 있고 떳떳함.
> ③ 진퇴유곡(進退維谷) : 이러지도 저러지도 못하고 꼼짝할 수 없는 궁지.
> ④ 진퇴양난(進退兩難) : 이러지도 저러지도 못하는 어려운 처지.

58 다음 (   )에 들어갈 말이 바르게 연결 된 것은?

> • 아내가 마늘 한 (   )을/를 들고 왔다.
> • 주어진 항에서 북어 한 (   )을/를 샀다.
> • 지친 남편을 위해 20일간 먹을 한약 한 (   )을/를 지었다.

① 고리 – 태 – 연 ② 접 – 손 – 첩
③ 거리 – 쾌 – 필 ④ 접 – 쾌 – 제

> **해설** • 접 : 채소나 과일 따위를 묶어 세는 단위. 한 접은 채소나 과일 백 개를 이른다.
> • 쾌 : 북어를 묶어 세는 단위. 한 쾌는 북어 스무 마리를 이른다.
> • 제 : 한약의 분량을 나타내는 단위. 한 제는 탕약 스무 첩을 이른다.

59 다음 중 띄어쓰기가 바른 것은?

① 대문밖에서 누군가 서성거리는 모습이 보였다.
② 그 사람이 오간데 없이 갑자기 사라져 버렸다.
③ 도와주기는커녕 방해만 되지 않았으면 좋겠다.
④ 평소의 실력으로 봐서 그 일을 해낼리가 없다.

> ✔해설 ① 대문 밖에서 누군가 서성거리는 모습이 보였다.
> ② 그 사람이 오간 데 없이 갑자기 사라져 버렸다.
> ④ 평소의 실력으로 봐서 그 일을 해낼 리가 없다.

60 다음 중 맞춤법이 틀린 문장은?

① 준희는 고약한 구두쇠이다. 그러므로 그는 돈을 많이 모았다.
② 그녀는 얼마 전 그와 헤어졌다. 그러므로 그녀는 지금 외롭다.
③ 법에 근거하여 내린 판결이다. 그러므로 아무리 억울하여도 어쩔 수 없다.
④ 혜림은 목 놓아 울었다. 그러므로 스트레스를 해소하였다.

> ✔해설 ④ 혜림은 목 놓아 울었다. 그러므로 스트레스를 해소하였다. → 혜림은 목 놓아 울었다. 그럼으로(써) 스트레스를 해소하였다.

61 문맥으로 보아 다음 글의 ( ) 안에 알맞은 사자성어는?

( )라고 덕산댁은 복남이를 낳고 산후 조리가 잘못되었던지 얼마 후 중풍에 걸려 몸져눕고 말았다.

① 호사다마(好事多魔)
② 흥진비래(興盡悲來)
③ 전화위복(轉禍爲福)
④ 파죽지세(破竹之勢)

> ✔해설 ① 호사다마(好事多魔): 좋은 일에는 흔히 방해되는 일이 많음. 또는 그런 일이 많이 생김
> ② 흥진비래(興盡悲來): 즐거운 일이 다하면 슬픈 일이 닥쳐온다는 뜻으로, 세상일은 순환되는 것임을 이르는 말
> ③ 전화위복(轉禍爲福): 재앙과 근심, 걱정이 바뀌어 오히려 복이 됨
> ④ 파죽지세(破竹之勢): 대를 쪼개는 기세라는 뜻으로, 적을 거침없이 물리치고 쳐들어가는 기세를 이르는 말

Answer 56.④ 57.② 58.④ 59.③ 60.④ 61.①

62 다음 한자 중 잘못 읽은 것은?

① 司掃 – 사소
② 書式 – 서식
③ 脆弱 – 위약
④ 破綻 – 파탄

> ✔해설 ③ 취약이라고 읽어야 한다.
> ※ 脆弱(취약)
>   ㉠ 무르고 약함
>   ㉡ 가냘픔

63 밑줄 친 부분의 한자표기가 다른 하나는?

① 오십보백보
② 백락일고
③ 백년하청
④ 백절불굴

> ✔해설 ① 오십보백보(五十步百步) : 조금 낫고 못한 차이는 있지만 본질적으로 차이가 없음
> ② 백락일고(伯樂一顧) : 남이 자기 재능을 알고 잘 대우함
> ③ 백년하청(百年河淸) : 아무리 세월이 가도 일을 해결할 희망이 없음
> ④ 백절불굴(百折不屈) : 아무리 꺾으려 해도 굽히지 않음

64 밑줄 친 부분의 한자표기가 다른 하나는?

① 일취월장
② 일석이조
③ 일자무식
④ 일거양득

> ✔해설 ① 일취월장(日就月將) : 나날이 자라거나 발전함을 의미한다.
> ② 일석이조(一石二鳥) : 돌 한 개를 던져 새 두 마리를 잡는다는 뜻으로, 동시에 두 가지 이득을 봄을 이르는 말이다.
> ③ 일자무식(一字無識) : 글자를 한 자도 모를 정도로 무식함. 또는 그런 사람을 뜻한다.
> ④ 일거양득(一擧兩得) : 한 가지 일을 하여 두 가지 이익을 얻음을 뜻한다.

65 한자어를 우리말로 순화시킨 것 중 바르지 않은 것은?

① 조미료(調味料) - 양념
② 혈흔(血痕) - 핏줄
③ 하자(瑕疵) - 흠
④ 기일(忌日) - 제삿날

✔해설 ② 혈흔 → 핏자국

66 다음 밑줄 친 부분과 관계가 깊은 말은?

> 현재 시판되고 있는 대부분의 세제에는 생산 단가를 낮추기 위하여 화학적으로 합성한 계면활성제가 사용되고 있다. 최근 화학적으로 합성한 계면활성제의 부작용에 대한 인식이 확산되면서 천연 원료를 사용한 세제가 늘고 있는 추세이다. 하지만 세정력이 떨어지고 보존 기간이 짧기 때문에 이러한 세제에 표백제나 광택제, 부식방지제 등의 첨가물을 넣고 있다. 문제는 그 첨가물들이 환경오염을 유발한다는 것이다. 따라서 세정력이 강하면서도 환경오염을 유발하지 않는 ㉠<u>무공해 세제</u>의 개발이 절실히 요구된다.

① 일거양득(一擧兩得)
② 순망치한(脣亡齒寒)
③ 어부지리(漁夫之利)
④ 자승자박(自繩自縛)

✔해설
① 한 가지 일을 하여 두 가지 이익을 얻는다.
② 서로 이해관계가 밀접한 사이에 어느 한쪽이 망하면 다른 한쪽도 그 영향을 받아 온전하기 어려움을 이르는 말이다.
③ 두 사람이 서로 싸우는 사이에 엉뚱한 사람이 애쓰지 않고 이익을 가로챔을 이르는 말이다.
④ 난처한 일이나 불행한 일이 잇따라 일어남을 이르는 말이다.

67 ( ) 안에 들어가기에 부적절한 성어는?

| • 사고(四苦) : (㉠) | • 사궁(四窮) : (㉡) |
| • 사주(四柱) : (㉢) | • 사단(四端) : (㉣) |

① ㉠ : 생노병사
② ㉡ : 환과고독
③ ㉢ : 일월성신
④ ㉣ : 인의예지

✔해설 ③ 일월성신 : 해, 달, 별을 일컫는 말이다.

Answer 62.③ 63.② 64.① 65.② 66.① 67.③

68 한자어를 우리말로 잘못 풀이한 것은?

① 노견주행(路肩走行) – 갓길로 달리다.
② 전량회수(全量回收) – 모두 거두어들이다.
③ 촉수엄금(觸手嚴禁) – 손 씻지 마시오.
④ 명찰패용(名札佩用) – 이름표를 달다.

✔해설 ③ 촉수엄금은 우리말로 '사물에 손을 대지 마시오'라는 뜻이다.

69 관용 표현의 의미가 잘못 풀이된 것은?

① 눈에 선하다 : (무엇이) 잊히지 않고 눈앞에 보이는 듯 기억에 생생하다.
② 눈에 칼을 세우다 : 표독스럽게 눈을 번쩍이고 노려보다.
③ 눈에 밟히다 : 정도 이상의 좋은 것만 찾는 버릇이 있다.
④ 눈에 불을 켜다 : 몹시 욕심을 내거나 관심을 기울이다.

✔해설 ③ 눈에 밟히다 : 잊히지 않고 자꾸 눈에 떠오르다.

70 관용 표현의 의미가 잘못 풀이된 것은?

① 귀가 뚫리다. : 세상 물정을 알게 되다.
② 귀 기울이다. : 남의 의견이나 이야기에 관심을 가지고 주의를 모으다.
③ 귀가 따갑다. : 너무 여러 번 들어서 듣기가 싫다.
④ 귀에 딱지가 앉다. : 같은 말을 여러 번 듣다.

✔해설 ① '귀가 뚫리다'라는 관용 표현은 '말을 알아듣게 되다'라는 의미이다.

| 71~75 | 다음 괄호 안에 알맞은 접속사를 고르시오.

71

> 음성을 인식하기 위해서 먼저 입력된 신호에서 잡음을 제거한 후 음성 신호만 추출한다. 그런 다음 음성 신호를 하나의 음소로 판단되는 구간인 '음소 추정 구간'들의 배열로 바꾸어 준다. (   ) 음성 신호를 음소 단위로 정확히 나누는 것은 쉽지 않다. 이를 해결하기 위해 먼저 음성 신호를 일정한 시간 간격의 '단위 구간'으로 나누고, 이 단위 구간 하나만으로 또는 연속된 단위 구간을 이어 붙여 음소 추정 구간들을 만든다.

① 그래서
② 그런데
③ 그럼에도
④ 예를 들면

> **해설** 빈칸의 앞에서 음성 신호를 음소 단위로 전환한다는 내용에 이어 음성 신호를 음소 단위로 나누는 것이 쉽지 않다고 말하고 있으므로 화제를 앞의 내용과 관련시키며 다른 방향으로 이끌어가는 접속사인 '그런데'가 오는 것이 적절하다.

72

> 비자발적인 행위는 강제나 무지에서 비롯된 행위이다. (   ) 자발적인 행위는 그것의 단초가 행위자 자신 안에 있다. 행위자 자신 안에 행위의 단초가 있는 경우에는 행위를 할 것인지 말 것인지가 행위자 자신에게 달려 있다.
> 욕망이나 분노에서 비롯된 행위들을 모두 비자발적이라고 할 수는 없다. 그것들이 모두 비자발적이라면 인간 아닌 동물 중 어떤 것도 자발적으로 행위를 하는 게 아닐 것이며, 아이들조차 그럴 것이기 때문이다. 우리가 욕망하는 것들 중에는 마땅히 욕망해야 할 것이 있는데, 그러한 욕망에 따른 행위는 비자발적이라고 할 수 없다. 실제로 우리는 어떤 것들에 대해서는 마땅히 화를 내야하며, 건강이나 배움과 같은 것은 마땅히 욕망해야 한다. 따라서 욕망이나 분노에서 비롯된 행위를 모두 비자발적인 것으로 보아서는 안 된다.

① 반면에
② 더욱이
③ 그래서
④ 그럼에도 불구하고

> **해설** 주어진 글은 비자발적 행위와 자발적 행위의 상반된 특성에 대해 말하고 있으므로 빈칸에는 ①이 가장 적절하다.

Answer 68.③ 69.③ 70.① 71.② 72.①

73

공리주의자는 동일한 강도의 행복을 동등하게 고려한다. (　　　) 공리주의자들은 '나'의 행복이 '너'의 행복보다 더 도덕적 가치가 있다고 생각하지 않는다. 이런 점에서 볼 때 공리주의에서 행복이 누구의 것인가는 중요하지 않다. 하지만 누구의 행복인가 하는 질문이 행복 주체의 범위로 이해될 때에는 다르다. 이미 실제로 존재하고 있는 생명체의 행복만을 고려할 것인가, 아니면 앞으로 존재할 생명체의 행복까지 고려할 것인가? 이와 관련해서 철학자 싱어는 행복의 양을 증가시키는 방법에 대한 공리주의의 견해를 '실제적 견해'와 '전체적 견해'로 구별한다.

① 이를테면　　　　② 그리하여
③ 즉　　　　　　　④ 따라서

✅ **해설** 빈칸의 뒤에 이어지는 문장은 앞선 문장을 바꾸어 설명하고 있으므로 ③이 적절하다.

74

항공기 결빙은 기체에 달라붙으므로 착빙(着氷)이라고 부른다. 먼저 기체에 달라붙는 착빙으로는 서리 착빙이 있다. 이는 활주로에 주기 중인 항공기에 잘 발생하며, 맑은 날 복사냉각에 의해 공기 온도가 0℃ 이하로 냉각될 때 항공기 기체에 접촉된 수증기가 승화해서 만들어지는 것이다. 서리가 내리는 것과 같은 원리다. 이 외에 비행 중에도 서리 착빙이 발생하기도 한다. 이는 빙점 이하의 아주 저온인 기층에서 비행해 온 항공기가 급격히 고온다습한 공기층으로 비행할 때 발생한다. 서리 착빙은 새털 모양의 부드러운 얼음의 피막 형태로 가벼우며 얼음의 중량은 문제되지 않는다. (　　　) 서리가 붙은 그대로 이륙하면 공기흐름이 흐트러져 이륙 속도에 도달할 수 없게 될 수도 있다. (　　　) 거친 착빙(rime icing)이 있다. 거친 착빙은 저온인 작은 입자의 과냉각 물방울이 충돌했을 때 생기며, 수빙(樹氷)이라고도 한다. 거친 착빙은 물방울이나 과냉각 물방울이 많은 -20℃~0℃의 기온에서 주로 발생하며 날개 등 항공기 기체 첨단부의 풍상 측에서 잘 발생한다.

① 그리하여, 이를테면　　　　② 한편, 게다가
③ 아무튼, 그렇지만　　　　　④ 그러나, 다음으로

✅ **해설** 첫 번째 빈칸은 서리 착빙은 중량이 가볍다는 내용과 서리가 붙은 채로 이륙하면 문제가 발생할 수 있다는 상반된 내용을 연결해주고 있어 '그러나, 하지만'과 같은 역접의 접속사가 위치하는 것이 적절하다. 두 번째 빈칸은 서리 착빙에 이어 거친 착빙에 대한 설명을 연결해주고 있어 '다음으로'가 적절하다.

75

사람의 키는 주로 다리뼈의 길이에 의해서 결정된다. 다리뼈는 뼈대와 뼈끝판 그리고 뼈끝으로 구성되어 있다. 막대기 모양의 뼈대는 뼈 형성세포인 조골세포를 가지고 있다. (   ) 뼈끝은 다리뼈의 양쪽 끝 부분이며 뼈끝과 뼈대의 사이에는 여러 개의 연골세포층으로 구성된 뼈끝판이 있다. 뼈끝판의 세포층 중 뼈끝과 경계면에 있는 세포층에서만 세포분열이 일어난다. 연골세포의 세포분열이 일어날 때, 뼈대 쪽에 가장 가깝게 있는 연골세포의 크기가 커지면서 뼈끝판이 두꺼워진다. 크기가 커진 연골세포는 결국 죽으면서 빈 공간을 남기고 이렇게 생긴 공간이 뼈대에 있는 조골 세포로 채워지면서 뼈가 형성된다. 이 과정을 되풀이하면서 뼈끝판이 두꺼워지는 만큼 뼈대의 길이 성장이 일어나는데, 이는 연골세포의 분열이 계속되는 한 지속된다.

① 그리고
② 그래서
③ 반면에
④ 그러고나서

✔ 해설 빈칸의 앞에는 다리뼈가 뼈대, 뼈끝판, 뼈끝으로 구성되어 있고 먼저 뼈대에 대한 설명을 하고 있다. 빈칸의 뒤에 이어지는 글은 뼈끝, 뼈끝판에 대한 설명이므로 앞뒤를 연결하는 접속사 '그리고'가 오는 것이 적당하다.

|76~81| 다음 중 주어진 글의 빈칸에 들어갈 문장으로 가장 적절한 것을 고르시오.

76

요즘 들어 사람들은 건강에 대한 많은 관심을 보이고 있다. 특히 운동을 통한 건강 유지에 대한 관심이 각별하다고 할 수 있다. 부지런히 뛰고 땀을 흠뻑 흘린 뒤에 느끼는 개운함을 좋아한다. 그렇지만 무조건 신체를 움직인다고 해서 다 운동이 되는 것은 아니다. 무리하게 움직이면 오히려 역효과를 가져온다. 그러므로 (   ) 자신의 체력에 비추어 신체 기능을 충분히 자극할 수는 있어야 하지만 부담이 지나치지 않게 해야 한다. 운동의 시간과 빈도는 개인의 생활양식에 의해 많은 영향을 받게 되지만, 일반적으로는 일주일에 한 번씩 오랜 운동 시간을 하는 것보다는 운동 시간이 짧더라도 빈도를 높여서 규칙적으로 움직이는 것이 운동의 효과를 높이는 데 효과적이다. 가장 바람직한 것은 매일 일정량의 운동을 실천하여 운동을 하나의 생활 습관으로 정착시키는 것이다.

① 땀을 많이 흘릴 수 있는 운동 위주의 프로그램을 찾아야 한다.
② 일주일에 2회 이상 강도 높은 운동을 통해 신체 기관을 단련해야 한다.
③ 운동의 강도를 결정할 때는 자신의 신체 조건을 우선적으로 고려해야 한다.
④ 짧은 시간 안에 강도 높은 운동을 반복하는 하는 것이 최선의 방법이다.

✔ 해설 주어진 글은 무리하게 운동을 하는 것보다 자신의 체력에 맞는 운동을 하는 것이 바람직하다고 말하고 있다. 따라서 빈칸에는 ③이 적절하다.

Answer 73.③ 74.④ 75.① 76.③

77

( ) 창의적이고 생산적인 활동에는 당연히 사고 작용이 따르기 때문이다. 역으로, 말을 하고 난 뒤에나 글을 쓰고 난 뒤에 그 과정을 되돌아보면서 새로운 생각을 하거나 발전된 생각을 얻기도 한다. 또한 청자나 독자의 반응을 통해 자신의 생각을 바꾸거나 확신을 가지기도 한다. 이처럼 사고와 표현 활동은 지속적으로 상호 작용을 하게 된다.

사고와 표현 활동은 상호 작용을 하면서 각각의 능력을 상승시킨다는 점을 적극적으로 고려할 필요가 있다. 머릿속에서 이루어진 사고 활동의 내용을 구체적으로 말이나 글로 표현해 보면 부족하거나 개선할 점들을 찾을 수 있게 되고 이후에 좀 더 조직적으로 사고하는 습관도 생긴다. 한편 표현 활동을 하다 보면 어휘 선택, 내용 조직 등의 과정에서 어려움을 느끼게 된다. 이러한 어려움을 해결하기 위해 그에 대해 논리적이고 체계적으로 생각해 보게 되고 이를 통해 표현 능력이 향상된다. 이렇게 사고력과 표현력은 상호 협력의 밀접한 연관을 맺고 있다.

흔히 좋은 글을 쓰기 위한 조건으로 '다독(多讀), 다작(多作), 다상량(多商量)'을 들기도 하는데, 많이 읽고, 많이 써 보고, 많이 생각하다 보면 좋은 글을 쓸 수 있다는 뜻이다. 여기에서 '다상량'은 충분한 사고 활동을 의미한다. 이는 물론 말하기에도 적용되는 것으로 표현 활동과 사고 활동의 관련성을 잘 말해 주고 있다.

① 행동과 사고의 선후관계는 명확하다.
② 사고 작용을 하는 것보다 생산적인 활동을 하는 것이 문제해결에 효율적이다.
③ 말을 하고 글을 쓰는 표현 행위는 사고 활동과 분리해서 생각할 수 없다.
④ 사고 과정에는 사고의 시작이 되는 사건이 선행된다.

✔해설 빈칸의 뒤에는 말을 하거나 글을 쓰는 것과 같은 생산적인 행동에는 사고 작용이 따르며, 생산적인 행동 뒤에 사고 작용으로 발전된 생각을 얻기도 한다고 말하고 있으므로 ③의 내용이 적절하다.

78

서양화에서 원근법, 명암법, 해부학적 사실성 등의 과학적 기법 도입은 현실 세계를 사실적으로 재현하려는 시도에서 시작했다. 르네상스 이후 바로크, 로코코, 신고전주의, 낭만주의, 인상주의에 이르기까지, 서양화는 시대의 철학과 사회적 요구에 따라 끊임없이 변모하였다. 예컨대, 고전주의는 질서와 조화를 추구한 반면, 인상주의는 순간적인 빛과 색채의 효과를 포착하는 데 주목하였다. 이처럼 서양화는 (   ) 따라서 서양화의 역사는 곧 서양 사회의 사상과 문화가 반영된 하나의 거울이라 할 수 있다.

① 과학적 기법을 등한시한 상징적 의미 전달이 핵심으로 자리했다.
② 특정한 양식에 국한되지 않고 관점의 변화에 따라 새롭게 확장되어 왔다.
④ 특정 화풍을 고수하며 시대 변화와 무관하게 동일한 양식을 유지해 왔다.
⑤ 사실적 재현보다 장식성과 과장된 상상력이 언제나 우선시되었다.

> **해설** 과학적 기법을 기반으로 현실 세계를 사실적으로 재현하기 위해 시대에 따라 끊임없이 변화했다고 말하고 있으므로 ②의 내용이 적절하다.

79

우리 속담 가운데 "콩 심은 데 콩 나고, 팥 심은 데 팥 난다."라는 말이 있다. 공부하지 않고 성적이 향상되기를 바라는 사람에게 주는 교훈이다. 농부가 씨앗을 잘 간수해 두었다가 때를 맞추어 뿌리고, 심고, 가꾸어야 풍성한 결실을 거둘 수 있다. 돈을 낭비하면 가난뱅이가 되고, 시간을 낭비하면 낙오자가 된다.
논밭을 망치는 것은 잡초요, 사람을 망치는 것은 허영이다. 모든 일은 심은 대로 거두는 것이다. 우리는 심은 것을 거두는 (   )(을)를 마음속에 되새겨야 할 것이다.

① 자연이 주는 혜택
② 인과응보의 진리
③ 긍정적 사고방식
④ 낭비하지 않는 습관

> **해설** 제시된 글의 주제는 '모든 일은 원인에 따라 결과를 맺는다.'이다.

80

　　　냉장고를 사용하면 전기를 낭비하게 된다. 언제 먹을지 모를 음식을 보관하는 데 필요 이상으로 전기를 쓰게 되는 것이다. 전기를 낭비한다는 것은 전기를 만드는 데 쓰이는 귀중한 자원을 낭비하는 것과 같다.
　　(　　　　　　　　　　　　　) 냉장고가 없던 시절에는 식구가 먹고 남을 정도의 음식을 만들거나 얻게 되면 미련없이 이웃과 나누어 먹었다. 여러 가지 이유가 있겠지만 그 이유 가운데 하나는 남겨 두면 음식이 상한다는 것이었다. 그런데 냉장고를 사용하게 되면서 그 이유가 사라지게 되고, 이에 따라 이웃과 음식을 나누어 먹는 일이 줄어들게 되었다. 냉장고에 넣어 두면 일주일이고 한 달이고 오랫동안 상하지 않게 보관할 수 있기 때문이다. 냉장고는 점점 커지고, 그 안에 넣어 두는 음식은 하나둘씩 늘어난다.
　　또한 냉장고는 당장 소비할 필요가 없는 것들을 사게 한다. 그리하여 애꿎은 생명을 필요 이상으로 죽게 만들어서 생태계의 균형을 무너뜨린다. 짐승이나 물고기 등을 마구 잡고, 당장 죽이지 않아도 될 수많은 가축을 죽여 냉장고 안에 보관하게 한다. 대부분의 가정집 냉장고에는 양의 차이는 있지만 닭고기, 쇠고기, 돼지고기, 생선, 멸치, 포 등이 쌓여 있다. 이것을 전국적으로, 아니 전 세계적으로 따져 보면 엄청난 양이 될 것이다. 우리는 냉장고를 사용함으로써 애꿎은 생명들을 필요 이상으로 죽여 냉동하는 만행을 습관적으로 저지르고 있는 셈이다.

① 냉장고의 사용으로 음식들의 유통기한이 늘어나고 있다.
② 우리는 냉장고를 쓰면서 인정을 잃어 간다.
③ 우리는 냉장고를 통해 안정적으로 식량을 확보할 수 있다.
④ 냉장고는 음식에 대한 보다 넓은 가능성을 제시한다.

　　해설 과거 냉장고가 없던 시기에는 이웃들과 음식을 나눠 먹는 일이 빈번했지만 이제 남은 음식은 냉장고에 보관하게 되었다는 내용이 빈칸의 뒤로 이어지고 있다. 따라서 빈칸에는 ②의 내용이 가장 적절하다.

81

> 억양은 소리의 높낮이의 이어짐으로 이루어지는 일정한 유형이라고 할 수 있다. 동일한 문장이라도 억양을 상승 조로 하느냐 하강 조로 하느냐에 따라 의문문도 되고 평서문도 된다. 이 경우 억양은 문장의 유형을 결정하는 문법적 기능을 담당한다. 또한 (   ) 하강 억양은 완결의 뜻을, 상승 억양은 비판의 뜻을 나타낸다. 억양에는 이처럼 발화 태도와 의미가 드러나 있기 때문에, 이를 잘 이해해야 정확한 뜻을 전달할 수 있다.

① 더욱 세부적인 문법적인 기능을 나타낸다.
② 우리는 억양을 통해 다양한 문장의 종류를 발화 할 수 있다.
③ 억양은 이러한 문법적 기능 이외에 화자의 태도와 의미를 드러내기도 한다.
④ 문법은 발화 상황에서 다양한 의미로 해석되기도 한다.

✔ 해설 빈칸은 앞의 문장과 '또한'으로 이어져 억양의 문법적 기능에 대한 설명에 이어 추가적인 기능을 설명하는 내용이 오는 것이 적절하다. 빈칸에 이어지는 문장은 억양이 완결의 뜻과 비판의 뜻을 나타낸다는 예시가 이어지므로 ③이 가장 적절하다..

Answer 80.② 81.③

82 문맥적 의미가 밑줄 친 부분과 가장 유사한 것은?

> 고고학에서 유추를 어떻게 이용하며 그것이 과연 과거 인간 행위를 이해하는 데 적합한 방법인지를 둘러싸고 계속 논란이 있어 왔다. 앨리슨 와일리와 이언 호더는 유추를 '형식 유추'와 '관계 유추'라는 두 가지로 나누어 설명한다. 형식 유추는 간단히 말해 두 상황 사이의 몇 가지 요소가 유사하면 다른 요소들 또한 유사하다고 추론하는 것이다. 관계 유추는 두 상황 사이에 존재하는 역사적이거나 문화적인, 혹은 자연적인 계속성에 기초하여 직접적 연관 관계가 관찰될 수 있는 경우에 한해 두 상황 사이의 유사성을 추론하는 것이다. 두 학자는 고고학에 있어 형식 유추보다 관계 유추가 더 강력한 것이라고 주장하였다. 예컨대 알래스카에서 초승달 모양의 석제 유물이 출토되었다. 그리고 오늘날 북극 지방에 사는 이누이트 족이 그와 거의 똑같은 형태이되 쇠로 된 물건을 고기를 자르는 데 쓰고 있다는 민족지 보고서가 있다. 고고학자들은 이를 통해 그 유물이 칼이라고 확신을 <u>가지고</u> 주장할 수 있는데, 그 이유는 단순히 두 대상의 모양이 유사하기 때문이 아니라 그 칼이 사용되는 문화적이고 자연적인 계속성을 바탕으로 두 대상 사이의 직접적 관계를 추론할 수 있기 때문이다.

① 아버지는 빈 깡통을 <u>가지고</u> 연필꽂이를 만들어 주었다.
② 그렇게 놀아 <u>가지고</u> 어떻게 목표한 바를 이룰 수 있겠니?
③ 꿈을 <u>가지고</u> 있는 사람과 그렇지 않은 사람의 삶은 다르다
④ 이 고장에는 해마다 10월이면 민속 행사를 <u>가지는</u> 전통이 있다.

> **✓해설** 제시된 문장의 '가지다'는 '생각, 태도, 사상 따위를 마음에 품다.'라는 뜻이다.
> ① 앞에 오는 말이 수단이나 방법이 됨을 강조하여 나타낸다.
> ② 앞말이 뜻하는 행동의 결과나 상태가 그대로 유지되거나, 또는 그럼으로써 뒷말의 행동이나 상태가 유발되거나 가능하게 됨을 나타내는 말이다.
> ④ 모임을 치르다.

83 〈보기〉의 글이 들어갈 위치로 적절한 곳은?

> 〈보기〉
> 고대 그리스의 민주주의나 마그나 카르타(대헌장) 이후의 영국 민주주의는 귀족이나 특정 신분 계층만이 누릴 수 있는 체제였다.

민주주의, 특히 대중 민주주의의 역사는 생각보다 짧다. ① 우리가 흔히 알고 있는 대중 민주주의, 즉 모든 계층의 성인들이 1인 1표의 투표권을 행사할 수 있는 정치 체제는 영국에서 독립한 미국에서 시작되었다고 보는 것이 맞다. ② 하지만 미국에서조차도 20세기 초에야 여성에게 투표권을 부여하면서 제대로 된 대중 민주주의의 형태를 갖추게 되었다. ③ 유럽의 본격적인 민주주의 도입도 19세기 말에야 시작되었고, 유럽과 미국을 제외한 각국의 대중 민주주의의 도입은 이보다 훨씬 더 늦었다. ④

> **해설** 〈보기〉의 내용은 고대 그리스의 민주주의나 대헌장은 대중 민주주의와는 거리가 멀다는 내용이다. ①의 뒤에 오는 내용은 대중 민주주의의 시작에 대해 말하고 있으므로 〈보기〉의 위치는 ①에 오는 것이 적절하다.

84 다음 글을 읽고 알 수 있는 내용이 아닌 것은?

WTO 설립협정은 GATT 체제에서 관행으로 유지되었던 의사결정 방식인 총의 제도를 명문화하였다. 동 협정은 의사결정 회의에 참석한 회원국 중 어느 회원국도 공식적으로 반대하지 않는 한, 검토를 위해 제출된 사항은 총의에 의해 결정되었다고 규정하고 있다. 또한 이에 따르면 회원국이 의사결정 회의에 불참하더라도 그 불참은 반대가 아닌 찬성으로 간주된다.

총의 제도는 회원국 간 정치·경제적 영향력의 차이를 보완하기 위하여 도입되었다. 그러나 회원국 수가 확대되고 이해관계가 첨예화되면서 현실적으로 총의가 이루어지기 쉽지 않았다. 이로 인해 WTO 체제 내에서 모든 회원국이 참여하는 새로운 무역협정이 체결되는 것이 어려웠고 결과적으로 무역자유화 촉진 및 확산이 저해되고 있다. 이러한 문제의 해결 방안으로 '부속서 4 복수국간 무역협정 방식'과 '임계질량 복수국간 무역협정 방식'이 모색되었다.

① GATT에서 총의 제도를 이용한 의사결정 방식을 사용하였다.
② WTO의 기존 의사결정 제도를 보완하기 위한 방안을 찾고 있다.
③ WTO에서 회원국이 회의에 불참하는 것은 찬성을 의미한다.
④ 총의 제도는 회원국 간 정치적 영향력 격차를 벌어지게 만든다.

> **해설** ④ 총의 제도는 회원국 간 정치·경제적 영향력의 차이를 보완하기 위해 도입된 제도이다.
> ① 첫 번째 문장을 통해 알 수 있다.
> ② 두 번째 단락에서 총의 제도로 인한 문제점과 더불어 해결 방안으로 모색되어진 방식을 제시하고 있다.
> ③ 총의 제도에 따르면 회원국이 의사결정 회의에 불참하더라도 그 불참은 반대가 아닌 찬성으로 간주된다.

Answer 82.③ 83.① 84.④

85 글의 흐름상 다음 문단이 들어갈 곳으로 적절한 곳은?

> 이처럼 과학자들이 패러다임을 기반으로 하여 연구를 진척시키는 것을 쿤은 '정상 과학'이라고 부른다. 기초적인 전제가 확립되었으므로 과학자들은 이 시기에 상당히 심오한 문제의 작은 영역들에 집중함으로써, 그렇지 않았더라면 상상조차 못했을 자연의 어느 부분을 깊이 있게 탐구하게 된다. 그에 따라 각종 실험 장치들도 정밀해지고 다양해지며, 문제를 해결해 가는 특정 기법과 규칙들이 만들어진다. 연구는 이제 혼란으로서의 다양성이 아니라, 이론과 자연 현상을 일치시켜 가는 지식의 확장으로서의 다양성을 이루게 된다.

> (가) 하나의 패러다임의 형성은 당초에는 불완전하며, 다만 이후 연구의 방향을 제시하고 소수 특정 부분의 성공적인 결과를 약속할 수 있을 뿐이다. 그러나 패러다임의 정착은 연구의 정밀화, 집중화 등을 통하여 자기 지식을 확장해가며 차츰 폭 넓은 이론 체계를 구축한다.
> (나) 그러나 정상 과학은 완성된 과학이 아니다. 과학적 사고방식과 관습, 기법 등이 하나의 기반으로 통일돼 있다는 것일 뿐 해결해야 할 과제는 무수하다. 패러다임이란 과학자들 사이의 세계관의 통일이지 세계에 대한 해석의 끝은 아닌 것이다.
> (다) 그렇다면 정상 과학의 시기에는 어떤 연구가 어떻게 이루어지는가? 정상 과학의 시기에는 이미 이론의 핵심 부분들은 정립돼 있다. 따라서 과학자들의 연구는 근본적인 새로움을 좇아가지는 않으며, 다만 연구의 세부 내용이 좀 더 깊어지거나 넓어질 뿐이다. 이러한 시기에 과학자들의 열정과 헌신성은 무엇으로 유지될 수 있을까? 연구가 고작 예측된 결과를 좇아갈 뿐이고, 예측된 결과가 나오지 않으면 실패라고 규정되는 상태에서 과학의 발전은 어떻게 이루어지는가?
> (라) 쿤은 이 물음에 대하여 '수수께끼 풀이'라는 대답을 준비한다. 어떤 현상의 결과가 충분히 예측된다 할지라도 정작 그 예측이 달성되는 세세한 과정은 대개 의문 속에 있게 마련이다. 자연 현상의 전 과정을 우리가 일목요연하게 알고 있는 것은 아니기 때문이다. 이론으로서의 예측 결과와 실제의 현상을 일치시켜 보기 위해서는 여러 복합적인 기기적, 개념적, 수학적인 방법이 필요하다. 이것이 수수께끼 풀이이다.

① (가)
② (나)
③ (다)
④ (라)

✔해설 제시된 문단의 첫 문장을 보면 앞서 패러다임에 대한 설명이 나왔음을 알 수 있고 이어서 '정상 과학'에 대해 설명한다. (나) 다음으로 오는 문단은 앞서 말한 '정상 과학'이 완성된 과학이 아님을 주장함으로 제시된 문단의 뒤로 이어지는 것이 자연스럽다.

86 다음 중 글의 흐름으로 볼 때 삭제해야 하는 문장은?

> '의사표시'는 의사표시자가 내심(內心)의 의사를 외부에 표시하는 법률 행위로서, 효과의사, 표시의사, 행위의사에 이어 표시행위까지의 과정을 거치며 일정한 법률 효과를 발생시킨다. ① A가 전원주택을 짓고 싶어서 B 소유의 토지를 사고자 하는 상황을 가정하여 의사표시 과정을 살펴보자. 전원주택을 짓고 싶다는 A의 생각은 '동기'에 해당한다. ② 이러한 동기로 인해 A가 B 소유의 토지를 사야겠다고 마음먹은 것은 '효과의사'이다. ③ 우선 우리는 전원주택을 사고자하는 A의 동기에 대해 청취해야 한다. ④ 또한 이러한 '효과의사'를 B에게 전달해야겠다는 A의 생각은 '표시의사'이며, 이렇게 토지를 매수하겠다는 의사를 전달하는 방법 중 하나인 계약서 작성이라는 행위를 의도하거나 인식하는 것은 '행위의사'이다. 마지막으로 이러한 의사를 토대로 토지 구입을 위한 계약서를 직접 작성하는 것은 '표시행위'이다.

> **해설** 이 글은 법률 행위로서 '의사표시'의 과정에 대한 설명을 하고 있다. 따라서 효과의사, 표시의사, 행위의사에 이어 표시행위까지의 과정을 예시를 통해 순서대로 설명하고 있으므로 ③의 문장은 삭제되는 것이 적절하다.

87 다음 글을 통해 알 수 있는 내용으로 적절하지 않은 것은?

> 15세기 중반까지 일반적 독서법은 소리 내 읽는 음독(音讀)이 아니라 눈으로만 읽는 묵독(黙讀)이었다. 책의 양 자체가 많지 않았기 때문에 책을 정독(精讀)하는 집중형 독서가 보편적이었기 때문이다. 그러다가 구텐베르크가 금속활자를 발명하고 인쇄술이 점차 산업화하면서 사정이 달라졌다. 18세기 중반, 책 생산량이 이전의 3, 4배로 증가 하면서 집중형 독서는 다독(多讀)하는 분산형 독서로 바뀌었다. 20세기 후반 인류는 또 한 번의 독서 혁명을 겪게 된다. 인터넷 혁명을 통해 검색형 독서가 극대화된 것이다. 검색형 독서에서 독자(reader)는 사용자(user)가 되었다. 이제 독자는 필요한 텍스트만 고를 수 있을 뿐 아니라 언제라도 텍스트를 수정하고 그것에 개입해 새로운 텍스트를 만들어 낼 수 있게 되었다. 또한 소리를 의식한 텍스트, 구어를 활용한 문장, 음성을 글자에 담은 이모티콘 등도 사용할 수 있게 되었다.

① 묵독은 15세기 중반까지 일반적인 독서법이었다.
② 금속활자의 등장으로 인쇄술이 산업화되었다.
③ 18세기 중반에는 책의 생산량 증가로 집중형 독서가 주를 이루게 되었다.
④ 인터넷 혁명을 통해 독자는 사용자가 되었다.

> **해설** 18세기 중반, 책 생산량이 이전의 3, 4배로 증가 하면서 집중형 독서는 다독하는 분산형 독서로 바뀌었다.

Answer 85.② 86.③ 87.③

88 다음 글을 통해 알 수 있는 내용으로 적절하지 않은 것은?

> 위와 십이지장에서 발생한 궤양은 소화와 관련이 있어 소화성 궤양이라고 한다. 이런 소화성 궤양은 오랫동안 인류의 가장 흔한 질병들 중 하나였고, 스트레스와 잘못된 식습관 때문에 생긴다고 알려져 있다.
> 임상 병리학자인 로빈 워런 박사는 위내시경 검사를 마친 많은 환자의 위 조직 표본에서 나선형 박테리아를 발견했다. 이 박테리아는 위의 상피 세포와 결합하여 두꺼운 점액층의 도움을 받고 있었기 때문에 위산의 공격에도 위 조직에 존재하고 있었다. 워런 박사는 이 박테리아가 위염의 원인이라고 주장하였다.
> 마셜 박사는 워런 박사가 발견한 박테리아들을 배양했지만 모두 실패하고 말았다. 그러다가 실수로 배양기에 넣어 두었던 것에서 워런 박사의 것과 동일한 박테리아가 콜로니를 형성한 것을 관찰하였고, 이를 '헬리코박터 파일로리'라고 명명하였다. 이 두 박사는 임상실험을 실시한 결과 궤양을 앓고 있는 환자들 대부분의 위에서 헬리코박터 파일로리균이 발견되었으며, 이 균이 점막에 염증을 일으킨다는 것도 알게 되었다.
> 헬리코박터균과 궤양의 관계가 분명해지기 전까지 이 질병은 만성적인 것이었지만, 이제는 항생제를 사용해 위에서 이 박테리아를 제거하면 이 질병을 완치할 수 있게 된 것이다.

① 헬리코박터균이 배양된 것은 우연의 결과이다.
② 궤양과 헬리코박터균의 상관관계는 밀접하다.
③ 소화성 궤양은 근대 사회에 들어서면서 발견된 질병이다.
④ 박테리아가 위 조직에 존재하는 것은 상피 세포와의 결합 때문이다.

> **해설** 첫 번째 문단에서 소화성 궤양은 오랫동안 인류의 가장 흔한 질병들 중 하나였다고 했으므로 ③은 적절하지 않다.

89 다음 글을 통해 알 수 있는 내용으로 적절하지 않은 것은?

> 만물은 시간의 흐름에 따라 끊임없이 변화한다. 언어 또한 끊임없이 변화하는 실체이다. 언어의 변화는 음운, 형태, 통사, 의미 등 언어를 구성하는 모든 측면에서 변화한다.
>
> 특정한 어느 한 시기의 언어 상태를 공시태라고 하고, 어떤 언어의 변화 상태를 통시태라고 할 때, 공시태는 같은 언어의 같은 시기에 속하는 언어 상태를 말하며, 통시태는 같은 언어의 다른 변화 시기에 속하는 다른 언어 상태를 말한다.
>
> 그러나 모든 언어 현상은 항상 역사적인 요인과 결합되어 있다. 즉 공시적 언어 현상은 항상 다음 단계로 변화하는 시발점이 되어 동요하고 있다. 따라서 공시적 언어 상태는 새로이 생겨나는 요소와 없어져 가는 요소의 혼합체라고 할 수 있으며, 공시태는 과거를 반영하고 미래를 예측하게 하는 것이다.
>
> 언어의 변화는 음운, 형태, 통사, 의미 등 언어를 구성하는 모든 측면에서 일어난다고 하였다. 통사 현상 역시 변화한다. 통사 변화에는 역시 문법범주의 변화와 문장구성의 변화를 포함한다.

① 통시태 연구를 통해 한 언어가 다른 언어와 비교했을 때 어떠한 변화 상태에 해당하는 지 알 수 있다.
② 언어 현상을 연구할 때 역사적 사건들과 결합하여 연구가 진행된다.
③ 공시적 언어 현상은 통시적 언어 현상을 기점으로 변동된다.
④ 언어는 통사의 변화에는 문법과 문장구성이 변화가 포함된다.

> **해설** 세 번째 문단에서 공시적 언어 현상은 항상 다음 단계로 변화하는 시발점이 되어 동요하고 있다고 말하고 있으므로 ③은 적절하지 않다.

Answer 88.③ 89.③

90 다음 글을 통해 해결할 수 없는 질문은?

세계경제포럼의 일자리 미래 보고서는 기술이 발전함에 따라 향후 5년간 500만 개 이상의 일자리가 사라질 것을 경고했다. 실업률이 증가하면 사회적으로 경제적 취약 계층인 저소득층도 늘어나게 되는데, 지금까지는 '최저소득보장제'가 저소득층을 보호하는 역할을 담당해 왔다.

최저소득보장제는 경제적 취약 계층에게 일정 생계비를 보장해 주는 제도로 이를 실시할 경우 국가는 가구별 총소득*에 따라 지원 가구를 선정하고 동일한 최저생계비를 보장해 준다. 가령 최저생계비를 80만 원까지 보장해 주는 국가라면, 총소득이 50만 원인 가구는 국가로부터 30만 원을 지원 받아 80만 원을 보장 받는 것이다. 국가에서는 이러한 최저생계비의 재원을 마련하기 위해 일정 소득을 넘어선 어느 지점부터 총소득에 대한 세금을 부과하게 된다. 이때 세금이 부과되는 기준 소득을 '면세점'이라 하는데, 총소득이 면세점을 넘는 경우 총소득 전체에 대해 세금이 부과되어 순소득*이 총소득보다 줄어들게 된다. 그런데 국가에서 최저생계비를 보장할 경우 면세점 이하나 그 부근의 소득에 속하는 일부 실업자, 저소득층은 일을 하여 소득을 올리는 것보다 일을 하지 않고 최저생계비를 보장 받는 것이 더 유리하다고 판단할 수 있다. 또한 지원 대상을 선정하기 위한 소득 및 자산 심사를 하게 되므로 관리 비용이 추가로 지출되며, 실제로는 최저생계비를 보장 받을 자격이 있지만 서류를 갖추지 못해 지원 대상에서 제외되는 가구가 생기기도 한다.

이러한 문제로 인해 기존의 복지 재원을 하나로 모아 국가 또는 지방자치단체에서 모든 구성원 개개인에게 아무 조건 없이 정기적으로 현금을 지급하는 '기본소득제'가 대안으로 제시되고 있다. 모든 국민에게 일정액을 현금으로 지급할 경우 저소득층 또한 일을 한 만큼 소득이 늘어나게 되므로 최저생계비를 보장 받기 위해 사람들이 일부러 일자리를 구하지 않을 가능성이 낮다는 것이다. 동시에 기본소득제는 자격 심사 과정이 없어 관리 비용이 절약될 뿐만 아니라 제도에서 소외된 빈곤 인구도 줄일 수 있다. 하지만 기본소득제는 모든 국민에게 일정액이 지급되는 만큼, 이에 만족하는 사람들이 늘어나면 최저소득보장제를 실시할 때보다 오히려 일자리를 찾는 사람이 전체적으로 줄어들 것이란 우려도 동시에 제기되고 있다. 또한 복지 예산이 상대적으로 부족한 국가에서는 시행하기 어렵고 기본 소득 이상의 혜택을 받아야 하는 취약 계층에 더 많은 경제적 지원을 할 수 없는 문제 등이 있어 기본소득제를 현실 사회에 적용하기까지는 많은 난관이 있을 것으로 예상된다.

그럼에도 불구하고 기본소득제의 도입을 모색하고 있는 국가나 지방자치단체는 모든 국민들이 소득을 일정 부분 보장 받는 만큼 생산과 소비가 촉진되고, 이로 인해 전체 경제가 활성화될 것이라 예상한다. 그래서 기본소득제는 최근 인공 지능과 같은 기술의 발달이 몰고 올 실업 문제와 경제 불황을 효율적으로 극복하기 위한 현명한 대안으로 검토되고 있는 것이다.

* 총소득 : 세금 부과 이전, 또는 정부 지원 이전의 전체 소득
* 순소득 : 세금 부과 이후, 또는 정부 지원 이후의 실제 소득

① 최저소득보장제와 기본소득제의 개념은 무엇인가?
② 최저소득보장제는 사회에서 어떤 역할을 담당하였는가?
③ 기본소득제를 도입하여 얻을 수 있는 경제적 효과는 무엇인가?
④ 기본소득제를 국가나 지방자치단체 차원에서 도입한 사례에는 어떤 것이 있는가?

✅해설 ④ 국가나 지방자치단체 차원에서 기본소득제 도입을 검토하고 있다는 내용만 나와 있을 뿐, 기본소득제를 도입한 사례는 확인할 수 없다.

91 다음 예시문의 내용을 제대로 이해한 진술은?

> 인구는 기하급수적으로 증가하고 식량은 산술급수적으로 늘어 엄청난 기아 사태가 오리라고 암울한 미래를 예측한 말더스에게 변수는 전쟁이었지만 실제의 역사는 그가 예상한 전쟁 말고도 그가 전혀 예측하지 못한 두 측면으로 기아폭발은 방지되었다. 그 한 측면은 식량증산기술이 관개시설, 영농기구로부터 농약·비료에 이르기까지 비약적인 발전을 이룩했고 이제는 생명공학으로 무제한적인 식량증산이 가능하게 된 것이다. 또 한 측면은 생활풍속의 변화와 국가정책으로 출산율이 크게 떨어진 점인데, 1965년 이후 인구증가율은 1.4퍼센트대로 떨어져 오늘날 유럽은 현상을 유지하는 수준이고 후진국은 증가율이 상당히 떨어지고 있다. 말더스는 당시의 상황과 수준에서 연역해 미래를 내다보면서 그 미래에 일어날 갖가지 미지의 변화함수를 예측하지도, 할 수도 없었던 것이다. (중략) 그러나 여기서 귀중한 것은 비관론자의 우려와 경고가 있었기에 그에 대응하는 대안 탐구와 정책 추구가 수행된 것이고, 그 결과가 비관적 미래 예측의 울타리를 뛰어넘게 한 것이다. 도박에서는 늘 낙관론자가 이기지만 그것이 이길 수 있도록 현상의 타개를 밀어주는 것은 늘 비관적 전망이다.

① 세계 인구는 1965년 이후에 많이 줄어들었군.
② 알고 보니 선진국에 비해서 후진국의 인구증가율이 더 낮은 편이네.
③ 현재의 수준에서 고려할 수 있는 변수를 대입하여 계산하면 미래를 정확히 예측할 수 있겠어.
④ 비관적 예측이 적중하지 못했다면, 그것은 그 예측이 상황의 변화에 적극적인 작용을 했기 때문이라고 할 수도 있지.

✅해설 말더스의 비관적 예언이 적중하지는 못했지만, 그것은 말더스와 같은 비관론자의 우려와 경고가 있었기에 인류가 심각한 위기를 극복할 수 있도록 해주었으므로 ④가 바르게 이해한 진술이다.

Answer 90.④ 91.④

92 다음 글의 밑줄 친 부분의 가장 핵심 기술은 무엇인가?

> 낡은 나무 조각에는 좀조개라는 작은 조개처럼 생긴 목재 해충이 뚫어 놓은 구멍이 있었는데, 관찰 결과 그 해충은 톱니가 달린 두 개의 껍질로 보호를 받으면서 구멍을 파고 있었다. 영양분을 섭취한 뒤 나무 가루는 소화관을 통해 뒤로 배출하면서 전진한다는 것을 알아냈다. 특기할 만한 것은 몸에서 나오는 액체를 새로 판 터널의 표면에 발라 단단한 내장 벽을 만들고, 그것으로 굴이 새거나 무너지는 것을 방지하고 있다는 사실이었다. 브루넬은 이 원리를 템스 강의 연약한 지반 굴착에 응용해 <u>실드(방패)공법</u>의 창안자가 되었다.

① 구멍을 파면서 파낸 흙을 뒤로 배출하며 전진하는 기술
② 터널 벽을 단단하게 하여 굴이 무너지는 것을 막는 기술
③ 연약한 지반을 굴착하여 방패 모양으로 만드는 기술
④ 몸에서 나오는 액체를 터널의 표면에 바르는 기술

> ✔ 해설　실드(방패)공법은 좀조개가 몸에서 나온 액체로 내장 벽을 단단하게 만들고, 굴이 무너지는 것을 방지하는 원리를 딴 것이므로 ②가 적절하다.

93 다음 글을 읽고 얻을 수 있는 결론은?

> 유대교 신비주의 하시디즘에는 이런 우화가 전해진다. 사람이 죽으면 그 영혼은 천국의 문 앞에 있는 커다란 나무 앞으로 가게 된다. '슬픔의 나무'라고 불리는 그 나무에는 사람들이 삶에서 겪은 온갖 슬픈 이야기들이 가지마다 매달려 있다. 이제 막 그곳에 도착한 영혼은 그곳에 적혀 있는 다른 사람들의 이야기를 읽는다. 마지막에 이르러 천사는 그 영혼에게 이야기들 중 어떤 것을 선택해서 다음 생을 살고 싶은가를 묻는다. 자신이 보기에 가장 덜 슬퍼 보이는 삶을 선택하면, 다음 생에 그렇게 살게 해주겠다는 것이다. 하지만 어떤 영혼이든 결국에는 자신이 살았던 삶을 다시 선택하게 된다고 우화는 말한다.

① 남의 이야기는 늘 슬프게 느껴진다.
② 자기 삶에 대해 후회하게 마련이다.
③ 자신의 현실을 긍정하는 것이 필요하다.
④ 남의 삶과 자신의 삶을 비교하는 것은 어리석다.

> ✔ 해설　'슬픔의 나무'에 적혀있는 다른 사람들의 이야기를 알고 나면 자신이 살았던 삶이 가장 덜 슬프고 덜 고통스러웠음을 깨닫는다는 내용이므로, ③의 결론을 알 수 있다.

94 다음 글에 나타난 '역사적 사실'에 대한 내용으로 옳지 않은 것은?

> 역사적 사실은 시대와 연구자의 관점에 따라 다양하게 해석되며, 그로 인해 같은 사건이라도 전혀 다른 평가가 내려지는 경우가 많다. 산업혁명은 18세기 후반 영국에서 시작되어 전 세계로 확산된 사회적 변혁이다. 증기기관의 발명과 기계화 등은 인류의 생활 방식을 근본적으로 바꾸어 놓았는데, 이러한 산업혁명이 남긴 변화의 의미를 두고 지금까지도 다양한 해석과 평가가 제기되고 있다. 일부는 산업혁명을 자본주의 경제의 토대를 마련하고 생활수준을 향상한 긍정적 사건으로 평가하는 반면, 아동 노동의 확산, 빈부격차, 환경 파괴와 같은 부정적 결과를 초래했다는 시각도 있다. 이처럼 역사적 사실은 하나의 객관적 사건으로 존재하지만, 그것이 지닌 의미와 가치는 단일하게 규정되지 않는다. 시대적 배경, 연구자의 문제의식, 그리고 후대의 사회적 가치관에 따라 동일한 사실조차 상반된 해석을 낳는다.

① 같은 역사적 사실이라도 시대적 배경에 따라 다른 해석이 이루어질 수 있다.
② 산업혁명은 인류의 생활 방식을 근본적으로 바꾼 역사적 사건의 일례이다.
③ 역사적 사실은 어떤 문제의식을 갖고 바라보느냐에 따라 상반된 평가가 내려진다.
④ 역사적 사실은 하나의 객관적 사건으로만 존재하여 평가의 여지가 없다.

✔해설 역사적 사실은 객관적 사실을 바탕으로 하면서도, 연구자의 문제의식, 시대적 가치관에 따라 상반된 평가가 가능하다고 지문에 명시되어 있다.

95 다음 밑줄 친 어휘들 중 필자가 부정적으로 생각하는 것은 무엇인가?

> 불문곡직하는 직설은 사람을 찌른다. 깜짝 놀라게 해서 제압하는 방식이다. 거기 비해 완곡함은 뜸을 들이면서 에두른다. 듣고 읽는 이가 비켜갈 ①틈을 준다. 그렇다고 완곡함이 곡필인 것도 아니다. 잘못된 길로 접어들도록 하는 게 아니라 화자와 독자의 교행이 이루어지는 ②공간을 준다. 곱씹어볼 말이 사라지고 상상의 ③여지를 박탈하는 글이 군림하는 세상은 살풍경하다. 말과 글이 세상을 따라 갈진대 세상을 갈아 엎지 않고 말과 글이 세상과 함께 아름답기는 난망한 일인가. 아마 아닐 것이다. 막힐수록 옛것을 더듬으라고 했다. 물태와 인정이 극으로 나뉘는 ④세상에서 다산은 선인들이 왜 산을 바라보며 즐기되 그 흥취의 반을 항상 남겨두는지 궁금했다. 그는 미인을 만났던 사람이 적어놓은 글에서 그 까닭을 발견했다. 그가 본 글은 이러했다. '얼굴은 아름다웠으나 그 자태는 기록하지 않았다.'

✔해설 필자는 완곡함이 없는 글이 군림하는 세상이 살풍경하다고 말한다. 때문에 필자는 듣고 읽는 이가 비켜갈 틈이 있고 화자와 독자의 교행이 이루어지는 공간이 존재하며 상상의 여지를 남기는 완곡함을 예찬한다. 그래서 그는 완곡함이 없는 세상, 물태와 인정이 극으로 나뉘는 세상을 완곡함이 없는 부정적인 세상으로 인식한다.

96 다음 글의 주제로 가장 적절한 것은?

> 열대에 가면 수많은 나무들이 조금이라도 더 햇볕을 받으려고 서로 얽히고설켜 빽빽하게 서 있습니다. 이 나무들 중에 개미가 집을 짓고 사는 아카시아 나무가 있는데 자그마치 6천만 년 동안이나 개미와 공생을 해 왔습니다. 아카시아 나무는 개미에게 필요한 집은 물론 탄수화물과 단백질 등 영양분도 골고루 제공하는 대신, 개미는 반경 5미터 내에 있는 다른 식물들을 모두 제거해 줍니다. 대단히 놀라운 일이죠. 이처럼 개미는 많은 동식물과 서로 밀접한 공생 관계를 맺으며 오랜 세월을 살아온 것입니다.
> 진화 생물학은 자연계에 적자생존의 원칙이 존재한다고 말합니다. 하지만 적자생존이란 어떤 형태로든 잘 살 수 있는, 적응을 잘하는 존재가 살아남는다는 것이지 꼭 남을 꺾어야만 한다는 뜻은 아닙니다. 그동안 우리는 자연계의 삶을 경쟁 일변도로만 보아온 것 같습니다. 자연을 연구하는 생태학자들도 십여 년 전까지는 이것이 자연의 법칙인 줄 알았습니다. 그런데 이 세상을 둘러보니 살아남은 존재들은 무조건 전면전을 벌이면서 상대를 꺾는 데만 주력한 생물이 아니라 자기 짝이 있는, 서로 공생하면서 사는 종(種)이라는 사실을 발견한 것입니다.

① 아카시아 나무와 개미의 관계
② 적자생존으로 경쟁하는 사회
③ 공생 관계의 동물들
④ 공생하는 삶

> ✔해설 제시된 글의 두 번째 문단을 보면 경쟁의 관점에서 적자생존만이 자연의 법칙인 줄 알았으나 세상에 살아남은 존재들은 공생하며 사는 종이라는 사실을 발견했다고 했으므로 ④가 가장 적절하다.

97 다음 글에서 제기하는 문제는 무엇인가?

> '읽지 않은 책'에 대해 말한다는 것은 사회적으로 널리 알려진 다른 창작 행위들에 비해 좀 더 소박하긴 하지만 결코 그것들에 뒤지지 않는 창조적 활동이라 할 수 있다. 그런데 학교에서 우리의 학생들은 책을 읽고 그 책에 대해 말하는 법은 배우지만, 읽지 않은 책에 대해 의사를 표현하는 법을 배우지 못한다. 이는 어떤 책에 대해 말을 하기 위해서는 반드시 그 책을 읽어야 한다는 가정이 한 번도 의문시되지 않았음을 반증한다고 할 수 있다. 그렇다면 우리의 학생들은 읽지 않은 어떤 책에 대한 질문을 받을 때 자신들의 생각을 표명하기 위한 어떤 방도도 찾아낼 수 없어서 혼란에 빠질 공산이 크다.
> 그런 혼란은 책을 신성시하는 태도에서 벗어나게 해 주는 역할을 교육이 충분히 수행하지 못해 '책을 꾸며낼' 권리가 학생들에게 주어지지 않았기 때문에 빚어지는 일이다. 텍스트에 대한 존중과 수정 불가의 금기에 마비당하는 데다 텍스트를 암송하거나 그것이 '담고 있는' 내용을 알아야 한다는 속박으로 인해, 너무나 많은 학생들이 자신들의 창의적 역량을 발휘하지 못한 채 상상력이 유익할 수 있는 상황에서도 자신들의 상상력에 호소하는 것을 스스로 금해 버린다.

① 학생들이 창조적인 활동을 구분하지 못하게 하는 교육 방식
② 기존 교육 과정 속에서 책에 대해 의견을 내는 방식
③ 책에 대해 이야기할 때 그 책을 읽어야만 한다는 고정관념
④ 사실에 대한 과도한 상상력 부과

> **해설** 제시된 글은 '읽지 않은 책'에 대하여 말하는 것 역시 창조적 활동이지만 학생들은 읽지 않은 책에 대해 의사를 표현하는 법을 배우지 못하는 상황에 대한 문제제기를 한다. 이는 책에 대해 이야기할 때 반드시 그 책을 읽어야만 한다는 고정관념에 대한 문제제기라고 할 수 있다.

98 다음 글의 중심 내용으로 옳은 것은?

> 예전에 뉴스에서 지하철에 끼인 사람을 구하고자 여러 사람이 힘을 합해 전동차를 움직였다는 보도가 있었다. 결과적으로 그들이 대단한 일을 해낸 건 분명하지만, 그러기 위해서 엄청난 노력을 한 건 아니었다. 전동차를 함께 밀자는 누군가의 제안에 다른 사람들이 손을 보탰을 뿐이다.
> 집단에 속해 있을 때 우리는 상황을 변화시키기 위해 뭔가 획기적이고 거대한 계획과 노력이 동반되어야 한다고 생각한다. 그러나 모든 변화가 그런 노력을 필요로 하는 것은 아니다. 아주 사소한 시도로 집단이 변화하고 더 큰 결과를 만들어 내는 경우가 많다. 다시 말해 상황이란 우리 자신이 만드는 것이고 그것을 바꾸는 것 역시 우리이다.
> 상황의 힘은 때로 너무나도 압도적이어서 인간을 꼼짝 못하게 만들기도 하고 말도 안 되는 권위에 복종하게도 만든다. 심지어는 위기에 처한 사람을 방관하여 한 사람의 목숨이 사라지기도 한다. 그러나 우리에게는 상황의 빈틈을 노려 보다 인간에게 유익한 방향으로 상황의 힘을 이용하기도 하고, 아주 사소한 것에 주의를 기울임으로써 순식간에 상황을 역전시킬 수도 있다. 무엇보다 중요한 것은 우리 내면에 상황의 힘을 거부하고 다른 사람을 위해 뛰쳐나갈 수 있는 본성이 존재하고 있다는 사실이다.

① 상황에 굴복하려는 인간의 본성
② 상황을 극복하려는 인간의 본성
③ 상황을 판단하려는 인간의 본성
④ 상황의 변화에 적응하려는 인간의 본성

> **해설** 마지막 문단에서 글의 중심 내용이 드러나 있다. 상황의 힘을 거부하고 다른 사람을 위해 뛰쳐나갈 수 있는 본성이 존재한다고 했으므로 ②가 글의 중심 내용이다.

99 다음 글의 결론을 가장 적절히 추론한 것은?

> 물의 오염 또한 대기 오염 못지않게 심각하다. 농약 사용의 증가, 합성 세제의 과다한 사용, 무분별한 산업 폐수의 방출 등으로 인해 물은 심하게 위협받고 있다. 하천은 하나의 생태계를 이루고 있으며, 물질의 순환에 의해 자정 작용을 한다. 그러나 각종 공해 물질로 심각하게 오염된 하천은 이런 기능을 제대로 못 하게 된다.
>
> 특히, 산업용 폐수 속에는 각종 중금속과 화학 물질이 다량으로 함유되어 물 속 생태계의 존속(存續)마저 위협하고 있다. 그런가 하면, 생활하수에 포함된 다량의 영양 물질은 조류(藻類)와 같은 미생물을 대량으로 번식시켜 물속에 함유된 용존 산소를 과다하게 소비함으로써, 미생물은 물론 다른 생물마저 산소 결핍 때문에 모두 죽어 버리는 부영양화 현상을 발생시키기도 한다. 이것은 인간에 의해 생태계의 평형이 파괴되는 또 하나의 예이다.
>
> 토양의 오염도 물이나 대기 오염에 못지않게 심각하다. 생태계의 1차 생산자인 식물은 대부분 토양에서 성장한다. 그러므로 토양을 오염시키는 물질은 자연히 식물에 흡수되어 남아 있고, 다시 소비자에게 옮겨져서 각종 질병의 원인이 된다. 중금속이 함유되어 있는 과다한 농약 사용, 각종 생활 쓰레기와 산업 폐기물의 부적절한 매립 등은 토양을 심각하게 오염시키는 대표적인 예이다.

① 환경 파괴와 관련된 문제를 해결하는 것이 쉬운 일은 아니다.
② 환경 파괴의 문제는 근본적으로 인간의 무지와 이기심에서 비롯되는 것이다.
③ 환경오염의 피해는 당장에 드러나지 않고 상당한 시간이 경과한 다음에 나타나는 특징이 있다.
④ 공기와 물, 토양의 오염으로 인한 환경 파괴는 인류를 비롯한 모든 지구 생물의 생존을 위협하는 심각한 문제로 대두되었다.

✔ 해설 물 오염의 심각성과 물의 오염원인 산업용 폐수와 생활하수, 토양 오염의 심각성을 이야기 하고 있으므로 ④가 결론으로 적절하다.

100 다음은 강연내용을 적은 것이다. 이 글을 본론으로 할 때 맺음말로 가장 적절한 것은?

> 요즘 우리나라에서도 비윤리적인 범죄들이 빈발하고 있는데, 그 주된 원인을 현대 가족제도의 혼란에서 찾는 사람들이 많습니다. 그래서 그 해결방안을 모색하는데 도움이 됐으면 하는 마음으로 우리나라의 전통적인 가족제도에 대해 한 말씀 드릴까 합니다. 우리나라는 전통적으로 농경사회와 유교적 이념을 배경으로 하여 가부장적인 대가족제도를 유지해 왔습니다. 전통사회에서 '가정'이라는 말보다는 '집안'이나 '문중'이라는 말이 일반적일 정도로 가족의 범위가 현대사회에 비해 훨씬 넓었으며, 그 기능도 다양하였습니다. 가족은 농경사회에서의 생산이나 소비의 단위일 뿐만 아니라 교육의 기본단위이기도 하였습니다. 이 가족 안에서의 교육을 바탕으로 사회나 국가의 윤리와 질서가 유지되었던 것입니다. 물론 전통적 가족제도는 상하관계를 중시하는 수직구조였으나, 그것이 강압에 의한 것이 아니라 서로 간의 애정과 이해를 바탕으로 한 것임은 말할 필요도 없습니다. 예컨대 남편은 남편으로서, 아내는 아내로서, 자식은 자식으로서 자신의 본분을 지켜가며 서로를 신뢰하고 존중하는 것을 기본전제로 해서 형성된 것이 전통적인 가족제도였습니다. 물론 이러한 전통적 가족제도가 현대의 기술, 공업사회에 적합한 것은 결코 아닙니다. 그러나 현대사회의 한 특징인 핵가족화와 그로 인한 가정의 기능상실, 더 나아가 여기에서 파생되는 사회기초윤리의 소멸 등이 문제점으로 부각되고 있는 지금 전통적인 가족제도는 우리에게 많은 암시를 주고 있다고 할 것입니다.

① 어느 사회에서고 그 사회를 지탱하는 가장 기본이 되는 것은 바로 가정이라고 할 수 있습니다.
② 다시 한 번 말하지만 대가족제도가 무너진 것은 바로 현대사회의 산업화에 기인하는 것입니다.
③ 전통적인 가족제도는, 물론 현대를 사는 우리에게 맞지 않는 측면이 많다는 것을 인정합니다.
④ 온고지신(溫故知新)이라는 말이 결코 공허한 표어가 아님을 우리는 깊이 인식해야 할 것입니다.

> ✔해설 맺음말은 본론에서 말한 핵심내용을 간추림으로써 주제를 강조하는 것이어야 한다. 따라서 주어진 강연의 주제를 가장 잘 함축하면 되는데, 주어진 강연의 주제는 '우리의 전통적인 가족제도에서 현대의 가치관 상실을 극복할 수 있는 교훈을 얻자' 정도가 될 것이다.

Answer 99.④ 100.④

Chapter 02 이해력

> **대표유형 1** 글의 중심 내용 파악

(1) 주제어 파악

① 글 전체를 읽어가면서 화제(話題)가 되는 말을 확인하고, 화제어 중에서 가장 중심이 되는 말을 선별해야 한다.

② 주제어 파악 방법
  ㉠ 추상어 중 반복되는 말에 주목한다.
  ㉡ 그 말을 중심으로 글을 전개해 나가는 말을 찾는다.

(2) 중심 내용 파악

① 글을 제대로 이해하려면 글을 간추려 중심 내용을 파악해야 한다. 특히, 글에 나타나 있는 여러 정보 상호간의 위상이나 집필 의도 등을 고려해 핵심 내용을 선별해야 한다.

② 정보의 위상
  ㉠ 전제와 주지 : 글의 핵심이 되는 정보를 주지(主旨)라 하고, 이를 도출해 내기 위해 미리 제시하는 사전 정보를 전제(前提)라 한다.
  ㉡ 일화와 개념 : 일화적 정보와 개념적 정보가 함께 어우러져 있으면, 개념적 정보가 더 포괄적이고 종합적 이므로 우위에 놓인다.
  ㉢ 설명과 설득 : 설명은 어떤 주지적인 내용을 해명하여 이해하도록 하는 것이며, 설득은 보다 더 적극성을 부여하여 이해의 차원을 넘어 동의하고 공감하여 글쓴이의 의견에 동조하거나 행동으로 옮기도록 하는 것이다.

③ 주제문 파악의 방법
  ㉠ 집필 의도 등을 고려하여 글의 내용을 입체화시켜 본다.
  ㉡ 추상적 진술의 문장 등 화제를 집중적으로 해명한 문장을 찾는다.
  ㉢ 배제(排除)의 방법을 이용하여 정보의 중요도를 따져본다.

④ 중심 내용 찾기의 과정

    ㉠ 문장을 꼼꼼히 읽는다.

    ㉡ 문단의 중심 내용을 파악한다.

    ㉢ 글 전체의 중심 내용을 파악한다.

⑤ 문단을 꼼꼼히 읽는 방법

    ㉠ 문장의 주어에 주목한다.

    ㉡ 접속어와 지시어 사용에 유의한다.

    ㉢ 문장을 읽을 때는 항상 펜을 들고 문장의 중심 내용에 밑줄을 긋는 습관을 들인다.

⑥ 문단의 중심 내용을 찾는 방법

    ㉠ 문단에서 반복되는 어휘에 주목한다.

    ㉡ 문장과 문장 간의 관계에 유의해서 읽는다.

    ㉢ 글쓴이가 그 문단에서 궁극적으로 말하고자 하는 바를 생각해 본다.

대표유형 2　글의 구조 파악

(1) 구조의 뜻

① 한 편의 글은 하나 이상의 문단이, 하나의 문단은 하나 이상의 문장이 모여서 이루어진다.

② 이러한 성분들은 하나의 주제를 나타내기 위해 짜임새 있게 연결되어 있다.

③ 이러한 글의 짜임새를 글의 구조라고 한다.

(2) 글의 구조 파악하기의 의의

단순히 글의 정보를 확인하고 이해하는 것에서 나아가 정보의 조직 방식과 정보 간의 관계까지 파악하는 것을 포함한다.

(3) 글의 구조 파악하기의 방법

① 문단의 중심 내용 파악

    ㉠ 글의 구조를 파악하기 위해서는 문단의 중심 내용을 먼저 파악해야 한다.

    ㉡ 글의 구조는 글의 내용과 밀접한 관련이 있기 때문이다.

② 문단의 기능 파악
- ㉠ 한 편의 글은 여러 개의 형식 문단이 모여 이루어지는데. 이 때 각 문단은 각각의 기능을 지닌 채 유기적인 짜임으로 이루어져 있다.
- ㉡ 글의 구조를 파악하기 위해서는 각 문단이 수행하는 기능과 역할을 파악해야 한다.

③ 문단의 기능을 파악하는 방법
- ㉠ 문단의 기능을 나타내는 표현에 주목한다.
- ㉡ 문단의 중심 내용을 글 전체의 주제와 비교하여 어떤 관계를 맺고 있는지 판단한다.
- ㉢ 문단의 위치도 문단의 기능과 관련이 있으므로 문단의 기능에 따른 문단의 종류와 위치 등을 알아 둔다.

④ 기능에 따른 문단의 유형
- ㉠ 도입 문단 : 본격적으로 글을 써 나가기 위하여 글을 쓰는 동기나 목적, 과제 등을 제시하는 문단이다. 화제를 유도하며, 무엇보다도 독자의 흥미와 관심을 잡아끌어 글의 내용에 주목하게 한다.
- ㉡ 전제 문단 : 논리적 전개의 바탕을 이루는 문단이다. 연역적 방법으로 전개되는 글에서 전제를 설정하는 경우와 비판적 관점으로 발전하기 위해 먼저 상식적 편견을 제시하는 경우가 많다.
- ㉢ 발전 문단 : 앞 문단의 내용을 심화시켜 주제를 형상화하는 문단이다.
- ㉣ 강조 문단 : 어떤 특정한 내용을 강조하는 문단이다. 어떤 문단을 독립시켜 강조하거나, 결론에서 특정한 내용을 반복하여 지적하는 경우가 많다.

⑤ 문단과 문단의 관계 파악 … 한 편의 글을 구성하고 있는 각각의 문단은 독립적으로 존재하는 것이 아니라 앞뒤 문단과 밀접한 관련이 있으므로 문단과 문단의 관계를 파악하는 것이 중요하다.

⑥ 문단과 문단의 관계를 파악하는 방법
- ㉠ 글 전체의 주제를 염두에 두고 인접한 문단끼리 중심 내용을 비교해 본다.
- ㉡ 첫째, 둘째, 셋째 등의 내용 열거를 위한 표현들을 찾아 확인한다.
- ㉢ 문단과 문단을 잇는 접속어에 유의한다.

대표유형 3   글의 핵심정보 파악

(1) 핵심정보의 파악

① 설명하는 글은 글쓴이가 알고 있는 사실이나 정보를 독자에게 쉽게 전달하기 위해 쓴 글이기 때문에 글쓴이의 의견은 거의 배제되기 쉽고 객관성이 강하다는 특징이 있다.

② 이런 종류의 글은 새로운 정보를 전달하는 글이므로 설명하고자 하는 핵심 정보를 파악하는 일이 글을 이해하는 데에 무엇보다 중요하다.

(2) 핵심정보 파악하기 방법

① 글의 첫머리에 유의하기
    ㉠ 글쓴이는 말하고자 하는 부분 즉, 핵심 내용을 효과적으로 전달하기 위해 여러 가지 방법을 사용한다.
    ㉡ 가장 일차적인 방법은 글의 첫머리에 자신이 설명하고자 하는 대상을 제시하는 것이다.
    ㉢ 글의 첫머리는 독자에게 인상적으로 다가오기 때문에 글쓴이는 대상의 개념이나 글의 핵심 정보와 관련된 내용을 주로 이 부분에 배치한다.

② 반복되는 표현에 집중하기
    ㉠ 문단의 중심 내용은 자주 반복되어 진술된다.
    ㉡ 글 전체에서도 중점적으로 설명하고자 하는 대상을 자주 반복하여 독자에게 강조하고자 한다.
    ㉢ 반복되는 내용을 통해 문단의 중심 내용을 파악하고 다른 문단과의 관계를 파악하면, 글 전체의 핵심 내용을 파악하는데 많은 도움이 된다.

③ 문단의 중심 내용 종합하기
    ㉠ 하나의 문단에는 하나의 중심 내용과 이를 뒷받침하는 여러 문장들이 배치되어 있듯이 한 편의 글도 핵심 정보를 위해 관련된 문단이 유기적으로 조직되어 있다.
    ㉡ 문단의 중심 내용을 찾은 후에는 그 중요성을 파악하고, 문단의 중심 내용을 모아 그 중요도를 따져보면 글 전체의 핵심 내용을 찾을 수 있다.

대표유형 4 글의 추론

(1) 추론
이미 알려진 판단(전제)를 근거로 하여 새로운 판단(결론)을 이끌어 내기 위하여, 글 속에 명시적으로 드러나 있지 않은 내용, 과정, 구조에 관한 정보를 논리적 비약 없이 추측하거나 상상하는 것을 말한다.

(2) 추론의 방법

① 글의 결론 파악 … 글의 결론은 추론 과정의 산물이므로 추론 과정을 이해하기 위해서는 먼저 글의 결론이나 글쓴이의 주장을 파악해야 한다.

② 전제나 근거 파악
  - ㉠ 전제란 결론을 이끌어 내는 과정에서 필요한 논리적 근거로서 주장이나 결론과 밀접한 관련이 있으며, 전제가 달라지면 주장이나 결론도 달라진다.
  - ㉡ 전제를 결론이나 주장과 따로 떼어서 다루는 것은 의미가 없다.

③ 전제나 근거 파악하는 방법
  - ㉠ 전제나 근거는 대개 결론이나 주장을 담은 문단 앞에 위치하므로 중심 문단 바로 앞 문단의 주제문을 찾아 결론과의 관계를 확인한다.
  - ㉡ 전제를 파악할 때는 인과 관계가 성립되는지를 확인한다.
  - ㉢ 전제에는 원인 외에도 가정과 조건 등의 전제를 생각할 수 있어야 한다.

④ 추론 방식 파악
  - ㉠ 연역 추리
    - 일반적인 원리를 전제로 하여 특수한 사실에 대한 판단이 옳고 그름을 증명하는 추리이다.
    - 어떤 특정한 대상에 대한 판단은 연역 추리에 의한 결론이 된다.
    - 전제를 인정하면 필연적으로 결론을 인정하게 된다.
  - ㉡ 귀납 추리
    - 충분한 수효의 특수한 사례에서 일반적인 원리를 이끌어 내는 사례 전체를 설명하는 추리이다.
    - 여러 사례에 두루 적용할 수 있는 일반적인 판단은 귀납 추리에 의한 결론이 된다.
    - 전제를 다 인정하여도 결론을 필연적으로 인정하지 않을 수도 있다.

ⓒ 유비 추리
- 범주가 다른 대상 사이의 유사성을 바탕으로 하나의 대상을 다른 대상의 특성에 비추어 설명하는 추리이다.
- 두 대상이 어떤 점에서 공통된다는 것을 바탕으로 다른 측면도 같다고 판단하면 이것이 곧 추리의 결론이 된다.
- 한 쪽의 대상만 특수하게 지닌 속성을 다른 대상도 지니고 있다고 판단하면 오류가 된다.

ⓔ 가설 추리
- 어떤 현상을 설명할 수 있는 원인을 잠정적으로 판단하고, 현상을 검토하여 그 판단의 정당성을 밝히는 추리이다.
- 현상의 원인에 대한 판단은 가설 추리에 의한 결론이 된다.
- 누군가 더 적절한 다른 가설을 제시할 수 있고, 가설로 설명할 수 없는 다른 사례가 발견되면, 그 가설은 틀린 것이 될 수 있다.

대표유형 5 글의 주제 파악

(1) 핵심어

① 설명문의 내용 또는 제목 내의 중요한 내용을 요약한 핵심적인 단어 또는 문구를 핵심어라고 한다.

② 글의 처음이나 마지막 부분의 문장이 열쇠가 되는 경우가 많다.

③ 핵심어는 반복 사용되는 경향이 있다.

(2) 주제 파악하기 과정

① 형식 문단의 내용을 요약한다.

② 내용 문단으로 묶어 중심 내용을 파악한다.

③ 각 내용 문단의 중심 내용 간의 관계를 이해한다.

④ 전체적인 주제를 파악한다.

(3) 주제 찾는 방법

① 주제가 겉으로 드러난 글(설명문, 논설문 등)

　㉠ 글의 주제 문단을 찾는다. 주제 문단의 요지가 주제이다.

　㉡ 대개 3단 구성이므로 끝 부분의 중심 문단에서 주제를 찾는다.

　㉢ 중심 소재(제재)에 대한 글쓴이의 입장이 나타난 문장이 주제문이다.

　㉣ 제목과 밀접한 관련이 있음에 유의한다.

② 주제가 겉으로 드러나지 않는 글(문학적인 글)

　㉠ 글의 제재를 찾아 그에 대한 글쓴이의 의견이나 생각을 연결시키면 바로 주제를 찾을 수 있다.

　㉡ 제목이 상징하는 바가 주제가 될 수 있다.

　㉢ 인물이 주고받는 대화의 화제나 화제에 대한 의견이 주제일 수도 있다.

　㉣ 글에 나타난 사상이나 내세우는 주장이 주제가 될 수도 있다.

　㉤ 시대적·사회적 배경에서 글쓴이가 추구하는 바를 찾을 수 있다.

대표유형 6 　문장배열

(1) 글의 구성요소

> 단어 → 문장 → 문단 → 글

① 단어 … 분리하여 자립적으로 쓸 수 있는 말이나 이에 준하는 말이나 그 말의 뒤에 붙어서 문법적 기능을 나타내는 말이다.

② 문장 … 생각이나 감정을 말로 표현할 때 완결된 내용을 나타내는 최소의 단위로, 주어와 서술어를 갖추고 있는 것이 원칙이나 생략될 수도 있다.

③ 문단 … 글에서 하나로 묶을 수 있는 짤막한 단위로, 한 편의 글은 여러 개의 문단으로 구성된다.

④ 글 … 어떤 생각이나 일 따위의 내용을 문자로 나타낸 기록이다.

(2) 문단의 짜임

① 중심 문장…하나의 문단에서 나타내고자 하는 중심 내용이 담긴 문장

② 뒷받침 문장…중심 문장의 내용을 효과적으로 전달하기 위해 보조적으로 쓰인 문장

(3) 설명문과 논설문의 구조

① 설명문…처음 - 중간 - 끝
   ㉠ 처음 : 설명할 대상, 배경, 동기, 목적, 방법 등을 제시하는 단계로, 독자의 관심을 불러 일으키는 역할을 한다.
   ㉡ 중간 : 다양한 설명 방법을 활용하여 설명하고자 하는 지식과 정보를 이해하기 쉽게 풀이하는 단계이다.
   ㉢ 끝 : 중간 부분에서 설명한 내용을 요약·정리하고 마무리하는 단계이다.

② 논설문…서론 - 본론 - 결론
   ㉠ 서론 : 글을 쓰는 동기와 목적을 밝히고, 문제를 파악하는 단계이다.
   ㉡ 본론 : 여러 가지 근거를 들어 자신이 주장하려는 바를 증명하는 단계로, 제시하는 근거의 타당성에 대한 검증이 필요하다.
   ㉢ 결론 : 주장하는 내용을 요약하고 확인·강조하는 단계이다.

(4) 접속어

관계	내용	접속어의 예
순접	앞의 내용을 이어받아 연결시킴	그리고, 그리하여, 이리하여
역접	앞의 내용과 상반되는 내용을 연결시킴	그러나, 하지만, 그렇지만, 그래도
인과	앞뒤의 문장을 원인과 결과로 또는 결과와 원인으로 연결시킴	그래서, 따라서, 그러므로, 왜냐하면
전환	뒤의 내용이 앞의 내용과는 다른 새로운 생각이나 사실을 서술하여 화제를 바꾸며 이어줌	그런데, 그러면, 다음으로, 한편, 아무튼
예시	앞의 내용에 대해 구체적인 예를 들어 설명함	예컨대, 이를테면, 예를 들면
첨가·보충	앞의 내용에 새로운 내용을 덧붙이거나 보충함	그리고, 더구나, 게다가, 뿐만 아니라
대등·병렬	앞뒤의 내용을 같은 자격으로 나열하면서 이어줌	그리고, 또는, 및, 혹은, 이와 함께
확언·요약	앞의 내용을 바꾸어 말하거나 간추려 짧게 요약함	요컨대, 즉, 결국, 말하자면

출제예상문제

1 다음 글에 나타난 인간의 행동 양식과 가장 거리가 먼 것은?

> 우리는 무엇이 옳은가를 결정하기 위해 다른 사람들이 옳다고 생각하는 것이 무엇인지를 알아보기도 한다. 이것을 '사회적 증거의 법칙'이라고 한다. 이 법칙에 따르면 주어진 상황에서 어떤 행동이 옳고 그른가는 얼마나 많은 사람들이 같은 행동을 하느냐에 의해 결정된다고 한다.
> 다른 사람들이 하는 대로 행동하는 경향은 여러 모로 매우 유용하다. 일반적으로 다른 사람들이 하는 대로 행동하게 되면, 즉 사회적 증거에 따라 행동하면, 실수할 확률이 그만큼 줄어든다. 왜냐하면 다수의 행동이 올바르다고 인정되는 경우가 많기 때문이다. 그러나 이러한 사회적 증거의 특성은 장점인 동시에 약점이 될 수도 있다. 이런 태도는 우리가 주어진 상황에서 어떻게 행동해야 할 것인가를 결정하는 지름길로 사용될 수 있지만, 맹목적으로 이를 따르게 되면 그 지름길에 숨어서 기다리고 있는 불로소득자들에 의해 이용당할 수도 있기 때문이다.

① 영희는 고속도로에서 주변의 차들과 같은 속도로 달리다가 속도위반으로 범칙금을 냈다.
② 철수는 검색 우선순위에 따라 인터넷 뉴스를 본다.
③ 순이는 발품을 팔아 값이 가장 싼 곳에서 물건을 산다.
④ 명수는 여행을 가서 밥을 먹을 때 구석진 곳이라도 주차장에 차가 가장 많은 식당에서 밥을 먹는다.

> **해설** 지문은 무엇인가를 판단할 때 다른 사람의 판단을 일차적으로 고려하는 것에 대한 내용이다.
> ③ 순이 자신이 발품을 팔아 얻은 정보를 이용하여 값이 싼 곳에서 물건을 사는 것은 자신의 판단을 기준으로 하는 것이다.

2 다음 기사에 나타난 통계를 통해 추론할 수 없는 것은?

> 일본에서 나이가 들어서도 부모 곁을 떠나지 않고 붙어사는 '캥거루족'이 증가하고 있는 것으로 나타났다. 일본 국립 사회보장인구문제연구소가 전국 1만 711가구를 대상으로 조사해 발표한 가구 동태 조사를 보면, 가구당 인구수는 평균 2.8명으로 최저치를 기록했다. 2인 가구는 28.7%로 5년 전 조사 때보다 조금 증가한 반면, 4인 가구는 18.1%로 조금 줄었다.
> 부모와 함께 사는 자녀의 비율은 크게 증가했다. 30~34살 남성의 45.4%가 부모와 동거하는 것으로 나타났다. 같은 연령층 여성의 부모 동거 비율은 33.1%였다. 5년 전에 비해 남성은 6.4%, 여성은 10.2% 증가한 수치이다. 25~29살 남성의 부모 동거 비율은 64%, 여성은 56.1%로 조사되었다. 부모를 모시고 사는 기혼자들도 있지만, 상당수는 독신으로 부모로부터 주거와 가사 지원을 받는 캥거루족으로 추정된다.

① 25~34살 남성 중 대략 반 정도가 부모와 동거한다.
② 현대사회에서 남녀를 막론하고 만혼 현상이 널리 펴져 있다.
③ 30~34살의 경우 부모 동거비율은 5년 전에도 여성이 남성보다 높지 않았다.
④ '캥거루족'이 늘어난 것은 젊은이들이 직장을 구하기가 점점 어려워지고 있기 때문이다.

> **해설** 제시된 지문에서는 캥거루족이 증가하고 있는 사실에 대해서만 서술하고 있을 뿐 그 원인이 실업 때문이라는 언급은 없다.

Answer 1.③ 2.④

3 다음 글을 내용상 두 부분으로 나눌 때 어느 지점부터 나누는 것이 가장 적절한가?

> 우리나라는 전통적으로 농경 생활을 해 왔다. 이런 이유로 우리나라에서 소는 경작을 위한 주용한 필수품이지 식용 동물로 생각할 수가 없었으며, 단백질 섭취 수단으로 동네에 돌아다니는 개가 선택되었다. ㉠ 프랑스 등 유럽의 여러 나라에서도 우리처럼 농경 생활을 했음에 틀림없지만 그들은 오랜 기간 수렵을 했기 때문에 개가 우리의 소처럼 중요한 동물이 되었고 당연히 수렵한 결과인 소 등을 통해 단백질을 섭취했다. ㉡ 일반적으로 개고기를 먹는 데 혐오감을 나타내는 민족들은 서유럽의 나라이다. 그들은 쇠고기와 돼지고기를 즐겨먹는다. ㉢ 그러나 식생활 문화를 달리하는 힌두교도들은 쇠고기를 먹는 서유럽 사람들에게 혐오감을 느낄 것이다. ㉣ 또 이슬람교도나 유대교도들도 서유럽에서 돼지고기를 먹는 식생활에 대해 거부감을 느낄 것이다.

① ㉠
② ㉡
③ ㉢
④ ㉣

> **해설** 이 글은 '문화의 다양성'을 말하고 있다. 따라서 개를 식용으로 하는 우리나라와 그렇지 않은 나라의 차이점을 언급하는 ㉡이 두 부분으로 나누는 지점이라고 볼 수 있다.

4 다음 자료를 바탕으로 쓸 수 있는 글의 주제로서 가장 적절한 것은?

> • 몸이 조금 피곤하다고 해서 버스나 지하철의 경로석에 앉아서야 되겠는가?
> • 아무도 다니지 않는 한밤중에 붉은 신호등을 지킨 장애인 운전기사 이야기는 우리에게 감동을 주고 있다.
> • 개같이 벌어 정승같이 쓴다는 말은 정당하지 않은 방법까지 써서 돈을 벌어도 좋다는 뜻은 아니다.

① 인간은 자신의 신념을 지키기 위해 일관된 행위를 해야 한다.
② 민주 시민이라면 부조리한 현실을 외면하지 말고 그에 당당히 맞서야 한다.
③ 도덕성 회복이야말로 현대 사회의 병폐를 치유할 수 있는 최선의 방법이다.
④ 개인의 이익과 배치된다 할지라도 사회 구성원이 합의한 규약은 지켜야 한다.

> **해설** '버스나 지하철의 경로석에 앉지 말기', '신호등 지키기', '정당한 방법으로 돈을 벌기' 등은 사회 구성원의 약속이므로, 비록 이 약속이 개인의 이익과 충돌하더라도 지켜야 한다는 것이 이 글의 주제이다.

5 다음 문장들을 순서에 맞게 배열한 것을 고르시오.

> ㉠ 이 때, 기둥을 연결한 창방들이 만들어내는 수평선은 눈높이보다 높은 곳에 위치하고 있어 양쪽 끝이 아래로 처져 보이는 착시현상이 발생한다.
> ㉡ 목조 건축물에서 지붕의 하중을 떠받치고 있는 수직 부재(部材)는 기둥이다.
> ㉢ 이 기둥이 안정되게 수직 방향으로서 있도록 기둥과 기둥의 상부 사이에 설치하는 수평 부재를 창방이라고 한다.
> ㉣ 이러한 착시현상을 교정하기 위해 건물의 중앙에서 양쪽 끝으로 가면서 기둥이 점차 높아지도록 만드는데, 이것을 귀솟음 기법이라고 한다.

① ㉠-㉡-㉣-㉢
② ㉠-㉢-㉣-㉡
③ ㉡-㉢-㉠-㉣
④ ㉢-㉠-㉡-㉣

해설 ㉡은 '기둥'을 언급하고 있으므로 ㉢의 앞에 오는 것이 적절하다. ㉢은 ㉡에서 말하는 '기둥'을 받아 설명을 이어가고 있으므로 ㉡의 뒤에 위치하며, ㉠은 ㉢에서 언급 '창방'에 대해, ㉣은 ㉠에서 언급한 '착시현상'에 대해 말하고 있으므로 ㉢-㉠-㉣의 순서대로 배열하는 것이 적절하다.

6 다음 제시된 글의 다음에 올 문장의 배열이 차례로 나열된 것은?

> 조사, 문서 작성이야말로 교양교육에서 가장 중요한 포인트라고 생각했고 지금도 그렇게 생각한다. 이 '다치바나 세미나'의 과정에서 완성된 것이 '20세 무렵'의 머리말에서 왜 '조사. 문서 작성'을 선택했는지, 그 이유에 대해 다음과 같이 설명했다.

㉠ 조사하고 글을 쓴다는 것은 그렇게 중요한 기술이지만, 그것을 대학교육 안에서 조직적으로 가르치는 장면은 보기 힘들다. 이것은 대학교육의 거대한 결함이라고 말하지 않을 수 없다. 단 조사하고 글을 쓴다는 것은 그렇게 쉽게 다른 사람에게 가르칠 수 있는 부분이 아니다. 추상적으로 강의하는 것만으로는 가르칠 수 없으며 OJT(현장교육)가 필요하다.

㉡ '조사, 문서 작성'을 타이틀로 삼은 이유는 대부분의 학생에게 조사하는 것과 글을 쓰는 것이 앞으로의 생활에서 가장 중요하다고 여겨질 지적 능력이기 때문이다. 조사하고 글을 쓰는 것은 이제 나 같은 저널리스트에게만 필요한 능력이 아니다. 현대 사회의 거의 모든 지적 직업에서 일생 동안 필요한 능력이다. 저널리스트든 관료든 비즈니스맨이든 연구직, 법률직, 교육직 등의 지적 노동자든, 대학을 나온 이후에 활동하게 되는 대부분의 직업 생활에서 상당한 부분이 조사하는 것과 글을 쓰는 데 할애될 것이다. 근대 사회는 모든 측면에서 기본적으로 문서화시키는 것으로 조직되어 있기 때문이다.

㉢ 무엇인가를 전달하는 문장은 우선 이론적이어야 한다. 그러나 이론에는 내용(콘텐츠)이 수반되어야 한다. 이론보다 증거가 더 중요한 것이다. 이론을 세우는 쪽은 머리 속의 작업으로 끝낼 수 있지만, 콘텐츠 쪽은 어디에선가 자료를 조사하여 가져와야 한다. 좋은 콘텐츠에 필요한 것은 자료가 되는 정보이다. 따라서 조사를 하는 작업이 반드시 필요하다.

㉣ 인재를 동원하고 조직을 활용하고 사회를 움직일 생각이라면 좋은 문장을 쓸 줄 알아야 한다. 좋은 문장이란 명문만을 가리키는 것이 아니다. 멋진 글이 아니라도 상관없지만, 전달하는 사람의 뜻을 분명하게 이해시킬 수 있는 문장이어야 한다. 문장을 쓴다는 것은 무엇인가를 전달한다는 것이다. 따라서 자신이 전달하려는 내용이 그 문장을 읽는 사람에게 분명하게 전달되어야 한다.

① ㉠㉡㉢㉣
② ㉡㉣㉢㉠
③ ㉢㉡㉠㉣
④ ㉢㉠㉡㉣

✔해설 ㉡ '조사, 문서 작성'을 선택한 이유에 대한 설명
㉣ 모든 것을 문서화하고 있음에 주목
㉢ 분명하게 전달되기 위한 정보의 필요성
㉠ 조사하고 글을 쓰기 위한 현장교육의 필요성

7 다음 글의 전개 순서로 가장 자연스러운 것은?

> (가) 끝으로 지금까지 우리나라 기업의 자금조달 방식을 살펴보면 주요 선진국들에 비해 간접금융이 차지하는 비중은 높았던 반면 직접금융의 비중은 금융환경의 변화에 따라 급감하거나 급증하는 등 변동성이 매우 컸다. 직접금융을 상대적으로 중시하는 시장중심 금융시스템과 간접금융을 상대적으로 중시하는 은행 중심 금융시스템 간 상대적 우월성에 대한 논쟁이 꾸준히 있어 왔으며 이를 뒷받침하기 위한 연구도 다수 이루어졌다. 그 결과 최근에는 직접금융과 간접금융은 상호보완적이라는 인식이 높아지면서 두 금융시스템이 균형 있게 발전해야 한다는 쪽으로 의견이 모아지고 있다.
>
> (나) 이러한 직접금융과 간접금융은 자금공급자와 자금수요자 간의 금융계약이 특정의 조직 내지 관계를 매개로 하는 것인지 아니면 시장을 매개로 하는 것인지에 따라 양상을 달리하는데, 후자는 주로 주거래은행제도나 관계금융 등 은행 중심 금융시스템을 발전시키는 토양이 되며 전자는 자본시장이나 투자은행이 발달한 직접금융시스템을 배태한다고 말할 수 있다.
>
> (다) 금융거래는 자금공급자로부터 자금수요자로 자금이 이동하는 형태에 따라 직접금융과 간접금융으로 구분된다. 직접금융은 자금수요자가 자기명의로 발행한 증권을 자금공급자에게 팔아 자금수요자로부터 자금을 직접 조달하는 거래이고, 간접금융은 은행과 같은 금융 중개 기관을 통하여 자금이 공급자에서 수요자에게로 이동되는 거래이다. 직접금융의 대표적인 수단으로 주식·채권 등이 있으며, 간접금융거래의 대표적인 수단으로 예금과 대출 등이 있다.
>
> (라) 여기서 간접금융이나 주거래은행제도는 다음과 같은 특징을 지닌다. 첫째, 은행과 고객기업 간에는 장기적 거래관계가 있다. 둘째, 은행은 고객기업의 결제구좌의 보유나 회사채 수탁업무 등을 통해 시장이나 다른 금융기관이 입수하기 힘든 기업의 내부정보를 얻어 동 기업이 일시적인 경영위기에 봉착했는가 아니면 근본적인 경영파산 상태에 빠져 있는가 등을 분별해낼 수 있다. 셋째, 은행은 위와 같은 기업 감시 활동을 통해 근본적인 경영파산 상태에 놓인 기업을 중도에 청산시키거나, 계속기업으로서 가치가 있으나 일시적인 경영위기에 봉착한 기업을 구제할 수 있다. 그 외에도 은행은 다른 금융기관이나 예금자의 위임된 감시자로서 활동하여 정보의 효율성을 향상시킬 수도 있다.

① (나) - (가) - (다) - (라)
② (다) - (라) - (나) - (가)
③ (다) - (나) - (라) - (가)
④ (나) - (다) - (가) - (라)

✅**해설** (다) 직접금융과 간접금융의 정의와 예 - (나) 직접금융과 간접금융의 양상 - (라) 간접금융이나 주거래은행제도의 특징 - (가) 지금까지 우리나라 기업의 자금조달 방식

8 〈보기〉의 문장이 들어갈 위치로 가장 적절한 것은?

〈보기〉
오늘날 우표는 단순한 종잇조각이 아니라 국가의 상징물이자 문화의 전달자이며, 종합 예술품으로 평가받고 있다.

우표란 우편 요금의 납부를 증명하기 위해 발행하는 작은 증표이다. 1840년 영국에서 전국의 우편 요금을 균일하게 책정해 미리 내는 제도를 마련하면서 당시 여왕의 초상을 요판으로 인쇄한 1페니와 2펜스 우표가 세계 최초의 우표로 등장했다. ㉠ 우리나라에서는 1884년에 우정총국이 역사적인 업무를 개시함으로써 우리나라 최초의 우표인 '문위우표'가 발행되었다. 문위우표는 이때 발행된 우표의 액면이 당시의 화폐 단위인 '문(文)'이었기 때문에 수집가들 사이에서 붙여진 이름이다. ㉡ 우표에는 여러 종류가 있는데, 보통우표는 일반 우편에 널리 쓰이는 가장 기본적인 형태이며, 기념우표는 역사적 사건이나 인물의 업적을 기념하기 위해 발행된다. 연하우표는 연말연시를 맞아, 특별우표는 국가적 사업이나 행사를 홍보하기 위해 발행된다. 또 시리즈우표는 특정 주제를 정해 일정 간격으로 연속 발행되며 수집가들에게 인기가 높다. ㉢ 시간이 흐르면서 우표는 단순한 요금 납부 증표의 기능을 넘어섰다. 실제로 우표는 발행국의 정치·경제·사회·문화를 드러내는 작은 포스터라고 할 수 있다. 디자인과 인쇄 기술, 종이의 독창성까지 어우러지며 그 나라 문화 산업의 수준을 보여 주는 예술품으로 인정받기도 한다. ㉣

① ㉠
② ㉡
③ ㉢
④ ㉣

해설 〈보기〉 문장은 우표가 지닌 의미를 종합적으로 정리하는 결론 부분이다. 지문은 우표의 정의→우표 등장→우표의 종류→문화적 가치를 차례로 설명한 뒤 마지막에 전체 내용을 요약·정리한다. 따라서 가장 적절한 위치는 글의 끝부분인 ㉣이다.

9 미괄식으로 짜여진 다음 글을 논리적 흐름에 맞게 재배열한 것은?

> ㉠ 그리고 수렴된 의도를 합리적으로 처리해야 할 것이다.
> ㉡ 민주주의는 결코 하루아침에 이룩될 수 없다는 것을 느낀다.
> ㉢ 그렇게 본다면 이 땅에서의 민주 제도는 너무나 짧은 역사를 가지고 있다.
> ㉣ 민주주의가 비교적 잘 실현되고 있는 서구 각국의 역사를 돌아보아도 그러하다.
> ㉤ 우리의 의식 또한 확고하게 위임된 책임과 의무를 깊이 깨닫고, 민중의 뜻을 남김없이 수렴하여야 한다.
> ㉥ 민주주의는 정치, 경제, 사회의 제도 자체에서 고루 이루어져야 할 것임은 물론, 우리들의 의식 속에서 이루어져야 하기 때문이다.

① ㉡㉢㉥㉠㉣㉤
② ㉡㉥㉢㉣㉤㉠
③ ㉡㉣㉥㉢㉤㉠
④ ㉡㉣㉤㉠㉥㉢

해설 ㉡ 민주주의는 결코 하루아침에 이룩될 수 없는데 이것은 ㉣ 민주주의가 비교적 잘 실현되고 있는 서구 각국의 역사를 돌아보아도 그러하다. ㉥ 민주주의는 정치, 경제, 사회의 제도 자체에서 고루 이루어져야 할 것은 물론, 우리들의 의식 속에서 이루어져야 하기 때문인데 ㉢ 그렇게 본다면 이 땅에서의 민주 제도는 너무나 짧은 역사를 가지고 있다. ㉤ 우리의 의식 또한 확고하게 위임된 책임과 의무를 깊이 깨닫고, 민중의 뜻을 남김없이 수렴하여야 하며 ㉠ 수렴된 의도를 합리적으로 처리해야 할 것이다.

Answer 8.④ 9.③

10 다음 문단들을 가장 자연스럽게 연결한 것은?

> (가) 이러한 '하늘의 때를 살핀다'는 의식을 토대로 선조들은 공동체의 화합을 삶의 근본으로 여겼다. '먼 친척보다 가까운 이웃이 낫다'는 속담은, 어려움에 처했을 때 곁에 있는 이웃의 도움만큼 소중한 것이 없음을 일깨워 준다.
> (나) 예를 들어, 농경 사회에서는 봄·여름·가을·겨울의 순환을 관찰하여 씨를 뿌리고 거두는 시기를 정했다. 이러한 경험은 농사 기술을 넘어 인간이 자연의 질서 속에서 조화를 이루어야 한다는 깨달음으로 발전하였다.
> (다) 선조들은 자연의 질서를 따르며 생활 속에서 지혜를 축적하고 전승하였다. 자연과 조화를 이루며 축적한 그들의 지혜는 단순히 생활의 편의를 위한 기술에 머무르지 않고, 삶을 바라보는 태도와 공동체의 질서를 지탱하는 원리로 이어졌다.
> (라) 오늘날 경제적 합리성을 중시하는 사회에서도 이러한 생각은 여전히 설득력을 가진다. 단기적인 이익보다는 장기적인 안목을 기르는 태도는 개인의 삶뿐만 아니라 국가의 정책에도 중요한 기준이 된다. 결국 선조들의 지혜는 특정한 시대에만 머무는 것이 아니라, 인간 사회가 지속되는 한 변함없이 되새겨야 할 삶의 지침인 것이다.

① (가)→(나)→(라)→(다)
② (나)→(가)→(다)→(라)
③ (다)→(나)→(가)→(라)
④ (라)→(다)→(가)→(나)

✅**해설** (다) 선조들의 생활 태도와 지혜의 본질을 제시→(나) 농경 사회에서의 지혜를 예시로 듦→(가) 자연의 질서가 태도가 공동체적 가치로 확장되는 모습→(라) 오늘날까지 이어지는 선조들의 교훈

11 (가)~(라)를 논리적 순서로 배열할 때 가장 적절한 것은?

> 언어는 인간이 사고를 표현하고 의사를 소통하는 가장 중요한 수단으로, 국어는 한국인의 정체성과 문화를 공유하게 하는 매개체로 기능한다. 국어의 구조에는 언어의 일반적 속성이 담겨 있지만, 동시에 한국 사회의 역사와 문화가 녹아 있어 다른 언어와 구별되는 특징을 지닌다.
>
> > (가) 그러한 한국어의 대표적 특징 중 하나는 맥락 의존성이 크다는 점이다.
> > (나) 고맥락 문화에서는 표정, 억양 등의 단서를 중요하게 고려하므로 화자가 모든 것을 언어로 명시하지 않아도 된다.
> > (다) 그렇기 때문에 짧은 말이나 모호한 표현이 자주 쓰이지만, 같은 공동체 안에서는 오히려 더 원활한 소통이 가능하다.
> > (라) 미국의 인류학자 에드워드 홀은 커뮤니케이션 문화를 고맥락(high-context)과 저맥락(low-context) 문화로 구분했는데, 그중 한국어는 대표적인 고맥락 문화권의 언어로 평가된다.
>
> 그렇기 때문에 대체로 집단주의적 성향이 강하며, 가족·공동체·조직 내 관계를 중시하고 암묵적인 규범과 전통이 강조된다. 국어가 단순한 의사소통 수단을 넘어 한국인의 사고방식과 사회 문화를 드러내는 창이며, 고맥락적 특성을 통해 그 문화적 배경을 반영한다는 의미이기도 하다.

① (가) → (나) → (다) → (라)
② (가) → (다) → (라) → (나)
③ (가) → (라) → (나) → (다)
④ (가) → (라) → (다) → (나)

✔해설 (가) 국어의 특징으로 맥락 의존성 제시 → (라) 에드워드 홀의 구분 개념을 들어 맥락 의존성 설명 → (나) 고맥락 문화의 구체적 특성 설명 → (다) 모호한 표현이 오히려 집단 안에서 효율성을 발휘함

12 다음 글의 전개 순서로 가장 적절한 것은?

> ㉠ 또한 실천적 측면 가운데 내적 측면으로 나타나는 것이 선(善), 외적 측면으로 나타나는 것이 정의(正義)이다.
> ㉡ 인간이라면 누구나 이념과 가치를 소중히 여기기 마련이다.
> ㉢ 흔히들 숭고한 이념이나 가치로 진리·선·정의를 언급하기도 한다.
> ㉣ 진리는 인간 생활의 이론적 측면으로 나타나고, 선·정의는 인간 생활의 실천적 측면으로 나타난다.

① ㉡ - ㉢ - ㉣ - ㉠
② ㉡ - ㉣ - ㉠ - ㉢
③ ㉢ - ㉡ - ㉠ - ㉣
④ ㉢ - ㉣ - ㉠ - ㉡

✔해설 글의 전개는 일반적인 내용에서 구체적인 내용으로 세분화되어 전개되어야 한다.
㉡ 인간이 소중히 여기는 이념과 가치 → ㉢ 숭고한 이념이나 가치의 종류 → ㉣ 이론적 측면과 실천적 측면 → ㉠ 실천적 측면의 내적 측면과 외적 측면

13 다음 글의 전개 순서로 가장 적절한 것은?

> ㉠ 이후 금속과 기계의 발명은 도구의 정밀성과 효율성을 높였고, 대량생산 체계를 가능하게 만들었다.
> ㉡ 최근에는 인공지능과 로봇 기술이 결합된 도구가 인간의 노동을 대신하며, 도구의 역할이 사고와 판단의 영역까지 확장되고 있다.
> ㉢ 인류는 생존을 위해 돌도끼나 뼈바늘과 같은 단순한 도구를 만들어 사용하면서 자연을 극복하기 시작했다.
> ㉣ 이처럼 도구의 발달은 단순한 생활 편의의 향상을 넘어 인간의 삶과 사고방식을 바꾸어놓을 수 있다.

① ㉠ - ㉢ - ㉡ - ㉣
② ㉠ - ㉣ - ㉢ - ㉡
③ ㉢ - ㉠ - ㉡ - ㉣
④ ㉢ - ㉡ - ㉠ - ㉣

✔해설 ㉢ 도구의 기원 설명 → ㉠ 원시적 도구의 발달 → ㉡ 도구의 현대적 발전 단계 → ㉣ 도구의 변천 과정과 의의를 정리하는 결론

14 다음 글의 연결 순서로 가장 자연스러운 것은?

> (가) "인력이 필요해서 노동력을 불렀더니 사람이 왔더라."라는 말이 있다. 인간을 경제적 요소로만 단순하게 생각했으나, 이에 따른 인권문제, 복지문제. 내국인과 이민자와의 갈등 등이 수반된다는 말이다. 프랑스처럼 우선 급하다고 이민자를 선별하지 않고 받으면 인종갈등과 이민자의 빈곤화 등 많은 사회비용이 발생한다.
>
> (나) 이제 다문화정책의 패러다임을 전환해야 한다. 한국에 들어온 다문화가족을 적극적으로 전환해야 한다. 다문화가족과 더불어 살면서 다양성과 개방성을 바탕으로 상생의 발전을 도모해야 한다. 그리고 결혼 이민자만 다문화가족으로 볼 것이 아니라 외국인 근로자와 유학생, 북한 이탈 주민까지 큰 틀에서 함께 보는 것도 필요하다.
>
> (다) 다문화정책의 핵심은 두 가지이다. 첫째, 새로운 사회에 적응하려는 의지가 강해서 언어배우기, 일자리, 문화 이해에 매우 적극적인 태도를 지닌 좋은 인력을 선별해서 입국하도록 하는 것이다. 둘째, 이민자가 새로운 사회에 잘 정착할 수 있도록 사회통합에 주력해야 하는 것이다. 해외 인구 유입 초기부터 사회비용을 절약할 수 있는 사람들을 들어오게 하는 것이 중요하기 때문이다.
>
> (라) 이미 들어온 이민자에게는 적극적인 지원을 해야 한다. 언어와 문화, 환경이 모두 낯선 이민자에게는 이민 초기에 세심한 배려가 필요하다. 특히, 중요한 것은 다문화가족이 그들이 가지고 있는 강점을 활용하여 취약 계층이 아닌 주류층으로 설 수 있도록 지원해야 한다. 뿐만 아니라 이민자에 대한 지원시기를 놓치거나 차별과 편견으로 내국인에게 증오감을 갖게 해서는 안 된다.

① (라) – (나) – (다) – (가)
② (다) – (나) – (라) – (가)
③ (라) – (다) – (나) – (가)
④ (다) – (가) – (라) – (나)

> **해설** (다) 다문화정책의 핵심→(가) 인간을 경제적 요소로만 보았을 때의 문제점→(라) 이미 들어온 이민자에 대한 지원→(나) 다문화정책의 패러다임 전환

Answer 12.① 13.③ 14.④

15 다음 글이 들어가기에 적당한 위치를 고르시오.

> 400만 년 전, 우리 인류의 전 주자였던 오스트랄로피테쿠스는 고기를 먹었다. 한때 오스트랄로피테쿠스가 과일만 먹었을 것이라고 믿은 적도 있었다. 따라서 오스트랄로피테쿠스 속과 사람 속을 가르는 선을 고기를 먹는지 여부로 정했었다.

(가) 우리는 도구를 사용하고, 다양한 종류의 음식을 먹는 본능과 소화력을 갖췄다. 어떤 동물은 한 가지 음식만 먹는다. 이렇게 음식 하나에 모든 것을 거는 '단일 식품 식생활'은 도박이다. 그 음식의 공급이 끊기면 그 동물도 끝이기 때문이다.

(나) 그러나 남아프리카공화국의 한 동굴에서 발견된 200만 년 된 유골 4구의 치아에서는 이와 다른 증거가 발견됐다. 인류학자 맷 스폰하이머와 줄리아 리소프는 이 유골의 치아사기질의 탄소 동위 원소 구성 중 13C의 비율이 과일만 먹은 치아보다 열대 목초를 먹은 치아와 훨씬 더 가깝다는 것을 발견했다.

(다) 식생활 동위 원소는 체내 조직에 기록되기 때문에 이 발견은 오스트랄로피테쿠스가 상당히 많은 양의 풀을 먹었거나 이 풀을 먹은 동물을 먹었다는 추측을 가능하게 한다. 그런데 같은 치아에서 풀을 씹어 먹을 때 생기는 마모는 전혀 보이지 않았기 때문에 오스트랄로피테쿠스 식단에서 풀을 먹는 동물이 큰 부분을 차지했다는 결론을 내릴 수 있다.

(라) 오래전에 멸종되어 260만 년이라는 긴 시간을 땅속에 묻혀 있던 동물의 뼈 옆에서는 석기들이 함께 발견되기도 한다. 이 뼈와 석기가 들려주는 이야기는 곧 우리의 이야기다. 어떤 뼈에는 이로 씹은 흔적 위에 도구로 자른 흔적이 겹쳐있다. 그 반대의 흔적이 남은 뼈들도 있다. 도구로 자른 흔적 다음에 날카로운 이빨 자국이 남은 경우다. 이런 것은 무기를 가진 인간이 먼저 먹고 동물이 이빨로 뜯어 먹은 것이다. 우리의 사냥 역사는 정말 먼 옛날까지 거슬러 올라간다. 15만 세대 정도다.

① (가) 뒤　　　　　　　② (나) 뒤
③ (다) 뒤　　　　　　　④ (라) 뒤

✅ **해설** (나)의 '그러나 남아프리카공화국의 한 동굴에서 발견된 200만 년 된 유골 4구의 치아에서는 이와 다른 증거가 발견됐다.'는 문장을 통해 (나) 문단 앞에는 인류학자 맷 스폰하이머와 줄리아 리소프의 결론과 다른 결론이 하나 제시되어 있어야 하므로 주어진 글이 들어갈 가장 알맞은 곳은 (가) 뒤이다.

16 다음을 뜻이 통하도록 가장 잘 배열한 것은?

> (가) 과거에는 종종 언어의 표현 기능 면에서 은유가 연구되었지만, 사실 은유는 말의 본질적 상태 중 하나이다.
> (나) '토대'와 '상부 구조'는 마르크스주의에서 기본 개념들이다. 데리다가 보여 주었듯이, 지어 철학에도 은유가 스며들어 있는데 단지 인식하지 못할 뿐이다.
> (다) 어떤 이들은 기술과학 언어에는 은유가 없어야 한다고 역설하지만, 은유적 표현들은 언어 그 자체에 깊이 뿌리박고 있다.
> (라) 언어는 한 종류의 현실에서 또 다른 현실로 이동함으로써 그 효력을 발휘하며, 따라서 본질적으로 은유적이다.
> (마) 예컨대 우리는 조직에 대해 생각할 때 습관적으로 위니 아랫니 하며 공간적으로 생각하게 된다. 우리는 이론이 마치 건물인 양 생각하는 경향이 있어서 기반이나 기본구조 등을 말한다.

① (가) - (나) - (마) - (라) - (다)
② (가) - (다) - (나) - (마) - (라)
③ (라) - (마) - (다) - (가) - (나)
④ (가) - (라) - (다) - (마) - (나)

> ✔**해설** (가), (다), (라)는 언어의 본질과 은유에 대해 설명하고 있다. (마)는 (다)의 예로 (다) 뒤에 오는 것이 적절하며, (나)는 (마)에 대한 예로 볼 수 있으므로 (마) 뒤에 와야 한다. 따라서 (가) - (라) - (다) - (마) - (나)의 순서로 배열해야 한다.

Answer 15.① 16.④

17 다음 중에서 글의 차례를 옳게 배열한 것은?

> ㈎ 언어는 의사소통의 기능에 따라서 듣고 말하거나 읽고 쓰는 것으로 나뉜다. 이 네 가지 기능은 언어 교육에서 가장 중요한 교육 단위이자 목표가 된다. 그런데 우리가 익히 아는 것처럼 의사소통을 위해서 잘 듣고 이야기하는 능력을 갖추고, 읽고 이해하는 동시에 생각과 판단을 글로 작성해 내는 능력까지 갖추는 것은 결코 쉬운 일이 아니다.
> ㈏ 최고의 방법은 멀리 있지 않다. 영역별로 초점화해서 교육의 중점을 세울 때 통합적 관점에서 한 번 더 고민하면 된다. 그리고 영역별 성취 목표를 분명히 제시하여 학습자가 그날 배운 표현을 사용해서 듣고, 읽으면서 이해하는 동시에 말하고 쓸 수 있게 해 주면 된다.
> ㈐ 교육 차원에서 이들 네 영역에 대한 연구는 모국어는 물론 외국어 교육에서 매우 상세하고 자세하게 논의되어 왔다. 하지만 직접 적용 가능해 보이는 이들 연구의 결과들은 그 상세함과는 상관없이 한국어의 특수성에 맞게 조정될 필요가 있다.
> ㈑ 고려하면 할수록 수업은 정밀해지고 활기차게 된다. 기능 영역에 대한 고민과 성찰은 마법 같은 결과를 가져다 줄 수 있다.
> ㈒ 어휘와 문법에 대한 이해를 바탕으로 하여 상황에 맞게 대화를 이끌어가는 듣기와 말하기, 글을 읽고 판단하고 이해하고 추론하는 읽기 그리고 자신의 생각, 지식, 의도 등을 목적에 맞게 쓰는 능력을 교수학습하는 것은 상세한 계획과 이의 적용 방법이 매우 잘 조직되어야 가능한 것이다.
> ㈓ 사실 이러한 관점에서 이미 영역별로 매우 많은 연구가 진행되어 왔다. 문제는 이들 연구의 성과가 한국어 교실 현장에 즉각적으로 반영되지 않는다는 것에 있다. 앞으로 교실현장을 이끌어가기 위해서 교사는 기능 영역에 대한 명확한 이해와 함께 가르치는 방법을 잘 이해하고 있어야 한다.

① ㈎ – ㈒ – ㈐ – ㈓ – ㈏ – ㈑
② ㈏ – ㈎ – ㈐ – ㈒ – ㈑ – ㈓
③ ㈎ – ㈏ – ㈐ – ㈑ – ㈒ – ㈓
④ ㈎ – ㈒ – ㈓ – ㈏ – ㈐ – ㈑

✔ 해설 ㈎ 의사소통의 네 가지 기능→㈒ 네 영역에 대한 교수학습의 조직화의 필요성→㈐ 한국어의 특수성에 맞는 연구 결과의 조정→㈓ 연구 성과를 현장에 반영하기 위한 교사의 방법→㈏ 최고의 방법→㈑ 결론

18 다음 글의 연결 순서로 가장 적절한 것은?

> ㉠ 과학은 현재 있는 그대로의 실재에만 관심을 두고 그 실재가 앞으로 어떠해야 한다는 당위에는 관심을 가지지 않는다.
> ㉡ 그러나 각자 관심을 두지 않는 부분에 대해 상대방으로부터 도움을 받을 수 있기 때문에 상호 보완적이라고 보는 것이 더 합당하다.
> ㉢ 과학과 종교는 상호 배타적인 것이 아니며 상호 보완적이다.
> ㉣ 반면 종교는 현재 있는 그대로의 실재보다는 당위에 관심을 가진다.
> ㉤ 이처럼 과학과 종교는 서로 관심의 영역이 다르기 때문에 배타적이라고 볼 수 있다.

① ㉠ - ㉣ - ㉡ - ㉢ - ㉤
② ㉠ - ㉣ - ㉤ - ㉢ - ㉡
③ ㉢ - ㉠ - ㉣ - ㉤ - ㉡
④ ㉢ - ㉡ - ㉠ - ㉣ - ㉤

해설 ㉢은 위 글의 중심문장으로 맨 앞에 와야 하고 ㉢의 뒤를 이어 과학과 종교에 대해 이야기 하고 있는 ㉠과 ㉣이 와야 한다. 하지만 ㉣이 '반면 ~'으로 시작함으로 ㉣ 앞에 ㉠이 옴을 알 수 있다. 그리고 ㉤은 앞에 나온 과학과 종교에 대한 내용을 한 문장으로 요약하였기 때문에 ㉣ 뒤에 와야 한다. 끝으로 ㉡은 다시 앞에 나온 ㉤의 내용의 반론이자 저자의 중심 생각을 강조한 내용이므로 마지막 부분에 온다. 따라서 ③이 옳은 정답이다.

19 다음 글의 전개 순서로 가장 자연스러운 것은?

> (가) 상품 생산자, 즉 판매자는 화폐를 얻기 위해 자신의 상품을 시장에 내놓는다. 하지만 생산자가 만들어 낸 상품이 시장에 들어서서 다른 상품이나 화폐와 관계를 맺게 되면, 이제 그 상품은 주인에게 복종하기를 멈추고 자립적인 삶을 살아가게 된다.
> (나) 이처럼 상품이나 시장 법칙은 인간에 의해 산출된 것이지만, 이제 거꾸로 상품이나 시장 법칙이 인간을 지배하게 된다. 이때 인간 및 인간들 간의 관계가 소외되는 현상이 나타난다.
> (다) 상품은 그것을 만들어 낸 생산자의 분신이지만, 시장 안에서는 상품이 곧 독자적인 인격체가 된다. 사람이 주체가 아니라 상품이 주체가 된다.
> (라) 또한 사람들이 상품들을 생산하여 교환하는 과정에서 시장의 경제 법칙을 만들어 냈지만, 이제 거꾸로 상품들은 인간의 손을 떠나 시장 법칙에 따라 교환된다. 이런 시장 법칙의 지배 아래에서는 사람과 사람 간의 관계가 상품과 상품, 상품과 화폐 등 사물과 사물 간의 관계에 가려 보이지 않게 된다.

① (가) - (다) - (나) - (라)
② (가) - (다) - (라) - (나)
③ (다) - (라) - (가) - (나)
④ (다) - (라) - (나) - (가)

✔해설 (가) 시장에 나온 상품의 자립성→(다) 주체가 된 상품→(라) 시장 법칙에 지배를 받는 상품→(나) 인간을 지배하게 된 상품

20 다음을 논리적 순서로 배열한 것은?

> ㉠ 그 덕분에 인류의 문명은 발달될 수 있었다.
> ㉡ 그 대신 사람들은 잠을 빼앗겼고 생물들은 생체 리듬을 잃었다.
> ㉢ 인간은 오랜 세월 태양의 움직임에 따라 신체 조건을 맞추어 왔다.
> ㉣ 그러나 밤에도 빛을 이용해 보겠다는 욕구가 관솔불, 등잔불, 전등을 만들어 냈고, 이에 따라 밤에 이루어지는 인간의 활동이 점점 많아졌다.

① ㉠㉡㉢㉣
② ㉡㉠㉣㉢
③ ㉢㉣㉠㉡
④ ㉣㉢㉡㉠

✔해설 그 덕분에, 그 대신, 그러나 등이 문두에 오는 ㉠, ㉡, ㉣은 처음에 오기 어렵다. 따라서 제일 처음에 나올 문장은 ㉢이다. 인간은 오랜 세월 태양의 움직임에 신체 조건을 맞추어 왔지만 밤에도 빛을 이용해 보겠다는 욕구가 관솔불, 등잔불, 전등 등을 만들어 냈고, 이에 따라 밤에 이루어지는 인간의 활동이 증가했다(㉣). 그 덕분에 인류의 문명은 발달할 수 있었으나(㉠) 그 대신 사람들은 잠을 빼앗겼고, 생물들은 생체 리듬을 잃었다(㉡).

21 다음 글을 논리적으로 구성할 때 가장 자연스러운 것은?

> (가) 사유재산권 제도를 채택한 사회에서 재산의 신규취득 유형은 누가 이미 소유하고 있는 것을 취득하거나 아직 누구의 소유도 아닌 것을 취득하거나 둘 중 하나다.
> (나) 시장 경제에서 매 생산단계의 투입과 산출은 각각 누군가의 사적 소유물이며, 소유주가 있는 재산은 대가를 지불하고 구입하면 그 소유권을 이전 받는다.
> (다) 사적 취득의 자유를 누구에게나 동등하게 허용하는 동등자유의 원칙은 사유재산권 제도에 대한 국민적 지지의 출발점으로서 신규 취득의 기회균등은 사유재산권 제도의 핵심이다.
> (라) 누가 이미 소유하고 있는 재산의 취득을 인정받으려면 원 소유주가 해당 재산의 소유권 이전에 대해 동의해야 한다. 그리고 누구의 소유도 아닌 재산의 최초 취득은 사회가 정한 절차를 따라야 인정받는다.

① (가) - (다) - (라) - (나)
② (나) - (가) - (라) - (다)
③ (다) - (라) - (가) - (나)
④ (다) - (가) - (라) - (나)

✅ **해설** 제시된 문장들의 내용을 종합하면 전체 글에서 주장하는 바는 '정당한 사적 소유의 생성'이라고 요약할 수 있다. 이를 위해 사적 소유의 정당성이 기회균등에서 출발한다는 점을 전제해야 하며 이것은 (다)가 가장 먼저 위치해야 함을 암시한다. 다음으로 (가)에서 재산의 신규취득 유형을 두 가지로 언급하고 있으며, 이 중 하나인 기소유물의 소유권에 대한 설명이 (라)에서 이어지며, (라)단락에 대한 추가 부연 설명이 (나)에서 이어진다고 보는 것이 가장 타당한 문맥의 흐름이 된다.

Answer 19.② 20.③ 21.④

22 다음 글의 전개 순서로 가장 자연스러운 것은?

> (가) 21세기 인류의 운명은 과학 기술 전체에 부여된 힘이 어떻게 사용되는가에 따라서 좌우될 것이다. 기술 공학에 의해 새로운 유토피아가 도래할 것이라는 소박하고 성급한 희망과, 기술이 인간을 대신해서 역사의 주체로 등극하리라는 허무주의적인 전망이 서로 엇갈리는 기로에 우리는 서 있다. 기술 공학적 질서의 본질과 영향력을 고려하지 않은 모든 문화론은 공허할 수밖에 없다.
> (나) 그러나 모든 생산 체제가 중앙 집중적인 기업 문화를 포기할 수는 없으며, 기업 문화의 전환은 어디까지나 조직의 자기 보존, 생산의 효율성, 이윤의 극대화 등을 달성하기 위한 것이다. 또 무엇보다 기업 내부의 문화적 전환을 떠나서 환경이나 자원, 에너지 등의 범사회적인 문제들이 심각해질수록 사람들은 기술 공학의 마술적 힘에 매달리고, 그러한 위기들을 중앙 집중적 권력에 의해 효율적으로 통제·관리하는 기술 사회에 대한 유혹을 강하게 느낄 것이다.
> (다) 기술적 질서는 자연은 물론 인간들의 삶의 방식에도 심층적인 변화를 초래했다. 관리 사회로의 이행이나 노동 과정의 자동화 등은 사회 공학적 기술이 정치 부문과 생산에 적용된 대표적인 사례들이다. 물론 기술 사회가 반드시 획일화된 관리 사회나 중앙 집권적 기업 문화로만 대표되지는 않는다. 소프트웨어 중심의 컴퓨터 산업이나 초전도체 산업 등 고도 기술 사회의 일부 산업 분야는 중앙 집권적 기업 문화를 지양하고 자율성과 개방성을 특징으로 지니는 유연한 체제를 채택할 것이라는 견해가 상당히 유력하다.
> (라) 생활 세계의 질서를 좌우하고 경제적 행위의 목적으로 자리 잡은 기술은 더 이상 상품의 부가 가치를 높여 주는 생산 수단 만으로 이해되지 않는다. 기술의 체계는 이제 여러 연관된 기술들과 기술적 지식들에 의해서 구성된 유기적인 앙상블로 기능하는 것이다. 기술은 그 자체의 질서와 역동성을 지니는 체계이며 유사 주체로서의 양상을 보이기 때문이다.

① (가) - (나) - (다) - (라)
② (가) - (나) - (라) - (다)
③ (가) - (다) - (나) - (라)
④ (가) - (라) - (다) - (나)

> **해설** 문맥상 (가)가 가장 먼저 올 수 있는 내용이다. (나)에서 '그러나'가 오는 것으로 보아 앞에는 상반된 내용이 와야 한다. (다)에서는 일부 산업 분야가 중앙 집권적 기업 문화를 지양한다는 것에 대해 설명하고 있으므로 (나)와 상반된 내용임을 알 수 있다. 따라서 (가)→(다)→(나)→(라)의 순서가 된다.

23 논리 전개에 따른 ㈎ ~ ㈑의 순서로 적절한 것은?

> ㈎ 오늘날 AI는 큰 기술 발전과 함께 그 용도가 확장되었다. 금융, 제조, 의료, 서비스, 예술, 복지 등에 폭넓게 적용되어 현대 사회 생활 전반에 다양한 영향을 미치고 인간의 생활을 크게 변화시키고 있다.
> ㈏ 이러한 협업의 확대는 새로운 사회적·경제적 구조를 만들어내고 있다. 그러나 이러한 경향은 일자리 축소, 감시 및 통제 강화, 범죄 이용 등으로 이어질 수 있으며, 인간 고유의 가치가 위협받을 가능성을 우려하는 시각도 존재한다.
> ㈐ AI의 적용 범위는 단순한 생활 편의를 넘어 산업 전반으로 확대되고 있는데, 이러한 변화는 기업과 조직의 경쟁력을 결정짓는 핵심 요소로도 작용한다.
> ㈑ AI는 단순한 보조적 도구를 넘어 의사결정과 창의적 활동에까지 관여할 수 있다. 인간은 반복적이고 기계적인 일을 줄이는 대신 전략적 사고와 창의성을 발휘할 기회를 얻게 되었고, AI는 방대한 데이터 분석과 예측을 담당하며 인간과 기계가 서로의 한계를 보완하는 구조가 형성되고 있다.
> ㈒ 기대와 우려가 공존하는 만큼 더 이상 AI를 기술적 발명품으로만 이해할 수는 없다. AI는 이미 현대 사회 전반에 걸쳐 긴밀히 연결되어 있다.

① ㈎ → ㈐ → ㈑ → ㈏ → ㈒
② ㈏ → ㈎ → ㈐ → ㈑ → ㈒
③ ㈏ → ㈑ → ㈎ → ㈏ → ㈒
④ ㈑ → ㈎ → ㈏ → ㈐ → ㈒

> **해설** ㈎에서 AI의 전반적 발전을 제시하고, ㈐에서 산업 전반에 AI가 활용됨을 설명하며, ㈑에서 인간과 AI의 협업 양상을 구체적으로 서술한다. 이어 ㈏에서 AI로 인한 사회적 변화와 문제점을 제시하고, ㈒에서 그 의의를 아우르며 결론을 맺는다. 따라서 글의 순서는 ㈎→㈐→㈑→㈏→㈒가 옳다.

24 내용의 전개에 따라 바르게 배열한 것은?

> (가) 사물은 저것 아닌 것이 없고, 또 이것 아닌 것이 없다. 이쪽에서 보면 모두가 저것, 저쪽에서 보면 모두가 이것이다.
> (나) 그러므로 저것은 이것에서 생겨나고, 이것 또한 저것에서 비롯된다고 한다. 이것과 저것은 저 혜시(惠施)가 말하는 방생(方生)의 설이다.
> (다) 그래서 성인(聖人)은 이런 상대적인 방법에 의하지 않고, 그것을 절대적인 자연의 조명(照明)에 비추어 본다. 그리고 커다란 긍정에 의존한다. 거기서는 이것이 저것이고 저것 또한 이것이다. 또 저것도 하나의 시비(是非)이고 이것도 하나의 시비이다. 과연 저것과 이것이 있다는 말인가. 과연 저것과 이것이 없다는 말인가.
> (라) 그러나 그, 즉 혜시(惠施)도 말하듯이 삶이 있으면 반드시 죽음이 있고, 죽음이 있으면 반드시 삶이 있다. 역시 된다가 있으면 안 된다가 있고, 안 된다가 있으면 된다가 있다. 옳다에 의거하면 옳지 않다에 기대는 셈이 되고, 옳지 않다에 의거하면 옳다에 의지하는 셈이 된다.

① (가)→(나)→(다)→(라)
② (가)→(나)→(라)→(다)
③ (가)→(다)→(나)→(라)
④ (가)→(라)→(나)→(다)

✔해설 (가) 사물은 이쪽에서 보면 모두가 저것, 저쪽에서 보면 모두가 이것이다. →(나) 그러므로 저것은 이것에서 생겨나고, 이것 또한 저것에서 비롯되는데 이것과 저것은 혜시가 말하는 방생의 설이다. →(라) 그러나 혜시도 말하듯이 '삶과 죽음', '된다와 안 된다', '옳다와 옳지 않다'처럼 상대적이다. →(다) 그래서 성인은 상대적인 방법이 아닌 절대적인 자연의 조명에 비추어 커다란 긍정에 의존한다.

25 다음 글의 논증 구조를 옳게 파악한 것은?

> ㉠ 동물들의 행동을 잘 살펴보면 동물들도 우리가 사용하는 말 못지않은 의사소통 수단을 가지고 있는 듯이 보인다. ㉡ 즉, 동물들도 여러 가지 소리를 내거나 몸짓을 함으로써 자신들의 감정과 기분을 나타낼 뿐 아니라 경우에 따라서는 인간과 다를 바 없이 의사를 교환하고 있는 듯하다. ㉢ 그러나 그것은 단지 겉모습의 유사성에 지나지 않을 뿐이고 사람의 말과 동물의 소리에는 아주 근본적인 차이가 존재한다는 점을 잊어서는 안 된다. ㉣ 동물들이 사용하는 소리는 단지 배고픔이나 고통 같은 생물학적인 조건에 대한 반응이거나, 두려움이나 분노 같은 본능적인 감정들을 표현하기 위한 것에 지나지 않는다. ㉤ 따라서, 동물들이 내는 소리가 때때로 의사소통의 수단으로 이용된다고 해서 그것을 대화나 토론 같은 언어활동이라고 할 수는 없다.

① ㉠은 논증의 결론으로 주제문이다.
② ㉡은 ㉠의 논리적 결함을 지적한 것이다.
③ ㉢은 ㉠, ㉡을 부정하고 새로운 논점을 제시한 것이다.
④ ㉤은 ㉢, ㉣에 대한 근거이다.

> **해설** ㉢의 '그러나' 앞뒤로 내용을 나눠서 볼 수 있다. ㉠과 ㉡은 글쓴이가 말하고자 하는 바와 반대되는 내용으로, ㉠, ㉡을 먼저 제시하고 ㉢, ㉣로 이를 반박한 후 결론인 ㉤을 이끌어 내고 있다.

Answer 24.② 25.③

26 다음 문장들을 두괄식 문단으로 구성하고자 할 때. 문맥상 가장 먼저 와야 할 문장은?

> ㉠ 신라의 진평왕 때 눌최는 백제국의 공격을 받았을 때 병졸들에게, "봄날 온화한 기운에는 초목이 모두 번성하지만 겨울의 추위가 닥쳐오면 소나무와 잣나무는 늦도록 잎이 지지 않는다. ㉡ 이제 외로운 성은 원군도 없고 날로 더욱 위태로우니, 이것은 진실로 지사·의부가 절개를 다하고 이름을 드러낼 때이다."라고 훈시하였으며 분전하다가 죽었다. ㉢ 선비 정신은 의리 정신으로 표현되는 데서 그 강인성이 드러난다. ㉣ 죽죽(竹竹)도 대야성에서 백제 군사에 의하여 성이 함락될 때까지 항전하다가 항복을 권유받자, "나의 아버지가 나에게 죽죽이라 이름 지어 준 것은 내가 추운 겨울에도 잎이 지지 않으며 부러질지언정 굽힐 수 없도록 하려는 것이었다. 어찌 죽음을 두려워하여 살아서 항복할 수 있겠는가."라고 결의를 밝혔다.

① ㉠
② ㉡
③ ㉢
④ ㉣

해설 두괄식 문단은 주제문이 문단 첫머리에 위치하는 것으로 지문의 주제문인 ㉢이 가장 먼저 와야 한다. ㉠, ㉡, ㉣는 ㉢을 보여주는 사례에 해당한다.

27 문맥에 따른 배열로 가장 적절한 것은?

> (가) 그러나 사람들은 소유에서 오는 행복은 소중히 여기면서 정신적 창조와 인격적 성장에서 오는 행복은 모르고 사는 경우가 많다.
> (나) 소유에서 오는 행복은 낮은 차원의 것이지만 성장과 창조적 활동에서 얻는 행복은 비교할 수 없이 고상한 것이다.
> (다) 부자가 되어야 행복해진다고 생각하는 사람은 스스로 부자라고 만족할 때까지는 행복해지지 못한다.
> (라) 하지만 최소한의 경제적 여건에 자족하면서 정신적 창조와 인격적 성장을 꾀하는 사람은 얼마든지 차원 높은 행복을 누릴 수 있다.
> (마) 자기보다 더 큰 부자가 있다고 생각될 때는 여전히 불만과 불행에 사로잡히기 때문이다.

① (나) - (라) - (가) - (다) - (마)
② (나) - (가) - (마) - (라) - (다)
③ (다) - (마) - (라) - (나) - (가)
④ (다) - (라) - (마) - (가) - (나)

해설 (다) 화제 제시 → (마) (다)의 이유 → (라) 화제 전환(역접) → (나) (다)의 행복과 (라)의 행복에 대한 비교 → (가) 결론

28. 다음 글의 전개 순서로 가장 자연스러운 것은?

(가) 이 그림의 부제가 암시하듯, 그림 속의 사물들은 각각 인간의 오감을 상징한다. 당시 많은 화가들이 따랐던 도상적 관례에 의거하면, 붉은 포도주와 빵은 미각과 성찬을 상징한다. 카네이션은 그리스도의 수난과 후각을, 만돌린과 악보는 청각을 나타낸다. 지갑은 탐욕을, 트럼프 카드와 체스 판은 악덕을 상징하는데, 이들은 모두 촉각을 상징하기도 한다. 그림 오른편 벽에 걸려 있는 팔각형의 거울은 시각과 함께 교만을 상징한다.

(나) 루뱅 보쟁의 〈체스 판이 있는 정물 – 오감〉에는 테이블 위로 몇 가지 물건들이 보인다. 흑백의 체스 판 위에는 카네이션이 꽂혀 있는 꽃병이 놓여 있다. 꽃병에 담긴 물과 꽃병의 유리 표면에는 이 그림 광원인 창문과 거기에서 나오는 다양한 빛의 효과가 미묘하게 표현되어 있다. 그 빛은 테이블 왼편 끝에 놓인 유리잔에도 반사될 뿐만 아니라, 술잔과 꽃병 사이에 놓인 흰 빵, 테이블 전면에 놓인 만돌린과 펼쳐진 악보, 지갑과 트럼프 카드에도 골고루 비치고 있다. 이처럼 보쟁은 섬세한 빛의 처리를 통해 물건들에 손으로 만지는 듯한 질감과 함께 시각적 아름다움을 부여했다.

(다) 이와 같은 사물들의 다의적인 의미에도 불구하고, 당시 오감을 주제로 그린 다른 화가들의 작품들로부터 이 그림의 의미를 찾을 수 있다. 당시 대부분의 오감 정물화는 세상의 부귀영화가 얼마나 허망한지를 강조하며, 현실의 욕망에 집착하지 말고 영적인 성장을 위해 힘쓰라고 격려했다. 이 사실로부터 우리는 중세적 도상 전통에서 '일곱 가지 커다란 죄' 중의 교만을 상징하는 거울에 주목하게 된다. 이때 거울은 자기 자신의 인식, 깨어 있는 의식에 대한 필요성으로 이해된다. 그런 점에서 이 그림은 감각적인 온갖 악덕에 빠질 수 있는 자신을 가다듬고 경계하라는 의미를 암시하고 있다. 보쟁의 정물화 속에 그려진 하나하나의 감각을 음미하다 보면 매우 은은하고 차분한 느낌과 함께 일종의 명상에 젖게 된다.

(라) 17세기 네덜란드의 경제가 급성장하고 부가 축적됨에 따라 새롭게 등장한 시민계급은 이전의 귀족과 성직자들이 즐기던 역사화나 종교화와는 달리 자신들에게 친근한 주제와 형식의 그림을 선호하게 되었다. 이러한 현실적이고 실용적인 취향에 따라 출현한 정물화는 새로운 그림 후원자들의 물질에 대한 태도를 반영했다. 화가들은 다양한 사물을 통해 물질적 풍요와 욕망을 그려 냈다. 동시에 그들은 그려진 사물을 통해 부와 화려함을 경계하는 기독교적 윤리관을 암시했다.

① (가) – (나) – (다) – (라)
② (나) – (다) – (가) – (라)
③ (다) – (라) – (나) – (가)
④ (라) – (나) – (가) – (다)

29 다음 글의 전개 순서로 가장 자연스러운 것은?

> ㉠ 1700년대 중반에 이미 미국 이주민들의 평균 소득은 영국인들의 평균 소득을 넘어섰다.
> ㉡ 그러나 미국은 사실 그러한 분야에서는 다른 산업 국가들에 비해 특별한 우위를 갖고 있지 않았다.
> ㉢ 미국 이주민들의 평균 소득이 높아지게 된 배경에는 좋은 환경으로부터 비롯된 낙관성과 자신감이 있었다. 이후로도 다소 불안정하기는 했지만 미국인들의 소득은 계속해서 크게 증가했다.
> ㉣ 대부분의 미국인들은 남북 전쟁 이후 급속히 경제가 성장한 이유를 농업적 환경뿐만 아니라 19세기의 과학적, 기술적 대전환, 기업가 정신과 규제가 없는 시장 경제 때문이라고 단순하게 생각하는 경향이 있다.
> ㉤ 미국인들이 이처럼 초기 정착기에 풍요로움을 누릴 수 있었던 것은 비옥한 토지, 풍부한 천연자원, 흑인 노동력에 힘입은 농산물 수출 덕분이었다.

① ㉠㉢㉤㉣㉡
② ㉠㉣㉢㉡㉤
③ ㉣㉡㉤㉠㉢
④ ㉣㉤㉡㉢㉠

✔**해설** ㉠ 미국인의 평균 소득 증가→㉢ 평균 소득 증가의 배경→㉤ 풍요로움을 누릴 수 있던 이유→㉣ 미국인들이 생각하는 경제 성장 이유→㉡ 미국인들의 생각(㉣)과 실제(다른 산업국가에 비해 다른 분야에서는 우위를 갖지 못함)는 다름

30 다음 글의 전제로 가장 적절한 것은?

> 말로 표현되지 않으면 우리의 생각은 꼴 없이 불분명한 덩어리에 지나지 않는다. 기호의 도움 없이는 우리가 두 생각을 똑똑히 그리고 한결같이 구별하지 못하리란 것은 철학자나 언어학자나 다 같이 인정하는 바이다. 언어가 나타나기 전에는 미리 형성된 관념이 존재할 수 없으며 어떤 생각도 분명해질 수 없다.

① 인간은 언어 사용 이전에도 개념을 구분할 수 있다.
② 언어학자들은 언어를 통해 사고를 분석한다.
③ 말과 생각은 일정한 관련이 있다.
④ 생각은 말로 표현되어야 한다.

✔**해설** 생각과 말은 일정한 관련이 있으므로(전제) 생각은 말로 표현되어야 한다(주장).

31 다음 주어진 문장이 들어갈 위치로 가장 적절한 곳은?

> 이렇게 통제된 실험에 의해 진짜 비타민 C를 복용한 실험 대상자들이 감기에 걸리는 빈도가 낮거나 감기에 걸린 후 회복되는 시간이 짧다는 결과를 얻을 수 있다면, 비타민 C가 감기 예방이나 치료에 효과가 있다고 추론할 수 있다.

> 비타민 C가 감기 예방 또는 치료에 효과가 있는가에 대해 상당히 오랫동안 논쟁이 있어 왔다. ㈎ 다양한 연구를 통해 많은 과학자들은 비타민 C에 그러한 효과가 없다고 믿었지만, 어떤 과학자는 비타민 C가 감기 예방이나 치료에 효과가 있다고 주장했다. ㈏ 어느 편이 옳은가에 관계없이 이 논쟁에 대한 판정은 다음과 같은 방식으로 이루어진다. 우선 실험의 대상이 될 사람들을 선발하여 두 개의 비슷한 집단으로 나눈 다음, 한 쪽에는 진짜 비타민 C를 섭취하게 하고 다른 쪽에는 가짜 비타민 C를 준다. ㈐ 이 실험에서 중요한 점은 실험대상자들이 이 사실을 몰라야 한다는 것인데, 그 이유는 이 사실을 알게 되면 그로 인한 암시의 힘이 크게 영향을 미칠 것이기 때문이다. ㈑

① ㈎
② ㈏
③ ㈐
④ ㈑

✔해설 주어진 문장에 '이렇게 통제된 실험'이라는 문구를 통해 문장의 앞부분에 실험의 통제에 대해 나와야 함을 알 수 있다. 실험 대상자들이 실험 내용을 몰라야 한다는 통제에 대한 내용이 있는 ㈑에 들어가는 것이 가장 적절하다.

Answer   29.① 30.③ 31.④

32 다음 글을 바탕으로 이해 혹은 유추한 것으로 적절하지 않은 것은?

한자는 시대마다 색과 향이 다른 문화를 꽃피우며 수천 년의 숙성을 거쳐 오늘에 이어지고 있다. 거북 뼈에 칼로 새겨 쓰던 원시글자는 'e-pen'의 시대에도 여전히 살아 숨쉬고 있는 것이다. 일찍이 백인문화의 우월성을 내세우며 '문자 발전의 최하위 단계에 속하는 감각 문자'라고 한자를 깎아내린 것은 헤겔이었다. 그러나 이미지와 감성, 이미지와 텍스트의 조화가 강조되는 21세기에 한자의 매력은 더욱 도드라지고 있으니 이건 분명 문화사적 역전이 아닌가.

한자 하나하나의 내면에는 오랜 세월 중원과 한반도, 일본 열도를 넘나든 수많은 사람들의 숨결이 배어 있다. 동양인들의 삶, 그 삶의 날줄과 씨줄의 획으로 엮어놓은 역사의 무늬가 새겨져 있다. 갑골문과 청동기 문자를 해독하며 그 속에 감추어진 동아시아 문화의 기원을 탐색해 온 저자는 한자를 깊이 읽어야 할 이유를 이리 설명한다.

"좋든 싫든 우리는 한자를 통해 빚어온 문화적 존재다. 한자는 동아시아 문화의 깊은 굴절 마디마디를 기억하고 있는 역사의 아이콘(이미지)이다. 거기에 귀를 기울여야 문화적 통찰과 새로운 지혜를 얻을 수 있다."

저자는 구석기 시대의 그림문자에서 갑골문, 금문, 전서, 예서, 초서, 행서, 해서 그리고 간자체에 이르기까지 한자 서체의 변화를 더듬으며 문자와 인간의 발자국을 함께 훑는다. 초서와 행서의 시대를 들여다보자. 거대한 한나라가 중앙집권의 고삐를 놓치면서 들이닥친 위진남북조는 '인디밴드' 같았던 도가가 한순간 주류로 올라선 시기였다. 유연한 시대의 바람을 타고 한나라의 예서는 미적 감성을 듬뿍 담은 글꼴로 변신한다. 정치적이기만 했던 한자의 글꼴이 비로소 예술적 감성의 세례를 받았으니 예서의 필획에 자유의 날개를 달아준 것은 왕희지였다.

그러나 한자의 글꼴은 송, 명대에 이르러 점차 생명을 잃어간다. 그리고 청 말기 혁명의 와중에 최대의 시련을 맞는다. 20세기 초 지식인들은 망국의 원흉으로 '유교의 그릇'인 한자를 지목했다. 너나없이 '한자불멸 중국필망(漢字不滅 中國必亡)!'을 외쳤다. 그러나 한자는 죽지 않았다. 우여곡절 끝에 중국인들은 깨달았다. '한자멸 중국역멸(漢字滅 中國亦滅)!'

이 모순의 현장에서 절충을 시도한 것이 마오쩌둥이다. 그는 한자의 몸 일부를 떼어내는 방법으로 한자의 생명을 연장시켰다. 오늘날의 간자체다. 한자는 뜨거운 풀무 속에서 다시 한 번 새로운 모습으로 벼려졌다. 영어가 판을 치는 세계의 한복판을 강물처럼 유유히 흐르고 있는 한자, 이 끈질긴 생명력은 어디서 오는 것일까?

그것은 상형의 힘이라고 한다. 그게 뭘까? 그림의 힘이다. 이미지의 힘이다. "이미지란 설명을 넘어서 직관에 던지는 강속구다. 말하자면 '오프라인의 모바일'이랄까." 바야흐로 한자는 아이콘과 텍스트가 합성된 새로운 의사소통 도구로 거듭나고 있는 것이다. 중국인들은 지금 그 한자를 바라보며 한자가 숨기고 있는 깊은 이미지의 바다 속으로 헤엄쳐 들어가고 있다.

① 시대의 변화에 따라 새롭게 조명받고 있는 한자의 상형성과 表意性에 대해 논하고 있다.
② 한글은 表音文字이지만 기본형을 유지하는 형태 위주의 표기법을 채택하고 있는데, 이는 表意文字인 한자와 상통하는 특성을 살린 표기법이다.
③ 한글은 表音文字이므로 이미지를 배제한 문자라고 할 수 있다.
④ 이미지와 텍스트의 혼합이라는 측면에서 보면 국한문의 혼용이 더 적절할 수 있다.

> **해설** ③ '그것은 상형의 힘이라고 한다. 그게 뭘까? 그림의 힘이다. 이미지의 힘이다.'라는 문장을 통해서 한자의 끈질긴 생명력이 이미지의 힘임을 알 수 있다. 따라서 한자의 비중이 크고 발음기관의 모양과 사물의 모양을 본 떠 만든 한글 역시 표의주의를 통해 이미지의 직관력을 지니고 있으므로 이미지를 배제한 문자라는 것은 옳지 않다.

33 다음 글의 중심 내용으로 가장 적절한 것은?

> 인간은 사회적 존재로서 타인과 관계를 맺으며 살아간다. 원만한 인간관계는 개인에게 심리적 안정과 소속감을 제공하고 사회적 협력을 가능하게 하지만, 언제나 긍정적인 결과만을 가져오지는 않는다. 오해와 갈등이 발생하면 관계가 긴장되거나 단절되기도 한다.
> 인간관계 고민은 성장 과정에서부터 성인이 된 이후까지 끊임없이 이어진다. 사회 경험이 쌓이더라도 관계의 문제는 완전히 사라지지 않기 때문에 많은 사람들이 인간관계에 대한 조언을 구하거나 관련 서적을 찾는데, 이는 인간관계가 개인의 삶에서 얼마나 중요한 위치를 차지하는지를 보여준다.
> 학자들은 인간관계를 이해하는 데 있어 두 가지 측면을 강조한다. 하나는 인간관계가 개인의 선택과 노력에 의해 형성·유지된다는 점이다. 예컨대 적극적인 의사소통과 배려는 갈등을 예방하고 관계의 질을 높인다. 다른 하나는 인간관계가 사회적·문화적 맥락 속에서 규정된다는 점이다. 즉, 같은 행동이라도 사회적 규범이나 문화적 기대에 따라 다르게 받아들여질 수 있다.
> 이처럼 인간관계는 개인적 요인과 사회적 요인이 복합적으로 작용하는 가운데 형성된다. 따라서 인간관계를 이해한다는 것은 단순히 개인 간의 호불호를 넘어서, 그 관계가 어떤 맥락 속에서 변화하는지를 살펴보는 과정이라 할 수 있다.

① 인간관계의 고충
② 인간관계의 이해
③ 의사소통의 필요성
④ 인간관계의 부정적 결과

> **해설** 지문에서는 인간관계를 이해하는 두 가지 측면을 언급하고 있다. 인간관계의 이해란 맥락 속에서 관계의 형성 및 변화를 살펴보는 과정이다.

Answer 32.③ 33.②

34 다음 글의 ( )에 들어갈 말로 가장 적절한 것은?

> 이 헌장에 서명한 국가들은 유엔헌장에 따라 다음의 원칙들이 모든 사람들의 행복, 조화로운 인간관계, 그리고 안전을 위하여 가장 기본적인 것임을 선언한다. 건강은 단지 질병에 걸리지 않거나 허약하지 않은 상태뿐만 아니라, 육체적, 정신적, 사회적으로 온전히 행복한 상태를 말한다. 인종, 종교, 정치적 신념, 경제적 혹은 사회적 조건에 따른 차별 없이 최상의 건강 수준을 유지하는 것이 인간이 누려야 할 기본권의 하나이다. 인류의 건강은 평화와 안전을 보장하기 위한 기본 전제이며, 개인과 국가 사이에 충분한 협조를 통해서 이룰 수 있다. 어느 국가에서든 국민의 건강을 증진하고 보호하기 위한 노력은 가치 있는 일이다. 건강 증진과 질병 특히 전염병 관리에서 국가 간의 차이는 공동의 위험이 된다. 어린이가 건강하게 자라는 것이 무엇보다도 중요하며, 변화하는 환경과 조화를 이루며 살아 나가는 능력은 어린이의 성장에 꼭 필요하다. 모든 사람들이 의학, 심리학 및 관련 분야의 지식을 통한 혜택을 누릴 수 있어야만 (   )를 유지할 수 있다. 일반 사람들이 충분한 지식을 바탕으로 적극적으로 서로 협력하는 것이 인류 건강 증진을 위해 매우 중요하다. 정부는 국민의 건강에 대한 책임을 다하기 위해 적절한 보건 및 사회 제도를 마련해야 한다. 이러한 원칙 아래, 이 헌장에 서명한 국가들은 서명국뿐만 아니라 다른 국가들과도 서로 협력하여 인류의 건강을 증진시키고 보호하고자 한다. 이를 위하여 우리는 이 헌장에 동의하고, 유엔헌장 57조의 특별 기구로서 세계보건기구를 설립한다.

① 세계의 평화
② 최상의 건강상태
③ 국민의 건강관리
④ 최고의 행복상태

> **✔ 해설** 제시문은 세계보건기구(WHO)의 선언문인 '세계보건기구헌장'의 전문(前文)이다. 괄호 앞뒤의 내용으로 볼 때 '최상의 건강상태'가 들어가는 것이 가장 적절하다.

35 다음 글의 중심 생각으로 가장 적절한 것은?

> 진(秦)나라 재상인 상앙(商鞅)에게는 유명한 일화가 있지요. 진나라 재상으로 부임한 상앙은 나라의 기강이 서지 않았음을 걱정했습니다. 그는 대궐 남문 앞에 나무를 세우고 방문(榜文)을 붙였지요. "이 나무를 옮기는 사람에게는 백금(白金)을 하사한다." 옮기는 사람이 아무도 없었습니다. 그래서 다시 상금을 만금(萬金)으로 인상했습니다. 어떤 사람이 상금을 기대하지도 않고 밑질 것도 없으니까 장난삼아 옮겼습니다. 그랬더니 방문에 적힌 대로 만금을 하사하였습니다. 그랬더니 백성들이 나라의 정책을 잘 따르게 되고 진나라가 부국강병에 성공하는 것으로 되어 있습니다.

① 신뢰의 중요성
② 부국강병의 가치
③ 우민화 정책의 폐해
④ 명분을 내세운 정치의 효과

> **해설** 나라가 약속을 지키자 백성들이 나라의 정책을 잘 따랐다는 내용으로 보아 신뢰의 중요성에 대해 이야기 하고 있는 글이라고 볼 수 있다.

36 다음 글의 중심 내용은?

> 헤르만 헤세는 어느 책이 유명하다거나 그것을 모르면 수치스럽다는 이유만으로 그 책을 무리하게 읽으려는 것은 참으로 그릇된 일이라 했다. 그는 이어서, "그렇게 하기보다는 모든 사람은 자기에게 자연스러운 면에서 읽고, 알고, 사랑해야 할 것이다. 어느 사람은 학생 시절의 초기에 벌써 아름다운 시구의 사랑을 자기 안에서 발견할 수 있으며, 혹은 어느 사람은 역사나 자기 고향의 전설에 마음이 끌리게 되고 또는 민요에 대한 기쁨이나 우리의 감정이 정밀하게 연구되고 뛰어난 지성으로써 해석된 것에 독서의 매력 있는 행복감을 가질 수 있을 것이다."라고 말한 바 있다.

① 문학 작품을 많이 읽으면 정서 함양에 도움이 된다.
② 학생 시절에 고전과 명작을 많이 읽어 교양을 쌓아야 한다.
③ 남들이 읽어야 한다고 말하는 책보다 자신이 읽고 싶은 책을 읽는 것이 좋다.
④ 자신이 속한 사회의 역사나 전설에 관한 책을 읽으면 애향심을 기를 수 있다.

> **해설** 제시된 글은 헤르만 헤세의 말을 인용하여 유명하다거나 그것을 모르면 수치스럽다는 이유로 무리하게 독서를 하는 것은 그릇된 일이며, 자기에게 자연스러운 면에 따라 행동하라고 언급하고 있다. 이는 남들의 기준이 아닌 자신의 기준에 따라 하는 독서가 좋은 독서라고 주장하는 것이라고 볼 수 있다.

Answer 34.② 35.① 36.③

37 다음 글의 주된 논지는?

> 당신이 미국 중앙정보국의 직원인데, 어느 날 테러 용의자를 체포했다고 가정하자. 이 사람은 뉴욕 맨해튼 중심가에 대규모 시한폭탄을 설치한 혐의를 받고 있다. 시한폭탄이 터질 시각은 다가오는데 용의자는 입을 열지 않고 있다. 당신을 고문을 해서라도 폭탄이 설치된 곳을 알아내겠는다, 아니면 고문은 원칙적으로 옳지 않으므로 고문을 하지 않겠는가? 공리주의자들은 고문을 해서라도 폭탄이 설치된 곳을 알아내어, 무고한 다수 시민의 생명을 구해야 한다고 주장할 것이다. 공리주의는 최대 다수의 최대 행복을 추구하기 때문이다. 이 경우에는 이 주장이 일리가 있을 수 있다. 그러나 공리주의가 모든 경우에 항상 올바른 해갑을 줄 수 있는 것은 아니다. 구명보트를 타고 바다를 표류하던 4명의 선원이 그들 중 한 사람을 죽여서 그 사람의 고기를 먹으면 나머지 세 사람이 살 수 있다. 실제로 이런 일이 일어났고, 살아남은 세 사람은 재판을 받았다. 당신은 이 경우에도 다수의 생명을 구하기 위해 한 사람의 목숨을 희생한 행위가 정당했다고 주장하겠는가? 뉴욕의 시한폭탄 문제도 그리 간단치만은 않다. 폭탄이 설치된 곳이 한적한 곳이라 희생자가 몇 명 안 될 것으로 예상되는 경우에도 당신은 고문을 찬성하겠는가? 체포된 사람이 테러리스트 자신이 아니라 그의 어린 딸이라도, 그 딸이 폭탄의 위치를 알고 있다면 당신은 고문에 찬성하겠는가?

① 다수의 행복을 위해서 소수의 희생이 필요할 때가 있다.
② 인간의 생명은 어떤 경우에도 존중되어야 한다.
③ 고문이 정당화되는 경우도 있을 수 있다.
④ 공리주의가 절대선일 수 없는 것은 소수의 이익이라 하더라도 무시할 수 없는 것도 있기 때문이다.

> **✓해설** ④ 제시된 글 중후반부의 "그러나 공리주의가 모든 경우에 항상 올바른 대답을 줄 수 있는 것은 아니다.", "다수의 생명을 구하기 위해 한 사람의 목숨을 희생한 행위가 정당했다고 주장하겠는가?"의 내용으로 미루어보아 알 수 있다.

38 다음 글의 주제로 가장 적합한 것은?

> 민주주의 정부가 국민들과 한 마음이어서 대다수 국민이 동의하기만 한다면 어떠한 강제 권력도 행사할 수 있다고 가정하기 쉽다. 그러나 나는 국민 스스로에 의해서든, 그들의 정부에 의해서든 이러한 강제를 행사할 권리를 부정한다. 그러한 권력은 결코 정당화될 수 없기 때문이다. 최악의 정부가 그러한 자격을 갖지 않는 것과 마찬가지로 최선의 민주정부 역시 그런 자격을 가질 수 없다. 그러한 권력은 대중의 여론에 반하는 경우보다 대중의 여론에 일치하여 행사될 때 더욱 위험하다. 한 사람을 제외한 모든 인류가 같은 의견이고, 단 한 사람만이 반대 의견이라고 해서 인류가 그 한 사람을 침묵하게 하는 것이 정당화될 수 없는 것과 마찬가지이다. 하나의 의견이 이를 주장하는 몇 사람에게만 가치가 있는 개인적 소유물이어서 그 의견의 향유를 제한하는 일이 단순히 사적인 침해일 뿐이라고 간주하면, 그 침해가 단 몇 명에게만 일어나는 일인지 아니면 많은 이들에게 일어나는 일인지 차이가 있을 수 있다. 그러나 의견을 표현하지 못하게 하여 침묵하게 하는 일은 그 의견을 지지하는 모든 사람에게, 나아가 그 의견을 반대하는 모든 사람들에게, 현존하는 세대뿐만 아니라 후세의 모든 사람에게 강도짓 같은 해악을 끼친다. 만약 그 의견이 옳다면 그러한 권력은 오류를 진리로 바꿀 기회를 모든 사람들에게서 강탈한 것이다. 설사 그 의견이 틀리다 하더라도 진리와 오류가 충돌할 때 발생하는 더욱 명료한 인식과 생생한 교훈을 배울 기회를 우리 모두에게서 빼앗아 버린 것이다.

① 표현의 자유는 민주주의 사회에서 국민이 가지는 기본권이다.
② 민주주의 정부 하에서 표현의 자유를 제한하는 것은 불가피하다.
③ 표현의 자유를 제한하는 것은 모든 사람에게 악행을 행하는 것이다.
④ 소수의 반대의견을 침묵하게 하는 것은 정당하다.

> ✔해설 한 사람의 반대의견을 침묵하게 하는 것은 정당화될 수 없는 것이며, 의견을 침묵하게 한다면 그것은 모든 사람에게 강도짓 같은 해악을 끼친다.

Answer 37.④ 38.③

39 다음 글에 대한 이해로 적절하지 않은 것은?

> 한국 건축은 '사이'의 개념을 중요시한다. 그리고 '사이'의 크기는 기능과 사회적 위계에 영향을 받는다. 또한 공간, 시간, 인간 모두를 '사이'의 한 종류로 보기도 한다. 서양의 과학적 사고가 물체를 부분들로 구성되었다고 보고 불변하는 요소들을 분석함으로써 본질 파악을 추구하였다면, 동양은 사이 즉, 요소들 간의 관련성에 초점을 두고, 거기에서 가치와 의미의 원천을 찾았던 것이다. 서양의 건축이 내적 구성, 폐쇄적 조직을 강조한 객체의 형태를 추구했다면, 동양의 건축은 그보다 객체의 형태와 그것이 놓이는 상황 및 자연환경과의 어울림을 통해 미를 추구하였던 것이다.
>
> 동양의 목재 가구법(낱낱의 재료를 조립하여 구조물을 만드는 법)에 의한 건축 구성 양식에서 '사이'의 중요성을 알 수 있다. 이 양식은 조적식(돌·벽돌 따위를 쌓아 올리는 건축 방식)보다 환경에 개방적이고, 우기에도 환기를 좋게 할 뿐 아니라 내·외부 공간의 차단을 거부하고 자연과의 대화를 늘 강조한다. 그로 인해 건축이 무대나 액자를 설정하고 자연이 끝을 내 주는 기분을 느끼게 한다.

① 동양과 서양 건축의 차이를 요소들 간의 관련성으로 설명하고 있다.
② 동양의 건축 재료로 석재보다 목재가 많이 쓰인 이유를 알 수 있다.
③ 한국 건축에서 '사이'의 개념은 공간, 시간, 인간 모두를 포함하고 있다.
④ 동양의 건축은 자연환경에 개방적이지만 인공조형물에 대해서는 폐쇄적이다.

해설 위 글에서는 인공조형물에 대한 설명이 없으므로 보기 ④가 적절하지 않은 것이다.

40 다음 글의 중심 내용으로 가장 적절한 것은?

> 서로 공유하고 있는 이익의 영역이 확대되면 적국을 뚜렷이 가려내기가 어려워진다. 고도로 상호 작용하는 세계에서 한 국가의 적국은 동시에 그 국가의 협력국이 되기도 한다. 한 예로 소련 정부는 미국을 적국으로 다루는 데 있어서 양면성을 보였다. 그 이유는 소련이 미국을 무역 협력국이자 첨단 기술의 원천으로 필요로 했기 때문이다.
> 만일 중복되는 국가 이익의 영역이 계속 증가하게 되면 결국에 한 국가의 이익과 다른 국가의 이익이 같아질까? 그건 아니다. 고도로 상호 작용하는 세계에서 이익과 이익의 충돌은 사라지는 것이 아니라, 단지 수정되고 변형될 뿐이다. 이익이 자연스럽게 조화되는 일은 상호 의존과 진보된 기술로부터 나오지는 않을 것이다. 유토피아란 상호 작용 또는 기술 연속체를 한없이 따라가더라도 발견되는 것은 아니다. 공유된 이익의 영역이 확장될 수는 있겠지만, 가치와 우선 순위의 차이와 중요한 상황적 차이 때문에 이익 갈등은 계속 존재하게 될 것이다.

① 주요 국가들 간의 상호 의존적 국가 이익은 미래에 빠른 속도로 증가할 것이다.
② 국가 간에 공유된 이익의 확장은 이익 갈등을 변화시키기는 하지만 완전히 소멸시키지는 못한다.
③ 국가 이익은 기술적 진보의 차이와 상호 작용의 한계를 고려할 때 궁극적으로는 실현 불가능할 것이다.
④ 세계 경제가 발전해 가면서 더 많은 상호 작용이 이루어지고 기술이 발전함에 따라 국가 이익들은 자연스럽게 조화된다.

해설 '첫째 문단에서는 공유된 이익이 확장되면 적국과 협력국의 구별이 어려워진다는 과제를 제시하였고, 마지막 문장에서 이러한 이익 갈등은 계속 존재하게 될 것이라고 하였다. 따라서 ②가 글의 중심 내용으로 적절하다.

Answer 39.④ 40.②

| 41~45 | 다음에 제시된 글을 흐름이 자연스럽도록 순서대로 배열하시오.

41

> (가) 목청껏 소리를 지르고 손뼉을 치고 싶은 충동 같은 것 말이다.
> (나) 나는 가끔 충동을 느낄 때가 있다.
> (다) 환호가 아니라도 좋으니 속이 후련하게 박장대소라도 할 기회나마 거의 없다.
> (라) 마음속 깊숙이 잠재한 환호에의 갈망 같은 게 이런 충동을 느끼게 하는지도 모르겠다.
> (마) 그러나 요샌 좀처럼 이런 갈망을 풀 기회가 없다.

① (가) - (라) - (나) - (마) - (다)
② (나) - (가) - (라) - (마) - (다)
③ (나) - (가) - (마) - (다) - (라)
④ (다) - (가) - (라) - (마) - (나)

✔**해설** (나)에서 화제를 제시하고 (가)에서 예를 들어 설명한다. (라)는 (가) 같은 충동을 느끼는 짐작이다. (마), (다)에서는 '그러나'를 통해 내용을 전환하여 충동을 풀 기회가 없다는 것을 아쉬워하고 있다.

42

> (가) 진화는 반드시 이상적이고 완벽한 구조를 창출해 내는 방향으로만 이루어지는 것은 아니다.
> (나) 그래서 진화는 불가피하게 타협적인 구조를 선택하는 방향으로 이루어지며, 순간순간의 필요에 대응한 결과가 축적되는 과정이라고 할 수 있다.
> (다) 진화 과정에서는 새로운 환경에 적응하기 위한 최선의 구조가 선택되지만, 그 구조는 기존의 구조를 허물고 처음부터 다시 만들어 낸 최상의 구조와는 차이가 있다.
> (라) 질식의 원인이 되는 교차된 기도와 식도의 경우처럼, 진화의 산물이 우리가 보기에는 납득할 수 없는 불합리한 구조를 지니게 되는 이유가 바로 여기에 있다.

① (가) - (라) - (다) - (나)
② (나) - (라) - (가) - (다)
③ (가) - (다) - (나) - (라)
④ (나) - (라) - (다) - (가)

✔**해설** 가장 먼저 (가)에서 진화의 과정이 이상적이고, 완벽하지 않음을 제시하고 있으며 (다)과 (나)에서 진화의 과정에 대해 설명하고, (라)에서 그 과정이 (가)의 이유임을 제시하고 있다.

43

> (가) 이보다 발달된 차원의 경험적 방법은 관찰이며, 지식을 얻기 위해 외부 자연 세계를 관찰하는 것이다.
> (나) 가장 발달된 것은 실험이며 자연 세계에 변형을 가하거나 제한된 조건하에서 살펴보는 것이다.
> (다) 우선 가장 초보적인 차원이 일상 경험이다.
> (라) 자연과학의 경험적 방법은 세 가지 차원에서 생각해볼 수 있다.

① (가) - (라) - (나) - (다)   ② (가) - (나) - (라) - (다)
③ (라) - (다) - (나) - (가)   ④ (라) - (다) - (가) - (나)

✔ 해설 (라) 자연 과학의 경험적 방법에는 세 가지 차원이 있다고 전제하고, (다) 가장 초보적인 차원(일상경험) → (가) 이보다 발달된 차원(관찰) → (나) 가장 발달된 차원(실험)으로 설명이 전개되고 있다.

44

> (가) 하지만 좀 더 거슬러 올라가면 이 불평등은 각 대륙의 발전 속도가 다른 것에서 유래했다.
> (나) 그리고 각 대륙의 발전 속도의 이러한 차이를 가져온 것은 궁극적으로 지리 및 생태적 환경이었다.
> (다) 더 나아가 그는 생태적 요인이 인간 사회에 어떻게 영향을 미치는지를 비교적 자세히 설명하였다.
> (라) 다이아몬드에 따르면, 1500년경 유럽에서 발달된 과학 기술과 정치 조직이 현대 세계의 불평등을 낳았다.

① (라) - (다) - (가) - (나)   ② (라) - (다) - (나) - (가)
③ (라) - (가) - (다) - (나)   ④ (라) - (가) - (나) - (다)

✔ 해설 다이아몬드가 생각하는 불평등에 대한 내용이다. 각 문장 앞에 온 접속어에 주의하여 논리적 흐름에 맞게 글을 배열하면 (라) - (가) - (나) - (다)의 순서가 된다.

Answer 41.② 42.③ 43.④ 44.④

45

> 유명인 모델의 광고 효과를 높이기 위해서는 유명인이 자신과 잘 어울리는 한 상품의 광고에만 지속적으로 나오는 것이 좋다.
> (가) 여러 광고에 중복 출연하는 유명인이 많아질수록 외견상으로는 중복 출연이 광고 매출을 증대시켜 광고 산업이 활성화되는 것으로 보일 수 있다.
> (나) 유명인을 비롯한 광고 모델의 적절한 선정이 요구되는 이유가 여기에 있다.
> (다) 하지만 모델의 중복 출연으로 광고 효과가 제대로 나타나지 않으면 광고비가 과다 지출되어 결국 광고주와 소비자의 경제적인 부담으로 이어진다.
> (라) 이렇게 할 경우 상품의 인지도가 높아지고, 상품을 기억하기 쉬워지며, 광고 메시지에 대한 신뢰도가 제고된다.
> (마) 유명인의 유명세가 상품에 전이되고 소비자가 유명인이 진실하다고 믿게 되기 때문이다.

① (가) - (나) - (라) - (다) - (마)
② (가) - (마) - (라) - (나) - (다)
③ (라) - (가) - (마) - (나) - (다)
④ (라) - (마) - (가) - (다) - (나)

✅ **해설** (라)에서 유명인 모델이 한 상품 광고에만 나올 경우의 장점을 설명하고, (마)에서는 이에 대한 부가적 설명을 하고 있다. (가)는 (라)와 반대되는 사례를 보여주고 (다)에서 모델의 중복 출연에 대한 단점을 설명하며 (나)에서 결론을 나타내고 있다.

| 46~47 | 다음 중 주어진 글의 빈칸에 들어갈 문장으로 가장 적절한 것을 고르시오.

46

> 호랑이는 우리 민족의 건국 신화인 단군 신화에서부터 등장한다. 호랑이는 고려 시대의 기록이나 최근에 조사된 민속자료에서는 산신(山神)으로 나타나는데, '산손님', '산신령', '산군(山君)', '산돌이', '산 지킴이'등으로 불리기도 하였다. 이처럼 신성시된 호랑이가 우리의 설화 속에서는 여러 가지 모습으로 나타난다. 호랑이는 가축을 해치고 사람을 다치게 하는 일이 많았던 모양이다. 그래서 설화 중에는 ___. 사냥을 하던 아버지가 호랑이에게 해를 당하자 아들이 원수를 갚기 위해 그 호랑이와 싸워 이겼다는 통쾌한 이야기가 있는가 하면, 밤중에 변소에 갔던 신랑이 호랑이한테 물려 가는 것을 본 신부가 있는 힘을 다하여 호랑이의 꼬리를 붙잡고 매달려 신랑을 구했다는 흐뭇한 이야기도 있다. 이러한 이야기들은 호랑이의 사납고 무서운 성질을 바탕으로 하여 꾸며진 것이다.

① 호랑이가 사람과 마찬가지로 따뜻한 정과 의리를 지니고 있는 것으로 나타나기도 한다.
② 호랑이가 산신 또는 산신의 사자로 나타나는 이야기가 종종 있다.
③ 사람이나 가축이 호랑이한테 해를 당하는 이야기가 많이 있다.
④ 호랑이를 구체적인 설명 없이 신이한 존재로 그리기도 한다.

> **해설** 빈칸은 앞문장과 '그래서로 연결되고 있으며, 뒤로 이어지는 내용으로 볼 때, ③이 들어가는 것이 적절하다.

47

> 세균과 바이러스는 질병을 일으키는 대표적인 병원체이다. 그런데 이 둘은 병을 유발한다는 공통점을 제외하고 너무나도 많은 차이점을 가지고 있다. 바이러스와 세균은 크기도 다르고 증식 방법도 다르다. 세균은 공기 중이나 사람의 몸 속 등 먹이가 있는 곳에서 증식할 수 있지만, 바이러스는 반드시 살아있는 생물의 세포를 숙주로 삼아야만 번식이 가능하다. 이런 병원체에 감염되었을 때의 대처법도 다르다. 바이러스는 백신(바이러스를 약하게 만들어 몸속에 주입하는 방법)을 통해 우리의 몸이 바이러스 정보를 기억하도록 하여 병원체에 대항할 수 있도록 한다. 이와 반대로 세균은 항생제를 통해 _____.

① 감염된 세포를 약하게 만들어 죽인다.
② 몸에 침입한 세균에 대항 수 있도록 한다.
③ 우리 몸에서 증식할 수 있도록 한다.
④ 몸에 세균정보를 저장시켜 감염되면 기억을 통해 방어한다.

> **해설** 지문은 세균과 바이러스의 차이점을 설명하고 있다. 세균의 대처법을 설명하기 전 바이러스의 대처법에서 '백신을 통해, 몸이 바이러스 정보를 기억하고 대항하는 힘을 만든다'라고 설명하고 있으므로 이와 동일한 ②, ④를 제외한 ①이 들어가는 것이 가장 적절하다.

Answer 45.④ 46.③ 47.①

48 다음 중 주어진 글의 빈칸에 들어갈 문장으로 가장 적절하지 않은 것을 고르시오.

> 서구 열강이 동아시아에 영향력을 확대시키고 있던 19세기 후반, 동아시아 지식인들은 당시의 시대 상황을 전환의 시대로 인식하고 이러한 상황을 극복하기 위해 여러 방안을 강구했다. 조선 지식인들 역시 당시 상황을 위기로 인식하면서 다양한 해결책을 제시하고자 했지만, 서양 제국주의의 실체를 정확하게 파악할 수 없었다. 그들에게는 서양 문명의 본질에 대해 치밀하게 분석하고 종합적으로 고찰할 지적 배경이나 사회적 여건이 조성되지 못했기 때문이다. 그들은 자신들의 세계관에 근거하여 서양 문명을 판단할 수밖에 없었다. 당시 지식인들에게 비친 서양 문명의 모습은 대단히 혼란스러웠다. 과학기술 수준은 높지만 정신문화 수준은 낮고, 개인의 권리와 자유가 무한히 보장되어 있지만 사회적 품위는 저급한 것으로 인식되었다. 그래서 그들은 서양 자본주의 문화의 원리와 구조를 정확히 인식하지 못해 _____.

① 빈부격차의 심화, 독점자본의 폐해, 금융질서의 혼란 등 서양 자본주의 문화의 폐해에 대처할 능력이 없었다.
② 겉으로는 보편적 인권과 민주주의를 표방하면서도 실제로는 제국주의적 야욕을 드러내는 서구 열강의 이중성을 깊게 인식할 수 없었다.
③ 당시 조선의 지식인들은 서양문화의 장·단점을 깊이 이해하고 우리나라의 현실에 맞도록 잘 받아들였다.
④ 당시 조선의 지식인들은 서양의 문화에 대한 해석이 서로 판이하게 달랐다.

> ✔해설 ③ '서양 자본주의 문화의 원리와 구조를 정확히 인식하지 못해'라는 문장의 앞부분과 내용의 흐름상 맞지 않는다.

49 다음 중 주어진 글의 빈칸에 들어갈 문장으로 가장 적절한 것을 고르시오.

> 민간 위탁 업체는 수익성을 중심으로 공공 서비스를 제공하기 때문에, 수익이 나지 않을 경우에는 민간 위탁 업체가 제공하는 공공 서비스가 기대 수준에 미치지 못할 수 있다. 또한 민간 위탁 제도에 의한 공공 서비스 제공의 성과는 정확히 측정하기 어려운 경우가 많아서 평가와 개선이 지속적으로 이루어지지 않을 때에는 오히려 민간 위탁 제도가 공익을 저해할 수 있다. 따라서 민간 위탁 제도의 도입을 결정할 때에는 _____.

① 서비스의 성격과 정부의 관리 능력 등을 면밀히 검토하여 신중하게 결정해야 한다.
② 서비스의 생산 비용이 가장 적은 업체에 우선적으로 기회를 주어야 한다.
③ 서비스의 다양화와 양적 확대를 염두에 두고 결정해야 한다.
④ 민간 업체를 선택하는 과정을 축소하여야 한다.

> ✔해설 민간 업체가 제공하는 서비스의 수준이 낮거나 공익을 저해할 수 있기 때문에 민간 위탁 제도의 도입을 결정할 때에는 서비스의 성격과 정부의 관리 능력 등을 면밀히 검토하여 신중하게 결정해야 한다.

50 ㉠~㉣ 중 다음 글이 들어가야 할 위치로 알맞은 것은?

> 이런 SNS를 통해 사람들은 자신의 일상, 생각을 담은 글·사진·영상으로 이루어진 게시물을 올리면서 네트워크상에서 타인과 소통하며 친밀감과 신뢰성을 형성하고 있다.

> SNS(Social Network Service)는 취미와 활동을 공유하는 사람들 간의 인적 네트워크 형성을 온라인상으로 지원하는 서비스이다. ㉠ 현실에서 맺던 기존의 사회적 관계를 인터넷 공간에 구현함으로써 시간과 장소에 얽매이지 않고 활발한 인간관계를 맺을 수 있다. ㉡ 또한 스마트폰 등장 이후로 SNS에 가입하는 사람들이 늘어나면서 그 규모가 가파르게 증가했다. ㉢ 하지만 본인의 게시물을 통해 개인정보와 사생활이 노출되고, 타인의 게시물에 악의적인 댓글을 쓰는 일이 비일비재하게 있다는 문제점 또한 존재한다. ㉣ 따라서 SNS에 게시물·댓글을 작성할 때에는 사람들과 자유롭게 소통하되, 정보의 노출을 방지하고 상대방을 비난하지 않도록 신중해야 할 것이다.

① ㉠
② ㉡
③ ㉢
④ ㉣

해설 제시된 문장의 '이런 SNS'를 통해 앞에는 SNS에 대한 설명이 나와야함을 알 수 있으며, ㉢의 다음 문장 속 '하지만'을 통해 앞쪽에 제시된 문장이 들어가야 함을 알 수 있다.

Answer 48.③ 49.① 50.③

51 다음 글에 대한 설명으로 옳은 것은?

왜 양지는 음지보다 따뜻할까? 태양이 아무리 뜨겁다고 해도 어떻게 적절한 매질도 없는 우주 공간을 건너 아득히 먼 지구의 물체들을 데울 수 있을까? 이를 이해하기 위해서는 우선 열과 빛의 정체에 대해 명확히 알아야 한다.

18세기 중반까지만 해도 학자들은 열이 눈에 보이지 않는 어떤 물질 – '열소' – 의 작용이라고 생각하고, 고체가 녹거나 액체가 증발하는 것은 열소와 고체 혹은 액체를 이루는 입자 사이의 화학 작용의 일종이라고 설명했다. 그러나 럼퍼드와 마이어, 줄 등의 연구 성과에 힘입어 '열소'의 존재는 부정되고 대신 '열에너지'의 개념이 확립되었다. 열의 정체를 구체적으로 밝힌 것은 클라시우스였는데, 그는 기체의 열에너지는 기체 분자들의 운동에너지이며, 따라서 온도는 기체 분자들이 얼마나 빠르게 운동하고 있는가의 정도를 나타내는 것이라고 주장하였다. 여기에 더해서 맥스웰이 일정한 온도에서 기체 분자의 운동 속도는 평균값을 중심으로 다양하게 분포함을 밝힘으로써, 결국 열은 '물체를 이루고 있는 입자들의 평균 운동에너지'임이 밝혀졌다. 모든 물체의 입자들은 평균 위치를 중심으로 끊임없이 진동 운동이나 회전 운동을 하고 있으며, 온도는 바로 이 운동에너지의 크기를 나타내는 것이다.

빛의 정체에 대해 알기 위해서는 전자기 이론에 대한 이해도 필요한데, 이는 빛이 전자기파의 일종이기 때문이다. 전자기파의 존재는, 전류(전기장)가 자기장을 만들어 냄을 밝혀낸 앙페르의 실험과 자기장에서 전류가 만들어짐을 확인한 패러데이의 실험, 그리고 이를 집대성한 맥스웰의 이론을 통해 추론이 가능해졌다. 앙페르는 나란히 놓인 도선에 전류를 통과시키면 자기장이 형성된다는 것과 도선을 원통형으로 감아서 만든 코일 – 이를 '솔레노이드'라고 한다. – 에 전류를 흘리면 자성이 강한 자석이 됨을 확인하였고, 패러데이는 전류가 흐르지 않는 코일에 자석을 통과시키면 자석의 자기장의 변화에서 전류가 생겨남을 확인하였다. 전기장은 자기장을 만들어내고, 자기장은 다시 전기장을 만들어내는 것이다. 맥스웰은 이러한 실험의 결과들을 정리하여 '맥스웰의 방정식'이라는 이론을 세웠으며, 이 이론을 통해 전자기파의 존재를 추론할 수 있었다.

도선에 갑자기 전류를 통하게 하거나 전류의 세기를 변화시키면 그 주변에 자기장이 생겨나는데, 이 자기장은 2차적인 전기장을 만들어내고, 이것이 다시 2차적인 자기장을 만든다. 이처럼 전기장이 자기장을 만들고 그 자기장이 다시 전기장을 만드는 과정이 반복되면서 파동으로 퍼져나가는 것이 바로 전자기파이며, 맥스웰은 이 파동의 속도가 빛의 속도와 동일하다는 계산을 해 낸 후 "빛 자체도 일종의 전자기파이다."라는 천재적인 결론을 내렸다. 소리처럼 물질이 실제로 떨리는 역학적 파동과는 달리, 빛은 전기장과 자기장의 연속적인 변화를 반복하면서 전파해 가는 전자기 파동인 것이다. 이후 과학자들에 의해 전자기파가 매질 없이도 전파된다는 것까지 확인되면서, 햇빛이 텅 빈 우주 공간을 건너올 수 있는 이유를 알게 되었다.

태양에서 오는 것은 열의 입자가 아니라 전자기파이며, 이것이 어떤 물체에 닿았을 때 그 물체를 진동으로 간섭한다. 그리고 이 진동이 물질의 입자들과 상호 작용하여 그 입자들의 운동을 일으키고 결과적으로는 물질의 온도를 높인다. 이러한 과정을 통해 태양의 빛은 아무런 매개물 없이 우주를 건너와 지구의 물체를 데울 수 있는 것이다.

① 특정 이론이 형성된 사회적 배경을 설명하고 있다.
② 새로 발견된 과학 원리의 응용 가능성을 전망하고 있다.
③ 현상의 과학적 원리를 구체적으로 설명하고 있다.
④ 상반된 관점의 해석을 종합하기 위한 방안을 모색하고 있다.

> **해설** 첫 문단에서 태양이 지구의 물체들을 데우는 방법에 대해 질문을 하고 이를 알기 위해 열과 빛에 대한 과학적 원리를 설명하고 있다.

52 다음의 자료를 활용하여 글을 쓰기 위해 구상한 내용으로 적절하지 않은 것은?

> 우리나라 중학교 여학생의 0.9%, 고등학교 여학생의 7.3%, 남학생의 경우는 중학생의 3.5%, 고등학생의 23.6%가 흡연을 하고 있다. 그리고 매년 청소년 흡연율은 증가하는 추세이다. 청소년보호법에 따르면 미성년자에게 담배를 팔 경우 2년 이하의 징역이나 1천만 원 이하의 벌금, 100만 원 이하의 과징금을 내도록 되어 있다. 그러나 담배 판매상의 잘못된 의식, 시민들의 고발정신 부족 등으로 인해 청소년에게 담배를 판매하는 행위가 제대로 시정되지 않고 있다.
> 또한 현재 담배 자동판매기의 대부분(96%)이 국민건강증진법에 허용된 장소에 설치되어 있다고는 하나, 그 장소가 주로 공공건물 내의 식당이나 상가 내 매점 등에 몰려 있다. 이런 장소들은 청소년들의 출입이 용이하기 때문에 그들이 성인의 주민등록증을 도용하여 담배를 사더라도 이를 단속하기가 어려운 실정이다.

① 시사점 : 시민의 관심이 소홀하며 시설 관리 체계가 허술하다.
② 원인 분석 : 법규의 실효성이 미흡하고 상업주의가 만연하고 있다.
③ 대책 : 국민건강증진법에 맞는 담배 자동판매기를 설치한다.
④ 결론 : 현실적으로 실효성이 있는 금연 관련법으로 개정한다.

> **해설** ③ 담배 자동판매기가 국민건강증진법에 허용된 장소에 설치되어 있다고 자료에서 이미 밝히고 있으므로 대책에 대한 구상으로 적절하지 않다.

Answer 51.③ 52.③

53 다음 내용을 바탕으로 글을 쓸 때 그 주제로 알맞은 것은?

- 경찰청은 고속도로 갓길 운행을 막기 위해 갓길로 운행하다 적발되면 30일간의 면허 정지 처분을 내리기로 결정했다.
- 교통사고 사망률 세계 1위라는 불명예는 1991년에 이어 1992년에도 계속되었다.
- 교통사고의 원인으로는 운전자의 부주의와 교통 법규 위반의 비율이 가장 높다.
- 교통 법규 위반자는 자신의 과실로 다른 사람에게 피해를 준다는 점에서 문제가 더욱 심각하다.
- 우리나라는 과속 운전, 난폭 운전이 성행하고 있다. 이를 근절하기 위한 엄격한 법이 필요하다.

① 교통사고를 줄이기 위해서는 엄격한 법이 필요하다.
② 사고 방지를 위한 대국민적인 캠페인 운동을 해야 한다.
③ 교통사고의 사망률은 교통 문화 수준을 반영한 것이다.
④ 올바른 교통 문화 정착을 위해 국민적 자각이 요구된다.

> **해설** 제시된 내용은 교통사고가 교통 법규를 제대로 지키지 않은 데서 발생하며, 이를 근절하기 위해 보다 엄격한 교통 법규가 필요함을 강조하고 있다.

54 ㉠~㉣ 중 글의 흐름으로 볼 때 삭제해도 되는 문장은?

㉠영어 공부를 오랜만에 하는 분이나 회화를 체계적으로 연습한 적이 없는 분들을 위한 기초 영어 회화 교재가 나왔습니다. ㉡이제 이 책으로 두루두루 사용할 수 있는 기본 문형을 반복 훈련하십시오. ㉢이 책은 우선 머뭇거리지 않고 첫 단어를 말할 수 있게 입을 터줄 것입니다. ㉣저자는 수년간 언어 장애인을 치료, 연구하고 있는 권위 있는 의사입니다. 테이프만 들어서도 웬만한 내용은 소화할 수 있게 이 책은 구성되었습니다.

① ㉠　　　　　　　　　　　　　② ㉡
③ ㉢　　　　　　　　　　　　　④ ㉣

> **해설** 이 글은 새로 나온 영어 학습 교재를 독자에게 소개하면서, 책의 용도, 구성, 학습 효과 등을 설명하고 있다.
> ④ 언어 장애인을 치료하는 전문가였다는 내용은 이 책의 소개 내용과 아무 관계가 없다.

| 55~57 | 다음 글을 읽고 물음에 답하시오.

(가) 나는 평강공주와 함께 온달산성을 걷는 동안 내내 '능력 있고 편하게 해줄 사람'을 찾는 당신이 생각났습니다. '신데렐라의 꿈'을 버리지 못하고 있는 당신이 안타까웠습니다. 현대사회에서 평가되는 능력이란 인간적 품성이 도외시된 ㉠'경쟁적 능력'입니다. 그것은 다른 사람들의 낙오와 좌절 이후에 얻을 수 있는 것으로 한마디로 숨겨진 칼처럼 매우 ㉡비정한 것입니다. 그러한 능력의 품속에 안주하려는 우리의 소망이 과연 어떤 실상을 갖는 것인 지 고민해야 할 것입니다. – 중략 –

'편안함' 그것도 경계해야 할 대상이기는 마찬가지입니다. 편안함은 흐르지 않는 강물이기 때문입니다. '불편함'은 ⓐ흐르는 강물입니다. 흐르는 강물은 수많은 소리와 풍경을 그 속에 담고 있는 추억의 물이며 어딘가를 희망하는 잠들지 않는 물입니다.

당신은 평강공주의 삶이 남편의 입신(立身)이라는 가부장적 한계를 뛰어넘지 못한 것이라고 하였습니다만 산다는 것은 살리는 것입니다. 살림(生)입니다. 그리고 당신은 자신이 공주가 아니기 때문에 평강공주가 될 수 없다고 하지만 살림이란 '뜻의 살림'입니다. ㉢세속적 성취와는 상관없는 것이기도 합니다. 그런 점에서 나는 평강공주의 이야기는 한 여인의 사랑의 메시지가 아니라 그것을 뛰어넘은 '삶의 메시지'라고 생각합니다.

(나) 왕십리의 배추, 살곶이다리의 무, 석교의 가지, 오이, 수박, 호박, 연희궁의 고추, 마늘, 부추, 파, 염교 청파의 물미나리, 이태원의 토란 따위를 심는 밭들은 그 중 상의 상을 골라 심는다고 하더라도, 그들이 모두 엄씨의 똥거름을 가져다가 걸쭉하게 가꿔야만, 해마다 육천 냥이나 되는 돈을 번다는 거야. 그렇지만 엄 행수는 아침에 밥 한 그릇만 먹고도 기분이 만족해지고, 저녁에도 밥 한 그릇뿐이지. 누가 고기를 좀 먹으라고 권하면 고기반찬이나 나물 반찬이나 목구멍 아래로 내려가서 배부르기는 마찬가지인데 입맛에 당기는 것을 찾아 먹어서는 무얼 하느냐고 하네. 또, 옷과 갓을 차리라고 권하면 넓은 소매를 휘두르기에 익숙지도 못하거니와, 새 옷을 입고서는 짐을 지고 다닐 수가 없다고 대답하네.

해마다 정원 초하룻날이 되면 비로소 갓을 쓰고 띠를 띠며, 새 옷에다 새 신을 신고, 이웃 동네 어른들에게 두루 돌아다니며 세배를 올린다네. 그리고 돌아와서는 옛 옷을 찾아 다시 입고 다시금 흙 삼태기를 메고는 동네 한복판으로 들어가는 거지. 엄 행수야말로 자기의 모든 덕행을 저 더러운 똥거름 속에다 커다랗게 파묻고, 이 세상에 참된 은사 노릇을 하는 자가 아니겠는가?

엄 행수는 똥과 거름을 져 날라서 스스로 먹을 것을 장만하기 때문에, 그를 '지극히 조촐하지는 않다'고 말할는지는 모르겠네. 그러나 그가 먹을거리를 장만하는 방법은 지극히 향기로웠으며, 그의 몸가짐은 지극히 더러웠지만 그가 정의를 지킨 자세는 지극히 고항했으니, 그의 뜻을 따져 본다면 비록 만종의 녹을 준다고 하더라도 바꾸지 않을 걸세. 이런 것들로 살펴본다면 세상에는 조촐하다면서 조촐하지 못한 사도 있거니와, 더럽다면서 ㉣더럽지 않은 자도 있다네.

누구든지 그 마음에 도둑질할 뜻이 없다면 엄 행수를 갸륵하게 여기지 않을 사람이 없을 거야. 그리고 그의 마음을 미루어 확대시킨다면 성인의 경지에라도 이를 수 있을 거야. 대체 선비가 좀 궁하다고 궁기를 떨어도 수치스런 노릇이요, 출세한 다음 제 몸만 받들기에 급급해도 수치스러운 노릇일세. 아마 엄 행수를 보기에 부끄럽지 않을 사람이 거의 드물 것이네. 그러니 내가 엄 행수더러 스승이라고 부를지언정 어찌 감히 벗이라고 부르겠는가? 그러기에 내가 엄 행수의 이름을 감히 부르지 못하고 '예덕 선생'이란 호를 지어 일컫는 것이라네.

55 (가)와 (나)에 대한 설명으로 적절한 것은?

① (가)는 대립되는 의미를 나열하여 주제를 부각하고, (나)는 인물의 행위와 그에 따른 의견을 중심으로 전개한다.
② (가)는 함축적인 언어를 통해 대상을 상징화시키고, (나)는 사실적인 진술을 통해 판단을 독자에게 맡기고 있다.
③ (가)는 간결한 문장을 사용하여 단정적인 느낌을 준다.
④ (나)는 나의 대화를 통해 주인공의 부정적 성격을 풍자한다.

> **해설** (가)는 '당신'의 편안함과, 평강공주의 '불편함'을 대립시켜 현대사회의 바람직한 인간형을 제시하고, (나)는 예덕선생의 구체적인 행동과 그 의미를 서술자가 평가하여 주제를 전달하고 있다.
> ② (가)는 산문이므로 함축이 없고, (나)는 글쓴이의 판단이 나타난다.
> ③ (가) 문장의 길이가 긴 만연체이다.
> ④ (나) 주인공의 긍정적 성격을 그린다.

56 ㉠~㉣ 중에서 (가)의 ⓐ와 그 의미가 가장 가까운 것은?

① ㉠ 경쟁적 능력
② ㉡ 비정
③ ㉢ 세속적 성취
④ ㉣ 더럽지 않은 자

> **해설** ④ 편안함은 경계해야 할 대상이지만, 흐르는 강물은 불편함이며, 추억과 희망의 긍정적 의미를 가진다.

57 (가)의 글쓴이와 (나)의 글쓴이가 대화를 나눈다고 할 때 적절하지 않은 것은?

① (가): 저는 세속적 편안함을 거부한 한 여인의 삶을 통해 현대인들에게 깨달음을 주려 했습니다.
② (나): 그 깨달음은 자신의 자리에서 묵묵히 일하는 '엄 행수'의 삶과도 연결될 수 있겠군요.
③ (가): 하지만, 현대인들의 무모한 욕심이 인간의 생명을 경시하는 풍조를 만들게 되었습니다.
④ (나): 맞습니다. 그렇기에 노동과 땀의 가치가 더욱 중요한 것이겠지요.

> **해설** ③ 인간의 무모한 욕심이 생명경시를 만들어 낸 것은 아니다. 본문에서 언급된 것은 능력으로 인한 비정과, 편안함에 안주하려는 태도이다.

【58~60】 다음 글을 읽고 물음에 답하시오.

생활 속으로 사라지고, 보이지 않고, 조용한 컴퓨터가 바로 유비쿼터스라는 것이다. 이는 사람들이 공기를 마시면서 그 행위를 의식하지 않듯이 생활 속에서 언제, 어디서나 컴퓨터를 사용하지만 컴퓨터를 의식하지 않아야 한다. 컴퓨터가 생활과 아주 자연스럽게 연결되고 그 일부가 되어야 한다.

일반적으로 컴퓨터라고 하면 집에서 사용하는 PC를 떠올리게 되지만, 신호 처리 능력을 가진 디지털 기기 전부를 컴퓨터 부류로 포함시킬 수 있다. 휴대 전화, 디지털 카메라, MP3 플레이어, 세탁기, 에어컨도 모두 컴퓨터가 ㉠내장되어 있는 것이다. 이런 기기들은 생활 속에서 아주 쉽고 편리한 수단으로 사용되고 있다. 하지만 오히려 기능이 많아지면서 사용하기에 부담스러운 상황도 발생하고 있다. 이런 것을 보면 기술과 인간의 가치 추구가 똑같이 일치하지는 않는 것 같다. 기술적으로는 의미가 있으나 인간 관점으로는 별로 의미가 없을 수도 있고, 기술적으로 아주 간단한 것이나 생활에서는 너무나 필요하고 중요한 것일 수도 있다.

㉡그렇다면 어떻게 해야 컴퓨터가 사람들의 생활과 자연스럽게 어울릴 수 있을까. 가장 먼저 생각해 볼 수 있는 것은 디지털 기기들이 일상생활의 책상, 의자, 거울, 액자, 가방, 옷 등과 같은 사물의 형태를 띠는 수준으로 발전하는 것이다. 그리고 사용 방법도 기존의 사물을 사용하는 것과 그리 다를 바가 없어야 한다. 그렇게 된다면 사람들은 일상생활 환경의 큰 변화 없이 컴퓨터와 비교적 쉽게 가까워 질 수 있다. 좀더 나아가 사람들의 평소 생활 모습을 살펴보고 분석함으로써 컴퓨터가 어떤 형태와 역할로써 생활 속에 들어 와야 하는지 예측해 볼 수 있을 것이다. 사람들의 생활 패턴을 변화시키지 않거나, 새로운 변화에 적응이 가능한 수준의 연장선상에 컴퓨터가 존재한다면 훨씬 자연스럽고 빠른 시일 내에 컴퓨터가 인간의 삶 속에 스며들 수 있을 것이다. 또한, 디자인이나 인터페이스 부분도 사람들의 생활과 잘 어울릴 수 있도록 고려된다면 지금껏 알아 왔던 컴퓨터 모습과는 다른 컴퓨터가 그 자리를 대체하게 될지도 모른다.

사람들이 살아가는 행태, 즉 라이프스타일은 가정 및 사회에서 공통적인 모습이 있으며, 개인의 취향이나 성향에 따라 다른 형태를 나타내기도 한다. 경제적 여유에 따라서도 다양한 라이프스타일이 형성된다. 예를 들어 각종 제품들을 구매할 수 있는 구매력 있는 사람들과 그렇지 못한 사람들은 분명 그 차이가 있을 것이다. 또한 연령층이나 직업에 따라서도 다양한 특성을 보이기도 한다. X세대, Y세대, P세대, 보보스족, 코쿤족 등 다양한 라이프스타일을 분류해 놓은 용어들이 있다. 각각의 라이프스타일에 따라서 어떤 형태의 유비쿼터스 환경을 선호하고, 활용을 하게 될지 살펴볼 필요가 있을 것이며, 가정, 사무실, 거리, 공공 장소 등 장소에 따라 어떤 유비쿼터스 환경이 적합한지 고민해 볼 필요가 있을 것이다.

유비쿼터스 개념이 제안된 최초의 의도는 인간 중심적인 접근이다. 최근에는 유비쿼터스가 기술적인 측면에서 다루어지는 경향이 많이 있다. 유비쿼터스 네트워크라 하여 언제 어디서나 접속이 가능한 IT환경이라는 개념으로 해석되어 연구가 되고 있기도 하다. 다양한 분야와 새로운 개념의 확대로 많은 연구가 진행이 되는 것은 환영할 만한 것이나, 가장 기본적인 요소인 인간과 컴퓨터 관계에 대한 연구도 게을리 해서는 안 될 것이다.

Answer 55.① 56.④ 57.③

58 이 글의 내용과 일치하지 않는 것은?

① 우리나라는 이미 본격적인 유비쿼터스 환경에 놓여 있다.
② 유비쿼터스는 원래 인간과 기술의 조화를 강조한 개념이다.
③ 고도의 기술 발전은 인간과 기술의 괴리를 불러올 수 있다.
④ 연령, 직업, 취향 등에 따라 사람들의 라이프스타일이 달라진다.

> ✅ 해설　이 글은 유비쿼터스의 본래 개념에는 컴퓨터와 인간의 자연스러운 조화가 강조되어 있다는 점을 지적하면서, 유비쿼터스의 개념이 언제 어디서나 접속 가능하다는 기술적인 측면으로 확대하고 있지만 여전히 인간적 요소는 중시되어야 한다고 주장하고 있다.
> ①에 대해서는 언급하지 않았다. 오히려 유비쿼터스는 현재의 환경이나 삶의 모습이 아니라 앞으로 다가올 환경이나 삶의 모습임을 추리할 수 있다.

59 다음 밑줄 친 단어 중에서 ㉠과 그 의미가 같은 것은?

① 생선 내장을 꺼내고 소금을 쳐서 냉동실에 넣었다.
② 자동 기어 변속 장치를 내장한 자동차가 더 비싸다.
③ 재개발 지역에 새로 솟은 빌딩들은 내장 공사가 한창이다.
④ 불교에서는 참선을 통해 내장을 줄이거나 없앨 수 있다고 보고 있다.

> ✅ 해설　㉠의 '내장(內藏)'은 '밖으로 드러나지 않게 안에 간직함'을 뜻하며 ②의 '내장'도 같은 뜻으로 쓰였다.
> ① 내장(內臟) : 척추동물의 가슴 안이나 배 안 속에 있는 여러 가지 기관을 통틀어 이르는 말
> ③ 내장(內粧) : 건물의 내부를 꾸미는 일
> ④ 내장(內障) : 불교에서, 마음속에 일어나는 번뇌의 장애를 이르는 말

60 ⓒ의 예로 알맞지 않은 것은?

① 음성 명령을 인식하고 음성으로 작동하는 세탁기를 만든다.
② 청소용 로봇의 외형을 친절한 이미지의 사람 모양으로 디자인한다.
③ 인터넷을 이용한 원격 진찰의 절차를 오프라인상의 절차와 유사하게 한다.
④ 컴퓨터의 업그레이드된 기능을 환기할 수 있게 외형을 첨단 이미지로 디자인한다.

> ✔해설 ④는 세 번째 문단에서 언급하고 있는 컴퓨터와 사람들의 생활이 자연스럽게 어울리는 여러 가지 예와 거리가 멀다. 또한 첨단 제품의 첨단 디자인이라고 해서 사람들의 생활과 잘 어울린다고 말할 수 없다.

61 다음 글의 요지를 가장 잘 정리한 것은?

> 신문에 실려 있는 사진은 기사의 사실성을 더해 주는 보조 수단으로 활용된다. 어떤 사실을 사진 없이 글로만 전할 때와 사진을 곁들여 전하는 경우에 독자에 대한 기사의 설득력에는 큰 차이가 있다. 이 경우 사진은 분명 좋은 의미에서의 영향력을 발휘한 경우에 해당할 것이다. 그러나 사진은 대상을 찍기 이전과 이후에 대해서 알려주지 않는다. 어떤 과정을 거쳐 그 사진이 있게 됐는지, 그 사진 속에 어떤 속사정이 숨어 있는지에 대해서도 침묵한다. 분명히 한 장의 사진에는 어떤 인과 관계가 있음에도 그것에 관해 자세히 설명해 주지 못한다. 이러한 서술성의 부족으로 인해 사진은 사람을 속이는 증거로 쓰이는 경우도 있다. 사기꾼들이 권력자나 얼굴이 잘 알려진 사람과 함께 사진을 찍어서, 자신이 그 사람과 특별한 관계가 있는 것처럼 보이게 하는 경우가 그 예이다.

① 사진은 서술성이 부족하기 때문에 사기꾼들에 의해 악용되는 경우가 많다.
② 사진은 사실성의 강화라는 장점을 지니지만 서술성의 부족이라는 단점도 지닌다.
③ 사진은 신문 기사의 사실성을 강화시켜 주며 어떤 사실의 객관적 증거로도 쓰인다.
④ 사진은 신문 기사의 사실성을 더해 주는 보조 수단으로서의 영향력이 상당하다.

> ✔해설 앞에서는 사진의 장점으로 '사실성의 강화'를 들고 있고 뒤에서는 그 단점으로 '서술성의 부족'을 지적하고 있다. 따라서 ②가 중심 내용을 바르게 파악·요약한 것에 해당한다.

Answer 58.① 59.② 60.④ 61.②

62 다음 글의 주제로 가장 적절한 것은?

> 법률 분야에서 특이한 점은 외국법에 낯가림이나 배타적 정서가 심하지 않다는 것이다. 어떤 경우는 오히려 적극적으로 외국법을 가져와 자기 나라에서 국내법으로 변형하여 사용하려 한다. 왜냐하면 주로 선진 법제를 가진 국가의 법은 오랜 기간 효과적으로 운용되어 살아남은 것이므로 충분히 주목할 가치가 있기 때문이다. 사실 법은 수시로 폐기되고 신설된다. 그런데 수정 조항 등을 거쳐 현실 속에서 잘 기능하고 있다면 그 법의 유용성은 검증된 것이나 다름없다. 후발 주자 입장에서는 선진 법제를 참고하여 법률을 제정하는 것이 여러모로 효율적이고 시행착오를 줄이는 길이다. 검증된 유효성이 설익은 독창성보다 중요하기 때문이다. 그러므로 어떤 법을 보면 외국법이나 국내법이나 그 내용이 대동소이한 경우가 많다. 단지 자국의 언어로 표현했다는 점만 다를 뿐, 실질적으로는 같은 내용의 법인 것이다. 이와 같이 선진 법제를 도입하는 형식으로 외국법을 자주 차용하는 영역에서는 국내법과 외국법이 하나로 융합되어 있다고 볼 수 있다.

① 외국법과 국내법의 융합
② 외국법을 받아들이는 우리의 태도
③ 법률제정의 시행착오를 줄이는 법
④ 외국법을 국내법으로 변형하여 사용하는 이유

> ✅ **해설** ① 마지막 문단에서 이 글의 주제를 알 수 있다.

63 다음 글의 주제로 가장 적절한 것은?

> 한 개인의 창의성 발휘는 자기 영역의 규칙이나 내용에 대한 이해뿐 아니라 현장에서 적용되는 평가기준과도 밀접한 관련을 갖고 있다. 어떤 미술 작품이 창의적인 것으로 평가받기 위해 당대 미술가들이나 비평가들이 작품을 바라보는 잣대에 들어맞아야 한다. 마찬가지로 문학 작품의 창의성 여부도 당대 비평가들의 평가기준에 따라 달라질 수 있다. 예를 들어, 라파엘로의 창의성은 미술사학, 미술 비평이론, 그리고 미적 감각의 변화에 따라 그 평가가 달라졌다. 그는 16세기와 19세기에는 창의적이라고 여겨졌으나, 그 사이 기간과 그 이후에는 그렇지 못했다. 라파엘로는 사회가 그의 작품에서 감동을 받고 새로운 가능성을 발견할 때 창의적이라고 평가받을 수 있었다. 그러나 만일 그의 그림이 미술을 아는 사람들의 눈에 도식적이고 고리타분하게 보였다면, 그는 기껏해야 뛰어난 제조공이나 꼼꼼한 채색가로 불렸을 것이다.

① 창의성은 본질적으로 신비하고 불가사의한 영역이다.
② 상징에 의해 전달되는 지식은 우리의 외부에서 온다.
③ 창의성은 일정한 준비 기간을 필요로 한다.
④ 창의성의 발휘는 평가 기준과 밀접한 관련이 있다.

> ✅ **해설** 창의성의 발휘는 자기 영역의 규칙이나 내용에 대한 이해뿐만 아니라 현장에서 적용되는 평가 기준과 밀접한 관련이 있다는 것이 중심 내용이다.

64 다음 글의 내용으로 추론할 수 없는 것은?

> 한 스마트폰 회사는 신제품 광고에서 기술 사양보다는 사용자의 감정 경험을 강조하는 방식을 선택했다. 광고 영상에는 가족과 친구, 여행지의 장면 등이 등장하며, 제품이 아니라 사람들의 관계와 추억이 중심에 놓인다. 스마트폰이 단순한 도구가 아니라 삶을 기록하는 창(窓)과 같다는 메시지를 전달하고자 한 것이다. 이 광고는 실제로 출시 직후 젊은 세대의 공감을 얻으며 높은 화제성을 얻었다. 그러나 일각에서는 감성적 연출이 제품의 성능을 충분히 설명하지 못해 실질적인 구매로 이어지지 않는다는 비판도 제기되었다.

① 광고는 소비자와의 정서적 연결을 중시할 수 있다.
② 광고의 감성적 접근은 단기적인 관심을 끄는 데 효과가 있다.
③ 이러한 광고는 제품의 구체적인 기능보다는 브랜드 이미지를 강화하려는 의도가 있다.
④ 소비자들은 제품 성능을 중요하게 여기지 않는다.

> ✔해설 ④ 성능 설명 부족이 구매로 이어지지 않았다는 비판은 소비자가 제품 성능을 중요하게 여긴다는 점을 암시한다.
> ① 지문은 광고가 소비자와의 정서적 연결을 중시한 사례이다.
> ② 젊은 세대의 공감을 얻으며 높은 화제성을 얻었다는 점에서 단기적 관심 유발 효과를 보여 준다.
> ③ 기술 사양보다 감성적 경험을 강조한 점은 브랜드 이미지 강화 목적으로 해석할 수 있다.

65 다음 빈칸에 들어갈 말로 가장 적절한 것은?

> 말 잘하는 것이 요즘처럼 대접을 받는 시기는 우리 역사를 통틀어 아마 없었을 것이다. 말은 억제하고 감추고 침묵하는 것이 미덕이었던 시절이 불과 얼마 전이었다. 전달의 효율성보다는 말의 권위를 따졌고, 말로 인해서 관계를 만들기보다는 말을 통하여 사람들 사이에 벽을 쌓았다. 그러나 이제는 사회를 억누르던 말의 권위주의 문화가 퇴조하고 새로운 가치관이 싹트고 있다. 걸출한 커뮤니케이터들이 정치무대의 중심에 등장했고, 이들의 말 한마디가 세상을 바꾸고 있다. (   )

① 그래서 더욱더 과묵함이 강조되고 있다.
② 꾸민 말에는 진실이 깃들이 어렵게 된 셈이다.
③ 말 한마디로 권위를 잃게 되는 경우가 많아지고 있다.
④ 화려한 말을 구사하는 능력이 대중의 인기를 모으고 있다.

> ✔해설 걸출한 커뮤니케이터들이 정치무대의 중심에 등장했고, 이들의 말 한마디가 세상을 바꾸고 있다고 했으므로 ④가 들어가는 것이 적절하다.

Answer 62.① 63.④ 64.④ 65.④

66 다음 문장을 순서대로 바르게 나열한 것은?

> (가) 에너지는 일을 할 수 있는 능력이고 에너지 자원은 일을 할 수 있는 능력을 가진 물질이나 현상을 말한다.
> (나) 마라톤 경기에서 결승선까지 달려온 선수들의 지친 모습을 보면서 우리는 그들이 에너지를 다 써 버렸다고 말한다.
> (다) 도로 위를 달리는 트럭은 에너지 자원인 연료를 태워서 에너지를 발생시키고 이 에너지로 바퀴를 굴려 무거운 짐을 먼 곳까지 운반하는 일을 한다.
> (라) 여기서 에너지란 무슨 뜻일까?

① (나) - (라) - (가) - (다)
② (라) - (가) - (나) - (다)
③ (가) - (다) - (라) - (나)
④ (다) - (나) - (가) - (라)

 (나) 에너지에 대한 일반적인 사용 예시
(라) 문제 제기
(가) 에너지의 의미와 에너지 자원의 의미
(다) (가)의 사례

67 다음을 잘 표현한 한자성어는?

> 나의 스승님은 항상 진리를 터득하기 위해 부단히 노력하는 모습을 보여주셨다. 하루는 스승님이 길을 걷던 중 김을 매고 있는 농부에게 무엇인가를 물어본 뒤 농부의 설명을 진지하게 듣는 모습을 보게 되었다. 내가 후에 스승님께 그 연유를 물으니 스승님은 "언제 어디서든 모르는 것이 있으면 그게 누구이든 물어봐야 하는 것이 진정한 학문이네." 라고 대답하셨다.

① 不恥下問
② 錦上添花
③ 難兄難弟
④ 男負女戴

 ① 불치하문 : 손아랫사람이나 지위나 학식이 자기만 못한 사람에게 모르는 것을 묻는 일을 부끄러워하지 아니함
② 금상첨화 : 좋은 일 위에 또 좋은 일이 더하여짐을 비유적으로 이르는 말
③ 난형난제 : 두 사물이 비슷하여 낫고 못함을 정하기 어려움을 이르는 말
④ 남부여대 : 남자는 지고 여자는 인다는 뜻으로 가난한 사람들이 살 곳을 찾아 이리저리 떠돌아다님을 이르는 말

68 다음 글의 주제로 가장 적절한 것은?

> 진화론자는 어떠한 한 종에 대해 과거의 진화적 내용을 증명하거나 앞으로의 진화를 예견할 수 없고 단지 어떤 사실을 해석하거나 이에 대하여 이야기를 만들 뿐이다. 왜냐하면 과거 일회성의 사건은 반복되거나 실험적으로 검증할 수 없고 예견은 검증된 사실로부터 가능하기 때문이다. 이러한 관점에서 보면 진화론자와 역사학자는 닮은 점이 있다. 그러나 진화론자는 역사학자보다는 상당히 많은 과학적 이점을 가지고 있다. 즉, 상호 연관성을 가진 생물학적 법칙, 객관적 증거인 상동 기관, 일반적인 과학의 법칙 등으로부터 체계를 세울 수 있다. 상동 기관은 다양한 생물이 전혀 별개로 형성되었다기보다는 하나의 조상으로부터 출발하였다는 가설을 뒷받침하는 좋은 증거이기 때문이다. 진화론은 생물의 속성에 대해 일반적으로 예견할 수 있지만, 아직까지 진화론에는 물리학에 견줄 수 있는 법칙이 정립되어 있지 않다. 이것은 진화론이 해결할 수 없는 본질적인 특성에 기인한다.

① 진화론은 인문 과학의 속성과 자연 과학의 속성을 모두 지니고 있다.
② 진화론은 객관적 증거들을 이용하여 생명 현상의 법칙을 세운다.
③ 진화론이 과학으로서 인정을 받기 위해서는 법칙의 정립이 시급하다.
④ 진화론은 과거의 사실을 검증함으로써 진화 현상에 대한 예측을 가능하게 한다.

> ✔ 해설 '진화론자와 역사학자는 닮은 점이 있으나 진화론자는 역사학자보다는 상당히 많은 과학적 이점을 가지고 있다'는 것을 통해 ①이 주제문임을 알 수 있다.

69 다음 글에서 알 수 있는 것은?

> 국내에서 벤처버블이 발생한 1999~2000년 동안 한국뿐 아니라 미국, 유럽 등 전 세계 주요 국가에서 벤처버블이 나타났다. 미국 나스닥의 경우 1999년 초 이후에 주가가 급상승하여 2000년 3월을 전후해서 정점에 이르렀는데, 이는 한국의 주가 흐름과 거의 일치한다. 또한 한국에서는 1989년 5월부터 외국인의 종목별 투자한도를 완전 자유화하였는데, 외환위기 이후 해외투자를 유치하기 위한 이런 주식시장의 개방은 주가 상승에 영향을 미쳤다. 외국인 투자자들은 벤처버블이 정점에 이르렀던 1999년 12월에 벤처기업으로 구성되어 있는 코스닥 시장에서 투자금액을 이전 달의 1조 4천억 원에서 8조원으로 늘렸으며, 투자비중도 늘렸다.
>
> 또한 벤처버블 당시 국내에서는 인터넷이 급속히 확산되고 있었다. 초고속 인터넷 서비스는 1998년 첫해에 1만 3천 가구에 보급되었지만 1999년에는 34만 가구로 확대되었다. 또한 1997년 163만 명이던 인터넷 이용자는 1999년에 천만 명으로 폭발적으로 증가하였다. 이처럼 초고속 인터넷의 보급과 인터넷 사용 인구의 급증은 뚜렷한 수익모델이 없는 업체라 할지라도 인터넷을 활용한 비즈니스를 내세우면 투자자들 사이에서 높은 잠재력을 가진 기업으로 인식되는 효과를 낳았다.
>
> 한편 1997년 8월에 시행된 벤처기업 육성에 관한 특별 조치법은 다음과 같은 상황으로 인해 제정되었다. 법 제정 당시 우리 경제는 혁신적 기술이나 비즈니스 모델에 의한 성장보다는 설비확장에 토대한 외형성장에 주력해 왔다. 그러나 급격한 임금상승, 공장용지와 물류 및 금융 관련 비용 부담 증가, 후발국가의 추격 등은 우리 경제가 하루 빨리 기술과 지식을 경쟁력의 기반으로 하는 구조로 변화해야 할 필요성을 높였다. 게다가 1997년 말 외환위기로 30대 재벌의 절반이 부도 또는 법정관리에 들어가게 되면서 재벌을 중심으로 하는 경제성장 방식의 한계가 지적되었고, 이에 따라 우리 경제는 고용창출과 경제성장을 주도할 새로운 기업군을 필요로 하게 되었다. 이로 인해 시행된 벤처기업 육성 정책은 벤처기업에 세제 혜택은 물론, 기술 개발, 인력공급, 입지공급까지 다양한 지원을 제공하면서 벤처기업의 급증에 많은 영향을 주게 되었다.

① 해외 주식시장의 주가 상승은 국내 벤처버블 발생의 주요 원인이 되었다.
② 벤처버블은 한국뿐 아니라 전 세계 모든 국가에서 거의 비슷한 시기에 발생했다.
③ 국내의 벤처기업 육성책 실행은 한국 경제구조 변화의 필요성과 관련을 맺고 있다.
④ 국내 초고속 인터넷 서비스 확대는 벤처기업을 활성화 시켰으나 대기업 침체의 요인이 되었다.

✔해설 ③ 세 번째 문단 중후반부에서 알 수 있는 내용이다.

70 (가)와 (나)의 논지 전개 구조를 가장 잘 설명한 것은?

> (가) 사회 복지 정책이 사람들의 자유를 침해(侵害)한다는 논리 가운데 하나는, 사회 복지정책 추진에 필요한 세금을 많이 낸 사람들이 이득을 적게 볼 경우, 그 차이만큼 불필요하게 개인의 자유를 제한한 것이 아니냐는 것이다. 일반적으로 사회 복지 정책이 제공하는 재화와 서비스는 공공재적 성격을 갖고 있어, 이를 이용하는 데 차별(差別)을 두지 않는다. 따라서 강제적으로 낸 세금의 액수와 그 재화의 이용을 통한 이득 사이에는 차이가 존재할 수 있고, 세금을 많이 낸 사람들이 적은 이득을 보게 될 경우, 그 차이만큼 불필요하게 그 사람의 자유를 제한하였다고 볼 수 있다.
>
> (나) 그러나 이러한 자유의 제한은 다음과 같은 측면에서 합리화될 수 있다. 사회 복지 정책을 통해 제공하는 재화는 보편성을 가지고 있기 때문에, 사회 전체를 위해 강제적으로 제공하는 것이 개인들의 자발적인 선택의 자유에 맡겨둘 때보다 그 양과 질을 높일 수 있다. 예를 들어, 각 개인들에게 민간 부문의 의료 서비스를 사용할 수 있는 자유가 주어질 때보다 모든 사람들이 보편적인 공공 의료 서비스를 받을 수 있을 때, 의료 서비스의 양과 질은 전체적으로 높아진다. 왜냐하면, 모든 사람을 대상으로 하는 의료 서비스의 양과 질이 높아져야만 개인에게 돌아올 수 있는 서비스의 양과 질도 높아질 수 있기 때문이다. 이러한 경우 세금을 많이 낸 사람이 누릴 수 있는 소극적 자유는 줄어들지만, 사회 구성원들이 누릴 수 있는 적극적 자유의 수준은 전반적으로 높아지는 것이다.

① (가)에서 논의한 것을 (나)에서 사례를 들어 보완하고 있다.
② (가)에서 서로 대립되는 견해를 소개한 후, (나)에서 이를 절충하고 있다.
③ (가)에서 문제의 원인을 분석한 후, (나)에서 해결 방안을 모색하고 있다.
④ (가)에서 논의된 내용에 대해 (나)에서 반론의 근거를 마련하고 있다.

✔해설 (가)와 (나)의 관계는 (가)에서 상대방의 견해를 수용한 뒤 (나)에서 이에 대한 반론의 근거를 마련하고 있다고 정리할 수 있다.

Answer 69.③ 70.④

Chapter 03 공간지각력

대표유형 1 도형 회전

(1) 제시된 도형과 다른 것 찾기

주어진 도형을 90°, 180°, 270° 등 다양한 각도로 회전시켰을 때 나타날 수 없는 형태를 고르는 유형이다.

예제풀이

다음 제시된 도형과 다른 것을 고르면?

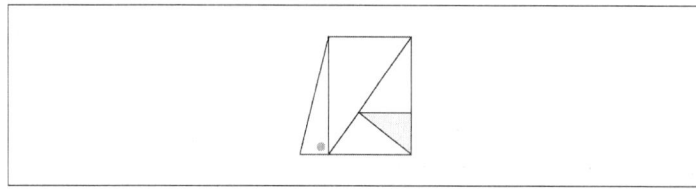

① 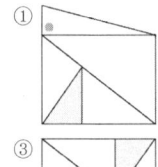 ②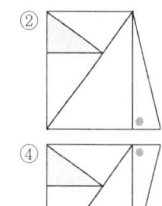

③ 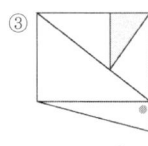 ④

[해설]
② 그림을 제시된 도형과 같은 위치로 돌려보면 오른쪽과 같은 모양이 된다. 왼쪽 삼각형의 모양이 다른 것을 알 수 있다.
① 제시된 그림을 오른쪽으로 90° 회전시킨 모양이다.
③ 제시된 그림을 왼쪽으로 90° 회전시킨 모양이다.
④ 제시된 그림을 180° 회전시킨 모양이다.

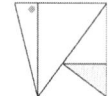

답 ②

(2) 같은 도형 찾기

보기로 제시된 네 가지 도형을 회전시켜 서로 같은 2개의 도형을 찾는 유형이다.

예제풀이

다음 그림 중에서 회전시켰을 때 서로 일치하는 도형을 고르면?

① 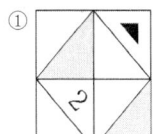 ②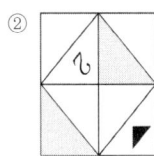

③ 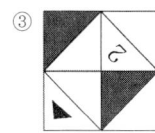 ④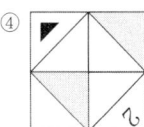

[해설]
② ▲의 모양이 다르다.
④ 2의 위치가 다르다.

답 ①③

대표유형 2 블록

(1) 블록 개수 세기

① 쌓아놓은 블록의 개수를 세는 유형의 경우 보이지 않는 부분을 추리하는 능력이 요구된다.

② 바닥면부터 각 층별로 블록 개수를 세어 맨 꼭대기 층까지의 블록 개수를 더해 주는 방식으로 문제를 푸는 것이 효과적이다.

예제풀이

아래에 제시된 그림과 같이 쌓기 위해 필요한 블록의 수는?

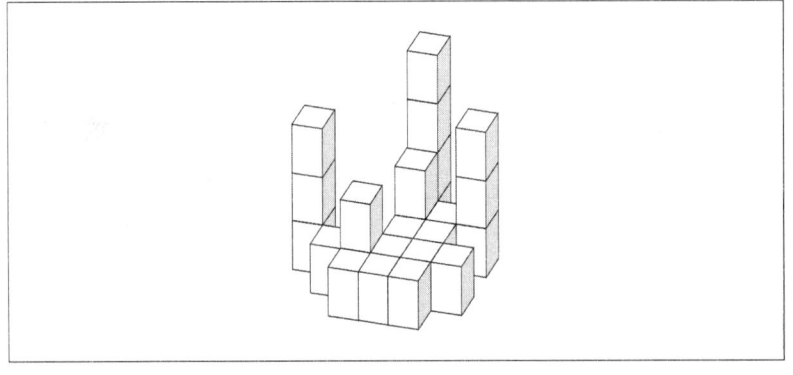

① 18
② 20
③ 22
④ 24

[해설]
제시된 그림을 따라 블록을 세어보면 총 24개이다.
따라서 그림과 같이 쌓기 위한 블록의 개수는 ④이다.

답 ④

(2) 방향에 따른 블록 모양 파악하기

방향에 따라 블록이 어떻게 보이는지 묻는 유형의 경우, 해당 방향에서 보았을 때 왼쪽에서 오른쪽으로 각 열별 블록의 높이를 숫자로 적어놓고 문제를 풀면 빠르고 정확하게 해결이 가능하다.

예제풀이

아래에 제시된 블록들을 화살표 표시한 방향에서 바라봤을 때의 모양으로 알맞은 것은? (단, 바라보는 시선의 방향은 블록의 면과 수직을 이루며 원근에 의해 블록이 작게 보이는 효과는 고려하지 않는다.)

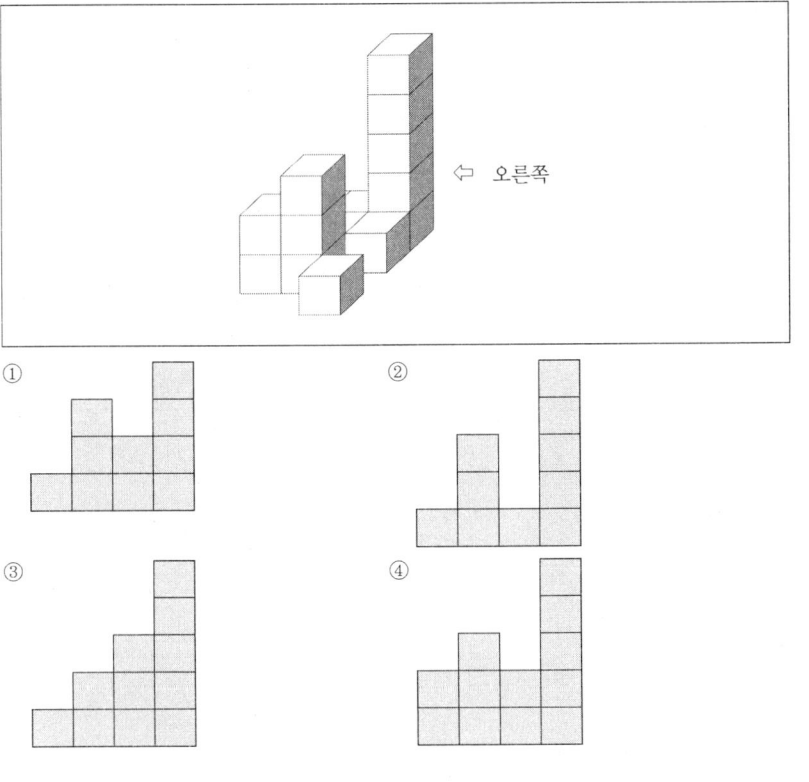

[해설]
제시된 그림을 오른쪽에서 본다고 가정하면 ②가 나타나게 된다.

답 ②

대표유형 3 전개도

(1) 기본적인 전개도의 모양

이름	입체도형	전개도
정사면체		
정육면체		
정팔면체		
정십이면체		
정이십면체		

(2) 정육면체의 전개도

정육면체의 전개도는 대략 다음의 11가지로 볼 수 있다. 각 유형의 전개도에 따라 마주보는 위치에 오는 면을 암기해 둔다면 보다 빠르게 문제를 풀 수 있다.

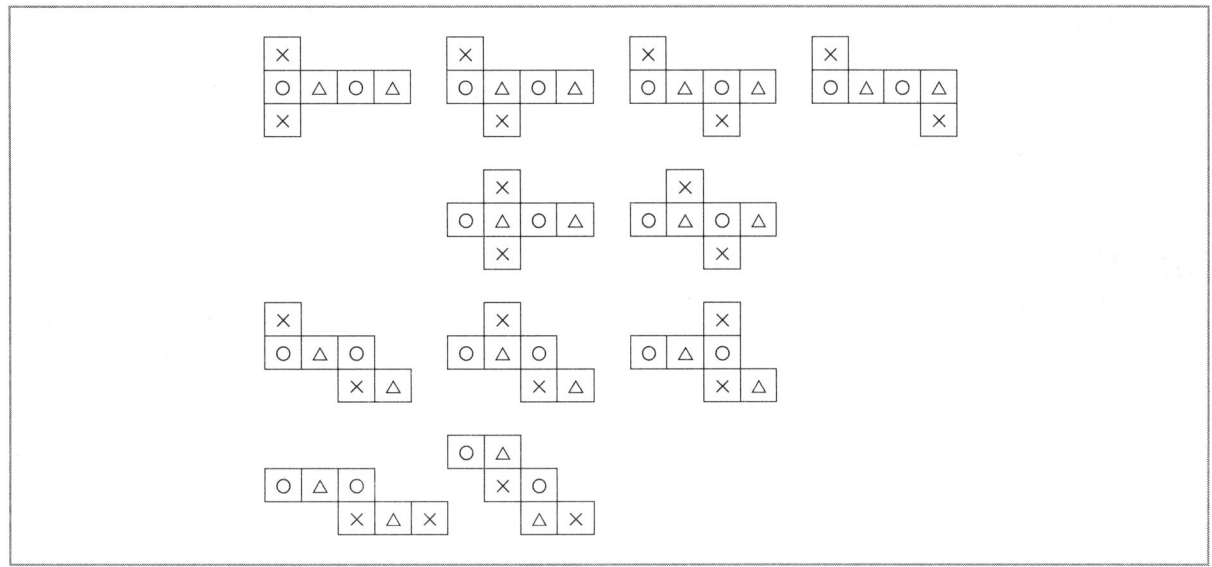

 예제풀이

다음 전개도를 접었을 때 만들어질 도형으로 올바른 것은?

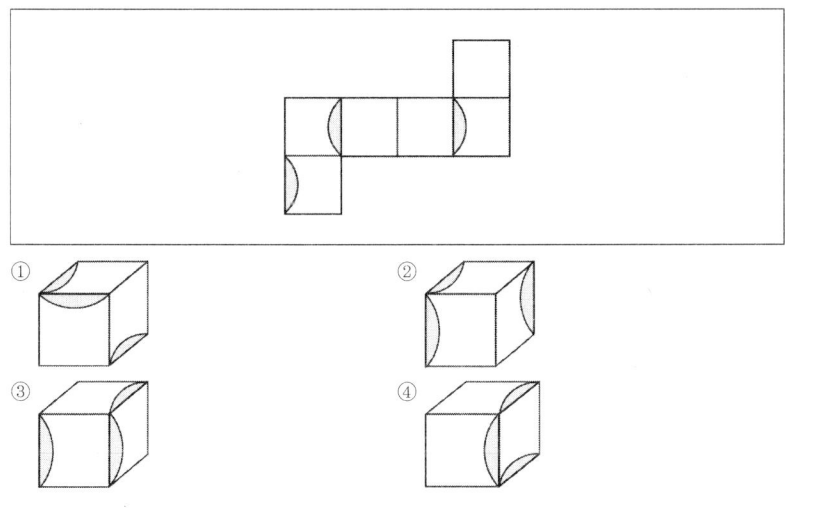

[해설]
전개도의 맞닿는 면을 잘 살펴보면 다음과 같다.

③번의 경우 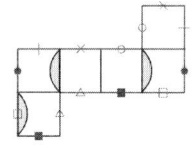 모양이 된다면 답이 될 수 있었으나, 무늬의 위치가 틀려 오답이다.

답 ①

대표유형 4 　 펀칭·절단면

(1) 펀칭

① 종이의 접힌 면을 잘 살펴본다.

② 접힌 면을 중심으로 펀칭구멍이 대칭으로 생긴다는 것을 염두한다.

③ 펀칭 순서를 역으로 추리해나간다.

예제풀이

다음 그림과 같이 화살표 방향으로 종이를 접은 후, 펀치로 구멍을 뚫어 다시 펼친 그림은?

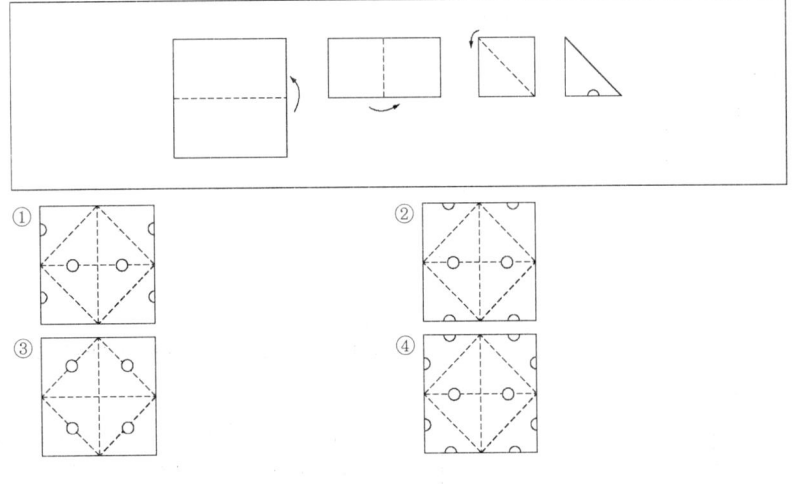

[해설]
역으로 순서를 유추해보면 다음 그림과 같다. 접힌 면을 항상 염두해야 한다.

답 ①

(2) 절단면

① 원기둥은 밑면과 수직이 되도록 세로로 자르면 절단면은 직사각형 또는 정사각형이 된다.

② 원기둥을 밑면과 평행하도록 자르면 절단면은 원이 된다.

③ 원기둥을 비스듬하게 자르면 절단면은 타원형의 모습이 된다.

④ 구를 중심을 지나도록 단면으로 자르면 절단면은 원이 된다.

⑤ 구를 중심을 지나지 않는 단면으로 자르면 절단면은 타원이 된다.

예제풀이
다음 입체도형을 평면으로 잘랐을 때 생기는 단면의 모양이 아닌 것은?

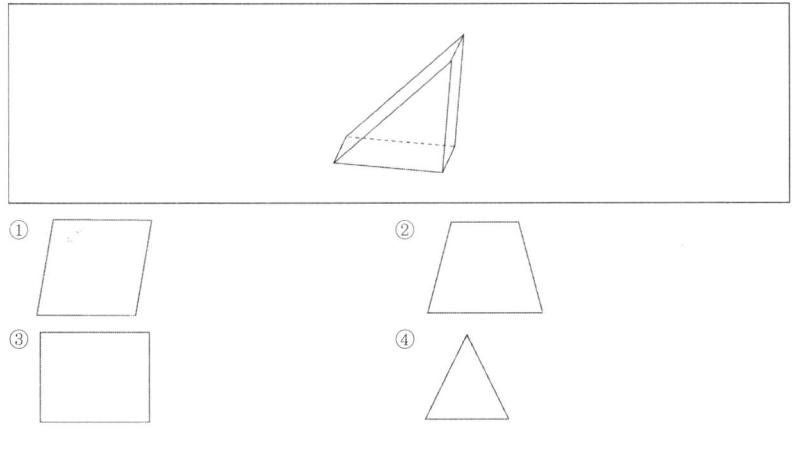

① ② ③ ④

[해설]
도형은 여러 가지 모양으로 자를 수 있는데 아래의 그림처럼 각각 ②로 자르면 사다리꼴 모양, ③으로 자르면 직사각형 모양, ④로 자르면 삼각형 모양이 나오게 된다.

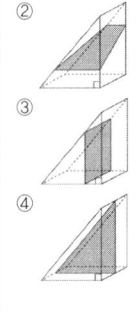

답 ①

| 대표유형 5 | 회전체 |

(1) 동일한 전개도로 만들 수 있는(없는) 회전체 찾기

예제풀이

다음 중 동일한 전개도로 만들 수 없는 것은?

①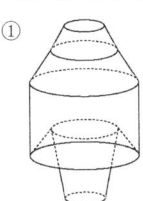
②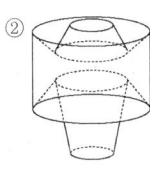
③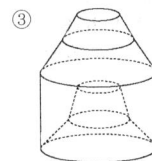
④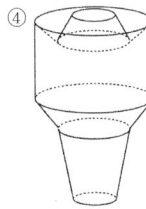

[해설]
회전체 맨 아래 부분의 길이가 ①②④에 비해 짧다.

답 ③

(2) 축을 중심으로 회전시켰을 때의 회전체 찾기

예제풀이

상자 안의 도형을 제시된 축을 중심으로 회전시켰을 때 생기는 입체의 모양은?

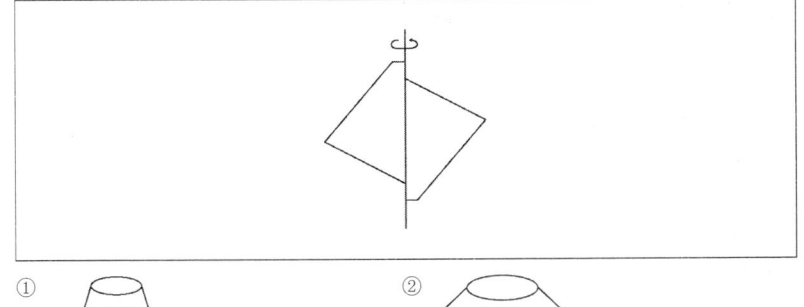

① 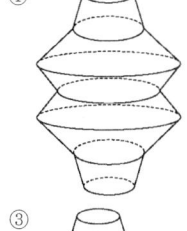 ②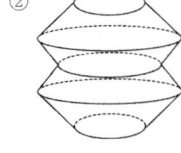

③ 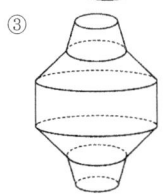 ④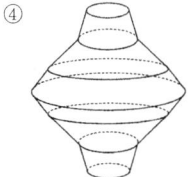

[해설]

회전축을 중심으로 두 도형이 서로 어긋난 모양으로 만나고 있다. 맨 위와 맨 아래는 원기둥의 모양이 만들어지게 되며, 옆면은 뾰족한 부분과 들어간 부분이 생기게 된다. ②번은 위 아래에 원기둥의 모양이 생기지 않았기 때문에 오답이다.

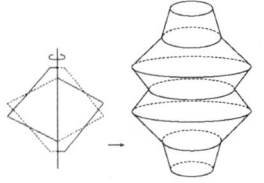

답 ①

출제예상문제

1 다음 제시된 그림을 반시계 방향으로 90° 회전 후 오른쪽으로 뒤집은 그림은?

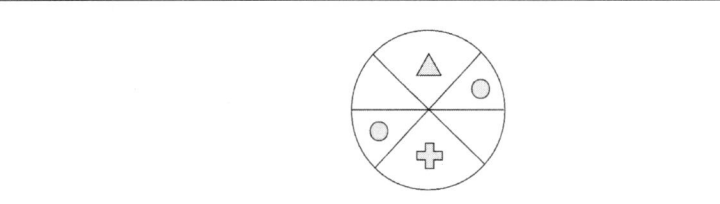

2 다음 제시된 그림을 상하 대칭 이동한 후 시계방향으로 60° 회전한 그림은?

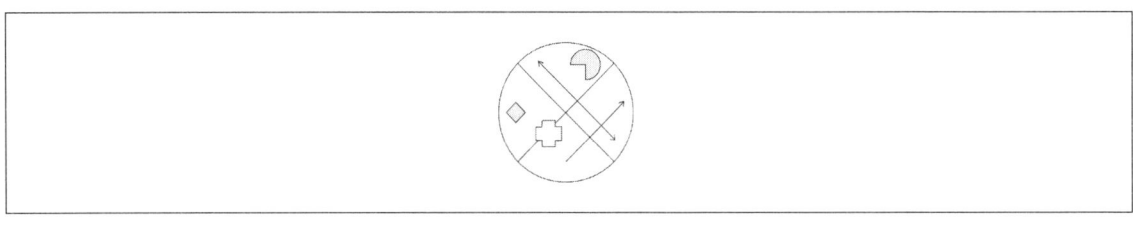

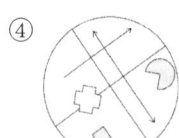

3 다음 제시된 그림을 시계 방향으로 90° 회전한 후 좌우 대칭 이동한 후 시계 반대 방향으로 다시 45° 회전시켰을 때 나오는 그림은?

①    ②

③ 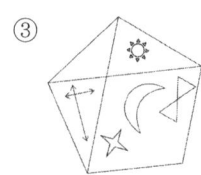   ④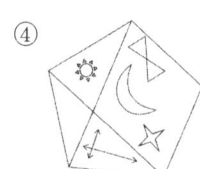

4 다음 제시된 그림을 상하 대칭 이동 하고 시계 반대 반향으로 30° 회전했을 때 나오는 모양은?

Answer 1.① 2.② 3.① 4.④

5 다음 제시된 그림을 시계 방향으로 90°회전시키고 왼쪽으로 뒤집고 다시 반시계 방향으로 90°회전시킨 모양은?

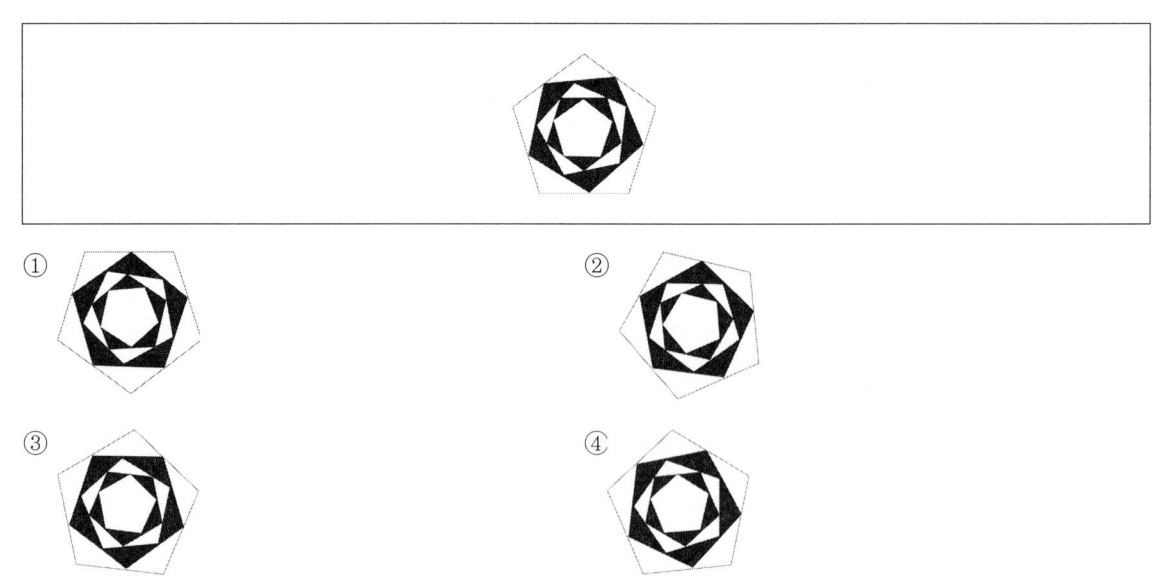

｜6~9｜ 다음 중 나머지 셋과 다른 것을 고르시오.

6

✔해설 ②③④는 회전관계, ①은 모양이 다른 그림이다.

7 ① 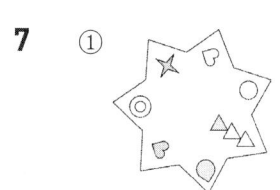　②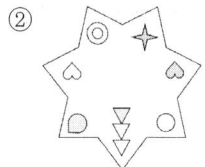
③ 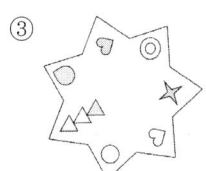　④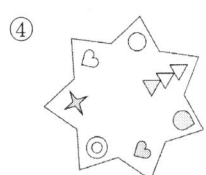

> ✔ 해설　①③④는 회전관계, ②는 모양이 다른 그림이다.

8 ① 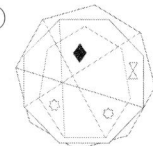　②
③ 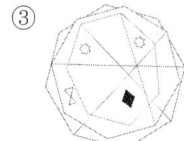　④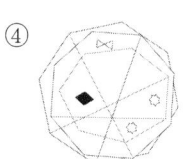

> ✔ 해설　①②③은 회전관계, ④는 모양이 다른 그림이다.

9 ① 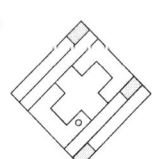　②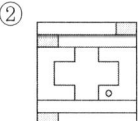
③ 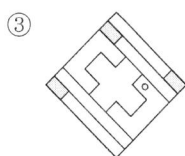　④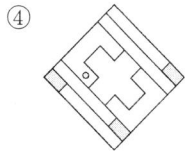

> ✔ 해설　①③④ 회전관계, ②는 °의 위치가 다르다.

Answer　5.① 6.① 7.② 8.④ 9.②

┃10~15┃ 다음 두 블록을 합쳤을 때 나올 수 없는 형태를 고르시오.

10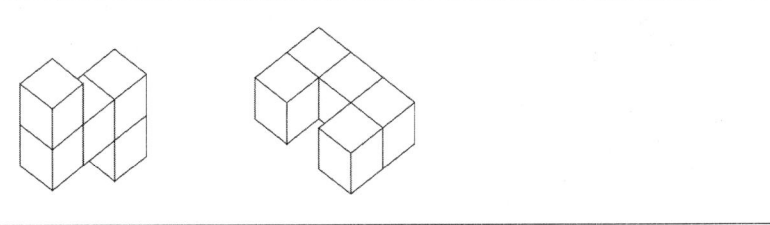

①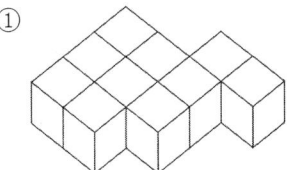

②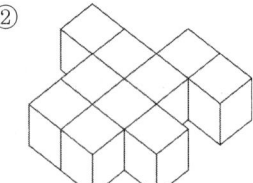

③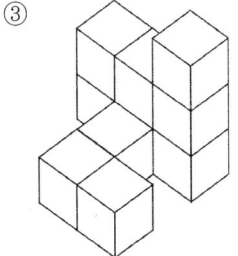

④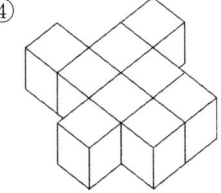

✔해설 ④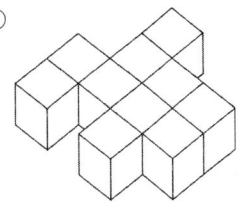

11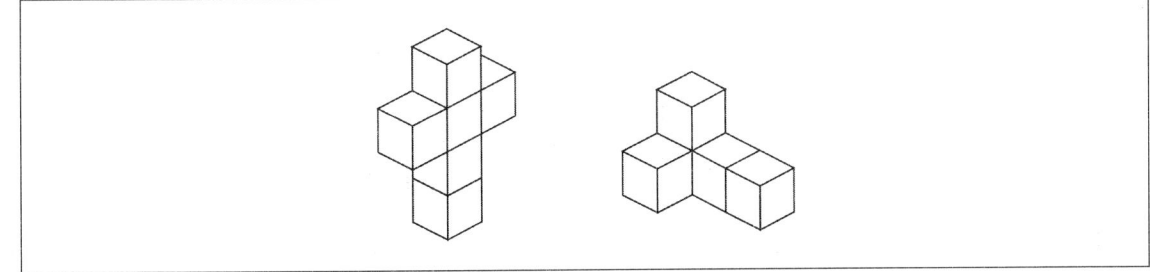

①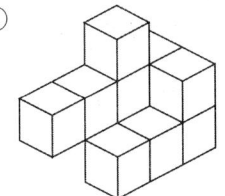

②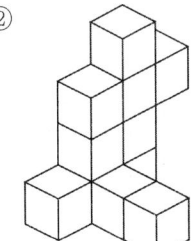

③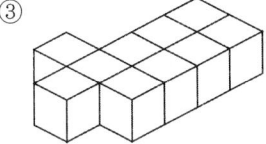

④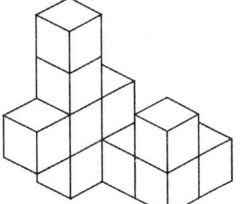

✔ 해설 ③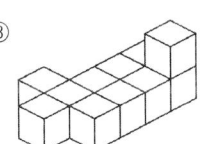

Answer 10.④ 11.③

12

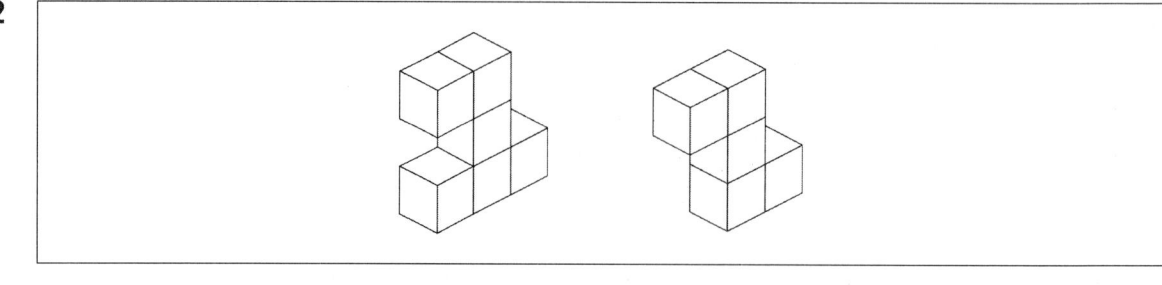

① 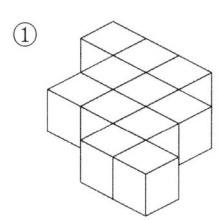 ② 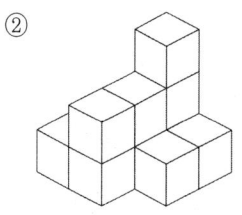 ③ 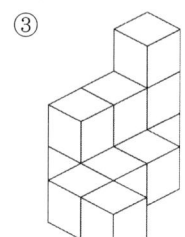 ④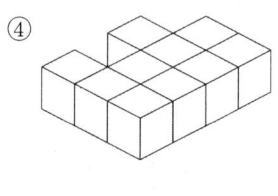

✔ 해설 ④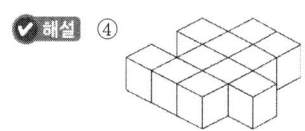

13

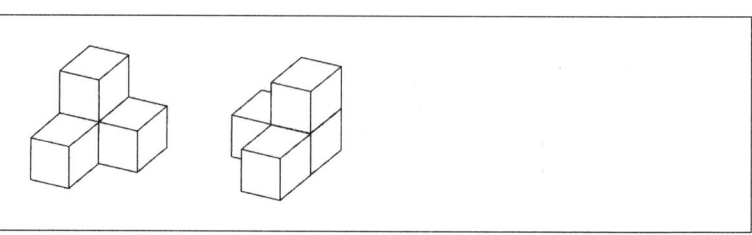

① 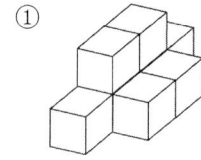 ② 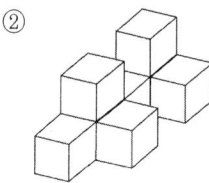 ③ 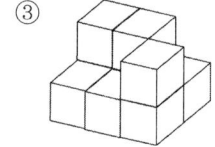 ④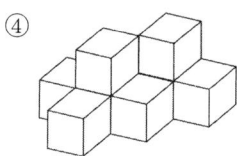

✔ 해설 ③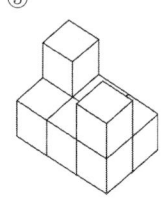

14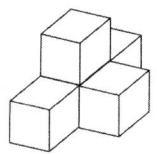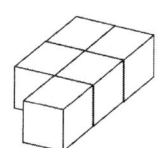

① 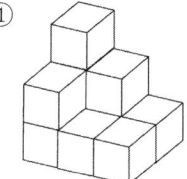   ②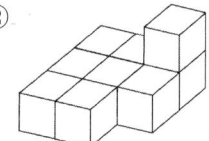

③ 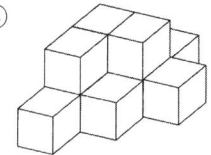   ④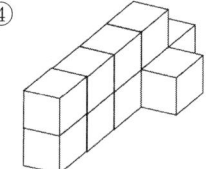

✔ 해설 ②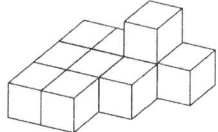

Answer 12.④ 13.③ 14.②

15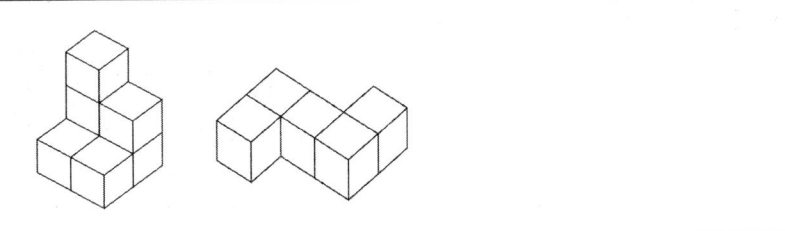

①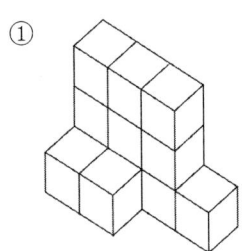

②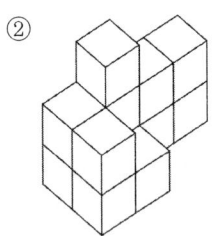

③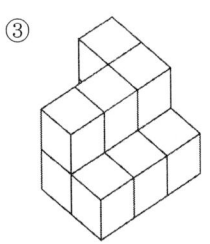

④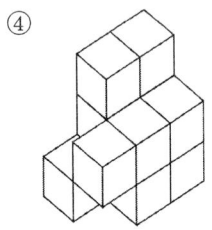

 ③

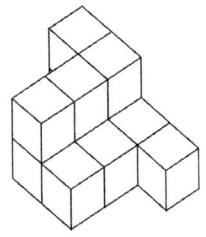

|16~20| 아래에 제시된 그림과 같이 쌓기 위해 필요한 블록의 수는?

* 블록은 모양과 크기는 모두 동일한 정육면체임

16

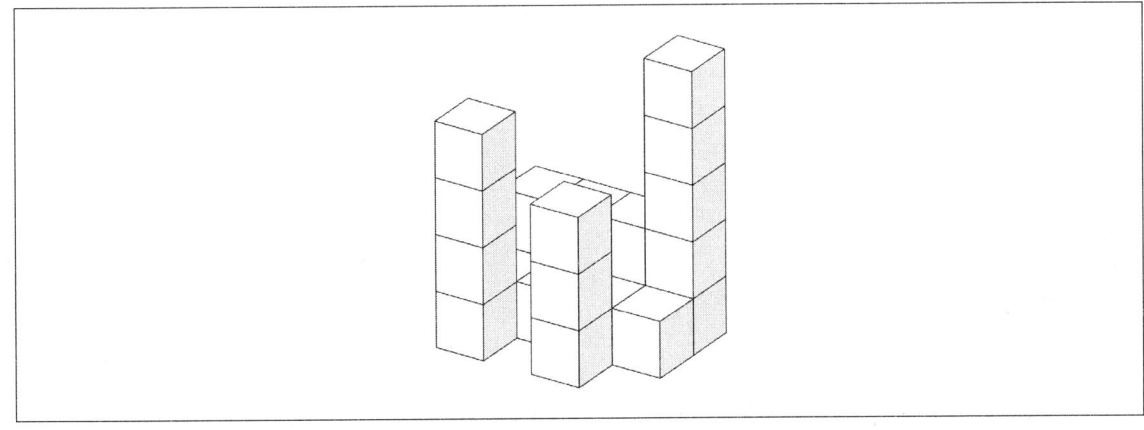

① 16
② 18
③ 20
④ 22

✔해설 바닥면부터 블록 개수를 세어 보면, 10+6+3+2+1=22개 이다.

17

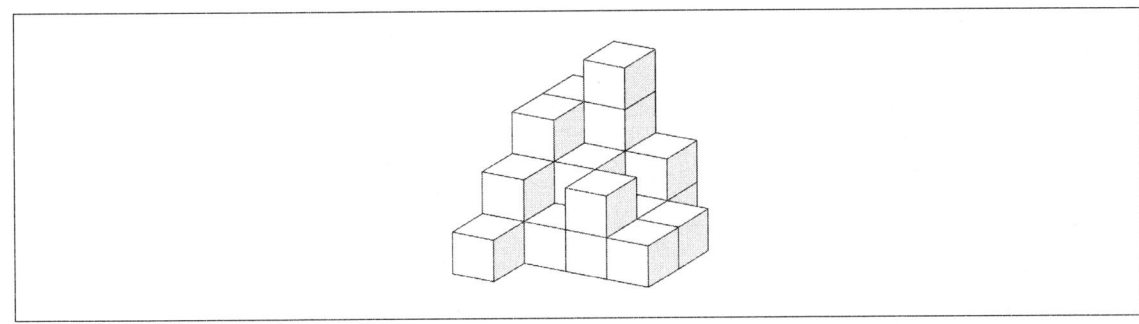

① 21개
② 22개
③ 23개
④ 24개

✔해설 바닥면부터 블록 개수를 세어 보면, 12+7+3+1=23개 이다.

Answer 15.③ 16.④ 17.③

18

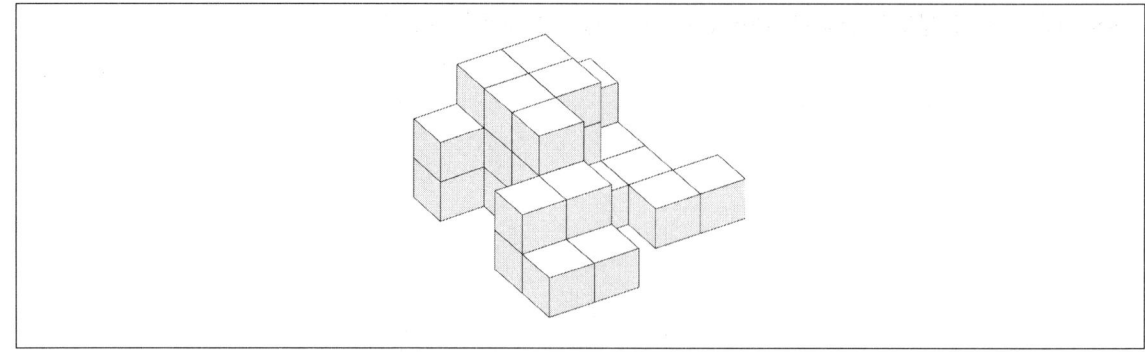

① 24개 ② 27개
③ 30개 ④ 33개

✔해설 바닥면부터 블록 개수를 세어 보면, 16+9+5=30개 이다.

19

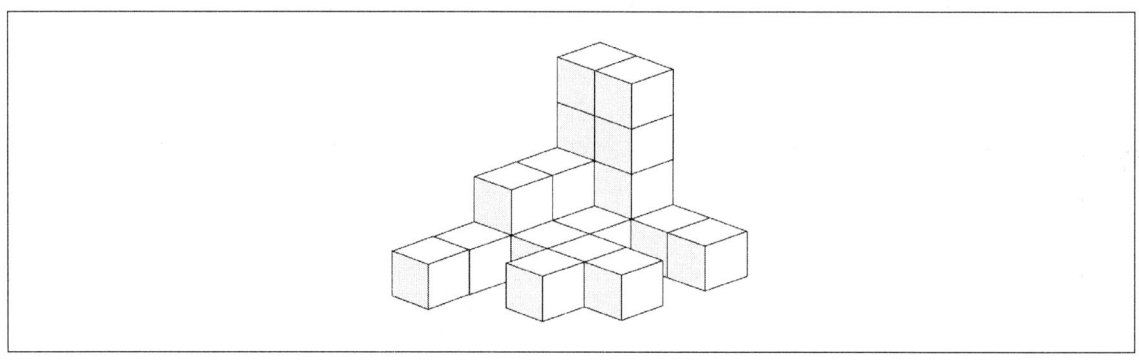

① 20개 ② 21개
③ 22개 ④ 23개

✔해설 바닥면부터 블록 개수를 세어 보면, 13+4+2+2=21개 이다.

20

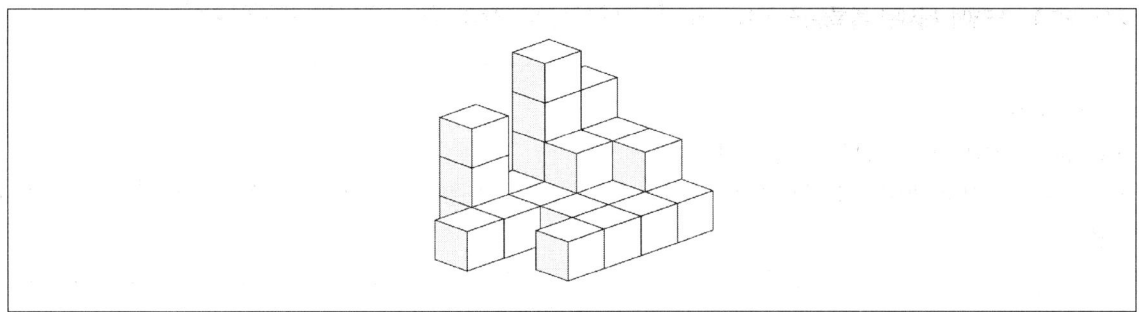

① 23개 ② 24개
③ 25개 ④ 26개

✔해설 바닥면부터 블록 개수를 세어 보면, 16+6+3+1=26개 이다.

|21~25| 아래에 제시된 블록들을 화살표 표시한 방향에서 바라봤을 때의 모양으로 알맞은 것은?

※ 주의사항
- 블록은 모양과 크기는 모두 동일한 정육면체임.
- 바라보는 시선의 방향은 블록의 면과 수직을 이루며 원근에 의해 블록이 작게 보이는 효과는 고려하지 않음.

21

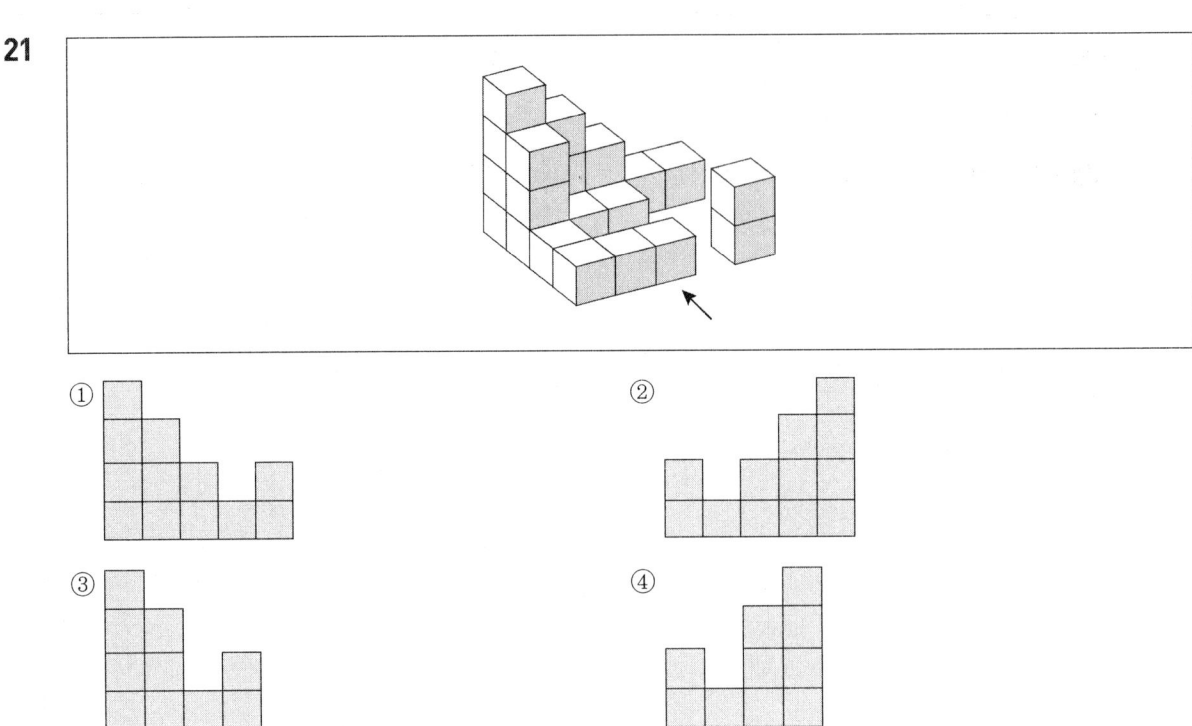

해설 화살표 방향을 정면으로 왼쪽에서부터 1열이라고 할 때, 4-3-2-1-2층으로 보인다.

22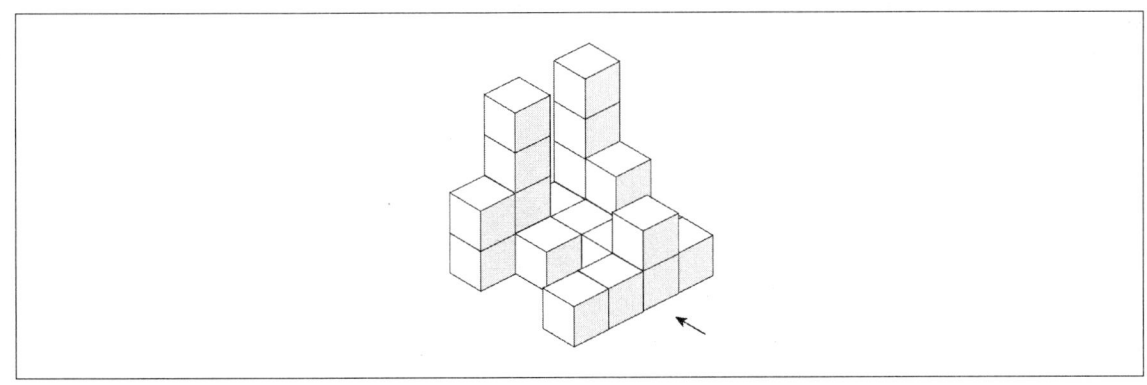

①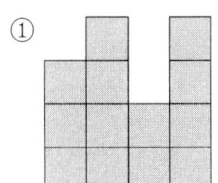

②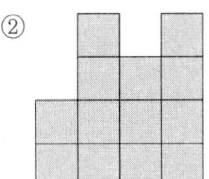

③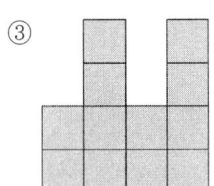

④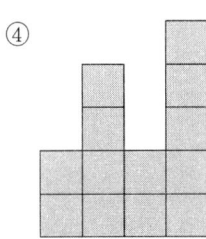

✅ 해설 화살표 방향을 정면으로 왼쪽에서부터 1열이라고 할 때, 2-4-2-4층으로 보인다.

23

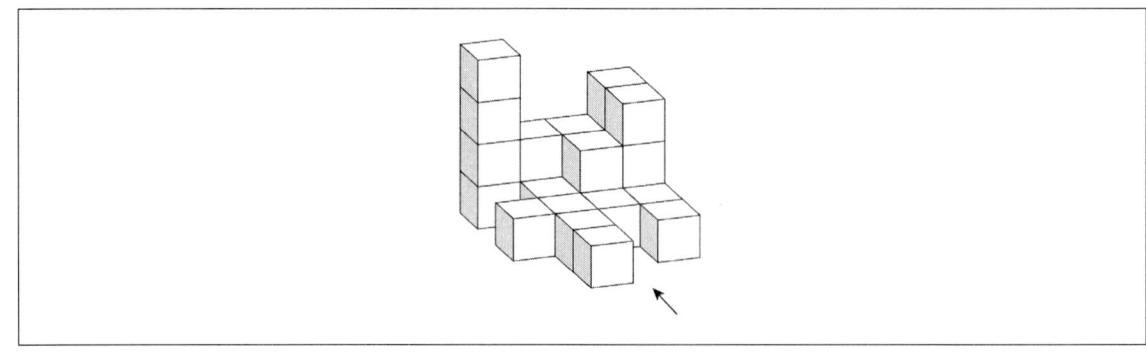

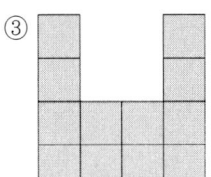

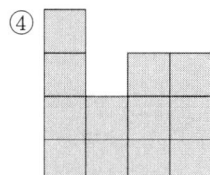

✅ **해설** 화살표 방향을 정면으로 왼쪽에서부터 1열이라고 할 때, 4-2-2-3층으로 보인다.

24

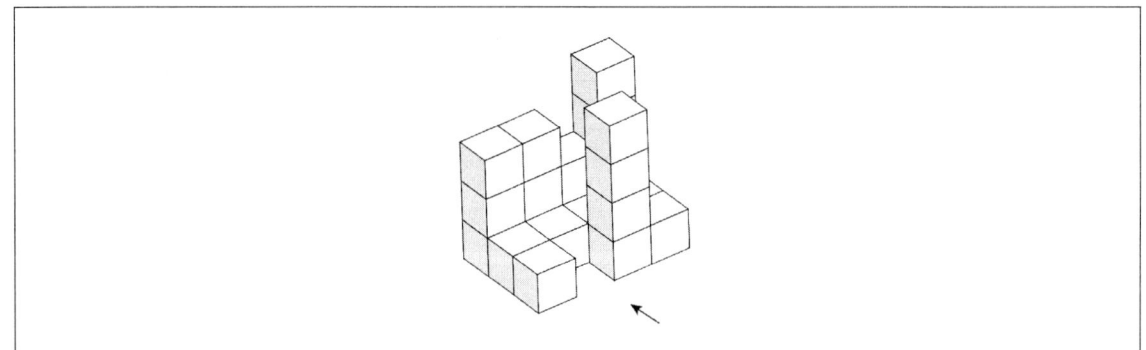

✔해설 화살표 방향을 정면으로 왼쪽에서부터 1열이라고 할 때, 3-3-4-4층으로 보인다.

25

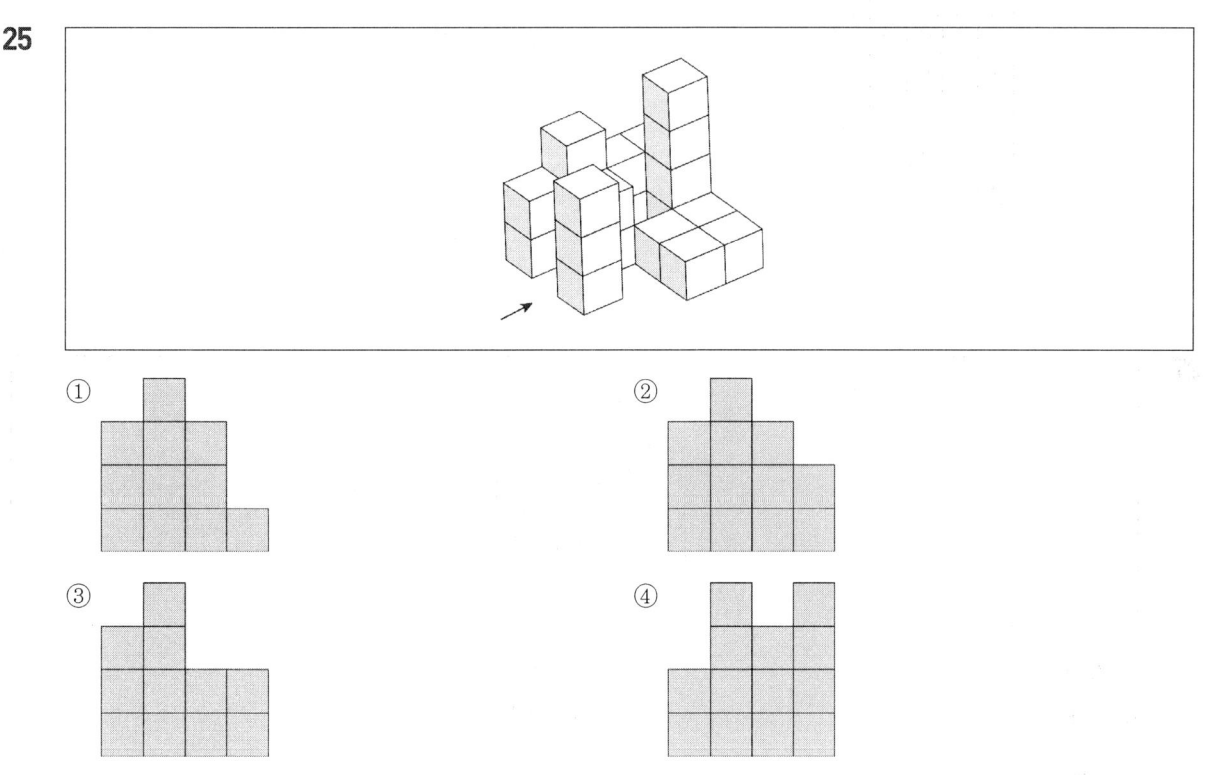

✔해설 화살표 방향을 정면으로 왼쪽에서부터 1열이라고 할 때, 3-4-3-1층으로 보인다.

Answer 23.② 24.④ 25.①

❙26~30❙ 다음 제시된 블록에서 바닥에 닿은 면을 제외하고 어디서도 보이지 않는 블록의 개수를 고르시오.

26

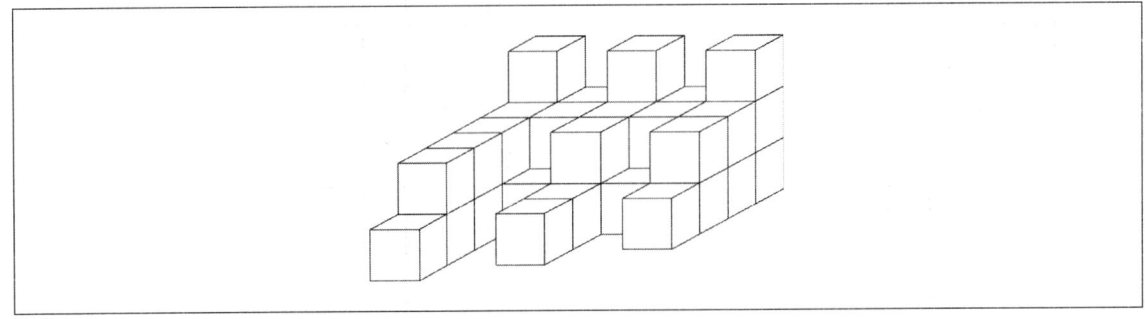

① 3개　　　　　　　　　　② 4개
③ 5개　　　　　　　　　　④ 6개

✔ **해설**　다음에 표시된 맨 아래층 블록 4개가 어디서도 보이지 않는다.

2	1	1	1	2
1	0	0	0	1
1	2	0	2	1
2		3		4
2		4		
4				

27

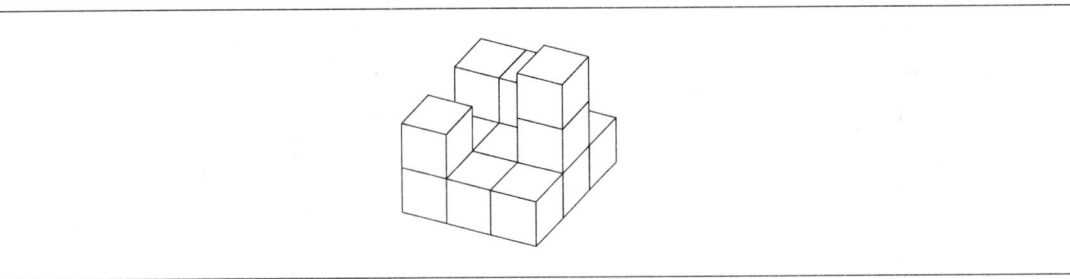

① 0개　　　　　　　　　　② 1개
③ 2개　　　　　　　　　　④ 3개

✔ **해설**　모든 블록이 1면 이상 외부로 노출되어 있다.

28

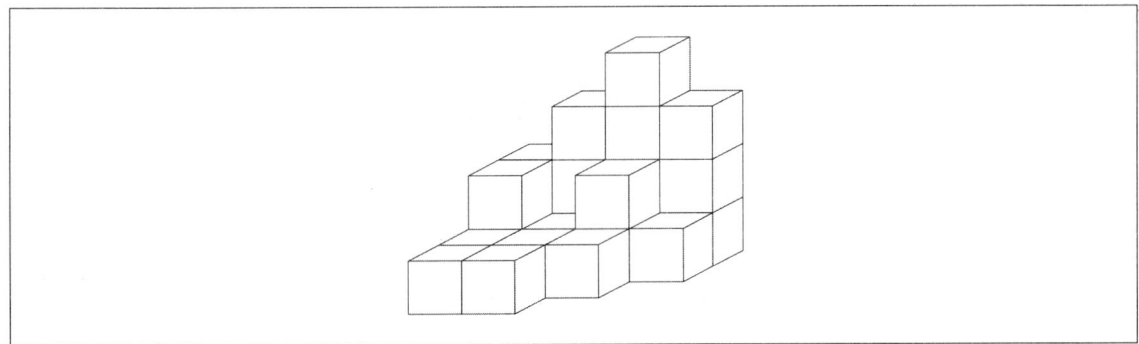

① 1개 ② 2개
③ 3개 ④ 4개

✅ 해설 다음에 표시된 맨 아래층 블록 1개가 어디서도 보이지 않는다.

2	1	1	2
1	1	0	3
2	1	3	
3	3		

29

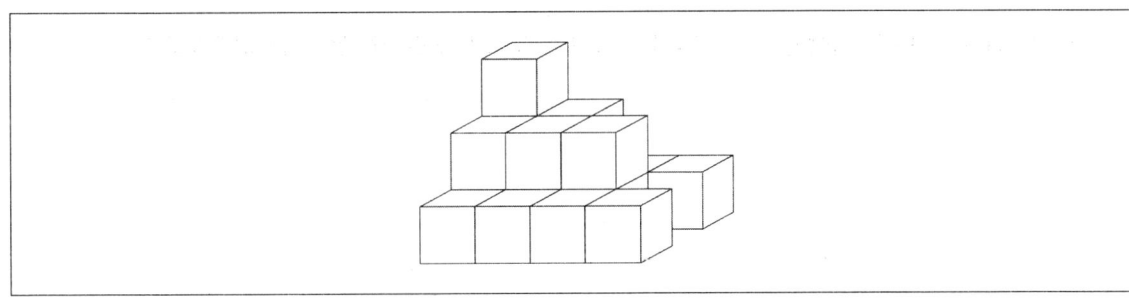

① 0개 ② 1개
③ 2개 ④ 3개

✅ 해설 다음에 표시된 맨 아래층 블록 1개가 어디서도 보이지 않는다.

2	1	2	4
1	0	1	
3	2	2	4

Answer 26.② 27.① 28.① 29.②

30

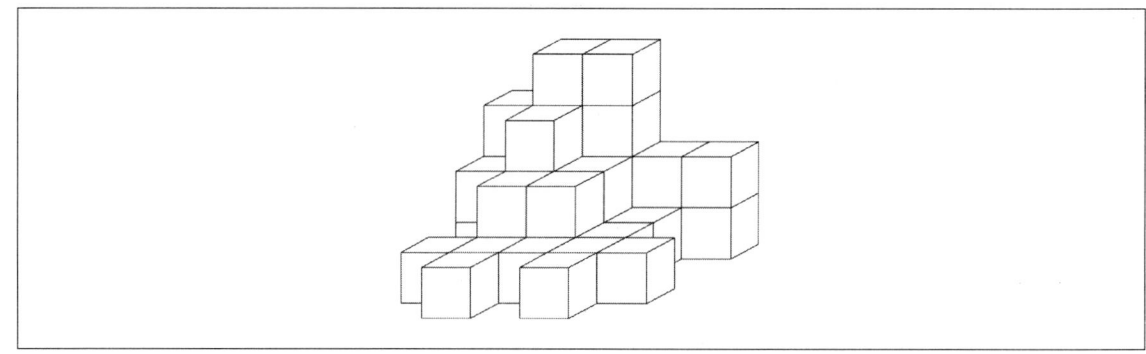

① 3개 ② 4개
③ 5개 ④ 6개

✔해설 다음에 표시된 맨 아래층 블록 3개와 2층의 블록 1개가 어디서도 보이지 않는다.

2	1	1	1	3
2	0	0	2	
	1	0	2	
4	1	2	1	4
	4		4	

2	1	1	3	4
3	0	2		
	3	3		

|31~35| 다음 전개도를 접었을 때, 나타나는 입체도형의 모양으로 알맞은 것을 고르시오.

31

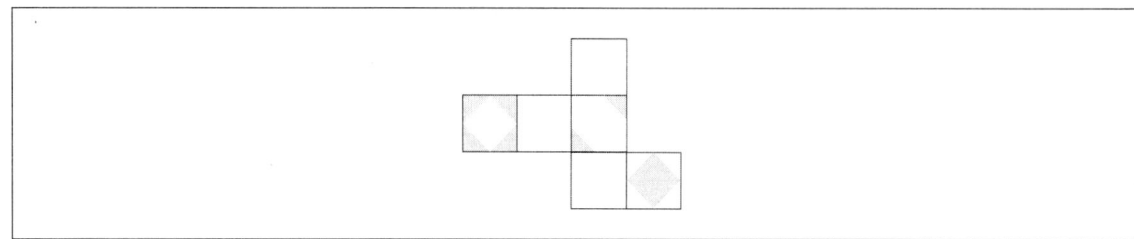

① 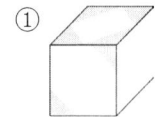 ②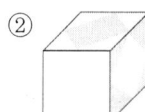

③ 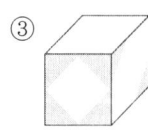 ④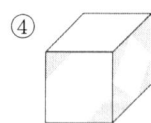

✔해설 전개도를 접으면 ②가 나타난다.

32

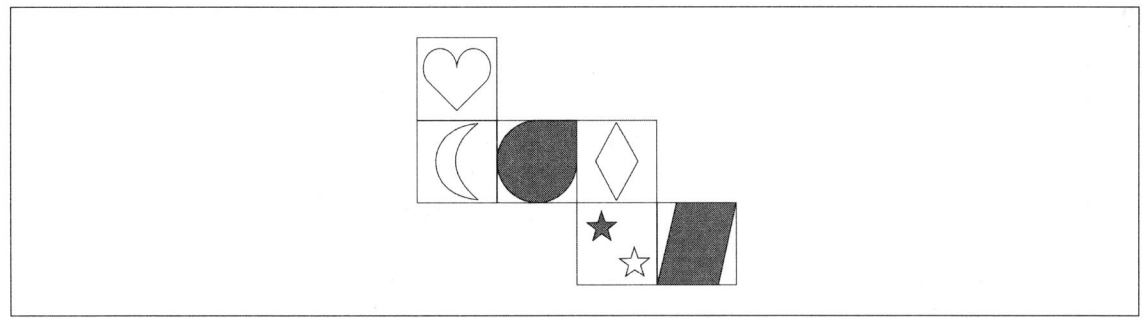

①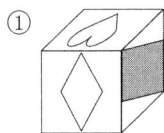
③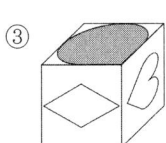
②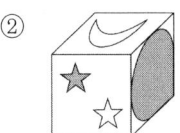
④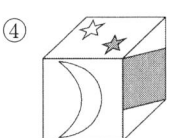

✔ 해설 전개도를 접으면 ①이 나타난다.

33

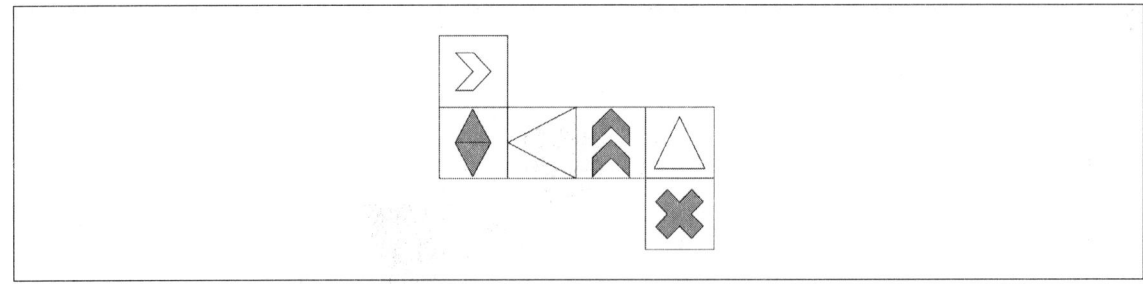

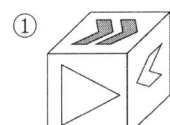
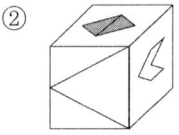
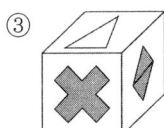
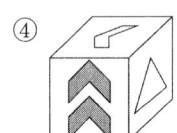

✔해설 전개도를 접으면 ④가 나타난다.

34

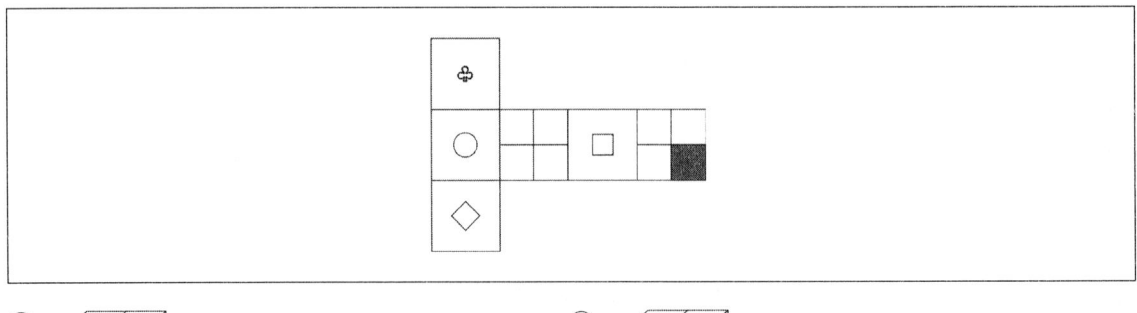

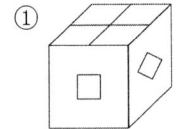
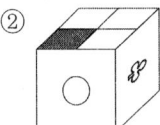
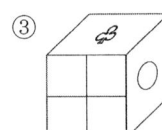
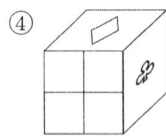

✔해설 제시된 전개도를 접으면 ②가 나타난다.

35

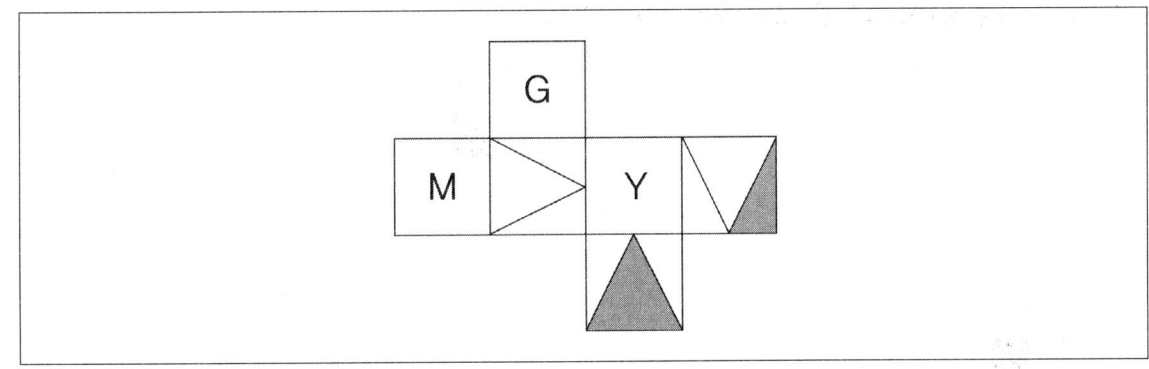

①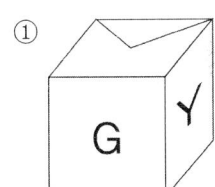

②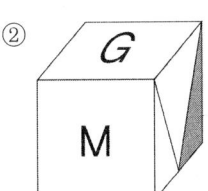

③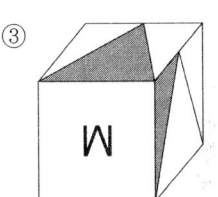

④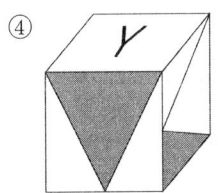

✅ **해설** 제시된 전개도를 접으면 ③이 나타난다.

Answer 33.④ 34.② 35.③

|36~40| 다음 입체도형의 전개도로 옳은 것을 고르시오.

36

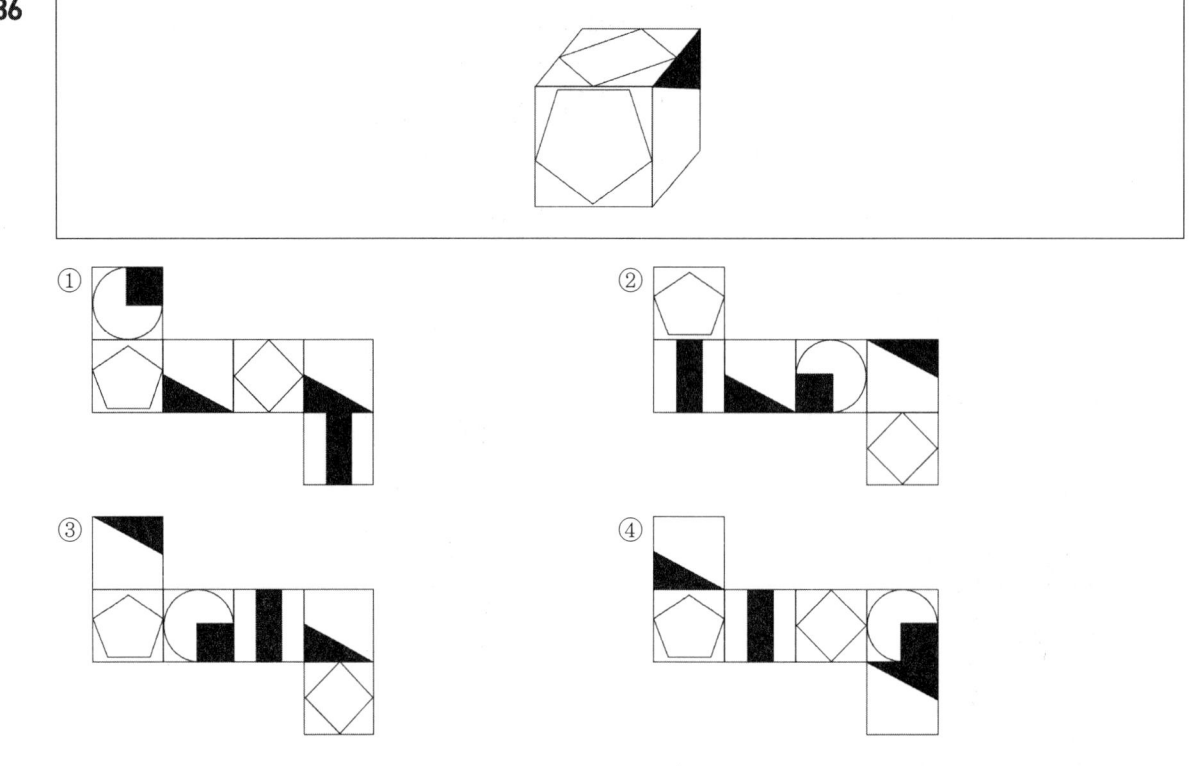

✔해설 제시된 도형을 전개하면 ③이 나타난다.

37

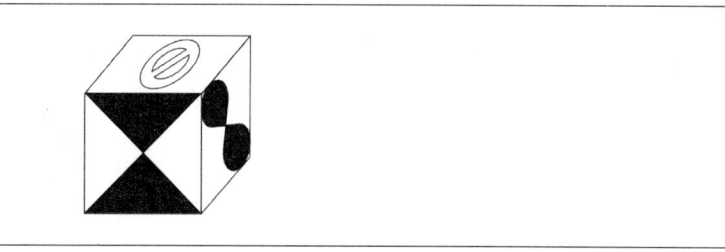

①

②

③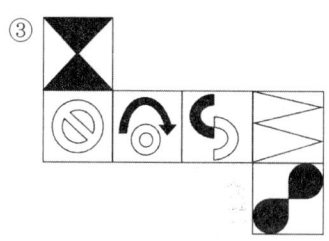

④

해설 제시된 도형을 전개하면 ②가 나타난다.

Answer   36.③ 37.②

38

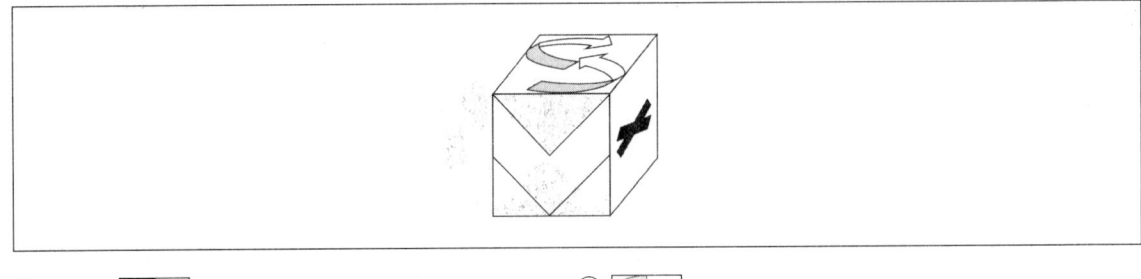

① 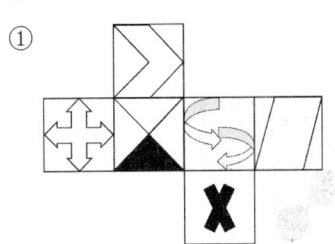   ②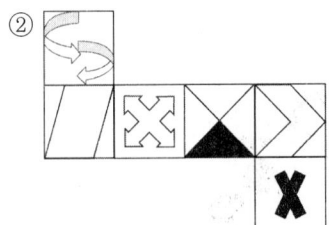

③ 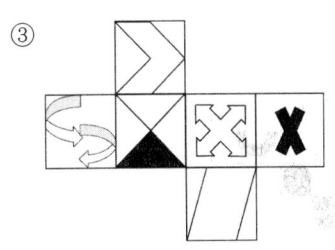   ④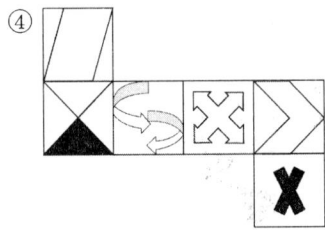

✔해설 제시된 도형을 전개하면 ③이 나타난다.

39

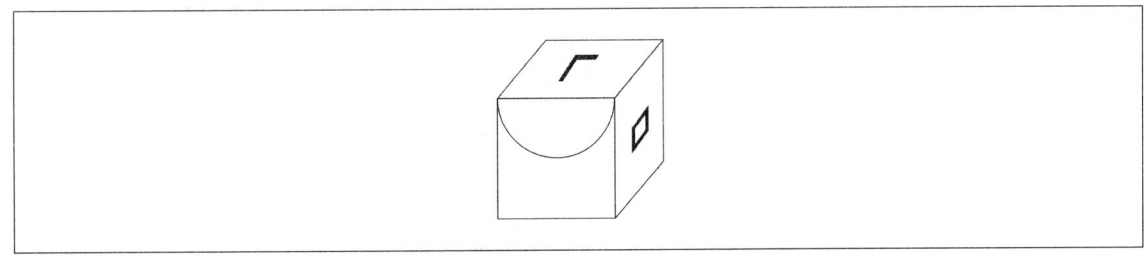

①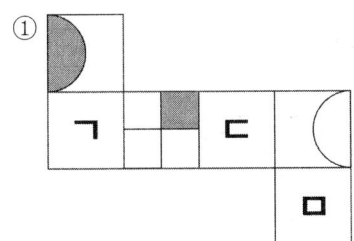

②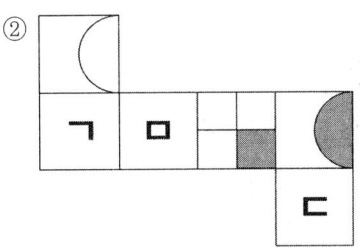

③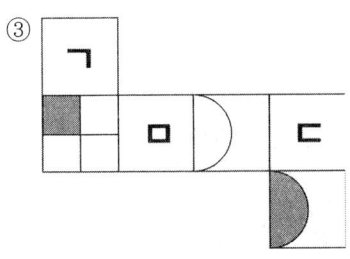

④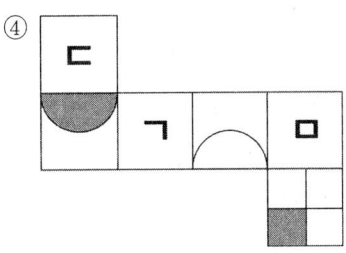

✅ **해설** 제시된 도형을 전개하면 ①이 나타난다.

Answer 38.③ 39.①

40

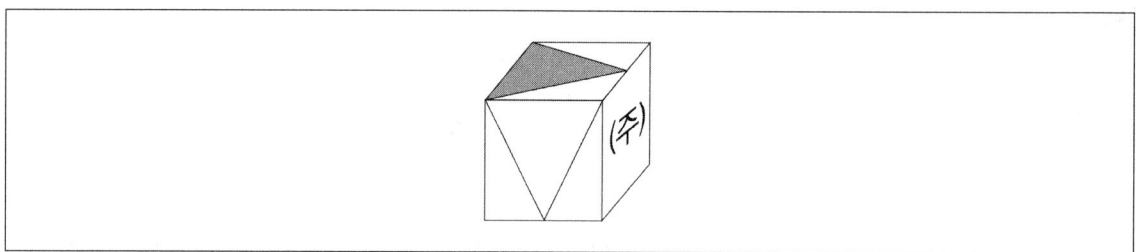

①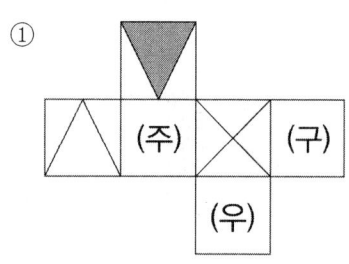

②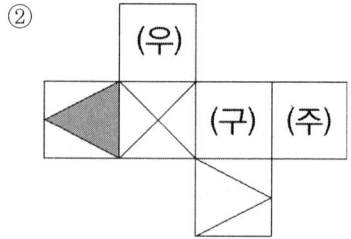

③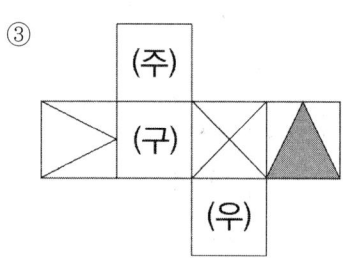

④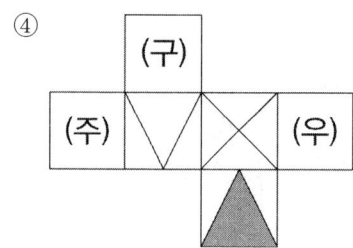

✅ **해설** 제시된 도형을 전개하면 ③이 나타난다.

|41~43| 다음 중 직육면체의 전개도가 다른 하나를 고르시오.

41 ①  ②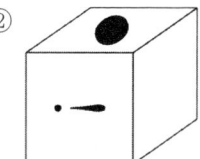

③  ④

 ④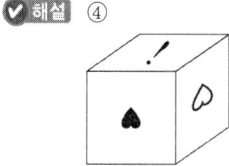

42 ① 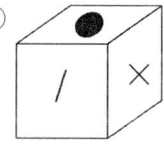 ②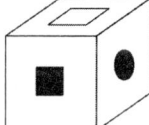

③ 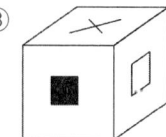 ④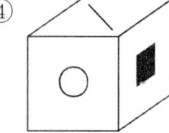

 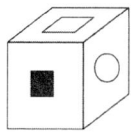

Answer 40.③ 41.④ 42.②

43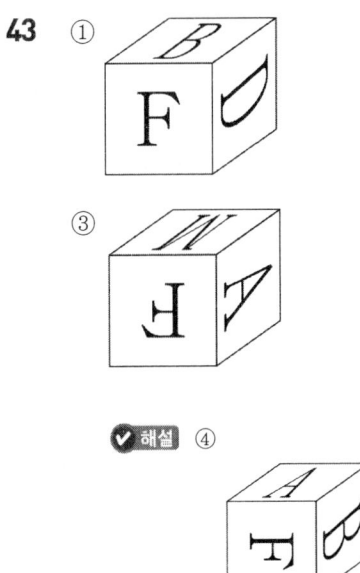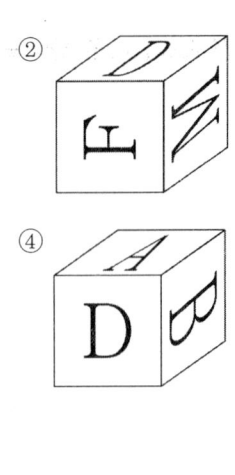

✔해설 ④

44 다음 전개도를 접었을 때 나타나는 정육면체의 모양이 아닌 것은?

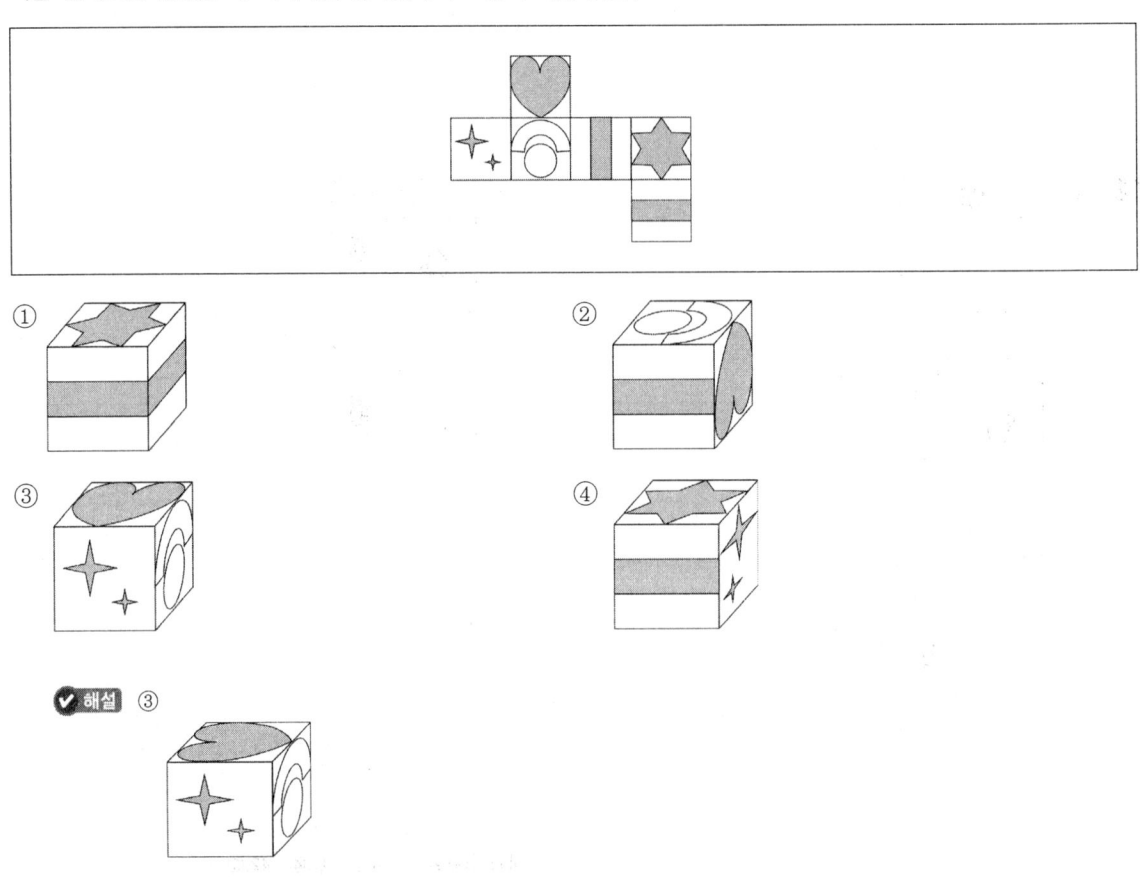

✔해설 ③

|45~47| 다음 제시된 그림을 화살표 방향으로 접은 후 구멍을 뚫은 다음 다시 펼쳤을 때의 그림을 고르시오.

45

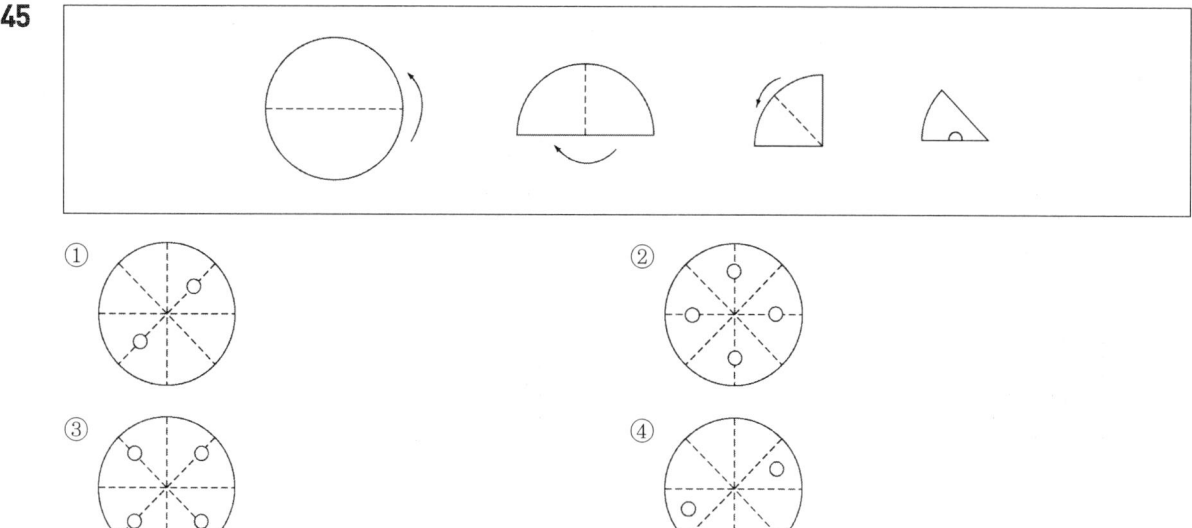

46

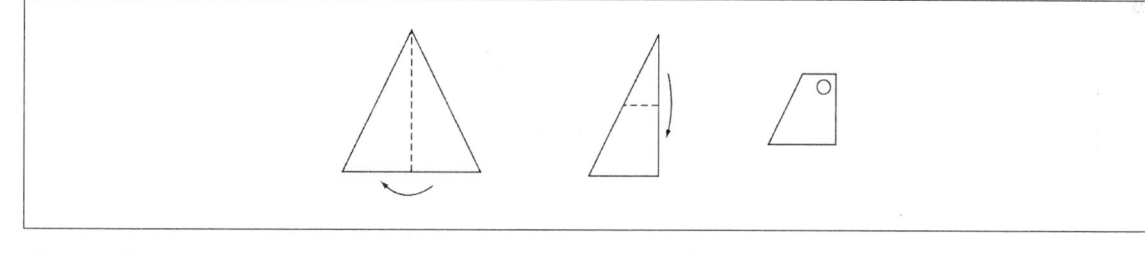

①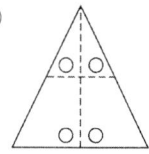

③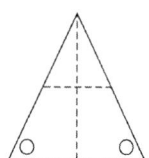

②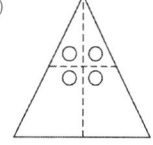

④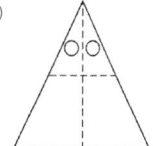

Answer 43.④ 44.③ 45.② 46.②

47

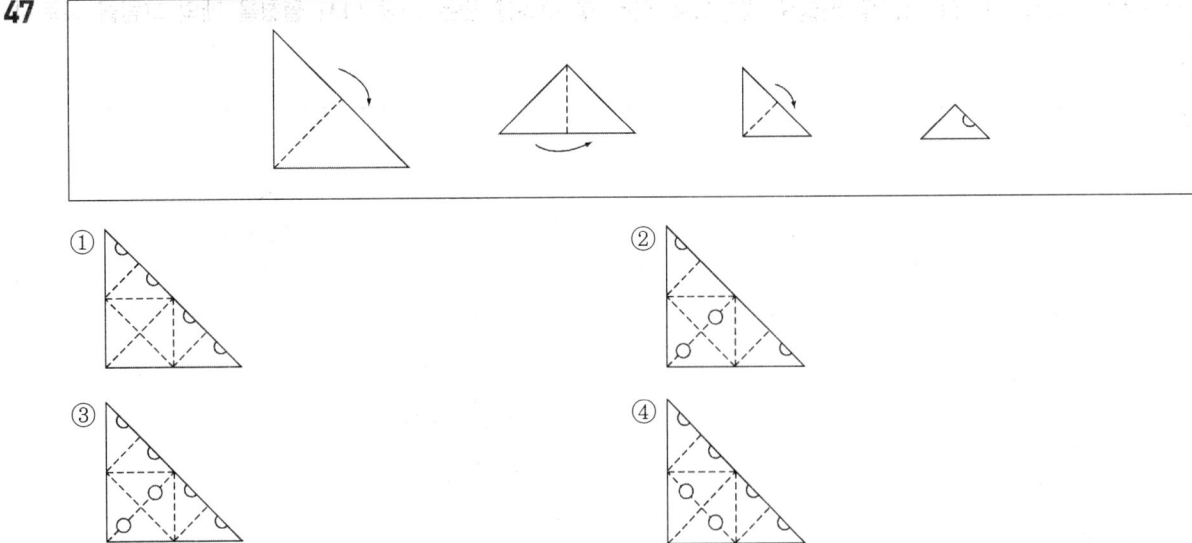

│48~51│ 다음 제시된 도형을 선을 따라 절단했을 때 나올 수 없는 모양을 고르시오.

48

49

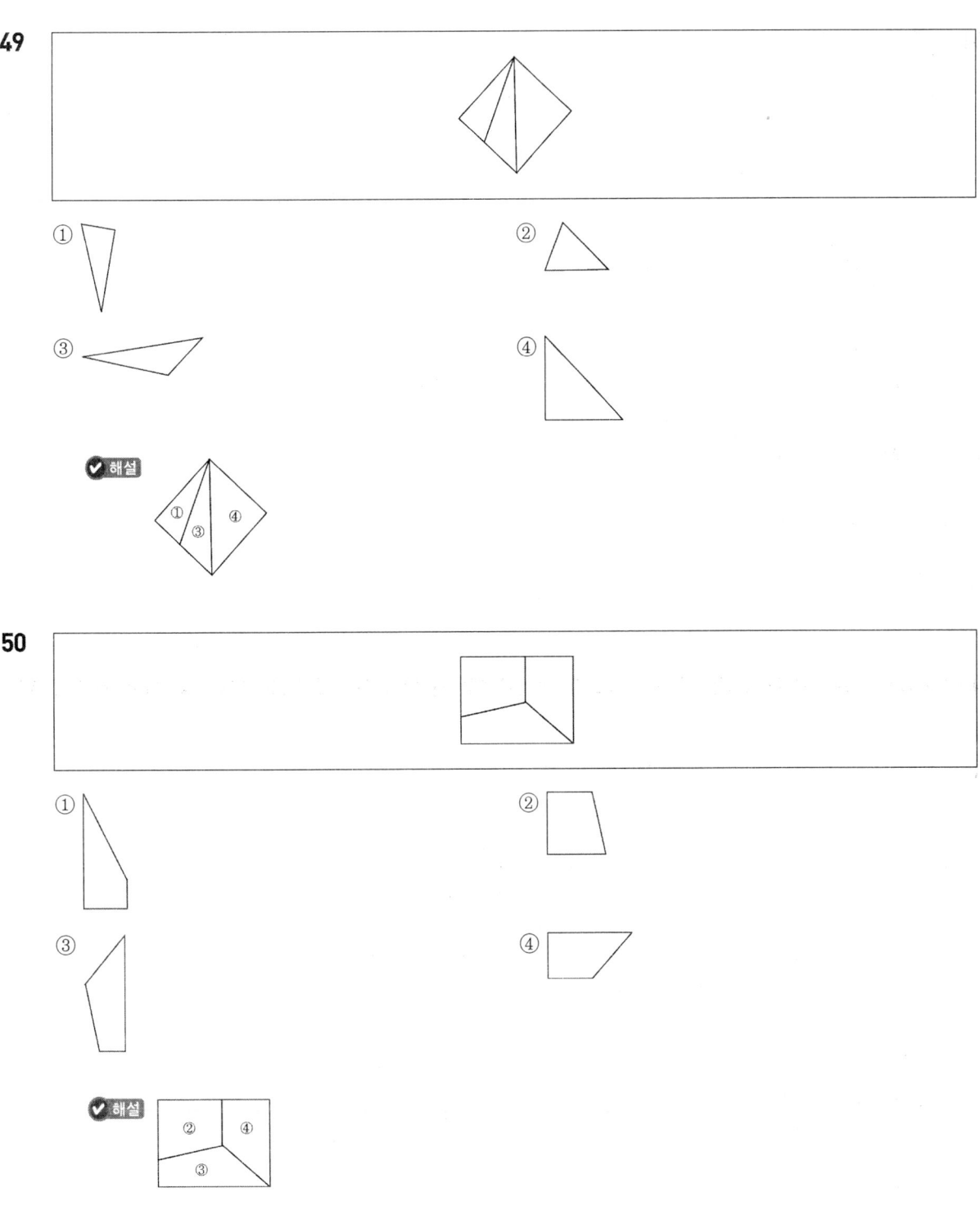

Answer 47.③ 48.④ 49.② 50.①

51

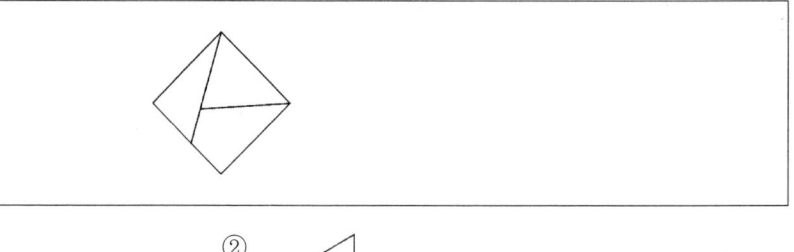

①    ②

③ 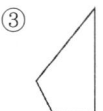   ④

✔ 해설

| 52~56 | 다음 제시된 도형을 축을 중심으로 회전시켰을 때 나타나는 회전체의 모양으로 옳은 것을 고르시오.

52

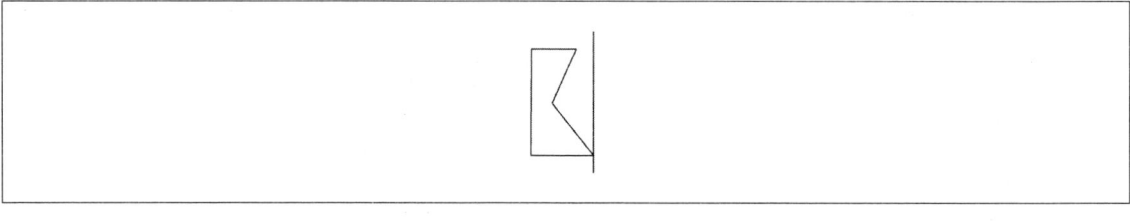

① 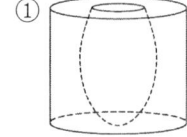   ②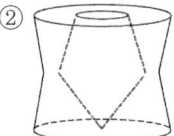

③ 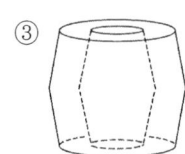   ④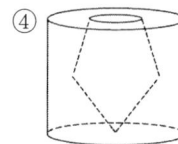

53

54

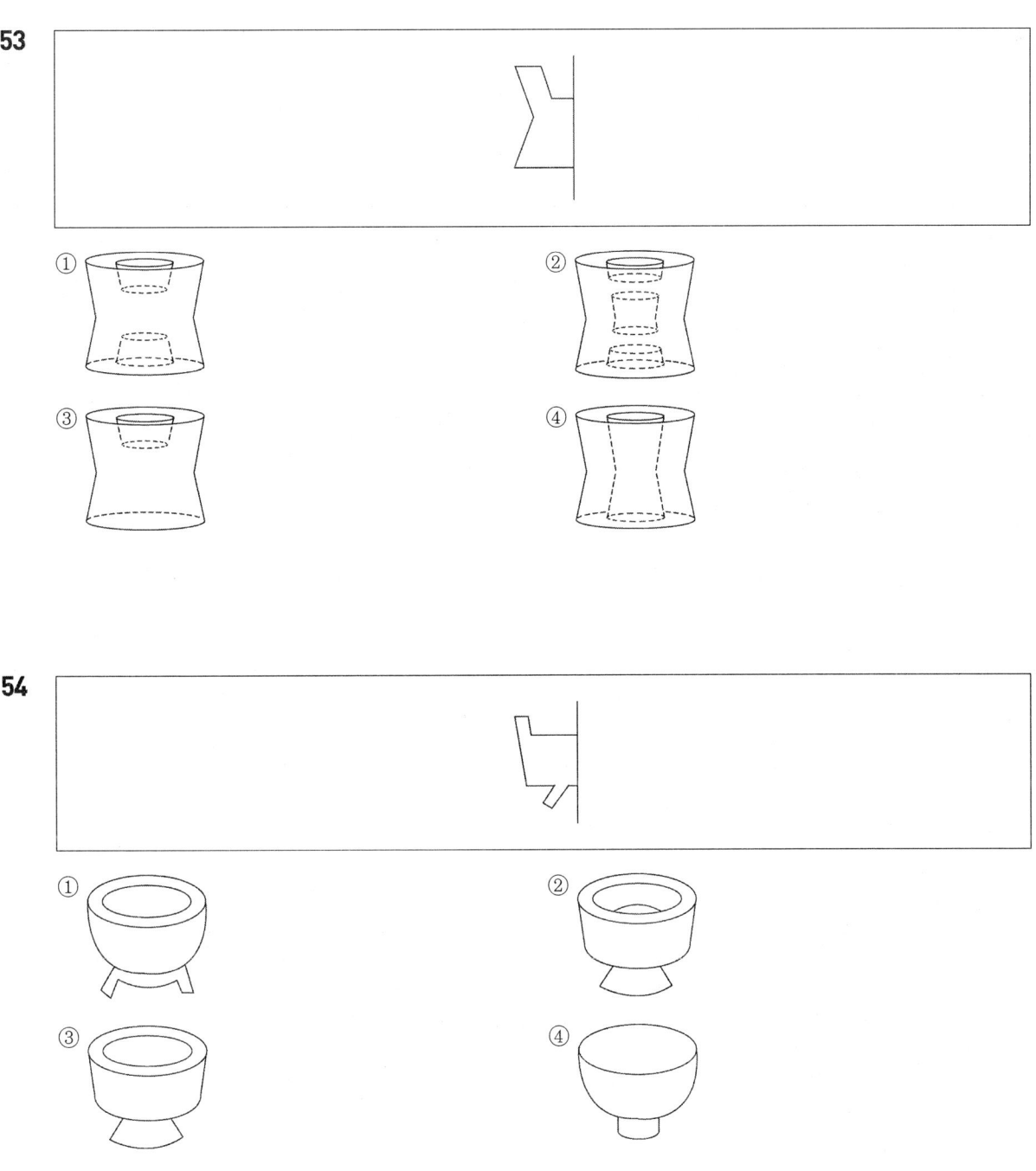

Answer 51.① 52.④ 53.③ 54.②

55

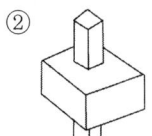

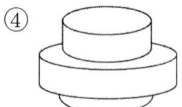

56

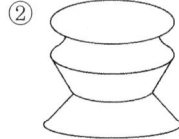

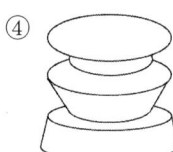

❙ 57~59 ❙ 다음 도형을 점과 선으로 표시할 때 나올 수 없는 그림을 고르시오. (단, 항상 투시하여 표현한다.)

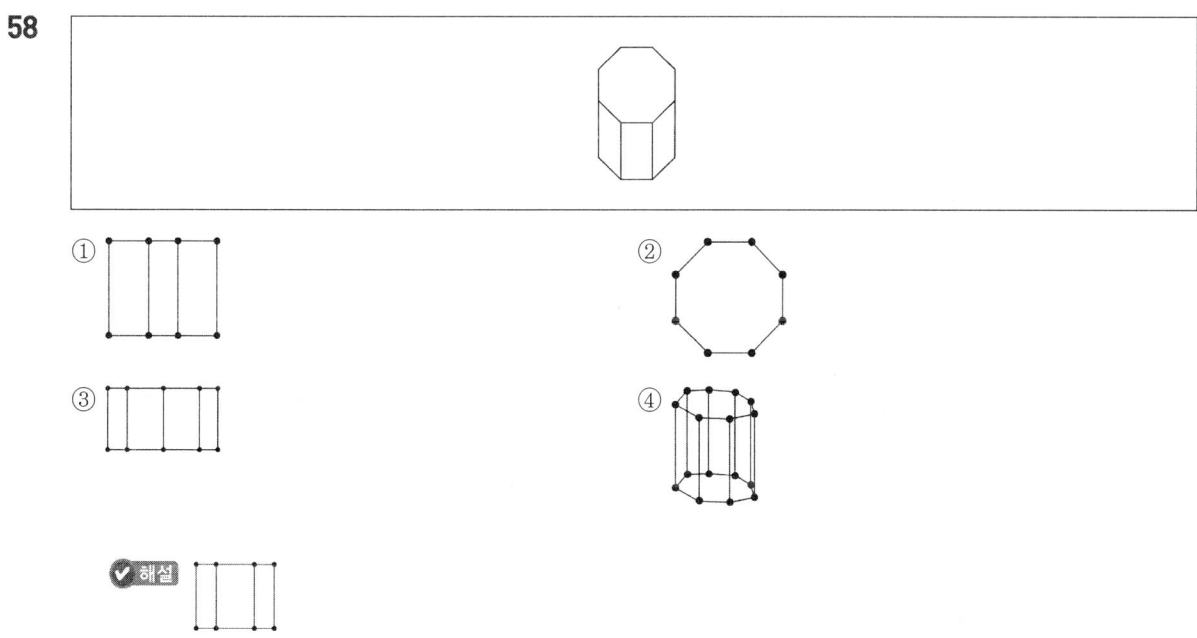

Answer 55.③ 56.① 57.③ 58.①

59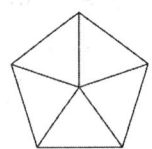

①    ②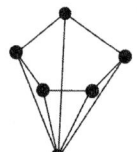

③    ④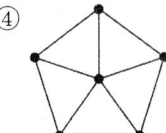

✔해설

|60~61| 다음 전개도를 접었을 때 두 점 사이의 거리가 가장 먼 것을 고르시오.

60

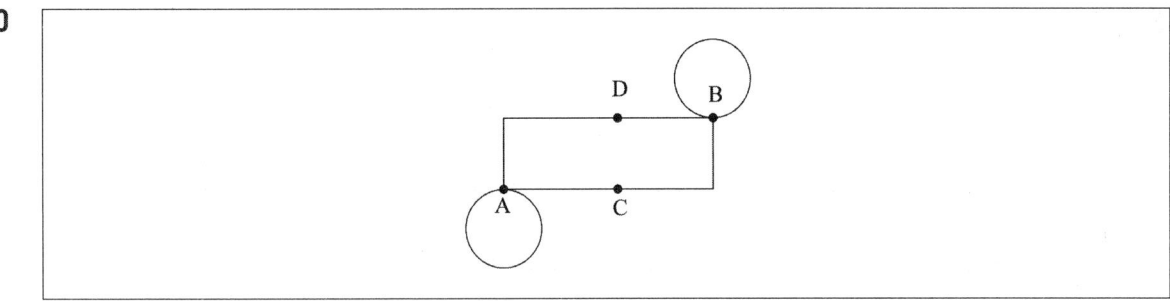

① AB
② AC
③ BC
④ BD

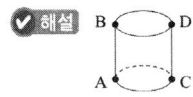 그림을 보면 BC의 거리가 가장 길다.

61

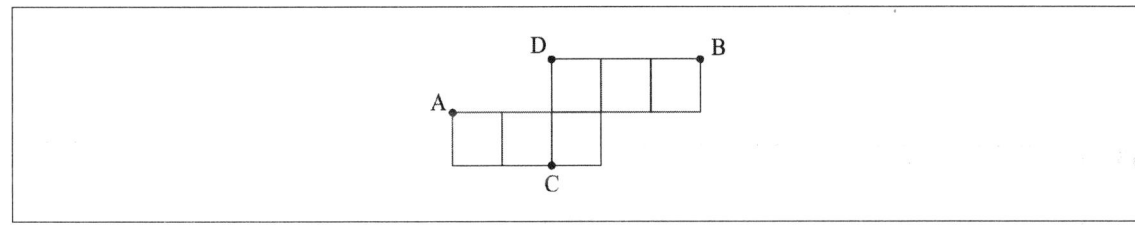

① AB
② AC
③ BC
④ BD

 그림을 보면 AC의 길이가 가장 길다.

| 62~65 | 다음에 제시된 도형을 조합하여 만들 수 있는 모양으로 가장 알맞은 것을 고르시오.

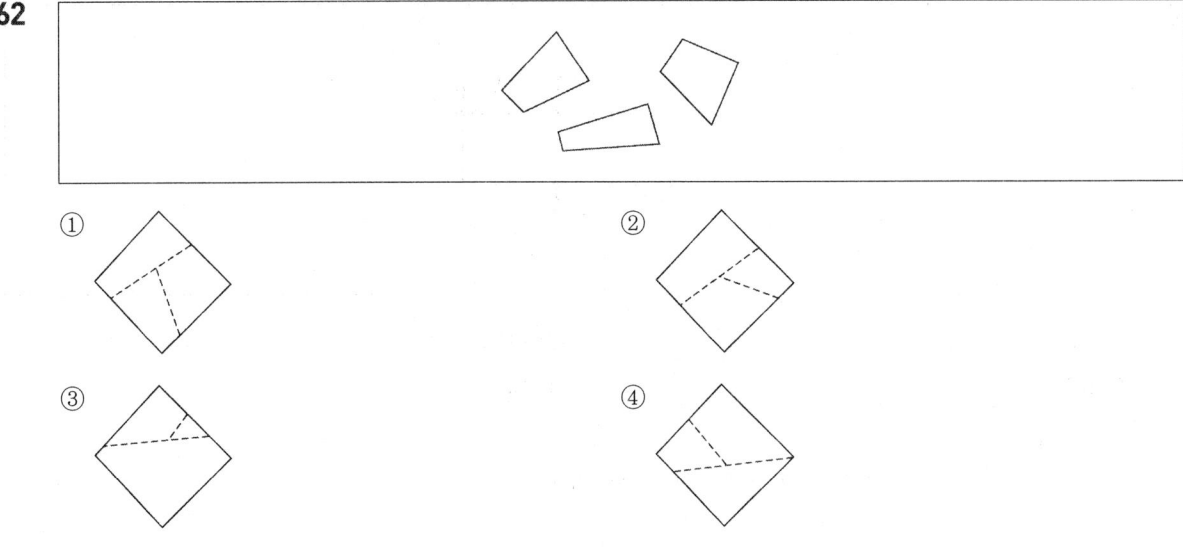

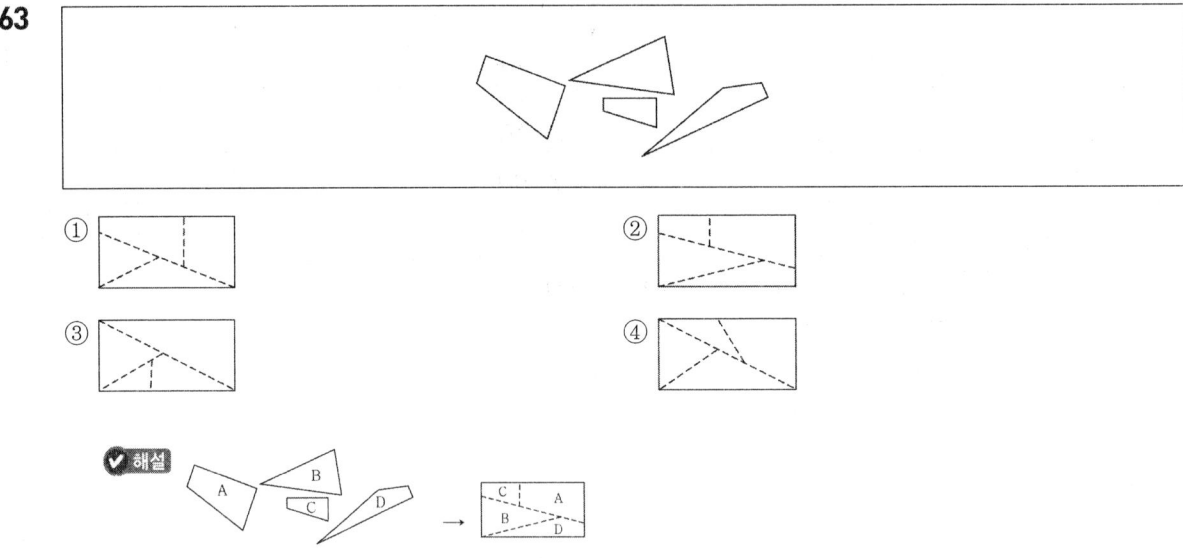

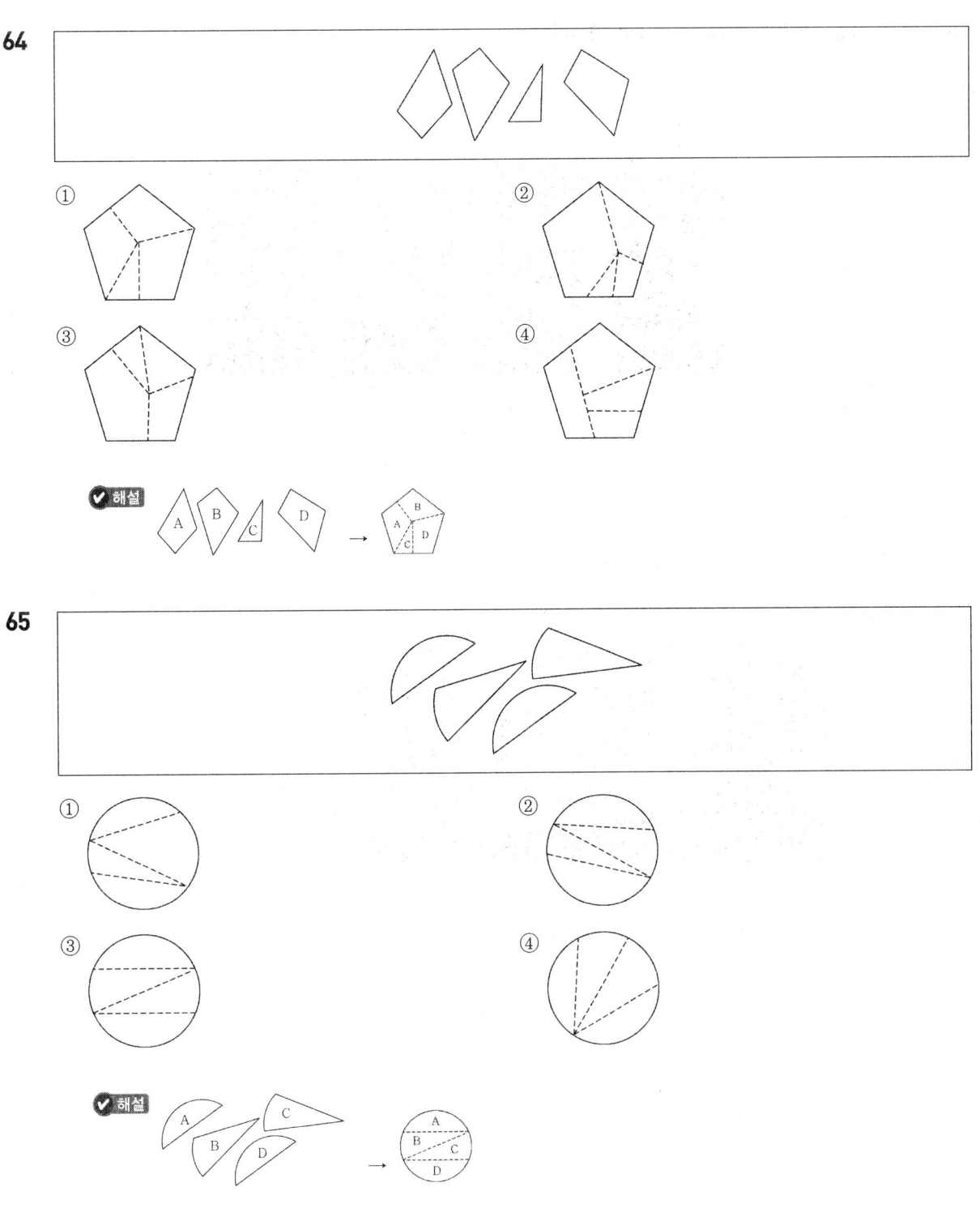

| 66~70 | 다음 제시된 그림을 순서대로 연결하시오.

66

① ㉠㉢㉣㉡
② ㉠㉣㉡㉢
③ ㉡㉠㉣㉢
④ ㉢㉠㉡㉣

✔해설 동상과 사람의 잘려진 단면을 고려하여 연결한다.

67

① ㉠㉡㉢㉣
② ㉣㉠㉡㉢
③ ㉢㉠㉡㉣
④ ㉢㉡㉠㉣

✔해설 그림에서 가장 중심이 되는 다리의 모양과 폭을 기준으로 연결한다.

Answer 66.① 67.④

68

① ㉠㉢㉡㉣ ② ㉡㉢㉠㉣
③ ㉢㉠㉡㉣ ④ ㉣㉠㉡㉢

✔해설 난간, 다리, 배 등의 잘려진 단면을 보고 유추하여 그림을 배열한다.

69

① ㉠-㉣-㉡-㉢ ② ㉡-㉢-㉠-㉣
③ ㉢-㉠-㉣-㉡ ④ ㉣-㉢-㉠-㉡

✅ **해설** 물결치는 피아노 건반을 고려하여 연결한다.

70

① ㄴㄷㄹㄱ ② ㄴㄹㄱㄷ
③ ㄹㄱㄷㄴ ④ ㄹㄱㄴㄷ

✅ **해설**

Answer 68.② 69.② 70.③

Chapter 04 문제해결력

대표유형 1 명제

(1) 명제

그 내용이 참인지 거짓인지를 명확하게 판별할 수 있는 문장이나 식을 말한다.

(2) 가정과 결론

어떤 명제를 'P이면 Q이다.'처럼 조건문의 형태로 나타낼 때, P는 가정에 해당하고 Q는 결론에 해당한다. 명제 'P이면 Q이다.'는 P→Q로 나타낸다.

(3) 역, 이, 대우

① **명제의 역** … 어떤 명제의 가정과 결론을 서로 바꾼 명제를 그 명제의 역이라고 한다.
  예 명제 'P이면 Q이다.'(P→Q)의 역은 'Q이면 P이다.'(Q→P)가 된다.

② **명제의 이** … 어떤 명제의 가정과 결론을 부정한 명제를 그 명제의 이라고 한다. 부정형은 앞에 '~'을 붙여 나타낸다.
  예 명제 'P이면 Q이다.'(P→Q)의 이는 'P가 아니면 Q가 아니다.'(~P→~Q)가 된다.

③ **명제의 대우** … 어떤 명제의 가정과 결론을 서로 바꾼 뒤, 가정과 결론을 모두 부정한 명제를 그 명제의 대우라고 한다. 즉, 어떤 명제의 역인 명제의 이는 처음 명제의 대우가 된다. 처음 명제와 대우 관계에 있는 명제의 참·거짓은 항상 일치한다. 그러나 역, 이 관계에 있는 명제는 처음 명제의 참·거짓과 항상 일치하는 것은 아니다.
  예 명제 'P이면 Q이다.'(P→Q)의 대우는 'Q가 아니면 P가 아니다.'(~Q→~P)가 된다.
  예 명제와 역, 이, 대우의 관계

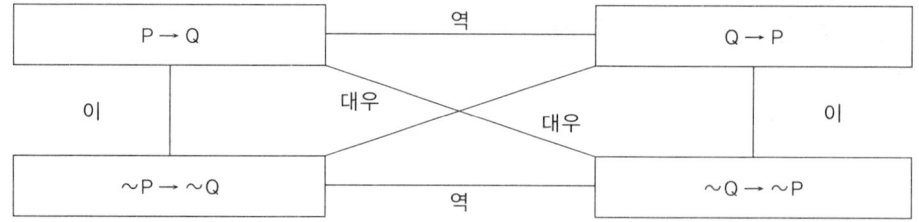

예제풀이

다음 명제가 참일 때, 항상 참인 것을 고르시오.

> 현명한 사람은 과소비를 하지 않는다.

① 과소비를 하지 않는 사람은 현명한 사람이다.
② 현명하지 않은 사람은 과소비를 한다.
③ 과소비를 하면 현명한 사람이 아니다.
④ 현명하지 않은 사람은 과소비를 하지 않는다.

해 설

제시된 명제에서 조건 P는 '현명한 사람'이고 결론 Q는 '과소비를 하지 않는다.'이다. 이 명제의 역, 이, 대우는 각각 다음과 같다.
- 역: 과소비를 하지 않는 사람은 현명한 사람이다. → ①
- 이: 현명하지 않은 사람은 과소비를 한다. → ②
- 대우: 과소비를 하면 현명한 사람이 아니다. → ③

명제와 대우는 참·거짓이 항상 일치하므로, 항상 참인 것은 ③이다.

답 ③

대표유형 2 여러 가지 추론

(1) 연역추론

① **직접추론** … 한 개의 전제에서 새로운 결론을 이끌어 내는 추론이다.

② **간접추론** … 두 개 이상의 전제에서 새로운 결론을 이끌어 내는 추론이다.

  ㉠ **정언삼단논법**: '모든 A는 B다', 'C는 A다', '따라서 C는 B다'와 같은 형식으로 일반적인 삼단논법이다.

  예
  - 대전제: 인간은 모두 죽는다.
  - 소전제: 소크라테스는 인간이다.
  - 결론: 소크라테스는 죽는다.

  ㉡ **가언삼단논법**: '만일 A라면 B다', 'A이다', '그러므로 B다'라는 형식의 논법이다.

  예
  - 대전제: 봄이 오면 뒷 산에 개나리가 핀다.
  - 소전제: 봄이 왔다.
  - 결론: 그러므로 뒷 산에 개나리가 핀다.

  ㉢ **선언삼단논법**: 'A거나 B이다'라는 형식의 논법이다.

  예
  - 대전제: 내일은 눈이 오거나 바람이 분다.
  - 소전제: 내일은 눈이 오지 않는다.
  - 결론: 그러므로 내일은 바람이 분다.

(2) 귀납추론

특수한 사실로부터 일반적이고 보편적인 법칙을 찾아내는 추론 방법이다.

① **통계적 귀납추론** … 어떤 집합의 구성 요소의 일부를 관찰하고 그것을 근거로 하여 같은 종류의 모든 대상들에게 그 속성이 있을 것이라는 결론을 도출하는 방법이다.

② **인과적 귀납추론** … 어떤 일의 결과나 원인을 과학적 지식이나 상식에 의거하여 밝혀내는 방법이다.

③ **완전 귀납추론** … 관찰하고자 하는 집합의 전체 원소를 빠짐없이 관찰함으로써 그 공통점을 결론으로 이끌어 내는 방법이다.

④ **유비추론** … 두 개의 현상에서 일련의 요소가 동일하다는 사실을 바탕으로 그것들의 나머지 요소도 동일하리라고 추측하는 방법이다.

예제풀이

주어진 전제를 바탕으로 추론한 결론으로 옳은 것을 고르시오.

[전제]
- A기업에 다니는 사람은 모두 영어를 잘한다.
- 철수는 A기업에 다닌다.

[결론]
그러므로 _____

① A기업에 다니는 사람은 수학을 잘한다.
② 영어를 잘하면 A기업에 채용된다.
③ 철수는 영어를 잘한다.
④ 철수는 연봉이 높다.

해 설

정언삼단논법이다. A기업에 다니는 사람은 모두 영어를 잘하는데, 철수는 A기업에 다니므로 철수도 영어를 잘한다는 결론을 얻을 수 있다.
①②④ 주어진 전제만으로는 결론으로 이끌어 낼 수 없다.

답 ③

대표유형 3 　논리적 오류

(1) 자료적 오류

주장의 전제 또는 논거가 되는 자료를 잘못 판단하여 결론을 이끌어 내거나 원래 적합하지 못한 것임을 알면서도 의도적으로 논거로 삼음으로써 범하게 되는 오류이다.

① **성급한 일반화의 오류** … 제한된 정보, 불충분한 자료, 대표성을 결여한 사례 등 특수한 경우를 근거로 하여 이를 성급하게 일반화하는 오류이다.

② **우연의 오류(원칙 혼동의 오류)** … 일반적으로 그렇다고 해서 특수한 경우에도 그러할 것이라고 잘못 생각하는 오류이다.

③ **무지에의 호소** … 어떤 주장이 반증된 적이 없다는 이유로 받아들여져야 한다고 주장하거나, 결론이 증명된 것이 없다는 이유로 거절되어야 한다고 주장하는 오류이다.

④ **잘못된 유추의 오류** … 부당하게 적용된 유추에 의해 잘못된 결론을 이끌어 내는 오류, 즉 일부분이 비슷하다고 해서 나머지도 비슷할 것이라고 생각하는 오류이다.

⑤ **흑백논리의 오류** … 어떤 주장에 대해 선택 가능성이 두 가지밖에 없다고 생각함으로써 발생하는 오류이다.

⑥ **원인 오판의 오류(거짓 원인을 내세우는 오류, 선후 인과의 오류, 잘못된 인과 관계의 오류)** … 단순히 시간상의 선후관계만 있을 뿐인데 시간상 앞선 것을 뒤에 발생한 사건의 원인으로 보거나 시간상 뒤에 발생한 것을 앞의 사건의 결과라고 보는 오류이다.

⑦ **복합질문의 오류** … 둘 이상으로 나누어야 할 것을 하나로 묶어 질문함으로써, 대답 여하에 관계없이 대답하는 사람이 수긍할 수 없거나 수긍하고 싶지 않은 것까지도 수긍하는 결과를 가져오는 질문 때문에 발생하는 오류이다.

⑧ **논점 일탈의 오류** … 원래의 논점에 관한 결론을 내리지 않고 이와 관계없는 새로운 논점을 제시하여 엉뚱한 결론에 이르게 되는 오류이다.

⑨ **순환 논증의 오류(선결 문제 해결의 오류)** … 논증하는 주장과 동의어에 불과한 명제를 논거로 삼을 때 범하는 오류이다.

⑩ **의도 확대의 오류** … 의도하지 않은 행위의 결과를 의도가 있었다고 판단할 때 생기는 오류이다.

(2) 언어적 오류

언어를 잘못 사용하거나 잘못 이해하는 데서 발생하는 오류이다.

① 애매어의 오류 … 두 가지 이상의 의미로 사용될 수 있는 단어의 의미를 명백히 분리하여 파악하지 않고 혼동함으로써 생기는 오류이다.

② 강조의 오류 … 문장의 한 부분을 불필요하게 강조함으로써 발생하는 오류이다.

③ 은밀한 재정의의 오류 … 용어의 의미를 자의적으로 재정의하여 사용함으로써 생기는 오류이다.

④ 범주 혼동의 오류 … 서로 다른 범주에 속한 것을 같은 범주의 것으로 혼동하는 데서 생기는 오류이다.

⑤ '이다' 혼동의 오류 : 비유적으로 쓰인 표현을 무시하고 사전적 의미로 해석하거나 술어적인 '이다'와 동일성의 '이다'를 혼동해서 생기는 오류이다.

(3) 심리적 오류

어떤 주장에 대해 논리적으로 타당한 근거를 제시하지 않고 심리적인 면에 기대어 상대방을 설득하려고 할 때 발생하는 오류이다.

① 인신공격의 오류(사람에의 논증) … 논거의 부당성을 지적하기보다 그 주장을 한 사람의 인품이나 성격을 비난함으로서 그 주장이 잘못이라고 하는 데서 발생하는 오류이다.

② 동정에 호소하는 오류 … 사람의 동정심을 유발시켜 동의를 꾀할 때 발생하는 오류이다.

③ 피장파장의 오류(역공격의 오류) … 비판받은 내용이 비판하는 사람에게도 역시 동일하게 적용됨을 근거로 비판에서 벗어나려는 오류이다.

④ 힘에 호소하는 오류 … 물리적 힘을 빌어서 논의의 종결을 꾀할 때의 오류이다.

⑤ 대중에 호소하는 오류 … 군중들의 감정을 자극해서 사람들이 자기의 결론에 동조하도록 시도하는 오류이다.

⑥ 원천 봉쇄에 호소하는 오류(우물에 독 뿌리기 식의 오류) … 반론의 가능성이 있는 요소를 원천적으로 비난하여 봉쇄하는 오류이다.

⑦ 정황적 논증의 오류 … 주장이 참인가 거짓인가 하는 문제는 무시한 채 상대방이 처한 정황 또는 상황으로 보아 자기의 생각을 받아들이지 않으면 안된다고 주장하는 오류이다.

예제풀이

다음에 제시된 글에서 범하고 있는 논리적 오류를 고르시오.

> 훌륭한 미술 평론가는 위대한 그림을 평하는 사람이다. 왜냐하면 위대한 그림을 평하는 사람은 훌륭한 미술 평론가이기 때문이다.

① 논점일탈의 오류
② 원칙혼동의 오류
③ 순환논증의 오류
④ 흑백논리의 오류

해 설

두 문장의 구조를 보면 다음과 같다.
- 훌륭한 미술 평론가 = 위대한 그림을 평하는 사람
- 위대한 그림을 평하는 사람 = 훌륭한 미술 평론가

즉, 서로 다른 두 전제로부터 새로운 결론이 도출된 것이 아니라 논증의 결론 자체를 전제로 사용하여 결론을 이끌어 내는 오류인, 순환논증의 오류를 범하고 있다.

답 ③

대표유형 4 수·문자·도형추리

(1) 수열추리

① **등차수열** … 앞의 항에 항상 일정한 수를 더하여 다음 항을 얻는 수열이다. 각 항에 더해지는 일정한 수를 '공차'라고 한다. 첫째 항이 a, 공차가 d인 등차수열의 항수를 n이라 할 때, 더해지는 공차의 개수는 수열의 항수보다 하나씩 작으므로, 등차수열의 일반항은 $a_n = a + (n-1)d$가 된다.

예 첫째 항이 2, 공차가 3인 등차수열은 다음과 같이 전개되며, 일반항 공식에 따라 여섯째 항을 구하면 $a_6 = 2 + (6-1) \times 3 = 17$이 된다.

2		5		8		11		14
	+3		+3		+3		+3	

② **등비수열** … 앞의 항에 항상 일정한 수를 곱하여 다음 항을 얻는 수열이다. 각 항에 곱해지는 일정한 수를 '공비'라고 한다. 첫째 항이 a, 공비가 r인 등비수열의 항수를 n이라 할 때, 곱해지는 공비의 개수는 수열의 항수보다 하나씩 작으므로, 등비수열의 일반항은 $a_n = a \times r^{n-1}$가 된다.

예 첫째 항이 2, 공비가 3인 등비수열은 다음과 같이 전개되며, 일반항 공식에 따라 여섯째 항을 구하면 $a_6 = 2 \times 3^{6-1} = 2 \times 3^5 = 486$이 된다.

2		6		18		54		162
	×3		×3		×3		×3	

③ **계차수열** … 어떤 수열 a_n의 이웃한 두 항의 차로 이루어진 수열 b_n을 수열 a_n의 계차수열이라고 한다. 계차수열 b_n의 일반항은 $a_{n+1} - a_n = b_n (n = 1, 2, 3 \cdots)$을 만족한다.

예 수열 a_n의 계차수열 b_n은 다음과 같이 전개되며, 일반항 공식에 따라 다섯째 항을 구하면 $b_5 = a_6 - a_5 = 33 - 23 = 10$이 된다.

a_n	3		5		9		15		23
b_n		+2		+4		+6		+8	
			+2		+2		+2		

④ **조화수열** … 각 항의 역수가 등차수열을 이루는 수열을 말한다. 즉, 분수의 형태로 취하고 있던 수열의 역수를 취하면 등차수열이 되는 수열이 조화수열이다. 조화수열의 일반항은 $a_n = \dfrac{1}{2n-1}$을 만족한다.

예 $1 \quad \dfrac{1}{3} \quad \dfrac{1}{5} \quad \dfrac{1}{7} \quad \dfrac{1}{9} \quad \dfrac{1}{11}$

⑤ **피보나치수열** … 첫째 항의 값과 둘째 항의 값이 있을 때, 이후의 항들은 이전의 두 항을 더한 값으로 이루어지는 수열이다. 피보나치수열의 일반항은 $a_n + a_{n+1} = a_{n+2}$를 만족한다.

예 1 1 2 3 5 8 13

⑥ **군수열** … 수열 중 몇 개 항씩 묶어서 무리 지었을 때 규칙성을 가지는 수열을 말한다.

예 1 3 1 3 5 1 3 5 7 1 3 5 7 9
위 수열은 (1 3) (1 3 5) (1 3 5 7) (1 3 5 7 9)로 무리 지었을 때 규칙성을 가진다.

⑦ **묶음형 수열** … 각 항이 몇 개씩 묶어서 제시된 묶음에 대한 규칙을 찾아내야 한다.

예 <u>1 2 3</u> <u>3 4 7</u> <u>5 6 11</u>
위의 수열은 (1 + 2 = 3), (3 + 4 = 7), (5 + 6 = 11)의 규칙성을 가진다.

⑧ **도형수열** … 원이나 삼각형, 표 등에 숫자가 배열된 응용 형태로 일반 수열과 같이 해결하면 된다.

예

20	?	5
18		10
20	10	8

위 수열은 칠해진 면을 기준으로 시계방향으로 볼 때, ×2, −2, +2가 반복되고 있다. 따라서 ?에 들어갈 수는 40이다.

(2) 문자추리

숫자 대신 한글 자음이나 알파벳 등의 문자 배열에서 일정한 규칙을 찾아 다음에 올 문자를 추리하는 유형이다. 한글 자음이나 알파벳을 순서대로 숫자로 변환하여 규칙을 찾아 적용하면 빠르고 정확하게 풀 수 있다.

예 A C F J O

알파벳을 숫자로 변환하면 다음과 같다.

A	B	C	D	E	F	G	H	I	J	K	L	M	N	O	P	Q	R	S	T	U	⋯
1	2	3	4	5	6	7	8	9	10	11	12	13	14	15	16	17	18	19	20	21	⋯

즉 위 문자열은 수열 1 3 6 10 15와 같다고 볼 수 있으며 +2, +3, +4, +5⋯의 규칙이 적용되고 있다. 따라서 O 다음에 올 문자를 구하면 15 + 6 = 21이므로 U가 된다.

(3) 도형추리

3 × 3 표 안의 도형이 어떤 규칙을 가지고 변화하는지를 파악하여 빈칸에 들어갈 알맞은 도형을 고르는 유형이다. 행별 또는 열별로 규칙을 가지기도 하고 시계방향 또는 반시계방향으로 규칙을 가지기도 하기 때문에 충분한 문제 풀이를 통해 빠른 시간 내에 규칙을 찾아내는 연습이 필요하다.

예제풀이

다음 빈칸에 들어갈 알맞은 모양을 고르면?

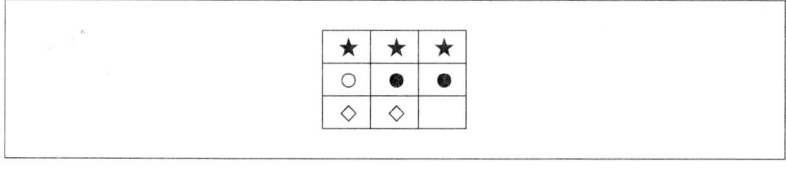

① ☆
② ○
③ ◇
④ ◆

해 설

첫째 줄부터 별, 원, 다이아몬드 순으로 채워져 있으며 칠해진 도형의 수가 하나씩 줄어들고 있다. 따라서 빈칸에 들어가야 할 도형은 색칠된 다이아몬드임을 추론할 수 있다.

답 ④

대표유형 5 — NCS 직업기초

실제 업무 수행에 필요한 능력을 파악하기 위한 유형으로 문서이해, 자료분석, 문제해결, 상황판단, 자원관리, 조직이해, 정보능력, 대인관계, 직업윤리 등 다양한 영역을 망라하는 내용을 다룬다. 시험 출제 빈도는 높지 않지만, 다양한 유형의 파악을 위해 대비할 필요가 있다.

예제풀이

교무행정사 A는 교사 B로부터 가을 수련회 예산이 축소되어 불가피하게 비용을 줄여야 한다는 이야기를 들었다. 다음 중 줄일 수 있는 비용 항목으로 가장 적절한 것은 무엇인가?

〈○○중학교 가을 수련회〉

1. 대상 : 1학년 재학생 및 담임교사
2. 일정 : 2018년 10월 10일~11일(1박 2일)
3. 장소 : 강원도 속초 ☆☆캠핑장
4. 내용 : 설악산 등산, 장기자랑, 친교의 밤, 기타

① 숙박비　　　② 교통비
③ 식비　　　　④ 기념품비

해설

한정된 예산을 가지고 과업을 수행할 때에는 중요도를 기준으로 예산을 사용한다. 위와 같은 상황에서는 숙박비, 교통비, 식비와 같이 기본적인 비용이 아닌 기념품비를 줄이는 것이 가장 적절하다.

답 ④

출제예상문제

|1~3| 다음의 말이 참일 때 항상 참인 것을 고르시오.

1

- 비가 오는 날은 복도가 더럽다.
- 복도가 더러우면 운동장이 조용하다.
- 운동장이 조용한 날은 축구부의 훈련이 없다.
- 오늘은 운동장이 조용하지 않다.

① 어제는 비가 오지 않았다.
② 오늘은 복도가 더럽지 않다.
③ 오늘은 오후에 비가 올 예정이다.
④ 오늘은 축구부의 훈련이 없다.

> ✔해설 오늘은 운동장이 조용하지 않다고 했으므로 오늘은 복도가 더럽지 않으며, 비가 오는 날이 아니다. 또한 운동장이 조용한 날이 아니므로 축구부의 훈련이 없는 날도 아니다.

2

- 민희는 A학교에 다닌다.
- 성적이 뛰어나지 않으면 일본어를 잘하지 못한다.
- A학교에 다니면 일본어를 잘한다.

① 민희는 성적이 뛰어나다.
② 민희는 일본어를 잘하지 못한다.
③ 성적이 뛰어나면 일본어를 잘한다.
④ 일본어를 잘하는 사람은 A학교에 다닌다.

> ✔해설 두 번째 조건을 대우로 바꾸면 '일본어를 잘하면 성적이 뛰어나다.'이므로 민희→A학교→일본어→성적 뛰어남으로 나타낼 수 있다. 따라서 항상 참인 것은 ①번이다.

Answer 1.② 2.①

3

> - 준서, 예빈, 서원이는 약속장소에 가장 늦게 도착한 사람이 모두에게 커피를 사기로 한다.
> - 예빈이는 서원이 다음으로 도착했다.
> - 예빈이는 커피를 사지 않았다.

① 준서가 가장 먼저 도착하였다.
② 서원이는 예빈이가 사준 커피를 마셨다.
③ 예빈이가 가장 늦게 도착하였다.
④ 예빈이는 준서가 사준 커피를 마셨다.

✔해설 예빈이는 서원이 다음으로 도착하였으나 커피를 사지 않았으므로 서원→예빈→준서 순으로 약속 장소에 도착한 것을 알 수 있다. 따라서 준서가 모두에게 커피를 샀을 것이다.

│4~5│ 다음의 말이 전부 진실일 때 항상 거짓인 것을 고르시오.

4

> - 1등에게는 초코 우유를 준다.
> - 2등과 3등에게는 바나나 우유를 준다.
> - 4~6등에게는 딸기 우유를 준다.
> - 7~10등에게는 커피 우유를 준다.
> - 민지는 바나나 우유를 받았다.

① 민지는 2등을 했다.
② 초코 우유는 총 2개가 필요하다.
③ 커피 우유가 가장 많이 필요하다.
④ 총 10개의 우유를 준비해야 한다.

✔해설 ② 초코 우유는 1등에게만 준다고 했으므로 총 1개가 필요하다.

5

- 석우는 3년 전에 24살이었다.
- 강준은 현재 2년 전 석우의 나이와 같다.
- 유나의 2년 전 나이는 현재 석우의 누나 나이와 같다.
- 선호는 석우의 누나와 동갑이다.

① 석우, 강준, 유나, 선호 중 강준이 가장 어리다.
② 석우는 현재 27살이다.
③ 선호는 유나와 2살 차이다.
④ 석우의 누나는 30살이다.

✔해설 ④ 석우 누나의 나이는 알 수 없다.
주어진 정보에 따라 나이순으로 나열하면 유나→선호→석우(27세)→강준(25세)이다.

|6~12| 다음에 제시된 전제에 따라 결론을 바르게 추론한 것을 고르시오.

6

- A 지역은 B 지역보다 기온이 높다.
- C 지역은 D 지역보다 기온이 낮지 않다.
- A 지역은 D 지역보다 기온이 낮다.
- 그러므로 _____

① B는 기온이 가장 낮은 지역이다.
② C 지역은 기온이 가장 높지 않다.
③ A 지역은 2번째로 기온이 높다.
④ D 지역은 2번째로 기온이 낮다.

✔해설 기온이 높은 지역을 순서대로 나열하면 'C>D>A>B'가 된다.

Answer 3.④ 4.② 5.④ 6.①

7

> • 4마리 고양이 중 범이가 가장 까맣고 무겁다.
> • 설기는 가장 어리고 가장 마른 고양이다.
> • 둘째 고양이 율무는 애교가 많고 노는 걸 좋아한다.
> • 도롱이는 나이는 제일 늙었지만 달리기를 제일 잘한다.
> • 그러므로 _____

① 도롱이는 하얀 털을 가진 고양이다.
② 범이는 4마리 중 셋째 고양이다.
③ 설기는 태어난 지 두 달이 되지 않은 고양이다.
④ 율무는 4마리 중 유일한 수컷이다.

> ✔해설 주어진 명제에 따르면 고양이의 나이는 도롱이 〉율무 〉범이 〉설기 순이다.

8

> • 강수 확률이 80% 이상이면 야구 경기가 취소된다.
> • 야구 경기가 취소되면 甲은 영화를 보러 간다.
> • 甲은 반드시 윤아와 함께 영화를 본다.
> • 어제 야구 경기가 취소되었다.
> • 그러므로 _____

① 甲은 윤아를 만나지 않았다.
② 어제는 날씨가 좋았다.
③ 어제의 강수 확률은 30% 이하였다.
④ 윤아는 어제 영화를 보았다.

> ✔해설 어제 야구 경기가 취소되었고 甲은 경기가 취소되면 영화를 보고 반드시 윤아와 함께 영화를 본다고 했으므로 윤아도 어제 영화를 보았을 것이다.

9

- 조깅을 좋아하는 사람은 음악을 좋아한다.
- 음악을 좋아하는 사람은 무선 이어폰을 사용한다.
- 한결이는 조깅을 좋아한다.
- 그러므로 _____

① 한결이는 아침에 일찍 일어나는 편이다.
② 한결이는 주로 클래식을 듣는다.
③ 한결이는 무선 이어폰을 사용한다.
④ 한결이는 무선 이어폰을 사용할 줄 모른다.

> ✅ **해설** 조깅을 좋아하는 사람은 음악을 좋아하고 음악을 좋아하는 사람은 무선 이어폰을 사용한다고 했으므로 조깅을 좋아하는 한결이는 무선 이어폰을 사용한다.

10

- 순희는 영자보다 느리지만 주혜보다는 빠르다.
- 주혜는 순희보다는 느리지만 은정이보다는 빠르다.
- 그러므로 _____

① 세 번째로 빠른 사람은 영자이다.
② 은정이가 가장 느리다.
③ 두 번째로 빠른 사람은 주혜이다.
④ 순희가 가장 빠르다.

> ✅ **해설** 첫 번째 조건에서 빠르기가 '영자 – 순희 – 주혜' 순서가 되며, 두 번째 조건에서 주혜가 은정이보다 빠르다고 했으므로 '영자 – 순희 – 주혜 – 은정'의 순서가 된다.

Answer 7.② 8.④ 9.③ 10.②

11

- 영희네 과수원에서 키우는 과일은 모두 빨갛다.
- 내가 산 귤은 영희네 과수원에서 키운 것이다.
- 그러므로 _____

① 내가 산 귤은 노란색이다. ② 내가 산 귤은 노란색이 아니다.
③ 내가 산 귤은 빨간색이다. ④ 내가 산 귤은 빨간색이 아니다.

> **해설** ③ 내가 산 귤은 영희네 과수원에서 키운 것이고, 영희네 과수원에서 키우는 과일은 모두 빨간색이다.

12

- 군주가 오직 한 사람만을 신임하면 나라를 망친다.
- 군주가 사람을 신임하지 않으면 나라를 망친다.
- 그러므로 _____

① 어느 군주가 나라를 망치지 않았다면, 그는 오직 한 사람만을 신임한 것이다.
② 어느 군주가 나라를 망치지 않았다면, 그는 사람을 신임하지 않았다는 것이다.
③ 어느 군주가 나라를 망치지 않았다면, 그는 오직 한 사람만을 신임한 것은 아니다.
④ 어느 군주가 오직 한 사람만을 신임하지 않았다면, 그는 나라를 망치지 않은 것이다.

> **해설** ①② 군주가 오직 한 사람만을 신임하거나, 사람을 신임하지 않으면 나라를 망친다.
> ④ 명제가 참일지라도 이는 참이 아닐 수도 있다. 즉 군주가 오직 한 사람만을 신임하지 않았다는 것은 여러 사람을 신임한 것일 수 있으며 이때에는 나라를 망치지 않으나, 한 사람만을 신임하지 않았다는 것이 그 누구도 신임하지 않은 것일 때에는 나라를 망치게 된다.

┃13~15┃ 주어진 결론을 반드시 참으로 하는 전제를 고르시오.

13

전제1 : 뱀은 단 사과만을 좋아한다.
전제2 : _____
결론 : 뱀은 작은 사과를 좋아하지 않는다.

① 작은 사과는 달지 않다.
② 작지 않은 사과는 달다.
③ 어떤 뱀은 큰 사과를 좋아하지 않는다.
④ 작지 않은 사과는 달지 않다.

> **해설** 뱀은 단 사과만 좋아하므로 '작은 사과는 달지 않다'는 전제가 있어야 결론을 도출할 수 있다.

14

> 전제1 : 우택이는 영민이보다 키가 크다.
> 전제2 : _____
> 결론 : 우택이가 세 사람 중 가장 키가 크다.

① 우택이보다 키가 큰 친구도 있다.
② 대현이는 영민이보다 키가 작다.
③ 반에서 우택이의 키가 가장 작다.
④ 영민이는 반에서 키가 제일 크다.

> **해설** 결론에 따르면 우택, 영민 외에 한 사람이 더 등장해야 함을 알 수 있다. 또한 우택이가 가장 크기 위해서는 그 한 사람의 키가 우택이보다 작아야 한다.

15

> 전제1 : 기린을 좋아하는 사람은 얼룩말을 좋아한다.
> 전제2 : 하마를 좋아하지 않는 사람은 기린을 좋아한다.
> 전제3 : _____
> 결론 : 코끼리를 좋아하는 사람은 하마를 좋아한다.

① 기린을 좋아하는 사람은 하마를 좋아한다.
② 코끼리를 좋아하는 사람은 얼룩말을 좋아한다.
③ 얼룩말을 좋아하는 사람은 코끼리를 좋아하지 않는다.
④ 하마를 좋아하는 사람은 기린을 좋아한다.

> **해설** 전제 1 : $p \rightarrow q$
> 전제 2 : $\sim r \rightarrow p$
> 결론 : $s \rightarrow r$ (대우 : $\sim r \rightarrow \sim s$)
> $p \rightarrow \sim s$ 또는 $q \rightarrow \sim s$가 보충되어야 한다.
> 그러므로 '기린을 좋아하는 사람은 코끼리를 좋아하지 않는다.' 또는 '얼룩말을 좋아하는 사람은 코끼리를 좋아하지 않는다.'와 이 둘의 대우가 빈칸에 들어갈 수 있다.

Answer 11.③ 12.③ 13.① 14.② 15.③

16 갑, 을, 병, 정, 무 5명을 키 순서대로 세웠더니 다음과 같은 사항을 알게 되었다. 키가 2번째로 큰 사람은?

- 병은 무 다음으로 크다.
- 갑은 무보다 작지 않다.
- 5명 중 가장 큰 사람은 정이다.
- 을은 병보다 작다.

① 갑
② 을
③ 병
④ 정

✔해설 주어진 정보에 따라 키가 큰 사람부터 작은 사람까지 나열하면 정→갑→무→병→을

17 도진, 민, 지율, 도하는 이번 행사에서 각각 구두, 화장품, 디퓨져, 가방 판매 부스에서 영업을 담당하게 되었다. 도진은 구두나 가방 매장에서 일하기를 원하고 민이는 화장품과 가방에 대해서는 전혀 알지 못해 피하고 싶다. 지율이는 좋은 향기가 나는 화장품이나 디퓨져 매장에서 일하고 싶어 하며 특히 디퓨져에 대한 상당한 지식을 가지고 있다. 도하는 어느 매장에도 일할 수 있다고 할 때 이에 따라 바르게 배정된 사람은?

① 도진 – 디퓨져
② 민 – 구두
③ 지율 – 화장품
④ 도하 – 가방

✔해설 각자의 선호에 따르면 도진은 구두와 가방 매장, 민이는 구두나 디퓨져 매장, 도하는 어느 곳이든 상관없고 지율이는 화장품이나 디퓨져 매장을 선호하지만 디퓨져에 대한 지식을 가지고 있으므로 디퓨져 매장에 배정될 것이다. 지율이 디퓨져 매장에 배정되면 민이는 구두 매장에, 도진이는 가방 매장에 배정되므로 도하는 화장품 매장에 배정될 것이다.

18 재원, 경아, 지은, 지훈이 강릉, 대전, 제주도, 부산으로 여행을 가려고 한다. 여행지를 정하는 데 경아는 제주도는 경비가 부담된다고 말했고 지은이와 재원이는 바다를 보고 싶다고 했고 지훈이 거리가 너무 먼 곳은 싫다고 했다. 네 사람이 모두가 만족할 수 있는 여행지는 어디인가?(단 네 사람은 서울에서 출발한다.)

① 강릉
② 대전
③ 제주도
④ 부산

✔해설 조건에 따라 경아가 싫다고한 제주도와 바다가 없는 대전은 제외된다. 지훈이 거리가 먼 곳은 싫다고 하였으므로 남은 강릉과 부산 중 비교적 서울에서 더 가까운 강릉이 모두가 만족할 수 있는 여행지가 된다.

19 19명의 T사 직원들은 야유회 자리에서 게임을 하게 되었다. 본부장은 다음과 같은 규칙에 의해 탈락되지 않고 남는 직원들에게 특별히 준비한 선물을 주기로 하였다. 다음 중 본부장의 선물을 받게 되는 직원들이 가진 번호가 아닌 것은 어느 것인가?

- 1단계 : 19명의 직원이 2부터 20번까지의 숫자가 적힌 종이를 무작위로 한 장씩 나누어 갖는다.
- 2단계 : 첫 번째 수인 2를 '시작 수'로 한다.
- 3단계 : '시작 수' 보다 큰 수 중 '시작 수'의 배수에 해당하는 숫자를 가진 직원들을 모두 탈락된다.
- 4단계 : '시작 수' 보다 큰 숫자를 가진 직원들이 있으면 그 직원들이 가진 수 중 가장 작은 수를 '시작 수'로 하고 3단계로 간다. '시작 수' 보다 큰 수를 가진 직원이 없으면 종료한다.

① 2　　　　　　　② 5
③ 11　　　　　　 ④ 18

✔해설　2부터 20까지의 수에서 3단계에 해당하는 2의 배수를 지우면 다음과 같다.
2, 3, 4̶, 5, 6̶, 7, 8̶, 9, 1̶0̶, 11, 1̶2̶, 13, 1̶4̶, 15, 1̶6̶, 17, 1̶8̶, 19, 2̶0̶
다음에는 3이 '시작 수'가 되므로 이에 해당하는 3의 배수인 9와 15를 지운다.
2, 3, 5, 7, 9̶, 11, 13, 1̶5̶, 17, 19
다음에는 5가 '시작 수'가 되므로 이에 해당하는 5의 배수를 지워야 하는데 더 이상 해당하는 수가 없다. '시작 수'는 7, 11, 13, 17, 19로 변경되지만 이들 수의 배수에 해당하는 수가 없으므로 종료한다.
따라서 2, 3, 5, 7, 11, 13, 17, 19를 가진 직원들이 선물을 받게 된다.

20 甲, 乙, 丙, 丁 총 4명이 민원을 접수하기 위해 기다리고 있다. 다음 조건이라면 가장 먼저 민원을 접수하는 사람은 누구인가?

- 甲은 乙보다 먼저 접수한다.
- 丙은 丁보다 먼저 접수한다.
- 丁은 甲보다 먼저 접수한다.

① 甲　　　　　　　② 乙
③ 丙　　　　　　　④ 丁

✔해설　丁은 甲보다 먼저 접수, 甲은 乙보다 먼저 접수하였으므로 丁 - 甲 - 乙의 순서가 되며, 丙은 丁보다 먼저 접수하였으므로 丙 - 丁 - 甲 - 乙의 순서가 된다. 따라서 가장 먼저 민원을 접수하는 사람은 丙이다.

Answer　16.①　17.②　18.①　19.④　20.③

21 다음 제시된 문장에서 범하고 있는 논리적 오류와 같은 논리적 오류는?

> A의원은 부유한 가정에서 자랐으므로 그가 제시한 정책은 서민을 위한 정책으로 볼 수 없다.

① 왜 거짓말한 것 가지고 뭐라 하시는 거죠? 선생님도 거짓말하시잖아요.
② 부모 사랑도 못 받고 자란 아이니 꼭 예쁘게 봐주세요.
③ 나이도 어린 게 뭘 안다고 그래!
④ 아침에 사과를 먹지 않으니 성적이 좋아지지 않는 거야.

> ✅해설 주어진 문장은 A의원이 제시한 정책이 아닌 A의원에 대한 비난을 하고 있으므로 인신공격의 오류를 범하고 있다. ③번 문장은 상대의 의견이 아닌 상대의 의견에 대해 비난하는 인신공격의 오류를 범하고 있다.
> ① 피장파장의 오류
> ② 동정에 호소하는 오류
> ④ 인과의 오류

22 다음에서 발견할 수 있는 논리적 오류에 대한 설명이 바른 것은?

> 나는 이전에 빨간 양말을 신고서 오디션에 합격하였다. 나는 내일 오디션에 합격하기 위해서 빨간 양말을 신을 것이다.

① 대체적으로 그렇다고 해서 특별한 경우에도 그럴 것이라고 생각하고 있다.
② 두 사건 사이에는 인과관계가 없는데 두 사건이 시간적으로 선후관계가 성립한다고 생각하여 한 사건이 다른 사건의 원인이라 여기고 있다.
③ 어떤 주장이 증명되지 못했기 때문에 거짓이라고 추론하거나, 반박되지 않았기 때문에 참이라고 추론하고 있다.
④ 대화 중 어떤 말을 지나치게 강조하여 의미를 변경하거나 왜곡하고 있다.

> ✅해설 잘못된 인과관계의 오류(원인 오판, 거짓 원인의 오류) … 전혀 인과관계가 없는 단순한 선후 관계를 인과관계가 있는 것으로 잘못 추리하는 오류

23 다음 제시된 글에서 범하고 있는 논리적 오류는?

> 이것은 위대한 그림이다. 왜냐하면 모든 훌륭한 미술 평론가가 평하고 있기 때문이다. 훌륭한 미술 평론가란 이런 위대한 그림을 평하는 이이다.

① 논점일탈의 오류
② 원칙혼동의 오류
③ 순환논증의 오류
④ 흑백논리의 오류

✔해설 순환논증의 오류(선결문제 요구의 오류) … 전제로부터 어떤 새로운 결론이 도출된 것이 아니라, 전제와 결론이 동어 반복으로 이루어진 오류

│24~25│ 다음 중 논리적 오류의 성격이 나머지와 다른 하나를 고르시오.

24
① 아버지는 외로운 존재이다. 왜냐하면 아버지는 쓸쓸하고 외롭기 때문이다.
② 공부를 하지 않았음에도 시험을 운 좋게 잘 본 철수는 전날 밤 집이 불타는 꿈을 꾼 것이 그 요인이었다고 말한다.
③ 테니스 선수 진호는 경기 당일에 면도를 하지 않는다. 면도를 하지 않았을 때 진호는 늘 이겼다. 진호는 내일 경기를 위해 면도를 하지 않을 것이다.
④ 생선 먹고 체했을 때 주문을 외우면 괜찮아진다는 속신(俗信)을 나는 믿는다. 어제께 생선 먹고 체했을 때 주문을 외웠더니 정말 속이 괜찮아졌다.

✔해설 ① 순환논증의 오류
②③④ 잘못된 인과관계의 오류

Answer 21.③ 22.② 23.③ 24.①

25 ① 김○○ 선생은 아주 유명 학원의 수학강사이다. 그러나 그의 강의를 믿을 수 없다. 그가 얼마나 욕을 잘하고 남을 잘 속이는지는 알 만한 사람은 다 안다.
② 당신은 지금 신의 존재를 입증하지 못하고 있지 않소. 그러니 신은 존재한다고 말할 수 없는 것 아니요.
③ 이○○ 의원은 국립대학교 특별법 제정을 강력하게 주장하고 있다. 그러나 그의 주장에는 문제가 있다. 그 역시 국립대학교 출신이기 때문이다.
④ 당신은 내가 게으르다고 비난하는데 그것은 잘못된 거야. 당신 자신을 돌아봐. 아침에 일어나면 이부자리 하나 정리도 안하면서 어떻게 내가 게으르다고 말할 수 있지.

> ✔해설 ② 무지에 호소하는 오류: 어떤 주장이 반증되지 못했기 때문에 참이라 하던가, 그 주장이 증명되지 못했기 때문에 거짓이라고 추리하는 오류이다.
> ①③④ 인신공격의 오류: 상대방 주장을 반박하려는 논증으로, 상대의 주장과 무관한 개인의 성향(인격, 권위, 재산, 사상, 행실)에 대해 부정적인 발언을 하면서 그 사람의 주장이 정당하지 못하다는 것을 보여주려고 하는 경우를 말한다.

|26~32| 다음 제시된 숫자의 배열을 보고 규칙을 적용하여 빈칸에 들어갈 알맞은 숫자를 고르시오.

26

| 3   9   12   36   39   (   )   120   360 |

① 118　　② 117
③ 116　　④ 115

> ✔해설 제시된 수열은 첫 번째 수에서부터 (×3)과 (+3)이 반복해서 수행되고 있다. 따라서 빈칸은 39×3=117이 된다.

27

| 25   32   37   47   58   71   79   (   ) |

① 82　　② 87
③ 91　　④ 95

> ✔해설 제시된 수열은 첫 번째 제시된 수에 일의 자릿수와 십의 자릿수를 더하면 다음 수가 되는 규칙을 가지고 있다. 따라서 빈칸은 79+7+9=95가 된다.

28

| 2 8 4 16 12 48 ( ) 176 |

① 42
② 44
③ 46
④ 48

✔해설 제시된 수열은 ×4와 −4의 수식이 반복해서 행해지고 있다.
2(×4)8(−4)4(×4)16(−4)12(×4)48(−4)44(×4)176

29

| 3 4 7 11 18 29 47 76 ( ) |

① 123
② 124
③ 125
④ 126

✔해설 제시된 수열은 세 번째 항부터 앞의 두 수를 더한 수가 다음으로 온다. 그러므로 빈 칸에는 47+76인 123이 들어간다.

30

3	
1	5

4	
5	10

7	
( )	14

① 6
② 7
③ 8
④ 9

✔해설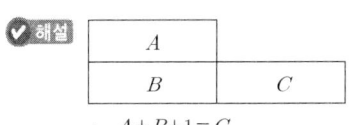
∴ A+B+1=C

Answer 25.② 26.② 27.④ 28.② 29.① 30.①

31

	2				4				( )	
	4	6			6	22			9	25

① 2 ② 3
③ 5 ④ 6

✔ 해설

A	
B	C

∴ $A \times B - 2 = C$

32

12	31	21
23	53	52
35	( )	96

① 81 ② 82
③ 83 ④ 84

✔ 해설

AB	EF	CD

∴ $A + B = E,\ C - D = F$

│33~36│ 다음의 일정한 규칙에 의해 배열된 수나 문자를 추리하여 ( ) 안에 알맞은 것을 고르시오.

33

11 13 8   18 21 8   7 13 5   5 9 ( )

① 4 ② 5
③ 6 ④ 7

✔ 해설 첫 번째 수를 두 번째 수로 나누었을 때 소수점 아래 첫 번째 수가 세 번째 수가 되는 규칙을 가지고 있다. $5 \div 9 = 0.55555$ 이므로 빈칸에 들어갈 수는 5이다.

34

$\underline{4\ 6\ 4}\quad \underline{7\ 4\ 0}\quad \underline{2\ 9\ 10}\quad \underline{5\ 4\ (\quad)}$

① 8 ② 10
③ 12 ④ 14

✔ **해설** 첫 번째 수와 두 번째 수를 곱하여 마지막 수를 더하면 그 값이 28이 나오는 수들의 조합으로 이루어져 있다. 5×4=20이므로 빈칸에 들어갈 수는 8이다.

35

C - F - L - U - ( )

① B ② D
③ G ④ I

✔ **해설** 알파벳을 순서대로 나열했을 때 처음 제시된 C부터 3의 배수로 증가하는 규칙을 가지고 있다. 빈칸에는 U이후부터 12번째 순서인 G이다.

36

ㄱ - ㄷ - ㅂ - ㅋ - ㄹ - ( )

① ㄱ ② ㄷ
③ ㅂ ④ ㅋ

✔ **해설** 한글의 자음을 순서대로 나열했을 때 처음 제시된 문자부터 소수가 순서대로 더해지는 규칙을 가지고 있다. ㄱ(+2)ㄷ(+3)ㅂ(+5)ㅋ(+7)ㄹ(+11)ㄱ 이므로 빈칸에는 ㄱ이 온다.

Answer 31.② 32.③ 33.② 34.① 35.③ 36.①

┃37~41┃ 다음의 빈칸에 들어갈 알맞은 수를 고르시오.

37

13@11=1   22@25=8   15@32=4   (19@21)@15=(   )

① 6
② 5
③ 4
④ 3

✅해설 주어진 식을 @의 규칙은 @ 앞의 수에 뒤의 수를 나눈 값의 소수점 첫째 자리가 답이 되는 것이다. 따라서 마지막 식을 풀면 (19@21)@15=(19÷21=0.904…=9), 9@15=6이다.

38

5&8=8   6&7=6   4&4=32   3&9=(   )

① 15
② 17
③ 19
④ 21

✅해설 주어진 식은 &의 앞과 뒤의 수를 곱한 후 48에서 뺀 값이다. 따라서 마지막 식을 풀면 48−3×9=21이다.

39

3!7=5   4!3=13   6!9=15   7!(   )=18

① 9
② 10
③ 11
④ 12

✅해설 주어진 식들을 따라 유추해보면 !는 (!앞의 수)×4−(!뒤의 수)이다. 따라서 빈칸에 들어갈 수를 x라고 하면, $7×4−x=18, x=10$이다.

40

```
    21 | 12
 13  9 |15  16
 ─────────────
 17    |19
     8 |    12
    18 |( )
```

① 10   ② 11
③ 12   ④ 13

✔ 해설 원의 나누어진 한 부분에 위치한 수의 합은 43이다. 따라서 $19+12+x=43$이므로 빈칸에 들어갈 수는 12이다.

41

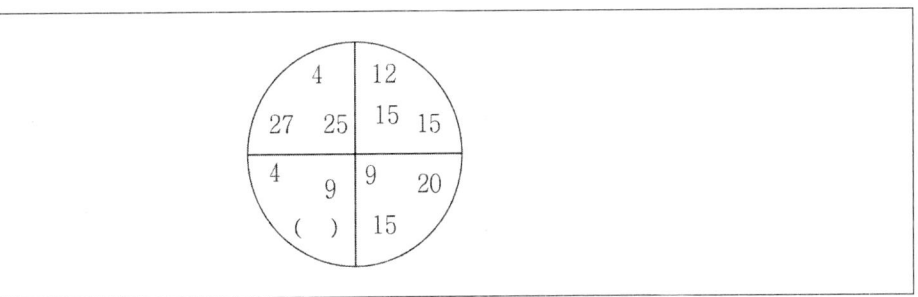

① 75   ② 25
③ 55   ④ 45

✔ 해설 원의 나누어진 한 부분에 위치한 수의 곱은 2700이다. 따라서 $4 \times 9 \times x = 2700$이므로 빈칸에 들어갈 수는 75이다.

Answer 37.① 38.④ 39.② 40.③ 41.①

│42~43│ 다음 색칠된 곳의 숫자에서부터 시계방향으로 진행하면서 숫자와의 관계를 고려하여 ? 표시된 곳에 들어갈 알맞은 숫자를 고르시오.

42

	▲	
5	6	9
1098		18
369	?	45

① 120　　　　　　　　　　② 126
③ 132　　　　　　　　　　④ 138

해설 색칠 된 곳 다음부터 (전 숫자의−3)×3이 반복되며 변하고 있다.

43

5488	392	↴
↑		28
76832	1075648	?

(▲ 표시는 76832 왼쪽)

① 2　　　　　　　　　　② 4
③ 6　　　　　　　　　　④ 8

해설 각 숫자에 $\frac{1}{14}$가 곱해지면서 변하고 있다.

| 44~45 | 다음 ?에 들어갈 알맞은 숫자를 고르시오.

44

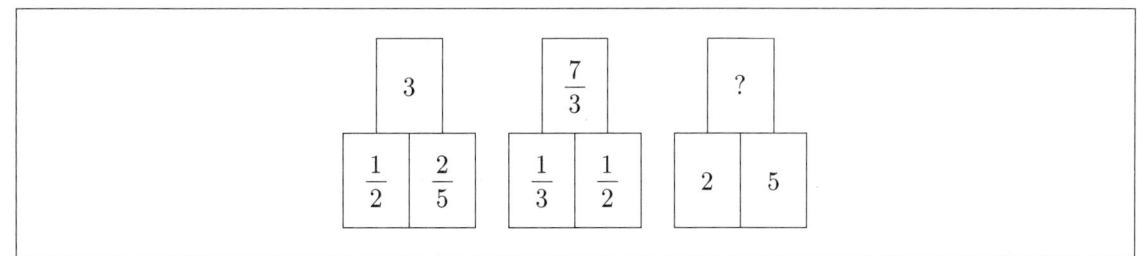

① $\dfrac{11}{5}$ ② $\dfrac{17}{5}$

③ $\dfrac{11}{2}$ ④ $\dfrac{17}{2}$

✔해설  ㉠=㉡+$\dfrac{1}{㉢}$으로 계산하면 된다.

45

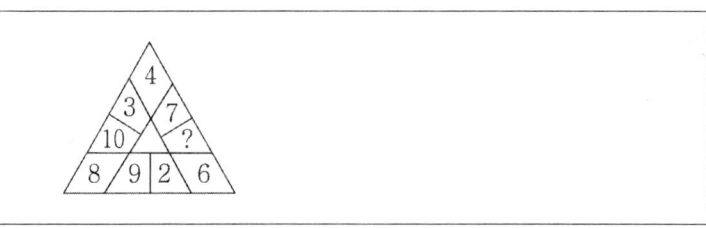

① 5   ② 8
③ 11   ④ 14

✔해설 한 변의 숫자를 더하면 모두 25가 되어야 한다.

Answer 42.② 43.① 44.① 45.②

| 46~55 | 다음 도형들의 일정한 규칙을 찾아 ? 표시된 부분에 들어갈 도형을 고르시오.

46

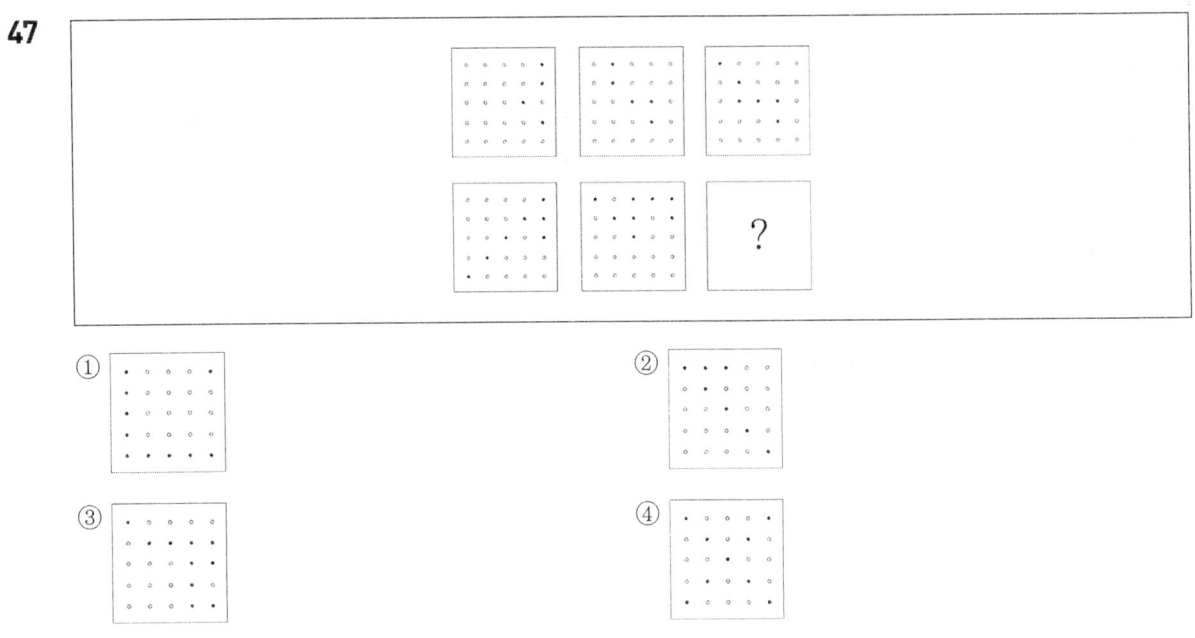

✅해설 주어진 도형은 색칠된 도형은 시계 방향으로 돌아가며 색칠된 도형은 다음 순서에 개수가 하나씩 늘어나는 규칙을 가지고 있다. 마지막 도형에서 하트에 색칠이 되어있으므로 다음 도형에서는 하트는 1개 늘어나며 다음 순서인 사각형이 색칠되어야 한다.

47

✅해설 옆으로 이동할 때 검은 점이 하나씩 늘어나고 있다.

48

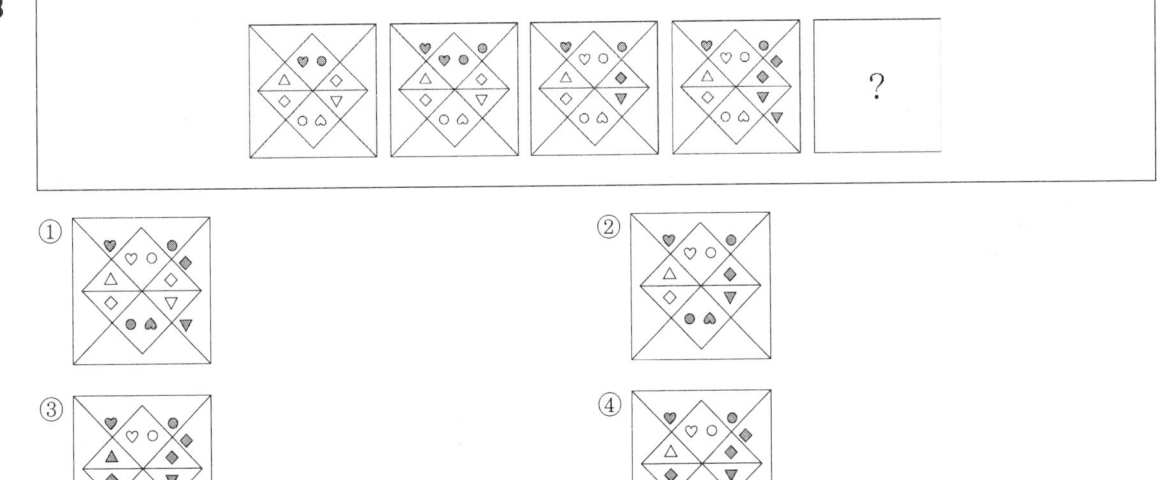

✅해설 내부 사각형에 포함된 도형이 시계방향으로 색칠이 되고 색칠된 후에는 내부 도형과 같은 도형이 외부 도형의 칸으로 복사되는 규칙을 가지고 있다.

49

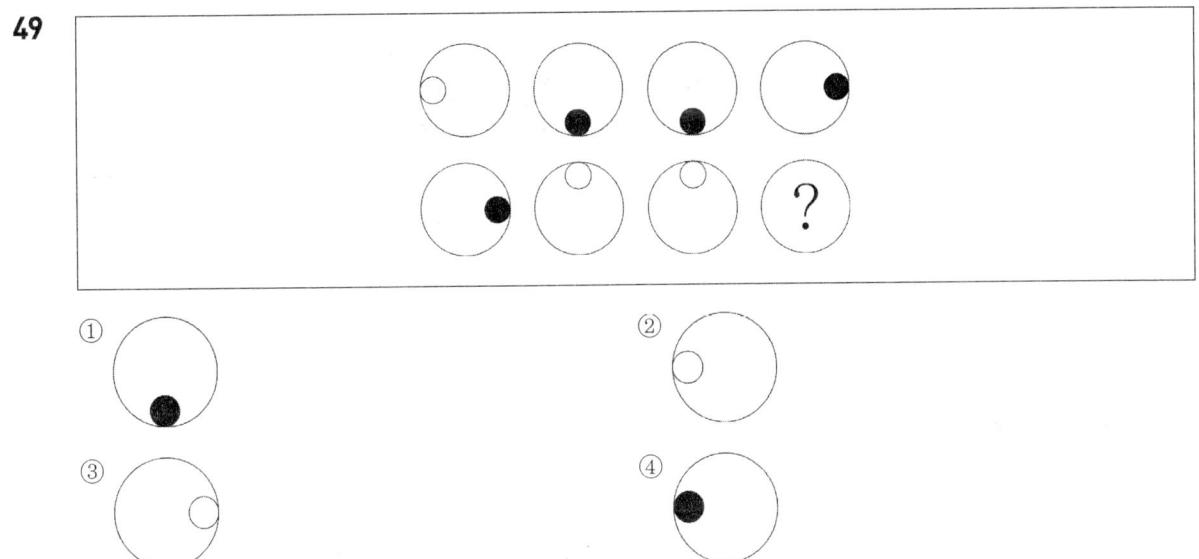

✅해설 각각 첫째줄의 동그라미와 비교해볼때 두 번째 줄의 안쪽 작은 동그라미는 색이 반전하여 대칭에 위치해있다.

Answer 46.② 47.④ 48.① 49.②

50

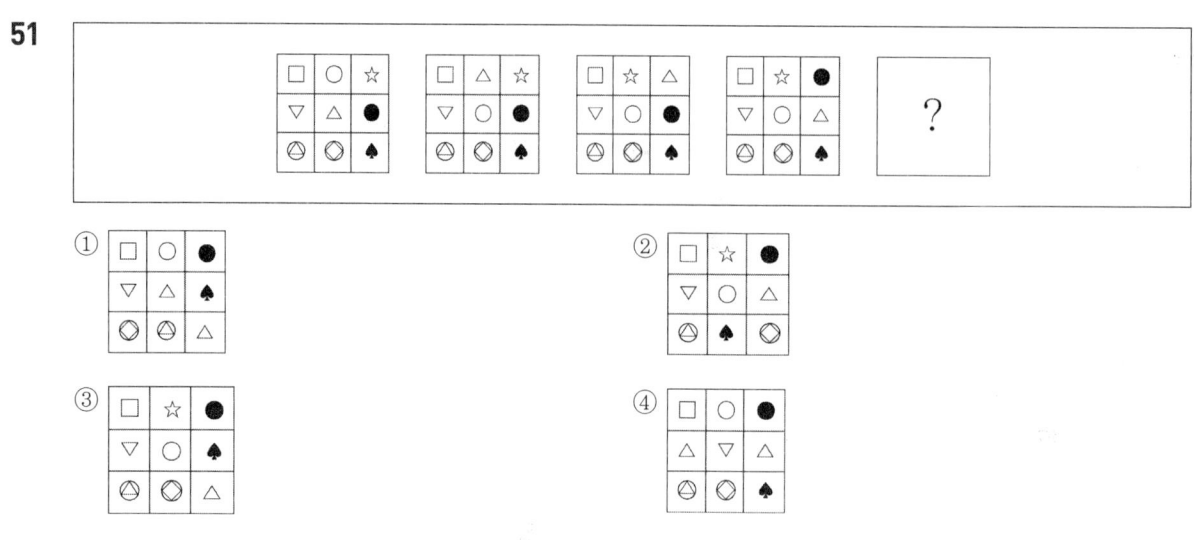

✅해설 제시된 도형의 경우 세 개의 도형을 보고 규칙성을 찾아야 한다. 세 개의 도형을 관찰해 보면 화살표 모양은 135° 나아갔다가 45°로 다시 되돌아오는 패턴을 반복하고 있다.

51

✅해설 △이 시계방향으로 인접한 부분의 도형과 자리를 바꾸어 가면서 이동하고 있다.

52

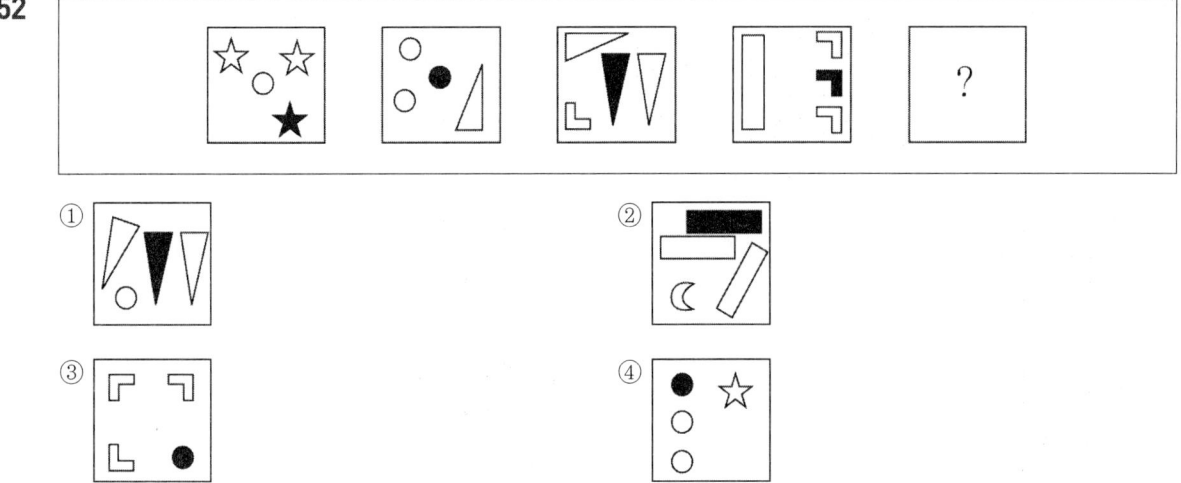

✅ 해설 제시된 문제는 도형의 종류와 그 수가 많아 법칙성을 찾기 힘들지만 자세히 보면, 처음 제시된 도형 중 하나만 제시된 것이 다음에서 다시 세 개로 변하고 있으며, 세 개 중 하나는 검은색이 되는 것을 알 수 있다.

53

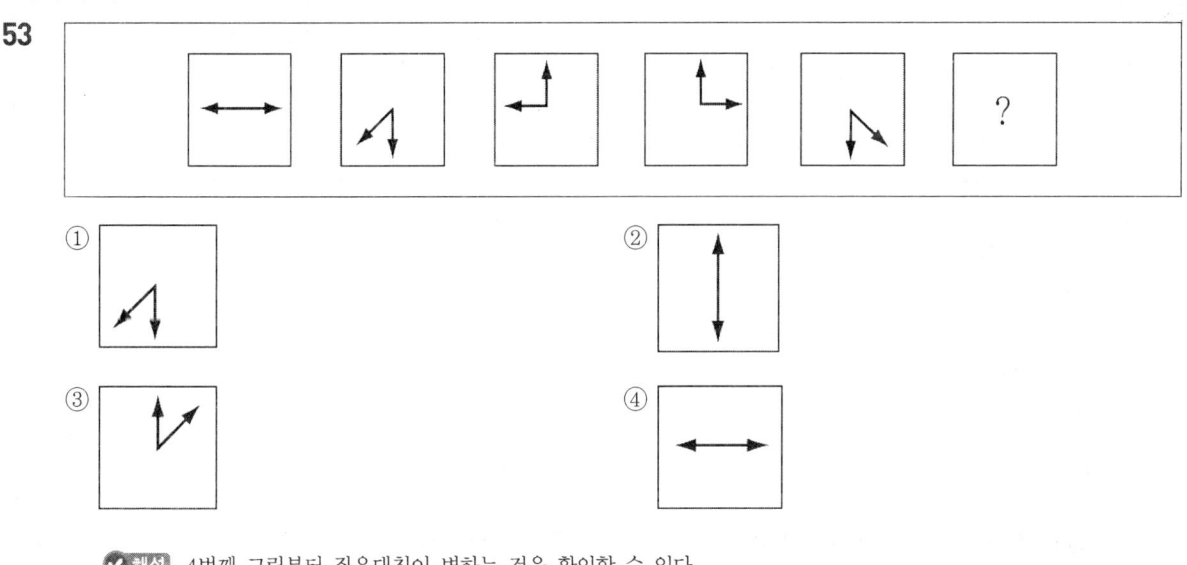

✅ 해설 4번째 그림부터 좌우대칭이 변하는 것을 확인할 수 있다.

Answer 50.③ 51.③ 52.② 53.④

54

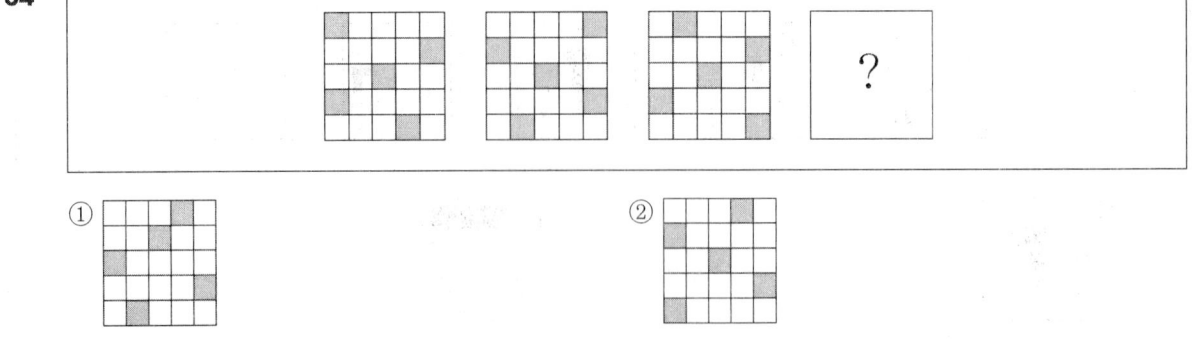

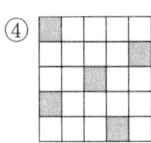

✔해설 좌우대칭, 상하대칭의 순서로 번갈아가면서 변하고 있다.

55

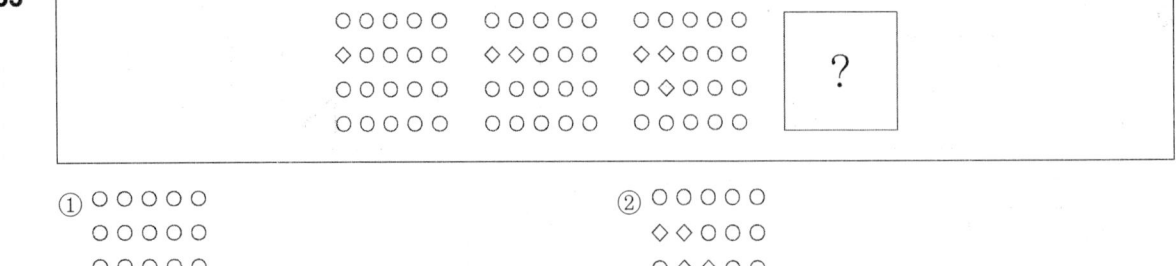

✔해설 1번씩 이동할 때마다 한번은 오른쪽 방향으로, 한번은 아래 방향으로 개수가 하나씩 늘면서 ◇ 도형이 이동하고 있다.

| 56~58 | 다음 빈칸에 들어갈 알맞은 모양으로 옳은 것을 고르시오.

56

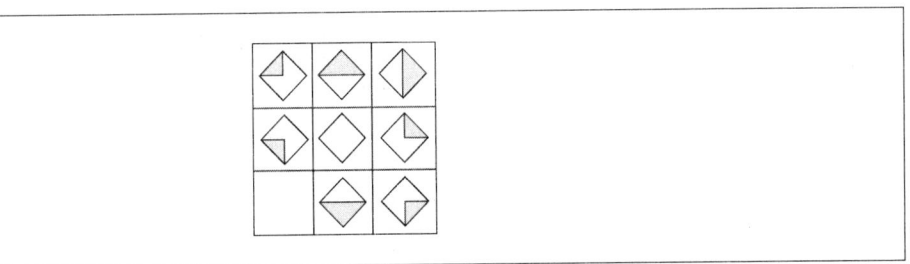

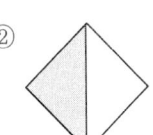

✔해설 가운데 마름모를 중심으로 하여 그림의 모양이 상하, 좌우, 대각선 방향끼리 대칭을 이루고 있다.

57

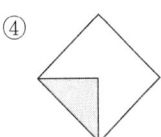

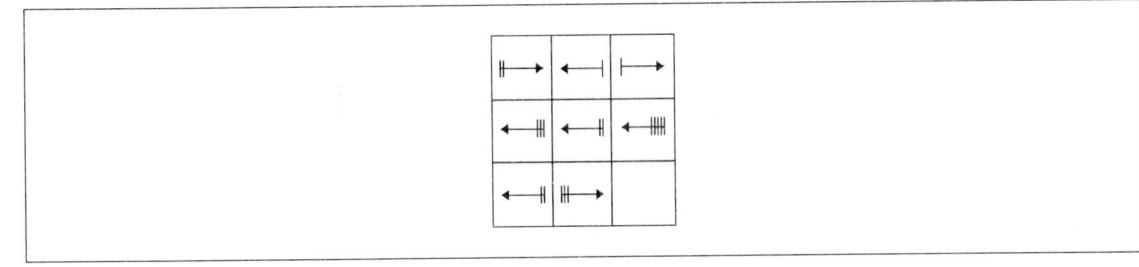

✔해설 1열과 2열을 서로 계산하여 3열이 나오는 관계인데 화살표의 방향이 같으면 덧셈을, 화살표의 방향이 반대이면 뺄셈을 하며, 화살표 끝의 작대기가 숫자의 크기를 의미한다.

Answer 54.② 55.② 56.② 57.②

58

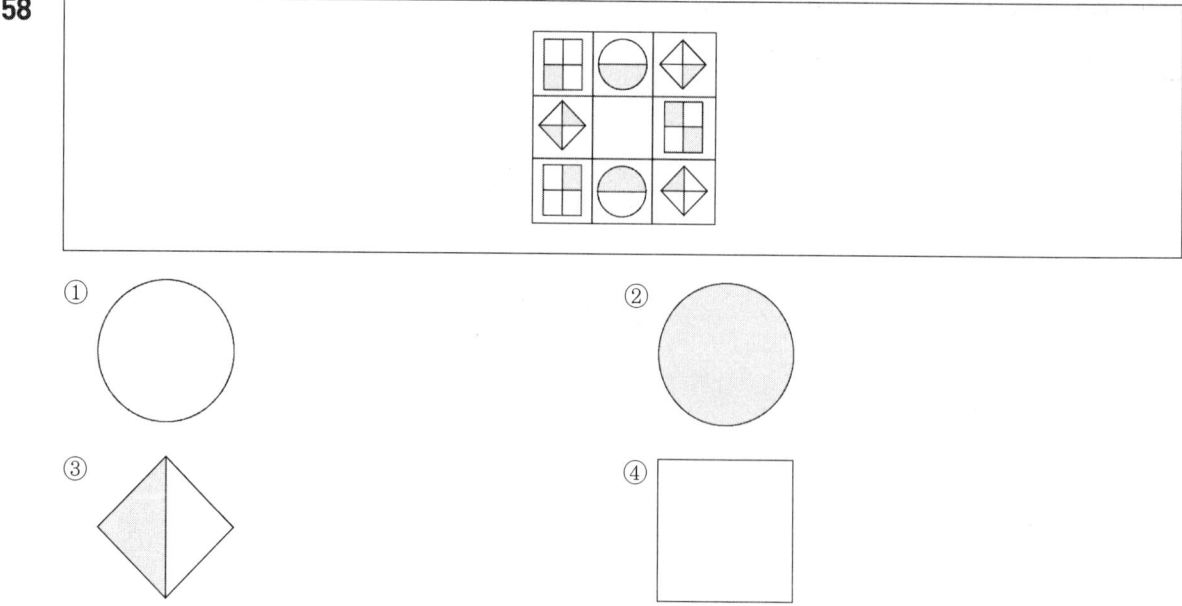

① ② ③ ④

✔해설 각 행과 열의 가운데 부분은 양 옆의 도형의 전체 면적에 대한 색칠한 부분의 상대적 비율의 합을 나타낸다.

❙59~65❙ 다음 ? 표시된 부분에 들어갈 알맞은 모양의 도형을 고르시오.

59

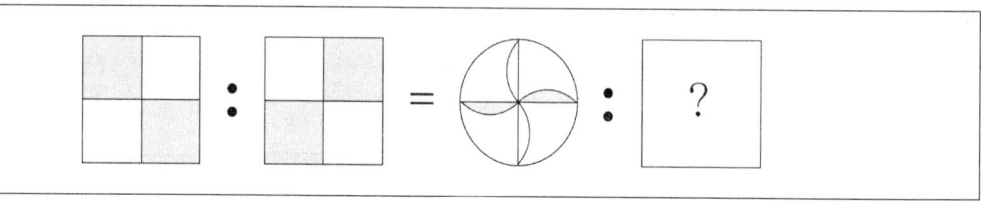

① 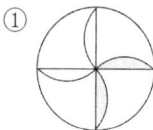   ②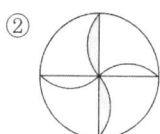

③ 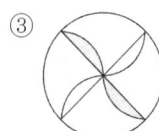   ④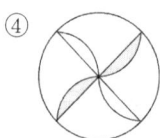

✔해설 시계 방향으로 90° 회전하는 관계이다.

60

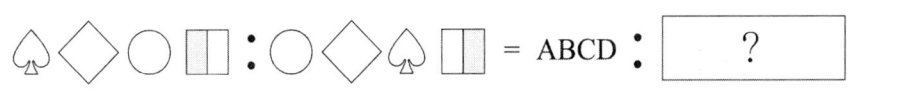

① CBAD
② CBDA
③ CADB
④ CBAD

✅ **해설** 순서대로 대입하여 비교하여 바뀐 부분을 찾으면 된다.

61

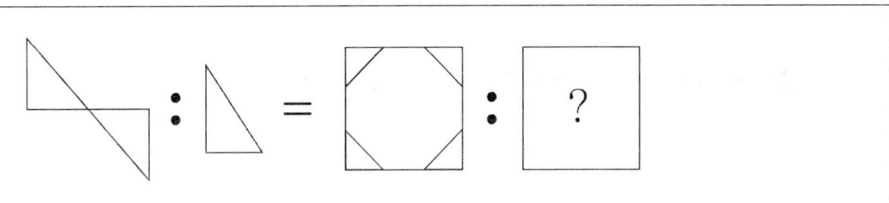

①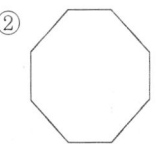
②
③
④

✅ **해설** 오른쪽 도형은 왼쪽 도형에서 삼각형을 1개 뺀 것이다.

62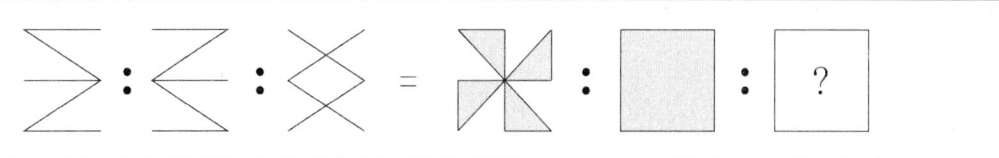

① 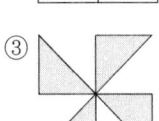   ②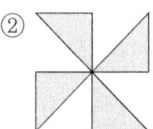

③ 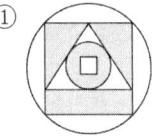   ④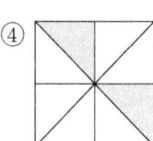

✔해설 처음 그림과 두 번째 그림을 합쳤을 때 겹치는 부분을 삭제한 것이 세 번째 그림이 된다.

63

① 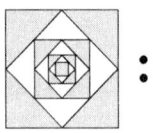   ②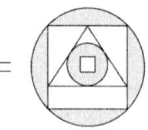

③ 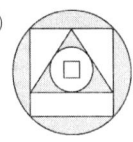   ④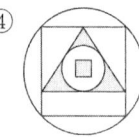

✔해설 색칠된 부분은 같은 도형에만 칠해져 있음을 알 수 있다.

64

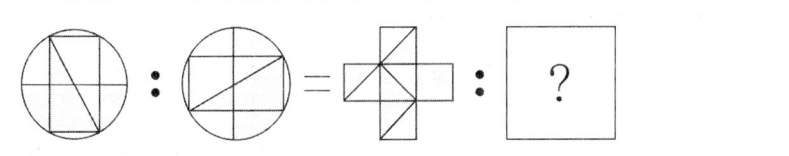

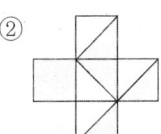

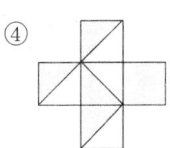

✅ **해설** 두 그림의 관계는 270° 회전하는 것임을 알 수 있다.

65

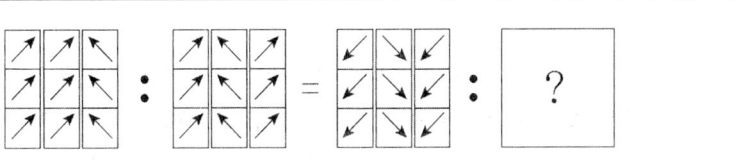

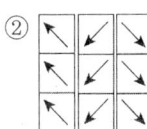

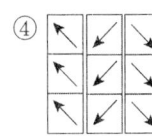

✅ **해설** 1열은 변화가 없고 2열과 3열의 모양은 대칭이 되어 변하고 있다.

Answer 62.③ 63.② 64.① 65.①

66 다음 중 공문서 작성에 대한 설명으로 가장 적절하지 못한 것은?

① 공문서나 유가증권 등에 금액을 표시할 때에는 한글로 기재하고 그 옆에 괄호를 넣어 숫자로 표기한다.
② 날짜는 숫자로 표기하되 년, 월, 일의 글자는 생략하고 그 자리에 온점(.)을 찍어 표시한다.
③ 첨부물이 있는 경우에는 붙임 표시문 끝에 1자 띄우고 "끝."이라고 표시한다.
④ 공문서의 본문이 끝났을 경우에는 2타를 띄우고 "끝."이라고 표시한다.

> **해설** 공문서 금액 표시
> 아라비아 숫자로 쓰고, 숫자 다음에 괄호를 하여 한글로 기재한다.
> 예) 123,456원의 표시 : 금 123,456(금 일십이만삼천사백오십육원)

67 당신은 팀장님께 업무 지시내용을 수행하고 결과물을 보고 드렸다. 하지만 팀장님께서는 "최대리 업무를 이렇게 처리하면 어떡하나? 누락된 부분이 있지 않은가."라고 말하였다. 이에 대해 당신이 행할 수 있는 가장 부적절한 대처 자세는?

① "죄송합니다. 제가 잘 모르는 부분이라 이수혁 과장님께 부탁을 했는데 과장님께서 실수를 하신 것 같습니다."
② "주의를 기울이지 못해 죄송합니다. 어느 부분을 수정보완하면 될까요?"
③ "지시하신 내용을 제가 충분히 이해하지 못하였습니다. 내용을 다시 한 번 여쭤보아도 되겠습니까?"
④ "부족한 내용을 보완하는 자료를 취합하기 위해서 하루정도가 더 소요될 것 같습니다. 언제까지 재작성하여 드리면 될까요?"

> **해설** 상사가 부탁한 지시사항을 다른 사람에게 부탁하는 것은 옳지 못하며 설사 그렇다고 해도 그 일의 과오에 대해 책임을 전가하는 것은 지양해야 할 자세이다.

68 유아용품 홍보팀의 사원 은이씨는 일산 킨텍스에서 열리는 유아용품박람회에 참여하고자 한다. 당일 회의 후 출발해야 하며 회의 종료 시간은 오후 3시이다.

장소	일시
일산 킨텍스 제2전시장	2016. 1. 20(금) PM 15:00~19:00 * 입장가능시간은 종료 2시간 전 까지

오시는 길
지하철 : 4호선 대화역(도보 30분 거리)
버스 : 8109번, 8407번(도보 5분 거리)

• 회사에서 버스정류장 및 지하철역까지 소요시간

출발지	도착지	소요시간	
회사	×× 정류장	도보	15분
		택시	5분
	지하철역	도보	30분
		택시	10분

• 일산 킨텍스 가는 길

교통편	출발지	도착지	소요시간
지하철	강남역	대화역	1시간 25분
버스	×× 정류장	일산 킨텍스 정류장	1시간 45분

위의 제시 상황을 보고 은이씨가 선택할 교통편으로 가장 적절한 것은?

① 도보 – 지하철
② 도보 – 버스
③ 택시 – 지하철
④ 택시 – 버스

> **해설** ④ 택시로 버스정류장까지 이동해서 버스를 타고 가게 되면 택시(5분), 버스(1시간 45분), 도보(5분)으로 1시간 55분이 걸린다.
> ① 도보-지하철 : 도보(30분), 지하철(1시간 25분), 도보(30분)이므로 총 2시간 25분이 걸린다.
> ② 도보-버스 : 도보(15분), 버스(1시간 45분), 도보(5분)이므로 총 2시간 5분이 걸린다.
> ③ 택시-지하철 : 택시(10분), 지하철(1시간 25분), 도보(30분)이므로 총 2시간 5분이 걸린다.

Answer 66.① 67.① 68.④

69 다음 자료를 보고 주어진 상황에 대한 물음에 답하시오.

<근로소득에 대한 간이 세액표>

월 급여액(천 원) [비과세 및 학자금 제외]		공제대상 가족 수				
이상	미만	1	2	3	4	5
2,500	2,520	38,960	29,280	16,940	13,570	10,190
2,520	2,540	40,670	29,960	17,360	13,990	10,610
2,540	2,560	42,380	30,640	17,790	14,410	11,040
2,560	2,580	44,090	31,330	18,210	14,840	11,460
2,580	2,600	45,800	32,680	18,640	15,260	11,890
2,600	2,620	47,520	34,390	19,240	15,680	12,310
2,620	2,640	49,230	36,100	19,900	16,110	12,730
2,640	2,660	50,940	37,810	20,560	16,530	13,160
2,660	2,680	52,650	39,530	21,220	16,960	13,580
2,680	2,700	54,360	41,240	21,880	17,380	14,010
2,700	2,720	56,070	42,950	22,540	17,800	14,430
2,720	2,740	57,780	44,660	23,200	18,230	14,850
2,740	2,760	59,500	46,370	23,860	18,650	15,280

※ 갑근세는 제시되어 있는 간이 세액표에 따름
※ 주민세=갑근세의 10%
※ 국민연금=급여액의 4.50%
※ 고용보험=국민연금의 10%
※ 건강보험=급여액의 2.90%
※ 교육지원금=분기별 100,000원(매 분기별 첫 달에 지급)

박○○ 사원의 5월 급여내역이 다음과 같고 전월과 동일하게 근무하였으나, 특별수당은 없고 차량지원금으로 100,000원을 받게 된다면, 6월에 받게 되는 급여는 얼마인가? (단, 원 단위 절삭)

(주) 서원플랜테크 5월 급여내역			
성명	박○○	지급일	5월 12일
기본급여	2,240,000	갑근세	39,530
직무수당	400,000	주민세	3,950
명절 상여금		고용보험	11,970
특별수당	20,000	국민연금	119,700
차량지원금		건강보험	77,140
교육지원		기타	
급여계	2,660,000	공제합계	252,290
		지급총액	2,407,710

① 2,443,910　　　　　　　　② 2,453,910
③ 2,463,910　　　　　　　　④ 2,473,910

기본급여	2,240,000	갑근세	46,370
직무수당	400,000	주민세	4,630
명절 상여금		고용보험	12,330
특별수당		국민연금	123,300
차량지원금	100,000	건강보험	79,460
교육지원		기타	
급여계	2,740,000	공제합계	266,090
		지급총액	2,473,910

70 귀하는 커피 전문점을 운영하고 있다. 아래와 같이 엑셀 워크시트로 4개 지점의 원두 구매 수량과 단가를 이용하여 금액을 산출하고 있다. 귀하가 다음 중 D3셀에서 사용하고 있는 함수식으로 옳은 것은? (단, 금액 = 수량 × 단가)

	A	B	C	D	E
1	지점	원두	수량(100g)	금액	
2	A	케냐	15	150000	
3	B	콜롬비아	25	175000	
4	C	케냐	30	300000	
5	D	브라질	35	210000	
6					
7		원두	100g당 단가		
8		케냐	10,000		
9		콜롬비아	7,000		
10		브라질	6,000		
11					

① =C3*VLOOKUP(B3, $B$8:$C$10, 1, 1)

② =B3*HLOOKUP(C3, $B$8:$C$10, 2, 0)

③ =C3*VLOOKUP(B3, $B$8:$C$10, 2, 0)

④ =C3*HLOOKUP($B$8:$C$10, 2, B3)

해설 "VLOOKUP(B3,$B$8:$C$10, 2, 0)"의 함수를 해설해보면 B3의 값(콜롬비아)을 B8:C10에서 찾은 후 그 영역의 2번째 열(C열, 100g당 단가)에 있는 값을 나타내는 함수이다. 금액은 "수량 × 단가"로 나타내므로 D3셀에 사용되는 함수식은 "=C3*VLOOKUP(B3, $B$8: $C$10, 2, 0)"이다.

※ HLOOKUP과 VLOOKUP
　㉠ HLOOKUP : 배열의 첫 행에서 값을 검색하여, 지정한 행의 같은 열에서 데이터를 추출
　㉡ VLOOKUP : 배열의 첫 열에서 값을 검색하여, 지정한 열의 같은 행에서 데이터를 추출

Answer　69.④　70.③

Chapter 05 관찰탐구력

대표유형 1   기호·문자·숫자 비교

숫자·문자·기호 등을 불규칙하게 나열해 놓고 좌우를 비교하는 유형이다. 시각적인 차이점을 정확히 찾아내는 능력을 파악하며, 비교적 간단한 문제들이 출제된다. 그러나 빠르게 찾아낼 수 있는 집중력이 더욱 필요한 파트이다. 한글, 알파벳, 로마자, 세 자리 숫자, 전각기호 등이 나왔고, 아랍어도 출제되었다. 사전에 비슷한 유형의 문제를 풀어보는 것이 중요하며 가장 직관적으로 접해야 하는 파트이다. 전체적인 것을 보고 문제를 해결하려고 하지 말고, 특징적인 부분을 파악하여 해결하는 연습을 하면 빠른 시간 안에 풀 수 있다.

예제풀이

짝지어진 문자가 서로 다른 것은?

① abcdefghijklmn － abcdefghijklmn
② 가갸거겨고교구규그기 － 가갸거겨고교구규그기
③ 13421423455543 － 13421423455543
④ 小貪大失 － 小償大失

해설

①②③④를 좌우를 비교했을 때, ④는 '小貪大失 － 小償大失' 밑줄 친 글자가 다르다. 이렇게 양쪽을 비교하는 문제가 출제된다.

답 ④

대표유형 2   특정 문자·숫자·기호 찾기

큰 지문에 다양한 문자·숫자·기호들을 섞어놓고 문제에서 제시한 문자·숫자·기호를 지문 안에서 찾는 유형이다.

① 제시되지 않은 문자 또는 모형 고르기

② 제시된 문자 또는 기호가 모두 몇 번 제시되었는지 개수 찾기

예제풀이

다음에서 마늘은 몇 번 제시되었나?

마음	마을	마늘	마야	마약	마우	마술
마부	마력	마루	마늘	말다	마당	마마
마디	마감	마개	마린	마크	마임	마중
마취	망상	막차	마하	막리	막간	막내

① 1번   ② 2번
③ 3번   ④ 4번

해 설

아래의 표를 보면 마늘은 두 번 제시되었다.

| 마음 마을 <u>마늘</u> 마야 마약 마우 마술 |
| 마부 마력 마루 <u>마늘</u> 말다 마당 마마 |
| 마디 마감 마개 마린 마크 마임 마중 |
| 마취 망상 막차 마하 막리 막간 막내 |

답 ②

대표유형 3   물리영역

1 여러 가지 힘과 에너지

(1) 중력과 탄성력

① 힘 … 물체의 모양이나 운동 상태를 변화시키는 원인

   ㉠ 힘의 효과

      ⓐ 모양이 변한다.

      ⓑ 운동 상태가 변한다.(속력이나 방향이 바뀜)

      ⓒ 모양과 운동 상태가 동시에 변한다.

ⓛ 힘의 단위와 표시
  ⓐ 힘의 단위 : N(뉴턴)
  ⓑ 힘의 크기와 표시 : 물체가 변형된 정도로 크기를 측정하며, 화살표로 표시한다. 화살표의 길이가 길수록 힘의 크기가 크다.

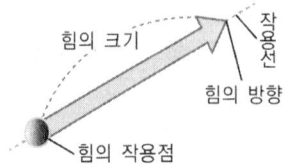

② 중력 … 지구가 물체를 끌어당기는 힘
  ㉠ 크기 : 물체의 질량에 비례하며, 지구에 가까울수록 중력이 크다. 이 중력의 크기를 무게라고 한다.
  ㉡ 방향 : 지구의 중심방향(=연직방향)
  ㉢ 중력에 의한 현상과 이용
    ⓐ 고드름이 아래로 자란다.
    ⓑ 물이 높은 곳에서 낮은 곳으로 흐른다.
    ⓒ 달이 지구 주위를 공전한다.
    ⓓ 물건을 던지면 아래로 떨어진다.
  ㉣ 질량과 무게
    ⓐ 질량 : 장소에 따라 변하지 않는 물체의 고유한 양이며, 측정 장소에 따라 달라지지 않는다.(단위 : kg, g)
    ⓑ 무게 : 물체에 작용하는 중력의 크기이며, 측정 장소에 따라 달라진다.(단위 : N)
    ⓒ 질량과 무게의 관계 : 질량이 큰 물체일수록 물체에 작용하는 중력의 크기는 커진다. 즉 물체의 무게는 질량에 비례한다.

③ 탄성력 … 변형된 물체가 원래의 모양으로 되돌아가려는 힘
  ㉠ 방향 : 물체에 작용한 힘의 방향과 반대 방향
  ㉡ 크기 : 탄성체의 변형된 정도가 클수록 크며, 탄성체에 작용한 힘의 크기와 같다.
  ㉢ 탄성력의 이용 : 양궁, 침대의 매트리스, 고무줄, 용수철 등

③ 마찰력 … 물체와 접촉면 사이에서 물체의 운동을 방해하는 힘
  ㉠ 방향 : 물체의 운동 방향과 반대 방향

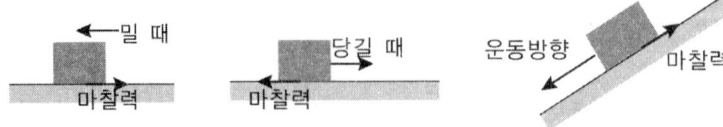

ⓛ 크기 : 물체의 무게가 무거울수록, 접촉면이 거칠수록 크다. 접촉면의 넓이와는 관계없다.
ⓒ 마찰력의 이용
ⓐ 마찰력을 크게 하는 경우 : 자동차 스노우체인, 미끄럼 방지 패드, 등산화 바닥 등
ⓑ 마찰력을 작게 하는 경우 : 수영장 미끄럼틀, 창문에 사용하는 바퀴, 스케이트 등

④ 부력 … 액체나 기체가 그 속에 있는 물체를 밀어 올리는 힘
ⓐ 방향 : 중력과 반대인 위쪽 방향
ⓛ 크기 : 물에 잠긴 물체의 부피가 클수록 크다. 물체의 질량과는 관계없다.

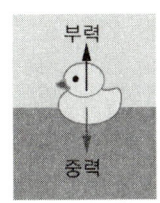
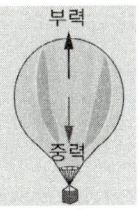

ⓒ 부력과 중력의 크기(무게) 비교
ⓐ 부력이 무게보다 크면 물체는 떠오르고, 부력이 무게보다 작으면 물체는 가라앉는다.
ⓑ 물체가 떠 있을 때는 부력과 중력의 크기가 같다.
ⓔ 부력의 이용
ⓐ 수영장에서 튜브를 이용하면 물에 쉽게 뜬다.
ⓑ 열기구 속의 공기를 가열하여 부피를 크게 하면 더 큰 부력을 받아 위로 올라간다.
ⓒ 잠수함의 통속에 물을 채우면 가라앉고 물을 비우면 떠오른다.

(2) 운동

① 운동 … 시간에 따라 위치가 변하는 현상이다.
ⓐ 운동하는 물체의 빠르기 비교
ⓐ 같은 거리를 이동할 때 : 걸린 시간이 짧을수록 빠르다.
ⓑ 같은 시간 동안 이동할 때 : 이동한 거리가 길수록 빠르다.

② **속력** … 물체의 빠르기를 나타내는 값으로 단위 시간 동안 이동한 거리를 뜻한다.
    ㉠ 단위 : m/s, km/h
    ㉡ 속력$(V) = \dfrac{이동거리(s)}{걸린시간(t)}$

③ **등속운동** … 속력과 방향이 변하지 않고 일정한 운동이다.

④ **자유낙하운동** … 공기저항이 없을 때 정지해 있던 물체가 중력만 받으면서 아래로 떨어지는 운동이다. 같은 시간 동안 물체가 이동하는 거리는 점점 증가한다.

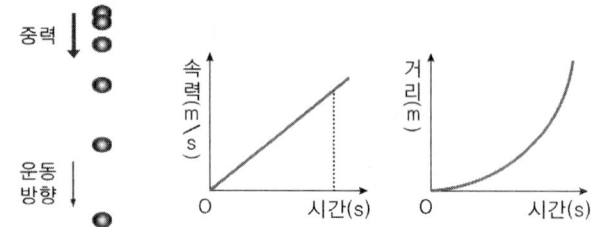

⑤ **질량이 다른 물체의 자유 낙하 운동**
    ㉠ 진공 상태에서 질량이 다른 두 물체를 같은 높이에서 동시에 떨어뜨리면 동시에 바닥에 도달한다.
    ㉡ 공기저항이 낙하운동에 미치는 영향
        ⓐ 공기저항이 있을 때 : 쇠구슬보다 깃털이 천천히 떨어진다.
        ⓑ 공기저항이 없을 때 : 쇠구슬과 깃털이 동시에 떨어진다.

(3) 일과 에너지

① **일** … 물체에 힘을 주어서 힘의 방향으로 이동한 거리가 있을 경우 일을 했다라고 한다.
    ㉠ 일의 양 = 힘의 크기×힘의 방향으로 이동한 거리(일의 단위 : J, N·m)
    ㉡ 과학에서 일을 하지 않은 경우(일의 양이 0)
        ⓐ 물체의 이동거리가 0일 때 : 벽을 미는 경우, 짐을 들고 가만히 서 있는 경우
        ⓑ 물체에 작용하는 힘이 0일 때 : 마찰이 없는 얼음판에서 미끄러져 등속 직선 운동을 하는 경우
        ⓒ 물체의 이동 방향과 힘이 방향이 수직일 때 : 가방을 들고 수평 방향으로 걸어가는 경우

② **에너지** … 일을 할 수 있는 능력을 말한다.(단위 : J)
    ㉠ 운동에너지 : 운동하는 물체가 갖는 에너지
    ㉡ 위치에너지 : 어떤 위치에 있는 물체가 갖는 에너지

(4) 에너지의 전환과 보존

① 역학적 에너지

물체가 가지고 있는 위치 에너지와 운동 에너지의 합

> 역학적 에너지 = 위치 에너지 + 운동 에너지

② 역학적 에너지 보존

㉠ 역학적 에너지 보존 법칙 : 마찰이나 공기의 저항이 없으면 물체의 역학적 에너지는 일정하게 보존된다.

> 역학적 에너지 = 위치 에너지 + 운동 에너지 = 일정

㉡ 역학적 에너지가 보존될 때 위치 에너지와 운동 에너지의 전환

ⓐ 물체가 내려올 때 : 높이 감소(위치 에너지 감소), 속력 증가(운동 에너지 증가)
- 위치 에너지 → 운동 에너지
- 감소한 위치 에너지 = 증가한 운동 에너지

ⓑ 물체가 올라갈 때 : 높이 증가(위치 에너지 증가), 속력 감소(운동 에너지 감소)
- 운동 에너지 → 위치 에너지
- 증가한 위치 에너지 = 감소한 운동 에너지

㉢ 여러 가지 운동에서 역학적 에너지 보존

ⓐ 낙하하는 물체의 운동

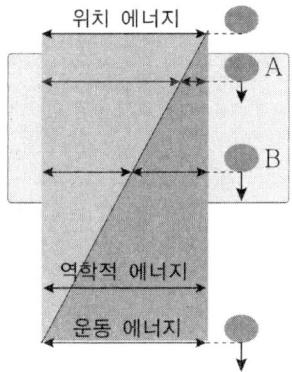

- A점에서의 역학적 에너지 = B점에서의 역학적 에너지
- A~B에서 감소한 위치 에너지 = A~B에서 증가한 운동 에너지
- 꼭대기의 위치에너지 = 바닥의 운동에너지

ⓑ 진자의 운동

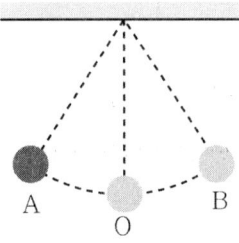

구분	A	A→O	O	O→B	B
위치 에너지	최대	감소	0	증가	최대
운동 에너지	0	증가	최대	감소	0
역학적 에너지	일정				

ⓒ 포물선 운동
- C점에서 운동에너지가 존재한다.
- A, E지점의 운동에너지는 C지점의 역학적 에너지(위치 에너지 + 운동 에너지)와 같다.

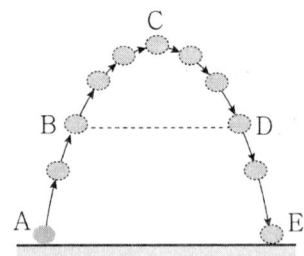

구분	A	B	C	D	E
위치 에너지	최소	증가	최대	감소	최소
운동 에너지	최대	감소	최소	증가	최대
역학적 에너지	일정				

ⓓ 수평으로 던진 공의 운동
- A점의 운동에너지가 존재한다.
- A지점의 역학적 에너지(위치 에너지 + 운동 에너지)는 C지점의 운동 에너지와 같다.

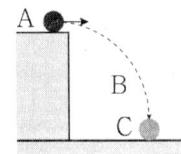

구분	A	B	C
위치 에너지	최대	감소	0
운동 에너지	최소	증가	최대
역학적 에너지	일정		

③ 여러가지 에너지

 ㉠ 화학 에너지 : 화석연료(석유, 석탄, 천연가스), 음식과 전지

 ㉡ 소리 에너지 : 물체의 진동으로 발생, 공기를 통해 전달되는 파동

 ㉢ 빛 에너지 : 태양이나 조명에서 나오는 에너지. 물체를 볼 수 있게 하고 진공에서도 전달된다.

 ㉣ 열 에너지 : 온도나 상태를 변화시키는 에너지

 ㉤ 핵 에너지 : 우라늄의 원자핵에 저장되어 있는 에너지

 ㉥ 전기 에너지 : 전자의 이동으로 일을 하거나 다른 에너지를 발생시킬 수 있는 에너지. 다른 에너지로 전환이 쉽고 편리하다.

④ 전기 에너지의 전환과 이용

 ㉠ 전기 에너지의 발생과 에너지 전환 : 일상에서 사용하는 전기 에너지는 주로 발전소에서 화학 에너지, 핵 에너지, 역학적 에너지, 빛 에너지 등 다양한 에너지원을 이용하여 생산한다.

  ⓐ 화력발전 : 연료를 태워 물을 가열하고, 이때 발생하는 높은 압력의 수증기로 발전기를 회전시킨다. 연료의 화학에너지 → 열에너지 → 발전기의 운동에너지 → 전기에너지

  ⓑ 수력발전 : 댐에 있는 물을 흘려 보내 발전기를 회전시킨다. 물의 위치에너지 → 발전기의 운동에너지 → 전기에너지

  ⓒ 풍력발전 : 바람의 힘으로 발전기를 회전시킨다. 바람의 운동에너지 → 발전기의 운동에너지 → 전기에너지

 ㉡ 가정에서 전기 에너지의 전환

  ⓐ 전등 : 빛에너지, 열에너지

  ⓑ 청소기 : 운동에너지, 소리에너지

  ⓒ 토스터기 : 열에너지

  ⓓ 세탁기 : 운동에너지

  ⓔ 선풍기 : 운동에너지

  ⓕ 난로 : 열에너지

(5) 뉴턴의 운동법칙

① 뉴턴의 운동 제1법칙 : 관성의 법칙

외부로부터 물체에 어떤 힘이 작용하지 않는 한, 그 물체가 자신의 운동 상태를 계속해서 유지하려고 하는 성질이 '관성'이다. 예를 들어, 정지해 있는 물체는 계속해서 정지해 있으려 하고, 운동하고 있는 물체는 계속해서 일정한 속력으로 운동하려고 한다.

※ 관성의 예

㉠ 버스가 출발하면 사람 몸이 뒤로 쏠린다.
㉡ 이불에 있는 먼지를 털 때 먼지가 떨어진다.
㉢ 망치가 자루에서 빠지지 않도록 망치 자루를 세워서 바닥에 친다.
㉣ 지구의 인력을 벗어난 로켓은 관성의 힘으로 달까지 움직인다.

② 뉴턴의 운동 제2법칙 : 가속도의 법칙

물체의 운동 상태는 물체에 작용하는 힘의 크기와 방향에 따라 변한다. 이와 같은 운동 상태의 변화(속도의 변화)를 가속도라고 한다. 즉, 물체에 힘이 작용하면 물체는 그 힘에 비례해서 가속도를 갖게 된다. 예를 들면 축구공을 세게 차면 빠른 속도로 날아가고, 약하게 차면 천천히 날아간다.

※ 가속도의 예

㉠ 공을 얼마만큼 세게 차느냐에 따라 속도가 달라진다.
㉡ 비탈면에서 점점 빨라지는 것
㉢ 물건을 떨어뜨리고 일정한 시간(거의 0.1초)마다 사진을 찍으면 점점 빨라지는 것을 알 수 있다.
㉣ 자전거 페달을 더 세게 밟으면 더 빠르게 움직인다.

③ 뉴턴의 운동 제3법칙 : 작용과 반작용의 법칙

밀고 당기는 힘은 두 물체 사이에 일어나는 상호 작용이다. 두 물체가 서로 밀 때, 두 물체가 서로에게 작용하는 힘의 크기는 같지만 방향은 반대가 된다. 이때 한쪽 힘은 작용, 다른 쪽 힘은 반작용이다. 작용과 반작용은 힘의 크기가 같고 방향이 반대이며 동일 직선상에서 작용한다. 예를 들어 덩치 큰 사람과 날씬한 사람이 손바닥 밀기 게임을 할 때, 힘의 방향은 서로 반대이지만 크기는 같다.

※ 작용·반작용의 예

㉠ 포탄이 발사되면 포신이 뒤로 밀린다.
㉡ 가스를 뒤로 분사하면서 로켓이 날아간다.
㉢ 사람이 땅을 뒤로 밀어서 앞으로 걸어간다.
㉣ 자석이 철을 끌어당기면 철도 자석을 끌어당긴다.

④ 만유인력의 법칙(중력) … 질량을 가진 두 물체 사이에 작용하는 힘으로 두 물체의 곱에 비례하고 거리의 제곱에 반비례한다.

❷ 빛과 파동

(1) 빛과 색

① 물체가 보이는 이유
  ㉠ 빛의 직진 : 광원에서 나온 빛이 한 물질 내에서 곧게 나아가는 현상이다. (예 그림자, 레이저, 일식·월식현상 등)
  ㉡ 물체가 보이는 원리 : 광원에서 나온 빛이 물체에서 반사되어 우리의 눈으로 들어오기 때문이다.

② 빛의 분해
  ㉠ 빛의 분산 : 빛이 여러 가지 색으로 나누어지는 현상이다.
    ⓐ 빛이 분산되는 원인 : 빛의 색에 따라 굴절하는 정도가 다르기 때문이다.
    ⓑ 빛이 굴절하는 정도 : 빨강 < 주황 < 노랑 < 초록 < 파랑 < 남색 < 보라
  ㉡ 빛의 분산에 의한 현상 : 무지개, 프리즘을 통과한 햇빛 등

③ 빛의 합성
  ㉠ 빛의 합성 : 여러 가지 색의 빛을 합하는 것을 말한다. (예 텔레비전, 모니터 등)
  ㉡ 빛의 삼원색 : 빨간색, 초록색, 파란색
    ⓐ 빛의 삼원색을 합치면 흰색, 백색광이 된다.
      • 빨간색 + 초록색 = 노란색
      • 빨간색 + 파란색 = 자홍색
      • 파란색 + 초록색 = 청록색
    ⓑ 텔레비전은 빛의 3원색으로 이루어진 화소에 켜져 있는 빛의 색에 따라 다양한 색을 만들어 보여진다.

(2) 빛의 반사와 굴절

① 빛의 반사…빛이 진행하다 다른 물질을 만나면 경계면에서 부딪쳐 되돌아 나오는 현상이다.
  ㉠ 반사의 법칙: 입사각과 반사각은 항상 같다.
  ㉡ 반사의 종류: 매끄러운 면에서 일어나는 정반사와 거친 면에서 일어나는 난반사가 있다.
  ㉢ 거울에 의한 상
    ⓐ 평면거울: 상의 크기는 같고 좌우가 바뀌어 보인다. 실제 물체와 같은 모습을 보아야 할 때 사용한다.(예 전신거울, 자동차의 후방거울 등)
    ⓑ 볼록거울과 오목거울
      • 볼록거울에 의한 상
      - 물체를 어디에 놓던지 항상 실제보다 작고 바로 선 상

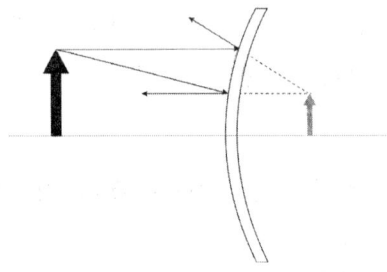

      - 넓은 범위를 보아야 할 때
      - 예 도로 반사경, 편의점의 거울, 자동차의 사이드미러 등
      • 오목거울에 의한 상
      - 물체가 초점 안에 있을 때: 크고 바로 선 상

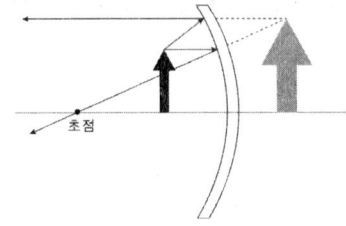

      - 물체가 초점 밖에 있을 때: 작고 거꾸로 선 상

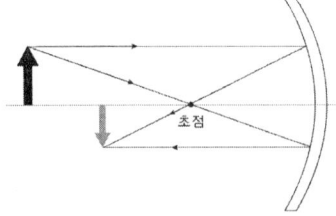

      - 반사된 빛을 모아야 하는 곳이나 실제 물체보다 큰 상이 필요할 때
      - 예 반사 망원경, 치과용 치아거울, 등대, 손전등, 성화 채화 등

② 빛의 굴절
　㉠ 빛의 굴절 : 빛이 다른 물질로 들어갈 때 꺾이는 현상을 말한다.
　　ⓐ 빛의 굴절 이유 : 물질마다 빛의 속력이 다르기 때문이다.
　　ⓑ 빛의 굴절에 의한 현상 : 아지랑이, 신기루, 물 속의 빨대가 꺾여 보이는 것, 물 속의 물체가 떠 보이는 것, 물 속에 잠긴 부분이 짧아 보이는 것 등
　㉡ 빛의 굴절 현상을 이용한 렌즈
　　ⓐ 볼록렌즈와 오목렌즈
　　　• 볼록렌즈에 의한 상
　　　– 물체가 가까이 있을 때 : 크고 바로 선 상

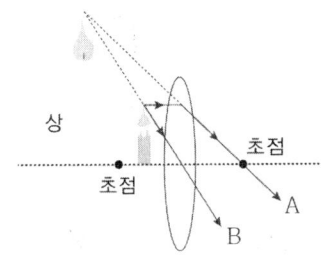

　　　– 물체가 멀리 있을 때 : 작고 거꾸로 선 상

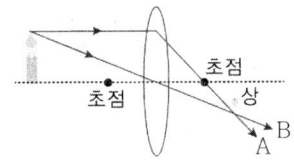

　　　– 들어오는 빛을 모은다.
　　　– 돋보기, 확대경, 현미경 등
　　　• 오목렌즈에 의한 상

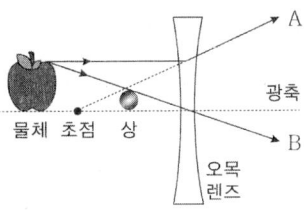

　　　– 빛을 퍼지게 하고 항상 작게 바로 선 상
　　　– 근시교정용 안경 등
③ 빛의 회절 … 빛이 슬릿이나 구멍을 통과할 때 직진하지 않고 동심원을 그리며 퍼져 나가는 현상. 파장이 길수록 슬릿의 틈이 좁을수록 잘 일어난다.

(3) 파동과 소리

① **파동** … 한곳에서 생성된 진동이 물질을 통해 전달되는 현상이다.
  ㉠ **매질** : 파동을 전달해 주는 물질을 말한다. 매질은 이동하지 않고 같은 위치에서 진동한다. 단, 빛과 전파는 매질이 없이도 전달된다.
  ㉡ **파동의 역할** : 에너지를 전달한다.

② **파동의 종류** … 파동의 진행방향과 매질의 진동방향에 따라 구분한다.
  ㉠ **횡파** : 파동의 진행방향과 매질의 진동방향이 수직이다.(예 줄의 진동, 물결파, 빛, 전파, 지진파의 S파)

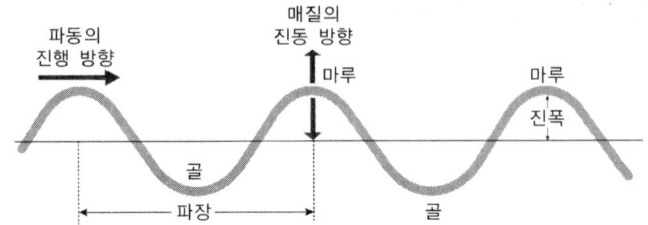

  ㉡ **종파** : 파동의 진행방향과 매질의 진동방향이 나란하다.(예 소리(음파), 초음파, 지진파의 P파)

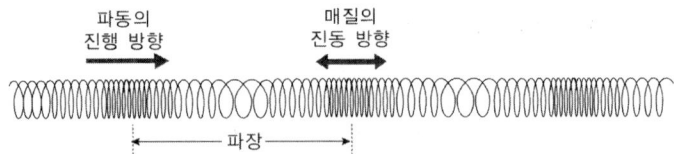

③ **파동의 성질**
  ㉠ **반사** : 파동이 진행 하다가 장애물에 부딪쳐 되돌아 나오는 현상이다.
    ⓐ 파동이 반사될 때는 방향만 변하고 파장, 속력, 진동수 등은 변하지 않는다.
    ⓑ 반사를 이용한 예 : 어군 탐지기, 음악당의 천장, 메아리 등
  ㉡ **굴절** : 두 매질에서 파동의 전파 속력이 다르므로 매질의 성질이 달라지는 경계면에서 진행 방향이 꺾이는 현상이다.
    ⓐ 물결파의 굴절 : 파도가 해변으로 다가오면서 수심이 얕은 쪽으로 꺾인다.
    ⓑ 소리의 굴절 : 밤에는 소리가 아래로 굴절되고, 낮에는 위로 굴절된다.

④ **소리의 발생과 전달**
  ㉠ **소리의 발생**
    ⓐ 소리(음파) : 물체가 진동하여 발생하고 주로 공기를 매질로 전달되는 파동이다.
    ⓑ 소리의 특징 : 종파이며 반사, 굴절, 회절한다.

ⓛ 소리의 전달 과정 : 물체의 떨림으로 발생한 진동이 매질을 통하여 귀의 고막을 진동시키면 소리를 들을 수 있다.

> 물체의 진동 → 주변 공기의 진동 → 고막의 진동 → 소리를 인식

ⓒ 매질의 종류와 소리의 전달
  ⓐ 공기가 없는 진공 속에서는 소리가 전달되지 않는다
  ⓑ 고체 > 액체 > 기체 순으로 소리의 전달이 빠르다.
  ⓒ 온도가 높을수록 소리의 전달이 빠르다.
ⓔ 소리의 3요소 … 소리의 특징을 나타내는 소리의 크기(세기), 높낮이, 음색을 소리의 3요소라 한다.

③ 전기와 자기

(1) 정전기

① 원자의 구조
  ㉠ 원자핵 : (+)전하를 띤다.
  ㉡ 전자 : (−)전하를 띤다.
  ㉢ 원자 : 원자핵의 (+)전하량과 전자들의 (−)전하량이 같아 전기적으로 중성이다.

② 마찰 전기 … 서로 다른 두 물체를 마찰시킬 때 물체가 띠는 전기이다.
  ㉠ 원인 : 마찰 과정에서 전자가 한 물체에서 다른 물체로 이동하기 때문이다.
  ㉡ 마찰한 두 물체가 띠는 전하 : 전자를 얻은 물체는 (−)전하, 전자를 잃은 물체는 (+)전하로 대전 된다. 그래서 마찰한 두 물체는 서로 끌어당긴다.

③ 대전 … 물체가 전하를 띠게 되는 현상을 말한다.
  ㉠ 대전체 : 대전된 물체
  ㉡ 대전열 : 물체를 마찰시킬 때 전자를 잃기 쉬운 순서대로 나열한 것이다.

> 털가죽 − 상아 − 유리 − 명주 − 나무 − 고무 − 플라스틱
> (+)   (−)

④ 전기력
  ㉠ 인력 : 다른 종류의 전하를 띤 물체 사이에서 서로 끌어당기는 힘이다.
  ㉡ 척력 : 같은 종류의 전하를 띤 물체 사이에서 서로 밀어내는 힘이다.
  ㉢ 전기력의 응용 예 : 터치스크린, 공기청정기 등

(2) 전류, 전압, 저항

① 전류(I)
  ㉠ 전류 : 전하의 흐름을 말한다.
  ㉡ 도선에서 전류가 흐르는 이유 : 도선을 따라 전자가 이동하면서 전하를 운반하기 때문이다.
    ⓐ 전류의 이동방향 : (+) → (−)
    ⓑ 전자의 이동방향 : (−) → (+)
  ㉢ 전류의 세기와 측정
    ⓐ 전류의 세기 : 1초 동안 흐른 전하의 양으로 나타낸다.
    ⓑ 전류의 단위 : A(암페어), mA
  ㉣ 전하량보존의 법칙
    ⓐ 전하량 : 전하의 총량을 말한다.
    ⓑ 전하량 보존의 법칙 : 도선에 흐르는 전하는 없어지거나 새로 생겨나지 않고 언제나 처음의 양이 그대로 보존된다.
      • 직렬연결 : 어디에서나 전류의 세기는 같다.
      • 병렬연결 : 나누어진 도선에 흐르는 전류의 세기의 합은 나누어지기 전과 같다.
  ㉤ 전기회로 : 전류가 흐르는 길이다.

② 전압(V)
  ㉠ 전압 : 전기회로에 전류를 흐르게 하는 능력이다.
  ㉡ 전압과 수압의 비교

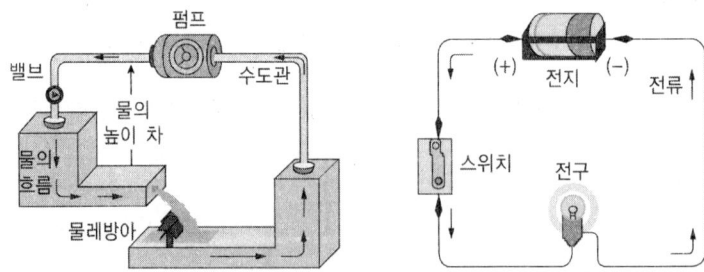

물	물의 흐름	수도관	물의 높이차(수압)	펌프	물레방아	밸브
전기	전류	도선	전압	전지	전구	스위치

③ 저항(R)
  ㉠ 저항 : 전류의 흐름을 방해하는 정도를 말한다. 저항의 원인은 도선을 따라 이동하는 전자가 원자와 충돌하기 때문이다.
  ㉡ 전기 저항의 크기 : 물질마다 저항은 다르며, 길이에 비례하고 단면적에 반비례한다.
  ㉢ 옴의 법칙 : 전류는 전압에 비례하고 저항에 반비례한다.

$$V = IR \qquad I = \frac{V}{R} \qquad R = \frac{V}{I}$$
(V : 전압, I : 전류, R : 저항)

  ⓐ 저항의 직렬연결 : 저항을 직렬로 연결할수록 전체 저항은 증가하고 전체 전류는 감소한다. 각각의 저항에 흐르는 전류와 걸리는 전압은 감소한다.(예 누전차단기, 퓨즈, 한 줄로 연결된 장식용 전구 등)
  ⓑ 저항의 병렬연결 : 저항을 병렬로 연결할수록 전체 저항은 감소하고 전체 전류는 증가한다. 각각의 저항에 흐르는 전류와 걸리는 전압은 일정하다.(예 멀티탭, 가로등 등)

	저항의 직렬연결	저항의 병렬연결
정의		
전체전류	전하량 보존 법칙에 의해 각 저항에 흐르는 전류와 같다. $I = I_1 = I_2$	전하량 보존 법칙에 의해 각 저항에 흐르는 전류의 합과 같다. $I = I_1 + I_2$
전체전압	각 저항에 걸리는 전압의 합과 같다. $V = V_1 + V_2$	각 저항에 걸리는 전압과 같다. $V = V_1 = V_2$
전체저항	각 저항의 합과 같다. $R = R_1 + R_2$	전체 저항의 역수는 각 저항의 역수의 합과 같다. $\frac{1}{R} = \frac{1}{R_1} + \frac{1}{R_2}$

대표유형 4 　 화학영역

① 기체의 성질

(1) 기체의 부피변화

① 압력에 따른 기체의 부피변화

　㉠ **압력과 기체의 부피 관계**: 온도가 일정할 때, 압력이 증가하면 기체의 부피는 감소하고, 압력이 감소하면 기체의 부피는 증가한다.

　㉡ **보일의 법칙**: 온도가 일정할 때, 압력이 증가하면 기체의 부피는 감소하고, 압력이 감소하면 기체의 부피는 증가한다.
　　ⓐ 풍선이 하늘 높이 올라가면 점점 커지다가 터진다.
　　ⓑ 주사기의 피스톤을 누르면 주사기 속 공기의 부피가 줄어든다.
　　ⓒ 보온병의 꼭지를 누르면 보온병 안의 공기가 압축되어 물이 나온다.

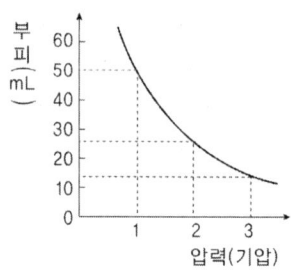

② 온도에 따른 기체의 부피변화

　㉠ **온도와 기체의 부피 관계**: 압력이 일정할 때, 온도가 높아지면 기체의 부피가 증가하고, 온도가 낮아지면 기체의 부피가 감소한다.

　㉡ **샤를의 법칙**: 압력이 일정할 때, 온도가 높아지면 기체의 부피가 증가하고, 온도가 낮아지면 기체의 부피가 감소한다.
　　ⓐ 찌그러진 탁구공을 뜨거운 물에 넣으면 펴진다.
　　ⓑ 열기구 속 기체를 가열하면 열기구가 떠오른다.
　　ⓒ 여름철에는 겨울철보다 자동차 타이어에 공기를 적게 넣는다.

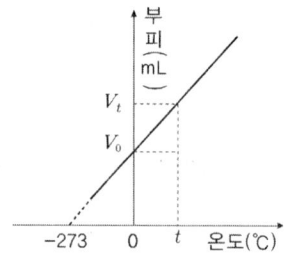

(2) 물질의 상태변화

① 물질의 상태 변화 … 온도와 압력에 따라 변함

　㉠ 온도에 따른 상태 변화
　　ⓐ **승화**: 고체가 직접 기체로, 또는 기체가 직접 고체로 변하는 현상(예 드라이아이스가 작아진다. 냉동실의 얼음이 작아진다, 서리가 내린다. 성에가 낀다. 눈의 결정)
　　ⓑ **융해**: 고체가 액체로 변하는 현상(예 얼음이 녹는다. 초가 녹아 촛농이 생긴다.)
　　ⓒ **응고**: 액체가 고체로 변하는 현상(예 녹은 양초의 촛농이 다시 굳는다. 고드름이 생긴다. 물이 언다)
　　ⓓ **기화**: 증발이라고도 한다. 액체가 기체로 변하는 현상(예 물이 끓어 수증기가 된다. 빨래가 마른다. 염전에서 소금이 나온다)

ⓔ 액화 : 기체가 액체로 변하는 현상(예 새벽에 이슬이 맺힌다. 욕실에 물방울이 맺힌다. 물이 끓을 때 김이 생긴다)
ⓒ 압력에 따른 상태 변화
  ⓐ 일반적으로 압력이 커질 때 : 기체 → 액체 → 고체로 상태가 변한다. (예 부탄가스 등)
  ⓑ 얼음에 압력을 가하면 녹는점이 낮아져 물로 상태가 변한다. (예 스케이트 날이 얼음에 압력을 가해 얼음이 녹아 스케이트가 미끄러진다)

(3) 상태변화와 열에너지

① 상태변화와 열에너지 … 물질은 상태에 따라 가지고 있는 에너지의 양이 다르므로 열에너지를 흡수하거나 방출하면 물질의 상태가 변한다.
  ㉠ 열에너지를 흡수하는 상태변화 : 융해, 기화, 승화(고체 → 기체). 상태가 변할 때 열에너지를 흡수하므로 주위 온도가 내려간다.
  ㉡ 열에너지를 방출하는 상태변화 : 응고, 액화, 승화(기체 → 고체). 상태가 변할 때 열에너지를 방출하므로 주위의 온도가 올라간다.

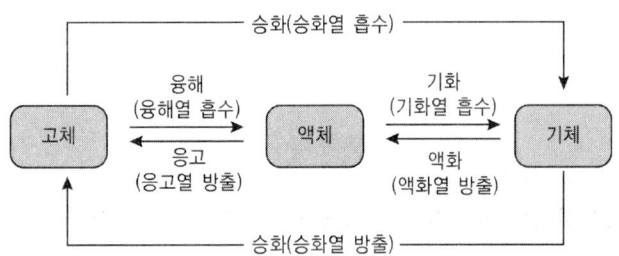

구분	생활 속의 예
응고(응고열방출)	• 이글루에 물을 뿌리면 이글루 안이 따뜻해진다.
액화(액화열방출)	• 스팀 난방으로 집 안을 따뜻하게 한다.
승화(기체 → 고체) (승화열방출)	• 눈이 내리는 날은 포근하다.
융해(융해열흡수)	• 음료수에 얼음을 넣으면 점점 음료수가 시원해진다.
기화(기화열흡수)	• 더운날 물을 뿌리면 시원해진다. • 여름에는 땀을 흘려 체온을 조절한다.
승화(고체 → 기체) (승화열흡수)	• 아이스크림 포장용기에 드라이아이스를 넣어 아이스크림이 녹지 않게 한다.

❷ 물질의 구성

(1) 원소

① 원소 … 더 이상 다른 종류의 물질로 분해되지 않는, 물질을 이루는 기본 성분

② 여러 가지 원소 기호 … 수소(H), 헬륨(He), 탄소(C), 질소(N), 산소(O), 규소(Si), 염소(Cl), 리튬(Li), 알루미늄(Al), 칼슘(Ca), 철(Fe), 구리(Cu), 수은(Hg), 금(Au) 등

(2) 원자와 분자

① 원자 … 더 이상 분해 할 수 없는 물질을 구성하는 기본 입자

② 분자 … 원소와 원소가 결합한 화합물로 독립적으로 존재하며 물질의 성질을 갖는 가장 작은 입자

③ 분자식과 분자모형 이해하기

　㉠ 분자식

　　　$3H_2$
　　　↙ ↓ ↘
　　　① ② ③
　　① 분자수, ② 원소기호, ③ 한 분자당 원자수
　　즉, 분자수는 3개이고 한 분자당 2개의 수소 원자가 들어 있으며 총 원자수는 6개이다.

　㉡ 분자 모형
　　• 물(H_2O)의 분자 모형

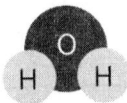

　㉢ 여러 가지 분자식 : 수소(H_2), 산소(O_2), 질소(N_2), 오존(O_3), 이산화탄소(CO_2), 암모니아(NH_3), 황산(H_2SO_4), 과산화수소(H_2O_2), 물(H_2O), 염화수소(HCl), 일산화탄소(CO) 등

(3) 혼합물의 분리

① 밀도차이를 이용한 분리

　㉠ 녹지 않는 고체 혼합물 : 소금물로 볍씨 고르기, 사금 채취, 소금물로 싱싱한 달걀 고르기 등

　㉡ 섞이지 않는 액체 혼합물 : 바다에 유출된 기름 제거, 식용유 분리 등

② 끓는점 차이를 이용한 분리 … 증류(예 전통주 만들기, 원유 분리 등)

③ 용해도 차이를 이용한 분리

　㉠ 거름 : 혼합물에서 용매에 녹지 않는 물질을 거름장치로 걸러서 분리(예 물에 녹인 모래와 소금을 거름종이위에서 분리)

　㉡ 추출 : 혼합물 중 특정한 한 성분만을 녹일 수 있는 용매를 사용하여 분리(예 나물을 물에 담가 쓴맛 없애기, 감을 소금물에 담가 쓴맛 없애기, 원두커피 추출하기 등)

③ 열

(1) 열의 이동방법

① 전도 … 물체를 이루는 입자의 운동이 이웃한 입자에 차례로 전달되어 열이 이동하는 방법. 주로 고체에서 일어나는 열의 이동방법(예 전기장판 위에 앉아 있으면 엉덩이가 따뜻해진다. 뜨거운 국이 담긴 냄비 속의 숟가락이 뜨거워졌다)

② 대류 … 기체나 액체를 이루는 입자가 직접 이동하여 열을 전달하는 방법. 액체 또는 기체에서 일어나는 열의 이동방법. 찬 공기는 아래로, 따뜻한 공기는 위로 움직이며 공기가 둥글게 도는 것(예 에어컨을 켜면 방 안 공기가 시원해진다)

③ 복사 … 물질의 도움 없이 직접 열이 전달되는 방법. 주로 공기 중이나 진공상태에서 일어난다.(예 전기난로를 향해 손을 내밀면 손이 따뜻해진다)

④ 단열 … 열의 이동을 막는 것. 전도, 대류, 복사로 인한 열의 이동을 모두 막아야 단열이 잘 된다.(예 스티로폼, 양모 등 전도가 잘 일어나지 않는 재질)

4 화학반응

(1) 물질의 변화

① 물리 변화…물질의 고유한 성질은 변하지 않으면서 모양이나 상태 등이 변하는 현상
  (**예** 설탕이 물에 녹는다. 물을 끓이면 수증기가 된다.)

② 화학 변화…어떤 물질이 처음과 성질이 전혀 다른 새로운 물질로 변하는 현상
  (**예** 못이 녹슨다. 양초가 빛과 열을 내며 탄다.)

③ 질량보존의 법칙…화학반응의 전후에서 반응물질의 총질량과 생성물질의 총질량은 같다고 하는 법칙이다.

(2) 물질의 특성

물의 산성이나 염기성의 정도를 나타내는 수치로 수소 이온 농도의 지수인 pH가 있다. 수소 이온은 pH를 낮추므로 수소이온 농도가 낮아지면 pH는 증가하고, pH가 낮다는 것은 수소이온이 많다는 것을 의미한다.

① 산성…pH7보다 낮은 용액(**예** 식초, 사이다, 레몬주스 등)

② 중성…산성도 아니고 염기성도 아닌 용액(**예** 물, 설탕물, 소금물 등)

③ 염기성(알카리성)…pH7보다 높은 용액(**예** 비눗물, 암모니아수 등)

대표유형 5 | 생물영역

1 식물과 에너지

(1) 광합성

엽록체에서 빛에너지를 이용하여 물과 이산화탄소를 원료로 포도당을 만드는 과정이다.

$$물 + 이산화탄소 \xrightarrow{빛에너지} 포도당 + 산소$$

(2) 증산작용

잎의 기공을 통해 식물체 내의 물이 수증기 형태로 증발되는 현상이다. 기공은 광합성이 활발한 낮에 열린다.

(3) 식물의 호흡

식물을 구성하는 모든 세포에서 양분을 분해하여 생명활동에 필요한 에너지를 얻는 작용이다.

$$포도당 + 산소 \rightarrow 물 + 이산화탄소 + 에너지$$

❷ 동물과 에너지, 순환

(1) 영양소

① **영양소의 역할** … 몸에 필요한 물질을 제공한다. 생명활동에 필요한 에너지원으로 쓰인다.

② **생물의 영양 획득 방법** … 식물은 광합성, 동물은 외부로부터 양분을 섭취해야 한다.

③ **3대 영양소** … 에너지원으로 이용되는 영양소

　㉠ 탄수화물
　　ⓐ 주에너지원으로 사용된다.(체내 구성 성분 중 가장 적다)
　　ⓑ 곡류, 쌀, 감자 등

　㉡ 지방
　　ⓐ 에너지원으로 사용된다.
　　ⓑ 세포막 등 몸의 구성 성분이 된다.
　　ⓒ 버터, 식용유 등

　㉢ 단백질
　　ⓐ 에너지원으로 사용된다.
　　ⓑ 아미노산이 결합하여 형성된다.
　　ⓒ 체조직을 구성, 효소, 호르몬의 성분이다.
　　ⓓ 살코기, 달걀, 콩, 두부, 치즈 등

ⓔ 물, 비타민, 무기염류 : 에너지원은 아니지만 몸의 구성 성분이 되거나 생리 작용을 조절한다.
　ⓐ 물
　　• 동물의 70%를 구성한다.
　　• 혈액과 림프의 성분이며 체내 화학반응에 관여하고 물질의 운반, 체온조절을 담당한다.
　ⓑ 비타민
　　• 몸의 생리작용을 조절하고 반드시 음식물로 섭취해야한다.
　　• 부족하면 결핍증이 생긴다.(A – 야맹증, B1 – 각기병, C – 괴혈병, D – 구루병)
　　• 몸에 저장되지 않고 배출된다.
　　• 과일과 채소류에 많이 포함되어있다.
　ⓒ 무기염류
　　• 몸의 구성성분이다.
　　• 생리 작용 조절, 뼈나 혈액을 구성한다.
　　• 우유, 치즈 등 유제품과 멸치, 해조류 등에 많이 포함되어있다.

(2) 순환

① 혈액의 조성과 기능 … 혈액의 액체성분을 혈장, 고체성분은 혈구라고 한다.

② 혈구
　㉠ 적혈구 : 핵이 없다. 산소운반 혈구 중 90%를 차지한다. 철을 포함한 색소 단백질인 헤모글로빈이 들어있어 붉게 보인다.
　㉡ 백혈구 : 핵이 있다. 식균작용을 한다. 모양이 불규칙하다.
　㉢ 혈소판 : 핵이 없다. 혈액응고에 관여한다.

③ 혈장 … 물, 혈장 단백질, 영양소, 호르몬, 노폐물 등을 포함한다.
　㉠ 양분과 노폐물, 이산화탄소 등을 운반한다.
　㉡ 비열이 커 체온을 유지시킨다.
　㉢ 면역관련물질을 포함한다.

(3) 신체기관

① 위 … 염산이 분비되어 살균, 음식물 부폐방지를 돕는다.

② 이자 … 3대 영양소 분해 효소를 생성한다.

③ 소장 … 대부분의 영양소를 흡수한다.

④ 심장 … 심방과 심실의 규칙적인 수축, 이완 운동으로 온몸으로 혈액을 순환시킨다.

⑤ 폐 … 폐포와 모세혈관 사이에서 산소와 이산화탄소의 교환이 이루어진다.

⑥ 신장 … 혈액 속의 노폐물을 걸러낸다. 체액의 조성을 일정하게 유지시킨다.

3 유전

(1) 유전용어

① **형질** … 크기나 모양, 성질 등 생물이 가지는 여러 가지 특성

② **대립 형질** … 같은 종류의 형질에 대해 서로 명확하게 대비되는 형질(예 둥근 완두 ↔ 주름진 완두)

③ **표현형과 유전자형**
　㉠ **표현형** : 유전자 구성에 따라 겉으로 드러나는 형질(예 완두 씨의 둥근 모양, 주름진 모양)
　㉡ **유전자형** : 유전자 구성을 기호로 나타낸 것(예 RR, RrYy)

④ **순종과 잡종**
　㉠ **순종** : 한 형질을 나타내는 유전자의 구성이 같은 개체(예 RR, rryy)
　㉡ **잡종** : 한 형질을 나타내는 유전자의 구성이 다른 개체(예 Rr, RrYy)

⑤ **우성과 열성**
　㉠ **우성** : 순종의 대립형질을 교배할 경우, 잡종 제1대에 나타나는 형질
　㉡ **열성** : 순종의 대립형질을 교배할 경우, 잡종 제1대에 나타나지 않는 형질

(2) 멘델의 실험(완두의 유전연구)

① 멘델의 실험 가설
　㉠ 완두에는 특정한 형질을 결정하는 유전인자가 두 개 있으며, 자손은 부모로부터 유전 인자를 하나씩 물려받는다.
　㉡ 유전 인자들은 변함이 없는 단위로 자손에게 전달된다.
　㉢ 유전 인자들은 생식세포가 만들어질 때 분리된 단위로서 각각의 생식세포에 하나씩 나뉘어 들어간다.
　㉣ 특정한 형질에 대해 서로 다른 유전 인자를 가지고 있을 때 그 중 한 유전 인자가 다른 유전 인자를 전적으로 억제하고 하나의 유전 인자만 표현된다.
　㉤ 한 쌍의 대립 형질의 유전
　　ⓐ **우열의 법칙** : 대립 형질을 가진 순종의 개체끼리 교배하여 얻은 잡종 1대에서는 대립 형질 중 한 가지만 나타나는데, 잡종 1대에서 나타나는 형질이 우성, 나타나지 않는 형질이 열성이다.
　　ⓑ **분리의 법칙** : 생식세포를 만드는 과정에서 한 쌍의 대립 유전자가 분리되어 서로 다른 생식세포로 들어가는 현상이다. 그 결과 잡종 1대를 자가 수분하여 얻은 잡종 2대에서 우성과 열성이 일정한 비율로 나타난다.

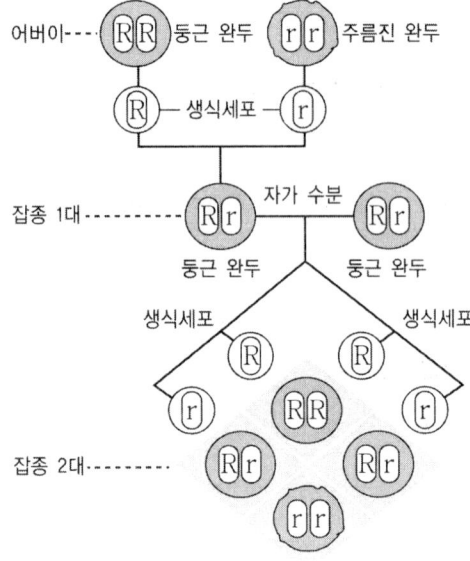

ⓑ 두쌍의 대립 형질의 유전
ⓐ **독립의 법칙** : 두 쌍 이상의 대립 형질이 동시에 유전될 때 각각의 형질이 서로 영향을 주지 않으며 독립적으로 유전되는 현상이다.

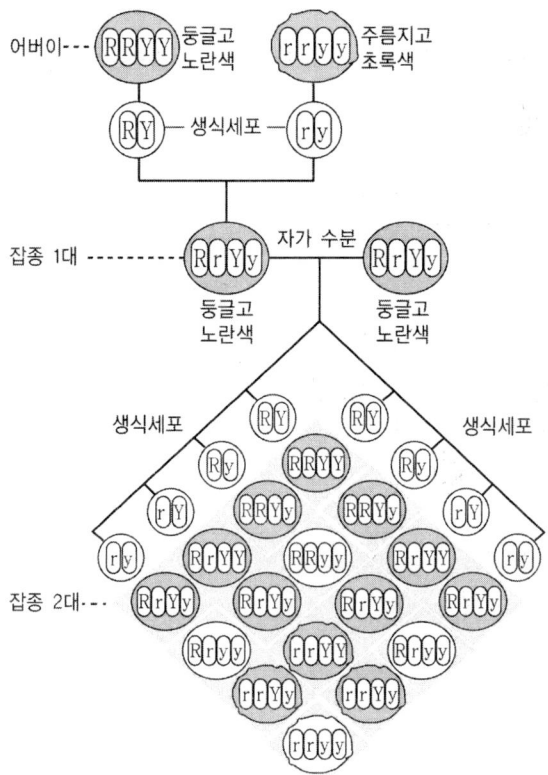

(3) 중간 유전

① 중간 유전…대립 유전자 사이에 우열 관계가 뚜렷하지 않아 어버이의 중간 형질이 나타나는 현상이다.
(**예** 분꽃의 꽃잎 색깔, 금어초의 꽃잎 색깔 등)

② 중간 유전의 특징…우성과 열성에 대해 설명한 멘델의 가설에 맞지 않지만, 분리 법칙은 따른다.

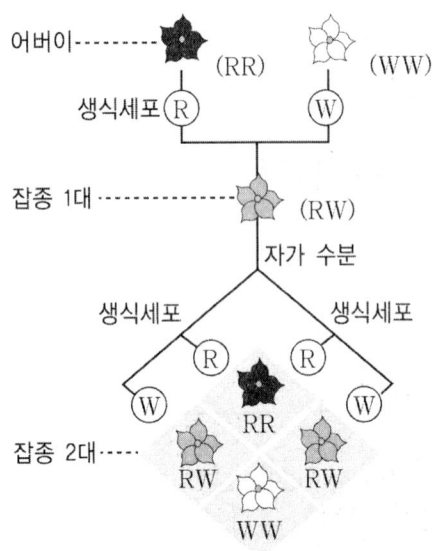

(4) 사람의 유전

① 사람의 유전 연구 방법…가계도 조사

② 가계도 분석 방법

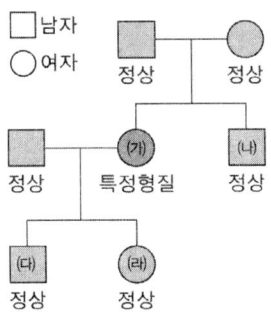

㉠ 부모에게 없던 특정 형질이 자녀 ㈎에게 나타났다.
　→ 부모의 정상 형질이 우성, 자녀 ㈎의 특정 형질이 열성이다.
　→ 정상 유전자를 A, 특정 형질 유전자를 a라고 할 때, 특정 형질을 가진 자녀 ㈎(aa)는 부모로부터 열성 유전자를 하나씩 물려받았으므로 정상인 부모의 유전자형은 정상 유전자와 특정 형질 유전자를 하나씩 가지는 잡종(Aa)이다.
㉡ ㈏는 유전자형이 순종(AA)인지 잡종(Aa)인지 정확히 알 수 없다.
㉢ 부모 중 한명인 ㈎는 열성 형질을 나타내므로 자녀 ㈐와 ㈑는 우성 형질을 나타내지만 열성 유전자를 가진다.
　→ ㈐와 ㈑의 유전자형은 잡종(Aa)이다.

(5) ABO식 혈액형

① ABO식 혈액형 … 한 쌍의 대립 유전자에 의해 결정되는데, 대립 유전자의 종류는 A, B, O 세가지이다. (우열관계 : A = B > O)

표현형(혈액형)	A형	B형	AB형	O형
유전자형	AA, AO	BB, BO	AB	OO

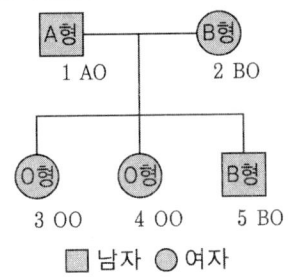

(6) 성염색체에 의한 유전 – 색맹

① 색맹 … 색깔을 잘 구별하지 못하는 눈의 이상
㉠ 색맹 유전자는 X 염색체에 있어 여자보다 남자에게 많이 나타난다. (반성유전)
㉡ 정상이 색맹에 대해 우성이다.

	남자		여자	
표현형	정상	색맹	정상	색맹
유전자형	XY	X'Y	XX, XX'(보인자)	X'X'

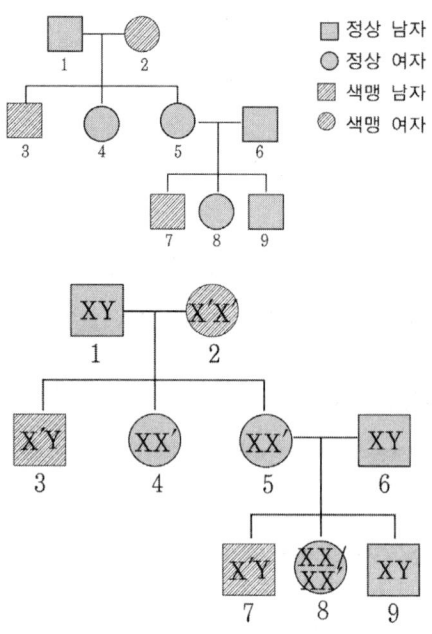

대표유형 6   지구과학영역

(1) 지구의 자전과 공전

① 지구의 자전

    ㉠ 지구가 자전축을 중심으로 하루에 한 바퀴씩 도는 운동

    ㉡ **자전에 의한 현상**: 별과 태양의 일주 운동, 밤과 낮의 반복, 밀물과 썰물의 반복, 인공 위성 궤도의 서편 현상 등

    ㉢ **별의 일주운동**: 별이 북극성을 중심으로 동쪽에서 서쪽으로 1시간에 약 15°씩 도는 운동

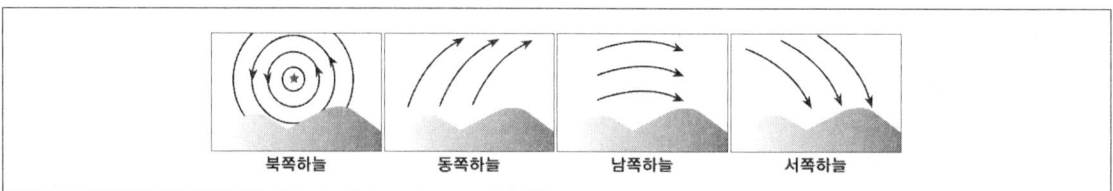

② 지구의 공전

    ㉠ 지구가 태양을 중심으로 1년에 한 바퀴씩 도는 운동

    ㉡ **태양의 연주운동**: 태양이 황도를 따라 하루에 약 1°씩 서쪽에서 동쪽으로 이동하는 운동

ⓒ 별의 연주운동 : 천구상에서 하루에 약 1°씩 동쪽에서 서쪽으로 이동하는 겉보기 운동
ⓔ 계절의 변화 : 지구의 자전축이 공전 궤도면에 대해 약 66.5° 기울어진 채 공전하기 때문에 계절의 변화가 나타난다.

③ 달의 자전 … 달이 자전축을 중심으로 한 달에 한 바퀴씩 도는 운동
  ㉠ 서쪽에서 동쪽으로 하루에 약 13°씩 회전한다.
  ㉡ 달의 모양은 변해도 표면 무늬는 변하지 않는다.

④ 달의 공전 … 달이 지구를 중심으로 한 달에 한 바퀴씩 도는 운동
  ㉠ 서쪽에서 동쪽으로 하루에 약 13°씩 회전한다.
  ㉡ 달의 모양이 변하는 이유이다.
  ㉢ 달이 뜨는 시각이 매일 약 50분씩 늦어진다.

⑤ 일식과 월식
  ㉠ 일식 : 달에 의해 태양이 가려지는 현상
    ⓐ 개기 일식 : 달의 본그림자 지역에서 태양이 달에 의해 완전히 가려지는 현상
    ⓑ 부분 일식 : 달의 반그림자 지역에서 태양의 일부가 달에 의해 가려지는 현상
    ⓒ 지속 시간 : 짧다

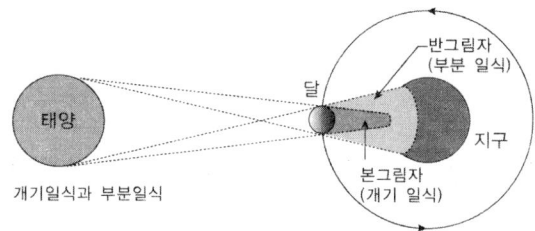

개기일식과 부분일식

  ㉡ 월식 : 달이 지구의 그림자 속으로 들어가 보이지 않는 현상
    ⓐ 개기 월식 : 달 전체가 지구의 본그림자 속으로 들어가 가려지는 현상
    ⓑ 부분 월식 : 달의 일부가 지구의 본그림자 속으로 들어가 가려지는 현상
    ⓒ 지속 시간 : 길다.

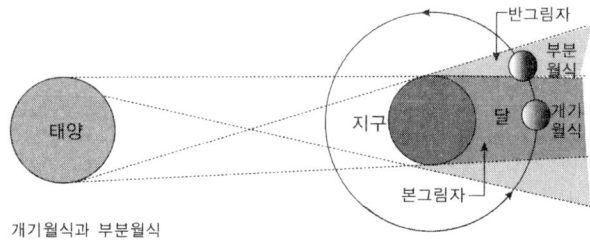

개기월식과 부분월식

(2) 지구의 대기

① 대기권 … 지구 중력에 이끌려 지표를 덮고 있는 높이 약 1,000km까지의 영역이다.

② 대기의 성분 … 질소 > 산소 > 아르곤 > 이산화탄소

③ 대기의 역할
　㉠ 태양으로부터 오는 해로운 자외선을 막아준다.
　㉡ 운석의 충돌을 막아주는 보호막 역할을 한다.
　㉢ 지표에서 방출되는 열을 흡수하여 지구를 보온시켜 준다.
　㉣ 생명체가 살 수 있도록 산소와 이산화탄소를 공급해 준다.
　㉤ 대기 중의 수증기는 구름, 눈, 비와 같은 기상현상을 일으킨다.
　㉥ 저위도의 남는 열을 고위도로 전달하여 지구 표면 전체의 온도차를 줄여준다.

④ 대기권의 구조
　㉠ 대류권 : 지표 ~ 약 11km
　　ⓐ 전체 대기의 75% 차지한다.
　　ⓑ 올라갈수록 온도가 낮아진다.
　　ⓒ 대류 및 기상 현상이 일어난다.
　　ⓓ 무지개가 생긴다.
　㉡ 성층권 : 약 11km ~ 50km
　　ⓐ 대기가 안정하여 비행기의 항로로 이용된다.
　　ⓑ 오존층이 있어 자외선을 흡수한다. 지구상의 생물체를 보호하고 성층권내의 기온 상승의 원인이 된다.
　㉢ 중간권 : 약 50km ~ 80km
　　ⓐ 위로 올라갈수록 지구복사에너지를 적게 받기 때문에 기온이 내려간다.
　　ⓑ 공기의 양은 적지만 약한 대류현상이 일어난다.
　　ⓒ 수증기가 없어 기상현상이 일어나지 않는다.
　　ⓓ 유성이 관측된다.
　㉣ 열권 : 약 80km 이상
　　ⓐ 태양복사에너지를 흡수하여 기온이 상승한다.
　　ⓑ 극지방에서 오로라가 나타난다.
　　ⓒ 대기가 희박하여 밤과 낮의 온도차가 심하다.
　　ⓓ 전파를 반사하는 전리층이 존재한다.

(3) 푄현상

높은 산을 넘어온 고온 건조한 바람이 부는 현상. 산맥을 경계로 정상으로 향하는 동안 공기는 단열 팽창하여 많은 비나 눈을 내리고 건조하게 된다. 산의 정상을 지나 경사면을 타고 내려오면서 공기는 단열 압축되어 다시 온도가 올라가게 되는데 이 결과로 공기는 지면에 고온 건조한 바람을 불게 한다. 우리나라도 태백산맥을 경계로 푄 현상이 자주 나타난다.

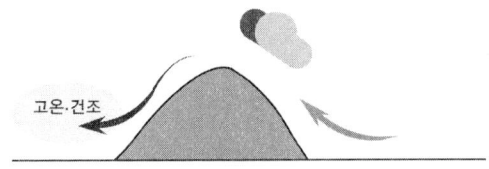

(4) 엘니뇨와 라니냐

지구 온난화로 인한 이상기후의 원인이 되고 있다. 엘니뇨와 라니냐는 각각 다른 현상이 아니라 서로 관련되어 연속적으로 일어난다.

① 엘니뇨 … 바다 표면의 온도가 6개월 이상 평균 수온보다 0.5℃ 이상 높아지는 현상이다. 무역풍이 약하게 불면 서태평양에 있는 필리핀과 인도네시아에서는 평소보다 비가 적게 내려 가뭄을 겪고, 동태평양에 있는 페루와 에콰도르에는 비가 많이 내리기도 한다.

② 라니냐 … 엘니뇨와 반대로 바닷물의 온도가 0.5℃ 이상 낮아지는 현상이다. 바닷물의 온도가 낮아지면 대기 순환에 영향을 주어 이상 기후가 나타난다. 그래서 인도네시아, 필리핀 등에 보통 때보다 더 많은 비가 내리며 페루 등 남아메리카는 서늘해지고 북아메리카에는 강추위가 찾아오기도 한다.

(5) 오존(O_3)

① 성층권 오존 … 오존층은 태양으로부터의 자외선을 차단하여 지상의 생물체를 보호해 주는 유익한 역할을 한다. 오존층을 파괴하는 가장 큰 원인은 프레온 가스이다. 프레온 가스는 냉장고나 에어컨을 시원하게 하는 데 쓰이며, 햇빛의 자외선과 만나면 오존층을 파괴한다.

② 대류권 오존 … 대도시의 여름철에 발령되는 오존주의보에서 오존은 자동차의 배기 가스에서 배출되는 이산화질소(NO_2)가 자외선에 의해 분해되어 생기는 2차 오염 물질로 광화학 스모그를 유발하고 호흡기를 자극하며 식물의 생장을 억제한다.

chapter.05 관찰탐구력

출제예상문제

|1~10| 다음 제시된 문자를 서로 비교하여 다른 것을 고르시오.

1 ① cmpsoweirpk – cmpsoweirpk
   ② cporpoweik – cporqowejk
   ③ nodcvjpdpori – nodcvjpdpori
   ④ 제배뎅터펜제 – 제배뎅터펜제

   ✔해설 ② cpor<u>p</u>oweik – cpor<u>q</u>owe<u>j</u>k

2 ① 11101100011101011 – 11101100011101011
   ② 11101011001101011 – 11101011001101011
   ③ 10000010000101011 – 10000010000101011
   ④ 10101101111100100 – 10101101111101000

   ✔해설 10101101111100100 – 1010110111110<u>1</u>000

3 ① ○●◎▲▽♣♤πΣ▽▲ – ○●◎▲▽♣♤πΣ▽▲
   ② ×＝＞＜★☆§ ▽■☆★ – ×＝＞＜★☆§ ▽■☆★
   ③ →⊶⊶↑↓∧∨∧♡♥ – →⊶⊶↓↑∧∨∧♡♥
   ④ ≡≒≒≒≒≡≒≒◑●○ – ≡≒≒≒≒≡≒≒◑●○

   ✔해설 →⊶⊶<u>↑↓</u>∧∨∧♡♥ – →⊶⊶<u>↓↑</u>∧∨∧♡♥

4 ① 츄코츄코카쾨퇴멍겅핑 - 츄코츄코카퇴쾨멍겅핑
② 푸르디딩컹콩크몽트타 - 푸르디딩컹콩크몽트타
③ 하쿠나푸타나마아타아 - 하쿠나푸타나마아타아
④ 하으오루나버아러거머 - 하으오루나버아러거머

✔ 해설 츄코츄코카쾨퇴멍겅핑 - 츄코츄코카퇴쾨멍겅핑

5 ① 12358201799952 - 12358201798952
② ⓜⓑⓝⓖⓗⓟⓚⓙⓢ - ⓜⓑⓝⓖⓗⓟⓚⓙⓢ
③ ⓜⓝⓘⓗⓕⓓⓒⓢⓣⓤ - ⓜⓝⓘⓗⓕⓓⓒⓢⓣⓤ
④ 伽佳假價加可呵哥嘉嫁 - 伽佳假價加可呵哥嘉嫁

✔ 해설 12358201799952 - 12358201798952

6 ① 日就月將非夢似夢 - 日就月將非夢似夢
② 茫茫大海壯元及第 - 茫茫大海壯元及第
③ 塞翁之馬指鹿爲馬 - 塞翁之馬指鹿馬爲
④ 舊態依然九折羊腸 - 舊態依然九折羊腸

✔ 해설 塞翁之馬指鹿爲馬 - 塞翁之馬指鹿馬爲

7 ① acvhodsnvlsnd - acvhodsnvlsnd
② 321198746543 - 321198746543
③ ㅁㅎㅍㅇㄹㅎㄴ - ㅁㅎㅍㅇㄹㅎㄴ
④ @%^@%#*&*$ - @%^@%#*&^$

✔ 해설 ④ @%^@%#*&*$ - @%^@%#*&^$

Answer 1.② 2.④ 3.③ 4.① 5.① 6.③ 7.④

8 ① ひとみをとじてきみをえがくよ - ひとみをとじてきみをえがくよ
② ないたのはぼくたったなくな - なひたのはぼくたったなくな
③ (ㄴ)(ㄹ)(ㅁ)(ㅂ)(ㅍ)(ㅌ)(ㅋ)(ㅅ)(ㄹ)(ㄴ)(ㄷ)(ㄹ) - (ㄴ)(ㄹ)(ㅁ)(ㅂ)(ㅍ)(ㅌ)(ㅋ)(ㅅ)(ㄹ)(ㄴ)(ㄷ)(ㄹ)
④ ⅥⅦⅢⅠⅩⅪⅧⅥⅤⅡⅢⅫ - ⅥⅦⅢⅠⅩⅪⅧⅥⅤⅡⅢⅫ

✅ **해설** ない<u>た</u>のはぼくたったなくな - な<u>ひ</u>たのはぼくたったなくな

9 ① 自玄音魚石米首比艮 - 自玄音魚舌米首比艮
② 龜鼠虍豸子ケㅗ뷤中 - 龜鼠虍豸子ケㅗ뷤中
③ 自至肉臣隹靑雨魚麻 - 自至肉臣隹靑雨魚麻
④ 髟龍豆豕米食舌肉赤 - 髟龍豆豕米食舌肉赤

✅ **해설** 自玄音魚石米首比艮 - 自玄音魚<u>舌</u>米首比艮

10 ① ◆◐◑▨▩▦◉◍■ - ◐◑▨▩▦◉◍■
② ♣◉◆■◐♠♤♡♥♣▷ - ♣◉◆■◐♠♤♡♥♣▷
③ ♩♪♬♩♪♩♫♪♬ - ♩♪♬♩♪♩♫♪♬
④ ⋿⋺⊂⊃⋺⊂⋿⋿⋺⊂ - ⋿⋺⊂⊃⋺⊂⋿⋿⋺⊂

✅ **해설** ⋿⋺⊂⊃⋺⊂⋿⋿⋺⊂ - ⋿⋺⊂<u>⊃</u>⋺⊂⋿⋿⋺⊂

|11~12| 다음 제시된 단어와 같은 단어의 개수를 모두 고르시오.

마음	마을	마물	마약	마술	마력	마귀	마하	마찰
마부	마을	마력	마늘	마당	마중	마부	마임	마음
마취	마감	마하	마찰	마간	마패	마지	마무	마파
마치	마비	마름	마다	마사	마루	마개	마감	마당
마루	마치	마비	마다	마감	마강	마상	마임	마귀
마지	마개	마하	마늘	마루	마을	마약	마술	마패

11

| 마을   마주   마인   마전   마정 |

① 1개
② 2개
③ 3개
④ 4개

✔해설 마을만 3개가 제시되어 있다.

12

| 마루   마개   마부   마제   마정 |

① 4개
② 5개
③ 6개
④ 7개

✔해설 마루 3개, 마개 2개, 마부 2개가 제시되어 있다.

Answer 8.② 9.① 10.④ 11.③ 12.④

| 13~15 | 다음에 제시된 단어의 개수를 모두 고르시오.

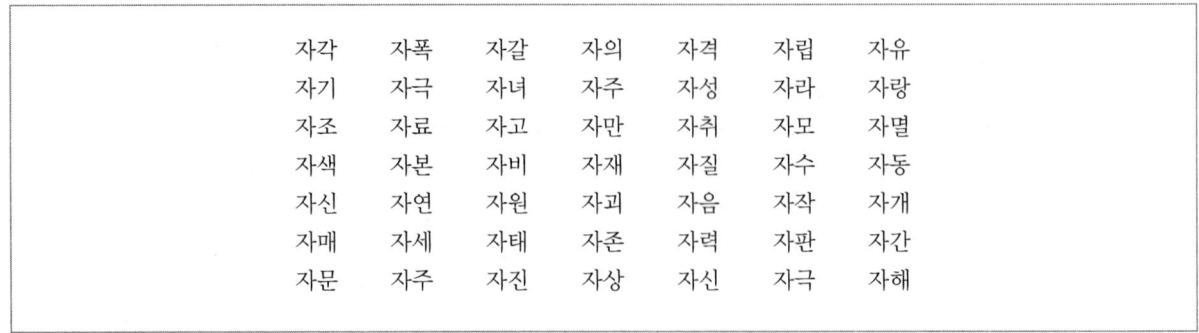

13

| | 자동 | 자각 | 자극 | 자녀 | 자의 |

① 3개 ② 4개
③ 5개 ④ 6개

✔ 해설 자동, 자각, 자녀, 자의는 1개씩, 자극은 2개가 제시되어 있다.

14

| | 자아 | 자속 | 자조 | 자애 | 자백 |

① 1개 ② 2개
③ 3개 ④ 없음

✔ 해설 자조만 1개 제시되어 있다.

15

| | 자연 | 자극 | 자력 | 자작 | 자수 |

① 1개 ② 2개
③ 3개 ④ 6개

✔ 해설 자연, 자력, 자작, 자수 1개씩, 자극 2개가 제시되어 있다.

┃16~17┃ 다음 보기를 참고하여 제시된 단어를 바르게 표기한 것을 고르시오.

〈보기〉
🙠=A ✿=B 🐛=C ☕=D ᄫ=E
☯=a ♨=b ❄=c 🎹=d ☰=e

16

✿☕☯ᄫ🐛

① BDaEC ② BDaEc
③ BDaDC ④ BDaBC

✅ 해설 ✿=B, ☕=D, ☯=a, ᄫ=E, 🐛=C

17

❄🙠🎹❄☕

① cAecD ② cAecB
③ cEecD ④ cAdcD

✅ 해설 ❄=c, 🙠=A, 🎹=d, ❄=c, ☕=D

Answer 13.④ 14.① 15.④ 16.① 17.④

| 18~20 | 주어진 보기를 참고하여 제시된 단어가 바르게 표기된 것을 고르시오.

1=이   2=상   3=대   4=명   5=학
6=공   7=생   8=교   9=경   0=보

18

이 경 상 교 대 학

① 1 9 2 8 3 5   ② 1 9 7 6 3 5
③ 1 9 7 8 3 5   ④ 1 9 2 6 3 5

✔해설 이 경 상 교 대 학 — <u>1 9 2 8 3 5</u>

19

대 명 공 이 생 상

① 3 9 0 1 2 7   ② 3 4 6 1 7 2
③ 3 4 0 1 2 7   ④ 3 9 6 1 7 2

✔해설 대 명 공 이 생 상 — <u>3 4 6 1 7 2</u>

20

상 생 경 명 교 공 보

① 2 7 4 9 6 8 0   ② 2 7 9 4 8 6 0
③ 2 7 4 9 8 6 0   ④ 2 7 9 4 6 8 0

✔해설 상 생 경 명 교 공 보 — <u>2 7 9 4 8 6 0</u>

|21~25| 다음 제시된 표를 보고 주어진 숫자 또는 문자를 옳게 바꾼 것을 고르시오.

A	B	C	D	E	F	G	H	I	J	K	L	M	N	O	P	Q	R	S	T	U	V	W	X	Y	Z
1	2	3	4	5	6	7	8	9	10	11	12	13	14	15	16	17	18	19	20	21	22	23	24	25	26
a	b	c	d	e	f	g	h	i	j	k	l	m	n	o	p	q	r	s	t	u	v	w	x	y	z
27	28	29	30	31	32	33	34	35	36	37	38	39	40	41	42	43	44	45	46	47	48	49	50	51	52

21

HapPy

① 827424251 ② 827421651
③ 341164225 ④ 827161651

✔해설 H : 8, a : 27, p : 42, P : 16, y : 51
∴ HapPy → 827421651

22

GooD

① 741414 ② 715154
③ 3341414 ④ 3315154

✔해설 G : 7, o : 41, D : 4
∴ GooD → 741414

23

He is Pig

① 345 3545 163533 ② 831 3545 163533
③ 345 3546 423533 ④ 831 3546 423533

✔해설 H : 8, e : 31, i : 35, s : 45, P : 16, g : 33
∴ He is Pig → 831 3545 163533

Answer 18.① 19.② 20.② 21.② 22.① 23.②

24

42189

① DBRH　　　　　　　　　　② DTHI
③ pAHI　　　　　　　　　　 ④ pRH

> ✔ 해설　① 42188
> 　　　　② 42089
> 　　　　④ 42188

25

97124

① IGLD　　　　　　　　　　② IGME
③ IGBX　　　　　　　　　　④ IGAY

> ✔ 해설　② 97135
> 　　　　③ 97224
> 　　　　④ 97125

❙26~30❙ 다음 제시된 문자들을 뒤에서부터 거꾸로 쓴 것을 고르시오.

26

QIAXEZWIHAD

① DAHWIZEXAIQ　　　　　　② DAHIWZEXAIQ
③ DAHIWEZXAIQ　　　　　　④ DAHWZEXIAQ

> ✔ 해설　QIAXEZWIHAD를 거꾸로 쓰면 DAHIWZEXAIQ가 된다.

27

$\pi \rho \kappa \delta \varepsilon \xi \iota \tau \lambda \omega$

① $\omega \lambda \iota \tau \xi \varepsilon \delta \kappa \rho \pi$　　　　② $\omega \lambda \tau \iota \varepsilon \xi \delta \kappa \rho \pi$
③ $\omega \lambda \tau \iota \xi \varepsilon \kappa \rho \delta \pi$　　　　④ $\omega \lambda \tau \iota \xi \varepsilon \delta \kappa \rho \pi$

> ✔ 해설　$\pi \rho \kappa \delta \varepsilon \xi \iota \tau \lambda \omega$를 거꾸로 쓰면 $\omega \lambda \tau \iota \xi \varepsilon \delta \kappa \rho \pi$가 된다.

28

10111110001100111001

① 10011010110001111101 ② 10011100110001111011
③ 10011100110001111101 ④ 10011101010001111101

✅ **해설** 10111110001100111001을 거꾸로 쓰면 <u>10011100110001111101</u>이 된다.

29

덩기덕쿵더덕더러구쿠

① 쿠구러더덕더쿵덕기덩 ② 쿠구러머덕더쿵덕기덩
③ 쿠구러더덕더쿵덕키덩 ④ 쿠구러더덕더쿵덕기덩

✅ **해설** 덩기덕쿵더덕더러구쿠를 거꾸로 쓰면 <u>쿠구러더덕더쿵덕기덩</u>이 된다.

30

쿵쾅쿵쾅두근두근킹콩

① 콩킹근두근두쿵쾅쾅쿵 ② 콩킹근두근두쾅쿵쿵쾅
③ 콩킹근두근두쾅쿵쾅쿵 ④ 콩킹근두두근쾅쿵쾅궁

✅ **해설** 쿵쾅쿵쾅두근두근킹콩을 거꾸로 쓰면 <u>콩킹근두근두쾅쿵쾅쿵</u>이 된다.

Answer 24.③ 25.① 26.② 27.④ 28.③ 29.① 30.③

| 31~32 | 다음 제시된 단어와 같은 단어의 개수를 고르시오.

31

계곡

계란	계륵	개미	거미	갯벌	계곡	계륵	갯벌	게임	계란
계곡	개미	거미	거미	계륵	갯벌	개미	개미	게임	거미
계곡	개미	계란	계륵	거미	게임	거미	계곡	개미	거미

① 1개 ② 2개
③ 4개 ④ 6개

✔ 해설

계란	계륵	개미	거미	갯벌	<u>계곡</u>	계륵	갯벌	게임	계란
<u>계곡</u>	개미	거미	거미	계륵	갯벌	개미	개미	게임	거미
<u>계곡</u>	개미	계란	계륵	거미	게임	거미	<u>계곡</u>	개미	거미

32

여신

여성	여선생	여민락	여성	여신	여사관	여법
여고생	여성복	여복	여린박	여관	여신	여사
여관집	여수	여섯	여반장	여급	여걸	여성미
여름철	여신	여세	여북	여신	여과통	여위다
여묘	여신	여간내기	여성	여배우	여름	여수
여명	여리다	여과기	여수	여비서	여명	여법

① 2개 ② 3개
③ 4개 ④ 5개

✔ 해설

여성	여선생	여민락	여성	<u>여신</u>	여사관	여법
여고생	여성복	여복	여린박	여관	<u>여신</u>	여사
여관집	여수	여섯	여반장	여급	여걸	여성미
여름철	<u>여신</u>	여세	여북	<u>여신</u>	여과통	여위다
여묘	<u>여신</u>	여간내기	여성	여배우	여름	여수
여명	여리다	여과기	여수	여비서	여명	여법

|33~34| 다음 짝지어진 숫자나 문자 중에서 서로 같은 것을 찾으시오.

33 ① 9788962000269 - 9788962000269
　　② 9788962000301 - 9788960200301
　　③ 9788962000245 - 9788960200245
　　④ 9788962000252 - 9788960200252

　　　✔해설　② 9788962000301 - 9788960200301
　　　　　　③ 9788962000245 - 9788960200245
　　　　　　④ 9788962000252 - 9788960200252

34 ① EHIHIHIEHIHIEHI - EHIHIEIEHIHIEHI
　　② YAHOYAHOYAHO - YAHOAYHOYAHO
　　③ BINGGLEBINGGLE - BINGLGEBINGGLE
　　④ MERONGMERONG - MERONGMERONG

　　　✔해설　① EHIHIHIEHIHIEHI - EHIHIEIEHIHIEHI
　　　　　　② YAHOYAHOYAHO - YAHOAYHOYAHO
　　　　　　③ BINGGLEBINGGLE - BINGLGEBINGGLE

Answer　31.③　32.④　33.①　34.④

|35~40| 다음 〈보기〉에서 각 문제의 왼쪽에 표시된 굵은 글씨체의 기호, 문자, 숫자의 갯수를 모두 세어 오른쪽 개수에서 찾으시오.

35

| ↦ | ←《↦》↣↠↦↣✕✗✓✕↷↶↺ |

① 1개 ② 2개
③ 3개 ④ 4개

✔해설 ←《↦》↣↠↦↣✕✗✓✕↷↶↺

36

| ♪ | ♬♪♬♪♪♬♪ ♩♫♪♩♫♩♬♬♪♩♪♪ |

① 1 ② 2
③ 3 ④ 4

✔해설 ♬♪♬♪♪♬♪ ♩♫♪♩♫♩♬♬♪♩♪♪

37

| e | He wants to join the police force |

① 2개 ② 4개
③ 6개 ④ 8개

✔해설 He wants to join the police force

38

| R | ITS RESTAURANT IS RUN BY A TOP CHEF |

① 1개　　　　　　　　　　　② 2개
③ 3개　　　　　　　　　　　④ 4개

　✔해설　ITS <u>R</u>ESTAU<u>R</u>ANT IS <u>R</u>UN BY A TOP CHEF

39

| (나) | (파)(하)(나)(라)(파)(하)(차)(사)(나)(가)(타)(파)(사)(바)(차)(자)(바)(라)(나)(마) |

① 1개　　　　　　　　　　　② 2개
③ 3개　　　　　　　　　　　④ 4개

　✔해설　(파)(하)<u>(나)</u>(라)(파)(하)(차)(사)<u>(나)</u>(가)(타)(파)(사)(바)(차)(자)(바)(라)<u>(나)</u>(마)

40

| ラ | ウカヲラグウムヒラゼスウフコカ |

① 1　　　　　　　　　　　② 2
③ 3　　　　　　　　　　　④ 4

　✔해설　ウカヲ<u>ラ</u>グウムヒ<u>ラ</u>ゼスウフコカ

41 다음 현상과 같은 원리로 설명할 수 있는 것은?

> 유리컵은 시멘트 바닥에 떨어지면 잘 깨지지만, 같은 높이에서 이불 위에 떨어지면 잘 깨지지 않는다.

① 대포를 쏘면 포신이 뒤로 밀린다.
② 나무에 달린 사과가 땅으로 떨어진다.
③ 달리던 사람이 돌부리에 걸리면 넘어진다.
④ 공을 받을 때 손을 몸 쪽으로 당기면서 받는다.

> ✔해설 지문은 충격력을 완화시키는 방법이다.
> ① 작용·반작용의 법칙
> ② 만유인력의 법칙
> ③ 관성의 법칙

42 다음 중 같은 원리로 사용되어지는 도구를 사용한 사람을 올바르게 짝지은 것은?

> • 민식이는 장도리 뒤에 달린 클로(Claw)를 이용하여 벽에 박힌 못을 뽑았다.
> • 가희는 고정 도르래가 달린 국기개양대의 태극기를 높이 올려 달았다.
> • 미진이는 가위를 이용해서 두꺼운 종이를 잘랐다.
> • 벽에 액자를 다는 데 수진이는 그냥 못을, 재정이는 나사못을 사용했다.

① 민식, 가희　　　　　② 민식, 미진
③ 가희, 미진　　　　　④ 미진, 수진

> ✔해설 ② 장도리와 가위는 지레의 원리를 이용하여 작은 힘을 들여 큰 힘을 내게 할 때 사용한다.

43 다음 물질의 상태변화와 관련된 설명 중 '승화'가 아닌 것은?

① 풀잎에 맺힌 이슬이 한낮이 되면 사라진다.
② 옷장 속에 넣어둔 좀약의 크기가 작아진다.
③ 늦가을 맑은 날 아침에 서리를 관찰할 수 있다.
④ 겨울철에는 그늘에 있던 얼음의 크기가 작아진다.

> ✔해설 ① 이슬이 사라지는 현상은 액체가 기체로 변화하는 '기화'의 예이다.
> 승화 : 물질의 상태변화에서 고체가 액체 상태를 거치지 않고 바로 기체로 변하거나 기체가 바로 고체로 변하는 현상

44 지레를 눌러 물체를 들어올릴 때 힘이 가장 적게 드는 지점은?

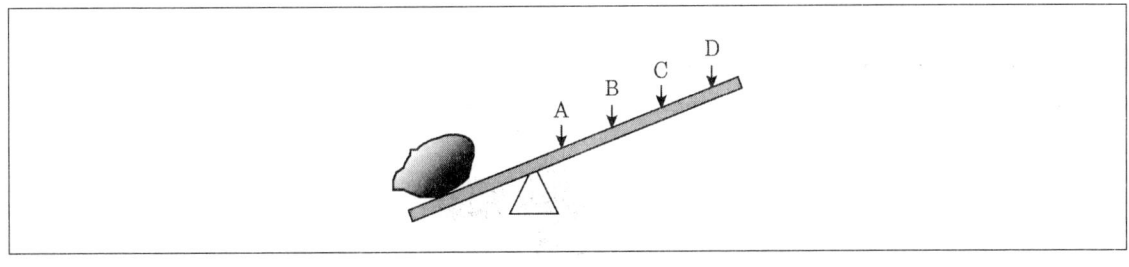

① A
② B
③ C
④ D

> ✔해설 ④ 힘점에서 받침점까지의 거리가 작용점에서 받침점까지의 거리보다 길수록 준 힘보다 더 큰 힘이 물체에 작용한다.

Answer 41.④ 42.② 43.① 44.④

45 그림에서 밀도가 가장 작은 것은?

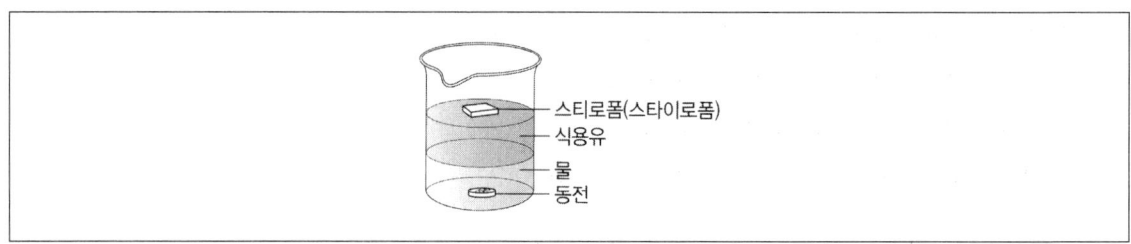

① 물
② 동전
③ 식용유
④ 스티로폼(스타이로폼)

✅해설 물체가 물보다 밀도가 크면 가라앉고, 밀도가 작으면 뜬다.

46 그림과 같은 분자 모형으로 나타낼 수 있는 것은?

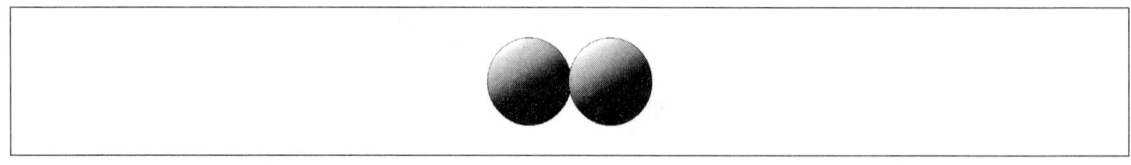

① He
② H_2
③ H_2O
④ NH_3

✅해설 ② 수소원자 2개가 붙은 직선 구조

47 물이 들어 있는 유리컵에 젓가락을 넣었을 때, 꺾여 보이게 하는 빛의 성질은?

① 직진
② 굴절
③ 반사
④ 분산

✅해설 ② 굴절 : 빛이 성질이 서로 다른 물질의 경계면을 지날 때, 그 경계면에서 진행 방향이 꺾이는 현상
① 직진 : 빛이 곧게 나아가는 현상
③ 반사 : 빛이 수면이나 거울과 같은 물체에 부딪혀 되돌아가는 현상
④ 분산 : 빛이 여러 가지 색으로 나누어지는 현상

48 얼음물이 들어 있는 유리컵 바깥쪽에 작은 물방울이 생기는 상태변화는?

① 액화　　　　　　　　　　② 기화
③ 승화　　　　　　　　　　④ 응고

> ✔해설　액화는 기체가 액체가 되는 현상을 액화라고 한다(수증기 → 물).
> ② 기화: 액체상태에서 기체상태로 변하는 현상(물 → 수증기)
> ③ 승화: 고체가 기체로 변하는 것과 기체가 고체로 변하는 것(나프탈렌)
> ④ 응고: 액체가 고체로 변하는 현상(물 → 얼음)

49 깜깜한 방에 들어가면 아무것도 보이지 않지만 전등을 켜면 방안의 물체들을 볼 수 있다. 이와 같이 빛이 있어야 물체가 보이는 까닭은 빛의 어떤 성질 때문인가?

① 반사　　　　　　　　　　② 직진
③ 굴절　　　　　　　　　　④ 회절

> ✔해설　② 직진: 빛이 균일한 매질 속에서 곧바로 나아가는 현상
> ③ 굴절: 빛이 다른 물질로 들어갈 때 경계면에서 진행 방향이 꺾이는 현상
> ④ 회절: 빛이 진행 도중에 틈이나 장애물을 만나면 빛의 일부분이 슬릿이나 장애물 뒤에까지 돌아 들어가는 현상

50 물체가 운동할 때, 속력과 방향이 함께 변하는 운동은?

① 에스컬레이터의 운동
② 비스듬히 던져 올린 공의 운동
③ 지구 주위를 도는 인공위성의 운동
④ 빗면을 따라 내려가는 수레의 운동

> ✔해설　① 속력과 방향이 변하지 않음
> ③ 방향이 변함
> ④ 속력이 변함

Answer　45.④　46.②　47.②　48.①　49.①　50.②

51 그림과 같이 용수철을 오른쪽으로 당겼을 때, 손에 작용하는 탄성력의 방향은?

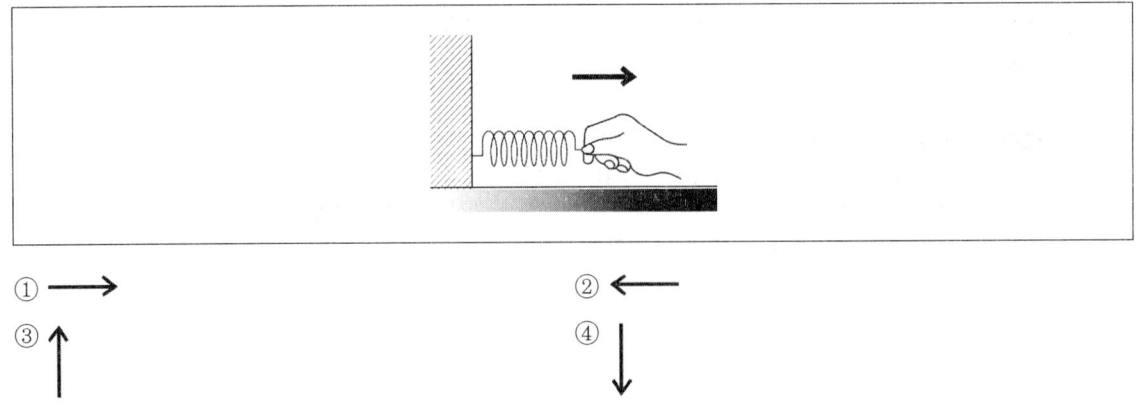

① →   ② ←
③ ↑   ④ ↓

✔ **해설**   탄성력은 외부의 힘에 의해 변형된 물체가 원래의 모양으로 되돌아가려는 힘으로, 손에 작용하는 탄성력의 방향은 왼쪽이다.

52 그림과 같은 궤도를 가진 공의 운동에 관한 설명 중 옳은 것은? (단, 공기의 저항은 무시한다.)

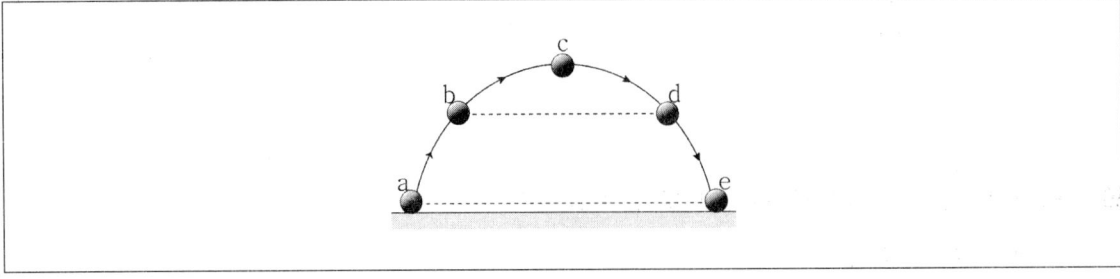

① a에서 위치 에너지가 가장 크다.
② b와 d의 역학적 에너지는 같다.
③ a에서 c로 갈수록 운동 에너지가 증가한다.
④ c에서 e로 갈수록 위치 에너지가 증가한다.

✔ **해설**   ① c에서 위치 에너지가 가장 크다.
            ③ a에서 c로 갈수록 운동에너지가 감소한다.
            ④ c에서 e로 갈수록 위치에너지가 감소한다.

53 다음 설명에서 A와 B에 들어갈 것으로 알맞은 것은?

- 압력이 일정할 때 온도가 높아지면 기체의 부피는 (A) 한다.
- 온도가 일정할 때 압력이 높아지면 기체의 부피는 (B) 한다.

    A   B   A   B
① 감소 감소   ② 감소 증가
③ 증가 감소   ④ 증가 증가

> **해설** 압력이 일정할 때, 기체의 부피는 온도가 높아지면 증가하고, 온도가 낮아지면 감소한다.
> 온도가 일정할 때, 기체의 부피는 압력이 증가하면 감소하고, 압력이 감소하면 증가한다.

54 물의 잎이 하는 기능이 아닌 것은?

① 광합성   ② 증산 작용
③ 종자 생성   ④ 호흡 작용

> **해설** ③ 꽃의 기능이다.
> ※ 잎의 기능
> ㉠ 광합성 작용 : 햇빛을 이용해 엽록체에서 유기 양분을 만든다.
> ㉡ 증산 작용 : 식물체 내의 물을 수증기 형태로 공기 중으로 내보낸다.
> ㉢ 호흡 작용 : 기공을 통해 산소를 받아들이고 이산화탄소를 내보낸다.

55 다음 현상과 관련된 힘은?

- 기계의 회전축에 윤활유를 바른다.
- 눈길을 달릴 때 자동차 바퀴에 체인을 감는다.

① 자기력   ② 탄성력
③ 마찰력   ④ 전기력

> **해설** 마찰력이란 물체가 다른 물체에 접촉하면서 운동을 시작하려고 할 때, 혹은 운동하고 있을 때, 접촉면에 생기는 운동을 방해하는 힘을 말한다.

Answer   51.②   52.②   53.③   54.③   55.③

56 전지의 연결 방법 중 전체 전압이 가장 낮은 것은? (단, 각 전지의 전압은 1.5V이다.)

①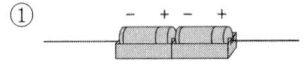

②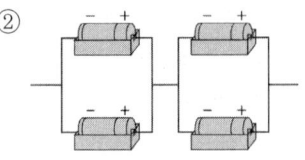

③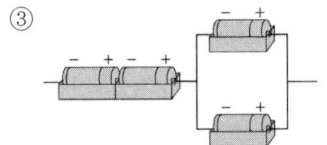

④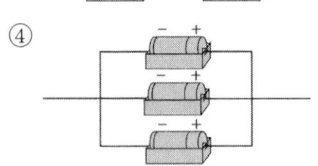

✔해설 전지 두 개를 병렬로 연결하면 1개보다 밝기는 같지만 시간은 2배 더 길게 사용이 가능하다.
전지 두 개를 직렬연결하면 1개때보다 전압이 2배 높아지며, 이에 따라 전류도 2배 증가하여 전력사용량은 4배가 된다. 즉 직렬연결시 1개보다 시간은 반으로 줄어든다.
따라서 가장 전압이 낮은 것은 ④번 병렬연결이다.

57 철가루 7g이 황가루와 모두 반응하여 황화철 11g이 생성되었다. 이때 철가루와 반응한 황가루의 질량은?

① 2g
② 4g
③ 7g
④ 11g

✔해설 질량보존의 법칙은 화학반응의 전후에서 반응물질의 총질량과 생성물질의 총질량은 같다고 하는 법칙이다. 따라서 철가루 7g + 황가루 xg = 황화철 11g으로 황가루는 4g이다.

58 다음 현상과 관련된 빛의 성질로 가장 알맞은 것은?

- 햇빛을 프리즘에 통과시키면 여러 가지 색깔의 띠로 나누어진다.
- 무지개는 햇빛이 공기 중의 물방울에 의해 여러 가지 색으로 나누어지는 현상이다.

① 직진
② 분산
③ 반사
④ 합성

✔해설 ① 직진: 빛이 직선으로 나아가는 현상
③ 반사: 빛이 꺾여서 반대 방향으로 나아가는 현상
④ 합성: 두 가지 이상의 단색광이 합쳐져 다른 색으로 보이는 현상

59 뉴턴의 운동 법칙에 대한 설명으로 옳은 것을 모두 고른 것은?

> ㉠ 질량이 큰 물체일수록 관성이 작다.
> ㉡ 물체의 가속도는 질량에 비례하고 힘에 반비례한다.
> ㉢ 버스가 급정지하면 앞으로 쏠리는 것은 관성 때문이다.
> ㉣ 롤러스케이트를 타고 벽을 밀면 반대로 밀리는 것은 작용·반작용 때문이다.

① ㉠㉡
② ㉠㉢
③ ㉡㉣
④ ㉢㉣

✔해설 ㉠ 질량이 큰 물체일수록 관성이 크다.
㉡ 물체의 가속도는 질량에 반비례하고 힘에 비례한다.

60 일과 에너지의 관계를 설명한 것으로 옳지 않은 것은?

① 일과 에너지는 같은 단위를 사용한다.
② 일을 할 수 있는 능력을 에너지라 한다.
③ 승강기를 타고 내려갈 때 위치 에너지가 증가한다.
④ 물체가 외부에 일을 하면 물체의 에너지가 감소한다.

✔해설 ③ 위치 에너지는 지면으로부터 어느 높이에 있는 물체가 가지는 에너지로 승강기를 타고 내려간다면 위치 에너지는 감소한다.

Answer 56.④ 57.② 58.② 59.④ 60.③

61 다음 글의 (가)와 (나)에 들어갈 알맞은 말은?

> 수력 발전이란 높은 곳에 있는 물의 ((가))을(를) 이용하여 ((나))을(를) 얻는 발전 방식이다.

	(가)	(나)
①	운동 에너지	위치 에너지
②	전기 에너지	운동 에너지
③	위치 에너지	전기 에너지
④	전기 에너지	위치 에너지

✔ 해설 수력 발전은 높은 곳의 물을 수압관로를 통하여 낮은 곳에 있는 수차로 보내어 그 물의 힘으로 수차를 돌리고, 그것을 동력으로 수차에 연결된 발전기를 회전시켜 전기를 발생시키는 것으로 물이 가진 운동 에너지를 기계 에너지로 변환시킨 후 전기 에너지를 얻는다.

62 다음 기구들의 에너지 전환을 가장 바르게 나타낸 것은?

① 형광등 : 전기에너지 → 빛에너지
② 건전지 : 전기에너지 → 화학에너지
③ 전동기 : 역학적에너지 → 전기에너지
④ 진공청소기 : 열에너지 → 역학적에너지

✔ 해설 ② 건전지 : 화학에너지 → 전기에너지
③ 전동기 : 전기에너지 → 운동에너지
④ 진공청소기 : 전기에너지 → 운동에너지

63 반응속도에 영향을 미치는 요인 중 다음 내용과 가장 관련이 깊은 것은?

> • 채소를 저온창고에 넣어 장기간 보관한다.
> • 시베리아의 얼음 속에서 썩지 않은 동물의 사체가 발견되었다.

① 온도
② 농도
③ 촉매
④ 표면적

> **해설** 온도와 반응속도 … 반응물질의 온도가 높을수록 활성화 에너지를 가진 입자들의 수가 많아져 반응이 빨라지고, 온도가 낮아지면 반응속도가 느려진다.

64 그림은 지면 위에 있는 물체에 작용하는 힘들을 나타낸 것이다. '물체가 지구를 잡아당기는 힘'에 대한 반작용에 해당하는 힘은?

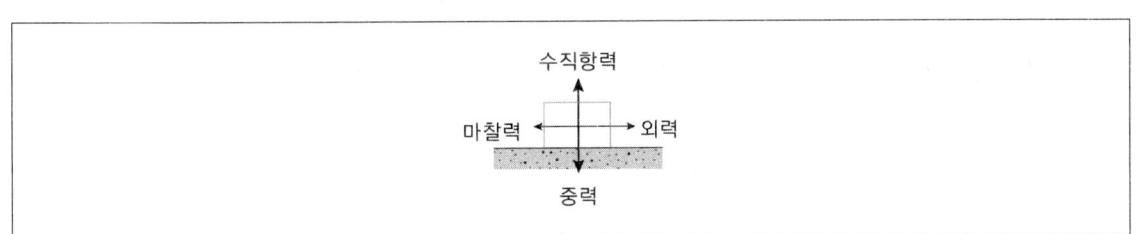

① 중력 ② 외력
③ 마찰력 ④ 수직항력

> **해설** 중력 … 물체에 작용하는 지구의 인력으로 무게라고도 한다.

65 사이다 병의 뚜껑을 열어 놓았더니 기체가 많이 빠져 나갔다. 이 기체의 종류와 남은 사이다의 pH 변화로 옳은 것은?

	기체의 종류	pH 변화		기체의 종류	pH 변화
①	산소	감소	②	산소	감소
③	이산화탄소	증가	④	이산화탄소	감소

> **해설** 일반적으로 탄산이 들어있는 음료에는 이산화탄소가 함유되어 있으며 이 이산화탄소는 산성을 이루는 음이온에 해당하므로 pH가 작다. 여기서 뚜껑을 열어 놓으면 기체인 이산화탄소는 날아가고 음료의 pH는 증가하게 된다.

Answer 61.③ 62.① 63.① 64.① 65.③

66 수평면에 놓인 물체를 그림과 같이 끌어 당길 때 물체가 움직이지 않았다면, 이때 당기는 힘의 크기 F와 면 사이의 마찰력의 크기 f 사이에는 어떤 관계가 있는가?

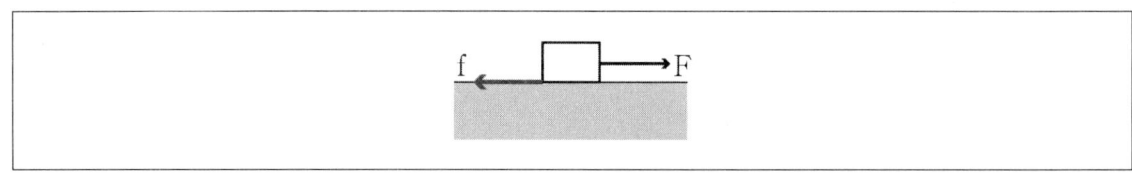

① F=f
② F≧f
③ F≦f
④ F<f

> **해설** 물체가 움직이지 않았으므로 당기는 힘의 크기 F와 면 사이의 마찰력의 크기 f는 같다.

67 오징어는 물을 뒤로 내뿜는 작용을 반복하며 앞으로 나아간다. 이와 가장 관련이 깊은 법칙은?

① 관성
② 가속도
③ 만유인력
④ 작용과 반작용

> **해설** ① 물체에 힘이 작용하지 않을 때 물체는 정지상태나 일정한 운동상태, 즉 현재의 운동상태를 계속 유지하려는 성질을 말한다.
> ② 단위 시간(1초) 동안에 나타나는 속도의 변화량을 말한다.
> ③ 질량을 가진 두 물체 사이에 작용하는 힘으로 두 물체의 곱에 비례하고 거리의 제곱에 반비례한다.

68 다음은 어떤 기체에 대한 설명인가?

- 화석연료가 연소될 때 발생한다.
- 온실효과를 일으켜 지구의 온난화를 촉진한다.

① 질소(N_2)
② 산소(O_2)
③ 아르곤(Ar)
④ 이산화탄소(CO_2)

> **해설** 화석연료가 연소될 때 이산화탄소(CO_2)가 발생하며, 이산화탄소의 증가로 온실효과가 생겨 해수면 상승, 생태계 변화, 기온 상승에 영향을 미친다.

69 높은 곳에서 물체를 가만히 떨어뜨렸을 때, 낙하하는 동안 일정하게 유지되는 것은? (단, 공기의 저항은 무시한다.)

① 물체의 속력
② 물체의 운동 에너지
③ 물체의 위치 에너지
④ 물체의 역학적 에너지

> ✔ 해설 중력과 역학적 에너지 보존 … 물체가 높은 곳에서 떨어지면 위치 에너지는 감소하나 속도가 증가하여 운동 에너지는 증가한다. 이 때 역학적 에너지의 크기는 일정하게 유지된다.

70 다음 보기 중 열의 이동방법이 같은 것을 고른 것은?

㉠ 가스렌지 위에 올려둔 냄비가 손잡이까지 뜨거워졌다.
㉡ 병원에서 적외선 온열 치료를 하니 허리가 따뜻해졌다.
㉢ 에어컨을 켜니 방 안이 시원해졌다.
㉣ 난로 앞에 앉아 있으니 얼굴이 뜨거워졌다.
㉤ 전자레인지로 음식을 데웠다.

---

① ㉠㉡㉢
② ㉡㉢㉤
③ ㉡㉣㉤
④ ㉢㉣㉤

> ✔ 해설 ㉠ : 전도
> ㉡㉣㉤ : 복사
> ㉢ : 대류
> ※ 열의 이동방법
> • 전도 : 물체를 이루는 입자의 운동이 이웃한 입자에 차례로 전달되어 열이 이동하는 방법. 주로 고체에서 일어나는 열의 이동방법
> • 대류 : 기체나 액체를 이루는 입자가 직접 이동하여 열을 전달하는 방법. 액체 또는 기체에서 일어나는 열의 이동방법
> • 복사 : 물질의 도움 없이 직접 열이 전달되는 방법. 주로 공기 중이나 진공상태에서 일어난다.

Answer 66.① 67.④ 68.④ 69.④ 70.③

71 다음 설명에 해당하는 식물의 기관은?

- 기공이 있다.
- 증산작용이 일어난다.
- 빛을 받아 포도당(녹말)을 만든다.

① 잎 ② 꽃
③ 뿌리 ④ 열매

> **해설** 식물의 녹색 잎은 광합성을 하고 기공을 통해 수증기를 배출하고 기체를 교환한다.

72 태양, 지구, 달이 일직선으로 배열될 때, 지구의 그림자에 의해 달이 가려지는 현상은?

① 삭 ② 망
③ 월식 ④ 일식

> **해설** ① 삭 : 지구 둘레를 공전하는 달이 지구와 태양 사이에 위치해 지구에서 달을 관찰할 수 없는 상태
> ② 망 : 지구를 기준으로 달과 태양이 정반대에 놓이는 때
> ④ 일식 : 지구상에서 볼 때 태양이 달에 의해서 가려지는 현상

73 다음 설명에 해당하는 혈액이 구성 성분은?

- 핵을 가지고 있다.
- 모양이 불규칙하다.
- 외부에서 들어온 세균을 잡아먹는다.

① 혈장 ② 백혈구
③ 적혈구 ④ 혈소판

> **해설** ① 혈장 : 혈액 속의 유형성분을 부유시키는 액체인데, 단백질을 비롯하여 다종다양한 유기물이나 무기물을 녹인다.
> ③ 적혈구 : 붉은색 납작한 원반 모양의 혈액세포로 혈관을 통해 전신조직에 산소를 공급하고 이산화탄소를 제거한다.
> ④ 혈소판 : 혈액응고의 중요한 역할을 하는 고형성분의 하나이다.

74 그림은 사람의 혀말기 유전 가계도이다. 혀를 둥글게 말 수 있는 아버지(RR)와 말 수 없는 어머니(rr) 사이에서 태어난 자녀가 모두 혀를 말 수 있었다. 이와 관계있는 유전법칙은?

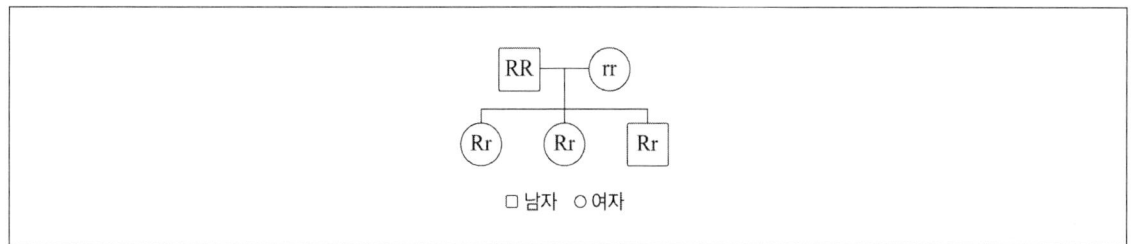

① 중간 유전 ② 우열의 법칙
③ 분리의 법칙 ④ 독립의 법칙

> **해설** ① 중간 유전 : 대립 유전자 사이의 우열관계가 불완전하여 잡종 제1대에 어버이의 중간 형질이 나타나는 현상
> ③ 분리의 법칙 : 순종을 교배한 잡종 제1대를 자가 교배 했을 때 우성과 열성이 나뉘어 나타난다는 법칙
> ④ 독립의 법칙 : 서로 다른 형질은 독립적으로 우열의 법칙과 분리의 법칙을 만족한다는 법칙

75 혈액형의 유전자형이 모두 BO형인 부모가 있다. 이들 사이에서 나타날 수 있는 자녀의 혈액형을 모두 나타낸 것은?

① B형 ② O형
③ A형, O형 ④ B형, O형

> **해설** 부모의 혈액형이 모두 BO형이라면 자녀는 B형과 O형이 나타난다.

76 사람이 섭취하는 영양소 중 대표적인 에너지원은?

① 물 ② 비타민
③ 무기염류 ④ 탄수화물

> **해설** 영양소란 인간을 비롯한 생물이 외부로부터 받아들인 물질 중에서 생물체의 몸을 구성하거나, 에너지원으로 사용되거나 또는 생리작용을 조절하는 물질을 말한다.
> 탄수화물, 단백질, 지방, 비타민, 무기염류, 물 등이 있으며, 그 중 주영양소는 탄수화물, 지방, 단백질이다.

Answer 71.① 72.③ 73.② 74.② 75.④ 76.④

77 우리나라에서 그림과 같이 북극성을 중심으로 한, 별의 일주운동 모습을 관측할 수 있는 방향은?

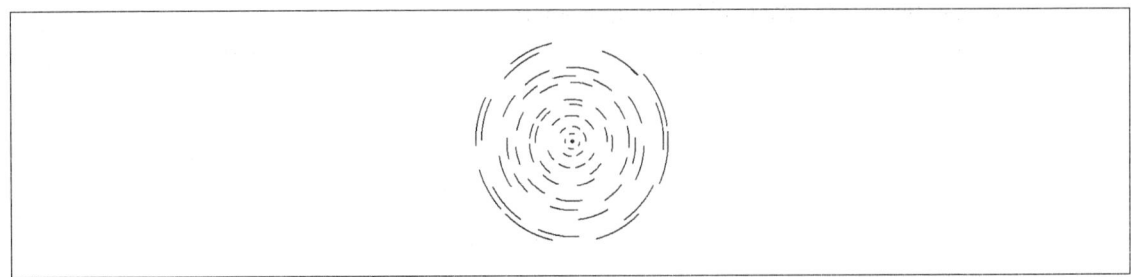

① 동쪽 ② 서쪽
③ 남쪽 ④ 북쪽

> **해설** 우리나라에서 별의 일주운동 상태는 하늘의 방향에 따라 일주 운동 모습이 다르게 보인다.
> ㉠ 북쪽 하늘의 별 : 북극성 중심 → 반시계 방향 회전
> ㉡ 동쪽 하늘의 별 : 별이 남쪽으로 기울어져 떠오름
> ㉢ 남쪽 하늘의 별 : 동쪽에서 서쪽으로 이동
> ㉣ 서쪽 하늘의 별 : 별이 북쪽으로 기울어져 내려감

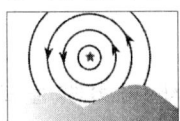 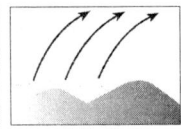 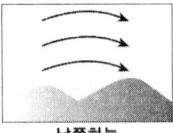 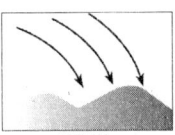
북쪽하늘 　　 동쪽하늘 　　 남쪽하늘 　　 서쪽하늘

78 다음과 같은 특징이 나타나는 것은?

- 물체가 가까이 있을 때는 크고 바로 선 상이 보인다.
- 물체가 멀리 있을 때는 작고 거꾸로 선 상이 보인다.
- 들어오는 빛을 모은다.
- 확대경이나 현미경에 사용된다.

① 오목렌즈 ② 볼록거울
③ 볼록렌즈 ④ 오목거울

> **해설** ① 오목렌즈 : 빛을 퍼지게 하고 항상 작게 바로 선 상이 보인다. 근시교정용 안경 등에 사용된다.
> ② 볼록거울 : 물체가 어디에 있던지 항상 작고 바로 선 상이 보인다. 넓은 범위를 볼 때 사용하여 도로 반사경이나 자동차의 사이드미러 등에 사용된다.
> ④ 오목거울 : 물체가 초점 안에 있을 때는 크고 바로 선 상이 보이고, 물체가 초점 밖에 있을 때는 작고 거꾸로 선 상이 보인다. 반사 망원경이나, 손전등, 등대 등에 사용된다.

79 식물 세포와 동물 세포에서 공통으로 볼 수 있는 구조로, 유전 정보가 들어 있어 생명 활동을 조절하는 것은?

① 핵
② 세포막
③ 엽록체
④ 세포벽

> **해설** ① 핵 : 세포 중앙에 위치하며 보통 하나의 세포에 한 개씩 들어있다. 세포에서 일어나는 일을 통제하며 물질 합성, 유전 등 세포 내 생명활동의 중심적인 역할을 수행한다.
> ② 세포막 : 세포질을 둘러싸고 있는 얇은 막으로 세포가 일정한 모양을 유지하게 하며, 세포안과 밖으로의 물질 출입을 조절하며 보통 인지질과 단백질로 구성된다.
> ③ 엽록체 : 식물의 세포에 들어있는 세포 소기관으로, 광합성이 이뤄지는 장소이다.
> ④ 세포벽 : 세포를 외부로부터 보호하고 세포의 모양을 유지하도록 하는 벽이다.

80 다음과 같은 특징이 나타나는 대기권 구간은?

- 상층은 온도가 매우 높다.
- 공기가 가장 희박한 층이다.
- 극지방에서는 오로라가 나타난다.

① 열권
② 중간권
③ 성층권
④ 대류권

> **해설** ① 열권은 중간권 위에 있는 층으로 태양열을 흡수하기 때문에 고도가 올라갈수록 온도가 높아지며, 인공위성의 궤도로 이용된다.

Answer 77.④ 78.③ 79.① 80.①

PART 03

면접

01. 면접의 기본
02. 면접기출

Chapter 01 면접의 기본

1 면접준비

(1) 면접의 기본 원칙

① **면접의 의미** … 면접이란 다양한 면접기법을 활용하여 지원한 직무에 필요한 능력을 지원자가 보유하고 있는지 확인하는 절차라고 할 수 있다. 즉, 지원자의 입장에서는 채용 직무 수행에 필요한 요건들과 관련하여 자신의 환경, 경험, 관심사, 성취 등에 대해 기업에 직접 어필할 수 있는 기회를 제공받는 것이며, 기업의 입장에서는 서류 전형만으로 알 수 없는 지원자에 대한 정보를 직접적으로 수집하고 평가하는 것이다.

② **면접의 특징** … 면접은 기업의 입장에서 서류 전형이나 필기전형에서 드러나지 않는 지원자의 능력이나 성향을 볼 수 있는 기회로, 면대면으로 이루어지며 즉흥적인 질문들이 포함될 수 있기 때문에 지원자가 완벽하게 준비하기 어려운 부분이 있다. 하지만 지원자 입장에서도 서류 전형이나 필기전형에서 모두 보여주지 못한 자신의 능력 등을 기업의 인사 담당자에게 어필할 수 있는 추가적인 기회가 될 수도 있다.

[서류·필기전형과 차별화되는 면접의 특징]

- 직무 수행과 관련된 다양한 지원자 행동에 대한 관찰이 가능하다.
- 면접관이 알고자 하는 정보를 심층적으로 파악할 수 있다.
- 서류상의 미비한 사항과 의심스러운 부분을 확인할 수 있다.
- 커뮤니케이션 능력, 대인관계 능력 등 행동·언어적 정보도 얻을 수 있다.

(2) 면접 준비 전략

① 면접 방식 및 판단 기준
- 면접 방식 … 인성면접은 면접관이 가지고 있는 개인적 면접 노하우나 관심사에 의해 질문을 실시한다. 주로 응시원서나 자기소개서의 내용을 토대로 지원동기, 과거의 경험, 미래 포부 등을 이야기하도록 하는 방식이다.
- 판단 기준 : 면접관의 개인적 가치관과 경험, 해당 역량의 수준, 경험의 구체성·진실성 등

② **특징** … 인성면접은 그 방식으로 인해 역량과 무관한 질문들이 많고 지원자에게 주어지는 면접질문, 시간 등이 다를 수 있다. 또한 응시원서나 자기소개서의 내용을 토대로 하기 때문에 지원자별 질문이 달라질 수 있다.

③ 경쟁력 있는 면접 요령

　㉠ 면접 전에 준비하고 유념할 사항
- 예상 질문과 답변을 미리 작성한다.
- 작성한 내용을 문장으로 외우지 않고 키워드로 기억한다.
- 지원한 직군의 최근 기사를 검색하여 기억한다.
- 면접 전 1주일간 이슈가 되는 뉴스를 기억하고 자신의 생각을 반영하여 정리한다.

　㉡ 면접장에서 유념할 사항
- 질문 의도 파악 : 답변을 할 때에는 질문 의도를 파악하고 그에 충실한 답변이 될 수 있도록 질문 사항을 유념해야 한다. 많은 지원자가 하는 실수 중 하나로 답변을 하는 도중 자기 말에 심취되어 질문의 의도와 다른 답변을 하거나 자신이 알고 있는 지식만을 나열하는 경우가 있는데, 이럴 경우 의사소통 능력이 부족한 사람으로 인식될 수 있으므로 주의하도록 한다.
- 두괄식 답변 : 답변을 할 때에는 두괄식으로 결론을 먼저 말하고 그 이유를 설명하는 것이 좋다. 미괄식으로 답변을 할 경우 용두사미의 답변이 될 가능성이 높으며, 결론을 이끌어 내는 과정에서 논리성이 결여될 우려가 있다. 또한 면접관이 결론을 듣기 전에 말을 끊고 다른 질문을 추가하는 예상치 못한 상황이 발생될 수 있으므로 답변은 자신이 전달하고자 하는 바를 먼저 밝히고 그에 대한 설명을 하는 것이 좋다.
- 지원한 직군의 인재상을 기억 : 답변을 할 때에는 해당 직군이 원하는 인재라는 인상을 심어주기 위해 지원 직군의 인재상 등을 염두에 두고 답변을 하는 것이 좋다. 모든 일에 해당되는 두루뭉술한 답변보다는 지원한 직군에 맞는 맞춤형 답변을 하는 것이 좋다.
- 나보다는 학교와 사회적 관점에서 답변 : 답변을 할 때에는 자기중심적인 관점을 피하고 좀 더 넓은 시각으로 학교와 국가, 사회적 입장까지 고려하는 인재임을 어필하는 것이 좋다. 자기중심적 시각을 바탕으로 자신의 출세만을 위해 입직하려는 인상을 심어줄 경우 면접에서 불이익을 받을 가능성이 높다.
- 난처한 질문과 정직한 답변 : 난처한 질문에 답변을 해야 할 때에는 피하기보다는 정면 돌파로 정직하고 솔직하게 답변하는 것이 좋다. 난처한 부분을 감추고 드러내지 않으려 회피하려는 지원자의 모습은 인사 담당자에게 입직한 후에도 비슷한 상황에 처했을 때 회피할 수도 있다는 우려를 심어줄 수 있다. 따라서 사회생활에 있어 중요한 덕목 중 하나인 정직을 바탕으로 솔직하게 답변을 하도록 한다.

2 면접 이미지 메이킹

(1) 성공적인 이미지 메이킹 포인트

① 복장 및 스타일

최근에는 교육공무직 면접시험 복장이 점차 자율화하는 추세이다. 복장을 면접 점수나 합격 여부에 반영하지 않는 방향으로 기준이 변하고 있기 때문이다. 따라서, 소위 말하는 '칼정장'을 반드시 착용할 필요는 없다. 다만, 학교에서 근무하는 공무직을 선발하는 면접 자리라는 점을 고려할 때 단정하고 깔끔한 모습을 보여야 한다는 것을 잊어서는 안 될 것이다. 정장과 올림머리 등을 고집할 필요는 없지만 지나치게 격식 없는 복장은 피하는 것이 좋다.

- 기본적으로 깔끔한 셔츠나 블라우스에 검정 슬랙스를 매치하는 것이 가장 무난하다. 여성의 경우 단정한 원피스도 좋은 선택지가 될 것이다.
- 너무 화려한 액세서리나 넥타이, 높은 구두는 피하는 것이 좋다.
- 헤어스타일 역시 복장의 일부다. 면접 자리에 맞춰 단정하게 정돈하도록 하자. 앞머리가 있다면 눈을 가리지 않도록 정리한다. 여성의 경우 너무 짧아 묶이지 않는 길이가 아니라면 깔끔하게 묶는 것을 권장한다.

복장이 평가에 직접적으로 반영되는 것은 아니지만, 면접관에게 TPO(Time, Place, Occasion 시간과 장소와 상황)를 구분할 수 있다는 점과 단정한 첫인상을 어필할 수 있다는 점은 중요하다. 복장에서도 면접에 임하는 자세와 준비된 모습이 보이는 만큼, 단정함과 예의를 갖춘 태도를 유지하는 것이 가장 좋은 전략이다.

② 인사
  ㉠ 인사는 모든 예의범절의 기본이며 상대방의 마음을 여는 가장 기본적인 행동이다. 처음 만나는 면접관에게 호감을 살 수 있는 가장 쉬운 방법이 될 수도 있기도 하지만, 제대로 예의를 갖추지 못하면 지원자의 인성 전반에 관한 평가로 이어질 수 있으므로 특히 주의해야 한다.
  ㉡ 언어적 표현
    - 인사말 : 인사말을 할 때에는 밝고 친근감 있는 목소리로 하며, 자신의 이름과 응시직렬, 수험번호 등을 간략하게 소개한다.
    - 목소리 : 면접은 면접관과 지원자의 대화로 이루어지므로 목소리가 미치는 영향은 상당하다. 답변할 때는 부드러우면서 활기차고 생동감 있는 목소리를 내는 것이 면접관에게 호감을 줄 수 있다. 또한 적당한 제스처가 더해진다면 상승효과도 기대할 수 있다. 그러나 콧소리나 날카로운 목소리, 자신감 없는 작은 목소리 등은 적절한 답변을 해도 답변의 신뢰성을 떨어뜨릴 수 있으므로 주의한다.

ⓒ 비언어적 표현
- **표정**: 표정은 면접에서 지원자의 첫인상을 결정하는 중요한 요소 중 하나이다. 표정은 사람의 감정을 가장 잘 표현할 수 있는 의사소통 도구로, 표정 하나로 상대방에게 호감을 사기도 비호감을 사기도 한다. 호감이 가는 인상의 특징은 부드러운 눈썹, 자연스러운 미간, 적당히 볼록한 광대, 올라간 입꼬리 등으로 가볍게 미소 지을 때의 표정과 일치한다. 따라서 면접 중에는 밝은 표정으로 미소를 지어 호감을 형성할 수 있도록 한다.
- **시선**: 인사는 상대방의 눈을 보며 하는 것이 중요하며, 너무 빤히 쳐다본다는 느낌이 들지 않도록 주의한다. 시선은 면접관과 고르게 맞추되 생기 있는 눈빛을 띠도록 한다.
- **자세**: 인사를 할 때에는 가볍게 목만 숙인다거나 흐트러진 상태에서 인사를 하지 않도록 주의하며 절도 있고 확실하게 하는 것이 좋다. 걸을 때는 상체를 곧게 유지하고 발끝은 평행이 되게 하며 무릎은 스치듯 11자로 걷는다. 보폭은 어깨너비만큼이 적당하지만, 치마나 원피스를 입었을 때는 보폭을 줄인다. 서 있을 때는 남성의 경우 팔을 자연스럽게 내리고 양손을 가볍게 쥐어 바지 옆선에 붙이고, 여성은 공수 자세를 유지한다.

ⓔ 앉은 자세
- 남녀공통

  - 앉고 일어날 때에는 자세가 흐트러지지 않도록 주의한다.
  - 시선은 정면을 바라보며 턱은 가볍게 당기고 미소를 짓는다.
  - 의자 깊숙이 앉고 등받이와 등 사이에 주먹 1개 정도의 간격을 두며 기대듯 앉지 않도록 주의한다.

- 남성

  - 양손은 가볍게 주먹을 쥐고 무릎 위에 올려놓는다.
  - 무릎 사이에 주먹 2개 정도의 간격을 유지하고 발끝은 11자를 취한다.

- 여성

  - 양손을 모아 무릎 위에 올려놓고 치마일 경우 치마 위를 가볍게 누르듯이 올려놓는다.
  - 무릎은 붙이고 발끝을 가지런히 하며, 다리를 왼쪽으로 비스듬히 기울이면 단정해 보인다.
  - 치마를 입었을 경우 왼손으로 뒤쪽 치맛자락을 누르고 오른손으로 앞쪽 자락을 누르며 앉는다.

(2) 면접 예절

① 행동 관련 예절

　㉠ **지각은 절대 금물** : 시간을 지키는 것은 기본이다. 지각을 할 경우 면접에 응시할 수 없거나, 면접 기회가 주어지더라도 불이익을 받을 가능성이 높아진다. 따라서 면접 장소가 결정되면 교통편과 소요 시간을 확인하고 가능하다면 사전에 미리 방문해 보는 것도 좋다. 면접 당일에는 서둘러 출발해서 면접 시간 20 ~ 30분 전에 도착하여 면접장을 둘러보고 환경에 익숙해지는 것도 성공적인 면접을 위한 요령이 될 수 있다.

　㉡ **면접 대기 시간** : 지원자들은 대부분 면접장에서의 행동과 답변 등으로만 평가를 받는다고 생각하지만 그렇지 않다. 면접관이 아닌 면접진행자 역시 대부분 인사 실무자이며 면접관이 면접 후 지원자에 대한 평가에 있어 확신을 위해 면접진행자의 의견을 구한다면 면접진행자의 의견이 당락에 영향을 줄 수 있다. 따라서 면접 대기 시간에도 행동과 말을 조심해야 하며, 면접을 마치고 돌아가는 순간까지도 긴장을 늦춰서는 안 된다. 면접 중 어려운 질문에 답변을 잘 했지만, 면접장을 나와 흐트러진 모습을 보이거나 욕설을 한다면 면접 탈락의 요인이 될 수 있으므로 주의해야 한다.

　㉢ **입실 후 태도** : 본인의 차례가 되어 호명되면 또렷하게 대답하고 들어간다. 만약 면접장 문이 닫혀 있다면 상대에게 소리가 들릴 수 있을 정도로 노크를 두세 번 한 후 대답을 듣고 나서 들어가야 한다. 문을 여닫을 때에는 소리가 나지 않게 조용히 하며 공손한 자세로 성명과 직렬, 수험번호를 말하고 면접관의 지시에 따라 자리에 앉는다. 의자에 앉을 때에는 끝에 앉지 말고 무릎 위에 양손을 가지런히 얹는 것이 예절이라고 할 수 있다.

　㉣ **옷매무새를 자주 고치지 말 것.** : 일부 지원자의 경우 옷매무새 또는 헤어스타일을 자주 고치거나 확인하기도 하는데 이러한 모습은 과도하게 긴장한 것 같아 보이거나 면접에 집중하지 못하는 것으로 보일 수 있다. 남성 지원자의 경우 넥타이를 자꾸 고쳐 맨다거나 정장 상의 끝을 너무 자주 만지작거리지 않는다. 여성 지원자는 머리를 계속 쓸어 올리지 않고, 치마를 끌어 내리는 행동도 좋지 않다.

　㉤ **다리를 떨거나 산만한 시선은 면접 탈락의 지름길** : 자신도 모르게 다리를 떨거나 손가락을 만지는 등의 행동을 하는 지원자가 있는데, 이는 면접관의 주의를 끌 뿐만 아니라 불안하고 산만한 사람이라는 느낌을 주게 된다. 따라서 가능한 한 바른 자세로 앉아 있는 것이 좋다. 또한 면접관과 시선을 맞추지 못하고 여기저기 둘러보는 듯한 산만한 시선은 지원자가 거짓말을 하고 있다고 여겨지거나 신뢰할 수 없는 사람이라고 생각될 수 있다.

② 답변 관련 예절

　㉠ **면접관이나 다른 지원자와 가치 논쟁을 하지 않는다.** : 질문을 받고 답변하는 과정에서 면접관 또는 다른 지원자의 의견과 다른 의견이 있을 수 있다. 특히 평소 지원자가 관심이 많은 문제이거나 잘 알고 있는 문제인 경우 자신과 다른 의견에 대해 이의가 있을 수 있다. 하지만 주의할 것은 면접에서 면접관이나 다른 지원자와 가치 논쟁을 할 필요는 없다는 것이며 오히려 불이익을 당할 수도 있다는 것이다. 정답이 정해져 있지 않은 경우에는 가치관이나 성장 배경에 따라 문제를 받아들이는 태도에서 답변까지 충분히 차이가 있을 수 있으므로 굳이 면접관이나 다른 지원자의 가치관을 지적하고 고치려 드는 것은 좋지 않다.

ⓒ 경력직의 경우 전 직장에 대해 험담하지 않는다. : 지원자가 전 직장에서 무슨 업무를 담당했고 어떤 성과를 올렸는지는 면접관이 관심을 둘 사항일 수 있지만, 이전 직장의 기업 문화나 상사들이 어땠는지는 그다지 궁금해 하는 사항이 아니다. 전 직장에 대해 험담을 늘어놓는다든가, 동료와 상사에 대한 악담을 하게 된다면 오히려 지원자에 대한 부정적인 이미지만 심어줄 수 있다. 만약 전 직장에 대한 말을 해야 할 경우가 생긴다면 가능한 한 객관적으로 이야기하는 것이 좋다.

ⓒ 자기 자신이나 배경에 대해 자랑하지 않는다. : 자신의 성취나 부모, 형제 등 가족들이 사회·경제적으로 어떠한 위치에 있는지에 대한 자랑은 면접관으로 하여금 지원자에 대해 오만한 사람이거나 배경에 의존하려는 나약한 사람이라는 이미지를 갖게 할 수 있다. 따라서 자기 자신이나 배경에 대해 자랑하지 않도록 하고, 자신이 한 일에 대해서 너무 자세하게 얘기하지 않도록 주의해야 한다.

3 면접 질문 및 답변 포인트

(1) 사회생활에 관한 질문

① 업무 과다로 인해 가정과 일의 양립이 어려워지면 어떻게 하겠습니까?
요즘 흔하게 사용하는 워라밸(Work-Life Balance)이라는 말은 일과 삶의 균형을 뜻하는 말이다. 많은 사람들이 워라밸을 중요한 근무 조건 중 하나로 꼽고 있다. 그만큼 면접 질문 중에서도 업무 과다로 인해 가정과 일의 양립이 어려워질 경우, 또는 퇴근 준비 중 추가 업무가 배당될 경우, 기존의 업무가 아닌 다른 업무가 하달될 경우의 대처법을 묻는 경우가 있다.

② 직장 내 구성원들과 갈등 상황이 발생하면 어떻게 대처하겠습니까?
학교는 교사, 해당 직렬 외에도 다양한 교육공무직원, 학생, 학부모 등 다양한 구성원을 마주하는 곳이다. 그만큼 다양한 갈등 상황이 발생하기도 쉽다. 이런 갈등 상황 또는 학부모의 민원 발생 등 곤란한 상황이 발생했을 때 어떻게 대처할지 역시 자주 나오는 면접 질문 중 하나이다.

(2) 성격 및 가치관에 관한 질문

① 강점 또는 장점을 말해 주십시오.
강점이나 장점에 관한 질문은 해당 강·장점을 어떻게 해당 직렬의 업무에 적용할 수 있을지를 함께 묻는 경우가 많다. 그러므로 자신이 단순히 잘하는 것, 자신의 좋은 점으로 끝날 게 아니라 업무와 어떻게 연결 지을지까지 고려해서 답변을 준비하는 것이 좋다.

② 그 강점 또는 장점을 어떻게 해당 업무에 적용할 수 있겠습니까?
실제 사례를 들어 답하는 것이 좋다. 해당 강점·장점을 살려 업무 또는 상황을 좋게 마무리했던 경험을 말한다.

(3) 지원 동기 및 이직 사유

① 지원 동기는 무엇입니까?
지원 동기는 직렬을 불문하고 거의 매번 빠지지 않는 질문이다. 솔직하게 대답하되 단순히 어떤 점이 좋아서 지원했다기보다 경험에서 비롯된 해당 직렬이나 교육공무직에 대한 장점을 강조하는 게 좋다.

② 기존 직장에서 퇴사하고 교육공무직에 지원한 이유는 무엇입니까?
전부는 아니지만 교육공무직 지원자는 많은 수가 경력자이다. 일부 직렬에서 관련 경력에 한해서지만 경력 점수가 있는 만큼 더더욱 그렇다. 만약 교육공무직 대체직 외에 다른 경력이 있다면 왜 퇴사했는지, 퇴사 후 교육공무직으로 지원한 이유가 무엇인지를 묻는 경우도 있다. 지원 동기와 비슷한 질문이지만, 그렇다고 해서 너무 흡사한 답변을 하지 않도록 주의해야 한다.

(4) 직업의식 및 사전 지식

① 공무직의 의무나 복무 자세는 무엇입니까?
자주 출제되는 면접 질문이다. 사전에 교육공무직의 의무, 복무 자세 등은 문항 및 내용을 모두 암기해 두는 것이 좋다.

② 공무원의 의무 및 복무 자세를 알고 있습니까?
드물게 공무직이 아닌 공무원의 의무 및 복무 자세를 질문하는 경우도 있다. 어느 정도는 파악해 두는 것을 권장한다.

③ 교육청의 지표나 주요 업무 계획, 이상 등은 무엇입니까?
해당 질문 역시 자주 출제되는 면접 질문이다. 교육청에 손님이 방문했을 때를 가정하여 교육청의 자랑을 한다면 어떻게 하겠냐는 질문으로도 등장하므로 사전에 교육청 누리집을 보고 파악해 두는 것을 권장한다.

Chapter 02 면접기출

1 공통 면접기출

(1) 인성 및 업무 관련

① 자기소개를 해 보세요.

② 지원 동기를 말해 보세요.

③ 교육공무직의 복무 자세를 말해 보세요.

④ 이전 직장에서 퇴사한 이유는 무엇입니까?

⑤ 교육청의 지표, 주요 업무 계획, 자랑을 말해 보세요.

⑥ 지원 직종에 필요하다고 생각하는 자질에 대해 설명해 보세요.

⑦ 원거리에 있는 원하지 않는 학교로 배정받을 경우 어떻게 하겠습니까?

⑧ 내가 맡은 업무와 관련이 없는 다른 업무가 주어진다면 어떻게 하겠습니까?

⑨ 교사나 동료 교육 공무직 등 교내 구성원들과 갈등이 생겼을 때 어떻게 대처하겠습니까?

⑩ 혹시 준비했는데 하지 못한 말이 있다면 말해 보세요.

> Q. 교육공무직의 복무 의무를 말해 보세요.
> A. 경상남도 교육공무직의 복무 의무는 첫째, 맡은 바 직무를 성실히 수행하여야 한다. 둘째, 법령 및 직무상 명령을 준수하고, 친절 및 공정하여야 하며, 질서를 존중하여야 한다. 셋째, 직무와 관련하여 사례, 증여 또는 향응을 수수(授受)하여서는 아니 된다. 넷째, 직무상 알게 된 비밀을 지키고 기관 기밀을 누설해서는 아니 된다 등이 있습니다.
>
> Tip 복무 의무나 자세에 대한 질문은 자주 출제되는 질문이다. 복무 의무는 교육청마다 다르므로 사전에 해당 교육청의 누리집을 찾아 복무 의무를 숙지해 둔다.

(2) 일반 시사 관련

① 노란봉투법에 대해 어떻게 생각합니까?

② 교복자율화에 대해 어떻게 생각합니까?

③ 지역인재전형에 대해 어떻게 생각합니까?

④ 파업 또는 임시공휴일 지정 등으로 인한 돌봄 공백에 대해 어떻게 생각합니까?

⑤ 대전에서 있었던 교사에 의한 아동 살인사건의 예방책으로는 어떤 게 있겠습니까?

> Q. 아동의 고카페인 음료 섭취에 대해 어떻게 생각합니까?
> A. 아동이 고카페인 음료를 마시면 심혈관질환이나 우울 등 질환이 발생할 수 있고, 성인이 된 이후에도 카페인 중독에 더 빨리, 더 깊게 빠질 수 있습니다. 외국에서는 나이를 정해 몇 살 이하로는 고카페인 음료의 판매를 금지하는 경우도 있다고 합니다. 우리나라에서도 어린이, 청소년의 고카페인 음료 섭취에 대한 경각심을 가지고 정책을 마련해야 한다고 생각합니다.
>
> Tip 면접 전에 아동·청소년과 관련된 시사 프로그램, 뉴스 등을 미리 확인하고 주의 사항이나 대처법 등을 생각해서 간다. 어떤 질문이 출제될지 예측하기 어려우므로 다양하게 조사하고 자신의 생각을 정리해서 조리 있게 말하는 연습을 많이 한다.

2 직종별 면접기출

(1) 특수교육실무원

① 지적장애아의 학습 특성 3가지는 무엇입니까?
② 완전 통합교육과 부분 통합교육의 장단점에 대해 설명해 보세요.
③ 특수교육대상 학생 지원이 일반 학생 지원과 다른 점은 무엇입니까?
④ 특수교육대상 학생 생활 지도에 있어 가장 중요한 점은 무엇입니까?
⑤ 식사 지도 중 특수교육대상 학생이 소변 실수를 했습니다. 어떻게 대처하겠습니까?

> Q. 특수교육실무원의 역할은 무엇입니까?
> A. 특수교육 교사의 지시에 따라 대상 학생의 학습 활동, 신변처리, 급식, 등하교 지도 등을 지원하는 것입니다. 학생지도나 상담 등은 할 수 없습니다.
>
> Tip 특수교육실무원의 역할은 교사의 지시를 받아 학생을 지원하는 것이다. 학생 지도 및 상담, 수업 등은 교사의 업무로, 특수교육실무원은 할 수 없는 업무이다.

(2) 교육복지사

① 교육복지사의 역할은 무엇입니까?
② 자신의 삶의 가치 세 가지는 무엇입니까?
③ 교육공무직은 협력 업무가 많은데, 협력 업무 시 중요시할 것은 무엇입니까?
④ 교육복지사에게 필요한 자세 한 가지를 말하고 그 자세가 필요한 이유를 설명해 보세요.
⑤ 한부모 가정의 청소년에게 어려움이 있을 때 가정, 학교, 지역사회 차원에서 어떻게 개입하겠습니까?

> Q. 동료 간에 다툼이 일어났을 경우 어떻게 하겠습니까?
> A. 일단은 다툼이 생긴 동료들과 각각 대화를 해 보겠습니다. 대화 중에는 해당 동료의 의견에 공감하며 경청하겠습니다. 그리고 두 사람이 진정된 것 같으면 그때 다 함께 모여 서로의 생각을 전달하며 중재하고 화해를 도모하겠습니다.
>
> Tip 교육복지사는 업무 특성상 위기 상황이나 갈등 상황을 마주할 가능성이 높다. 현장에서 그런 상황을 어떻게 풀어 나갈지, 무엇을 우선순위에 두고 있는지에 대한 질문이 출제될 수 있으므로 자신의 가치 판단 기준, 우선순위 등을 미리 생각해 두고 지혜롭게 답변할 수 있도록 준비한다.

(3) 조리사

① 조리사의 업무에 대해 아는 대로 설명해보세요.

② 근골격계 부상을 예방하기 위한 방법을 말해보세요.

③ 냉동, 냉장 식품의 보관방법에 대해 설명해보세요.

④ 조리직은 노동 강도가 센 편에 속합니다. 어떻게 대처하실 것인지 말해보세요.

⑤ 교차 오염에 대해 설명해보세요.

⑥ 조리 과정 중 온도체크 시기와 과정, 이유에 대해 설명해보세요.

⑦ 급식실 위생관리를 위한 자신만의 철칙이 있다면 말해보세요.

⑧ 급식품의 조리 후 식재료의 유통기한이 지난 것을 알았다면, 어떻게 하겠습니까?

⑨ 나이가 한참 어린 영양(교)사와의 관계에서 의견충돌이 있을 경우 어떻게 대처하겠습니까?

⑩ 조리사로서 가장 중요하게 여겨야 할 점은 무엇이라고 생각합니까?

Q. 음식물 쓰레기 줄이기나 위생 개선을 위해 평소에 실천하는 것이 있다면 말해보세요.

A. 음식물 쓰레기는 남기지 않는 급식에서부터 시작된다고 생각합니다. 배식량은 학년별로 차이가 있다는 걸 고려해 적정량을 조절하고, 남는 식재료는 적절하게 보관하거나 재활용 가능한 메뉴에 쓸 수 있도록 조리사와 상의합니다. 위생 면에서는 칼·도마 분리 사용, 작업 후 손소독, 조리기구 열탕 소독 등을 철저히 지키고 있으며, 조리대 정리 정돈도 항상 신경 씁니다. 작은 습관이 아이들 건강을 지킨다고 생각합니다.

Tip 이 질문은 실제로 어떻게 실천하고 있는지를 구체적으로 말할 수 있어야 합니다. 배식량 조절, 식재료 재활용 방안, 조리도구 소독, 칼·도마 분리 사용 같은 걸 사례 중심이 좋습니다. 특히 '매뉴얼이라서 한다'보다는 '아이들 건강에 직접 연결된다는 생각으로 하고 있다'는 식으로 마무리하면 신뢰가 높아집니다. '기술'보다 '태도'를 묻는 질문입니다.